経済工学シリーズ・第2期

経済成長分析の方法
——イノベーションと人的資本のマクロ動学分析——

大住圭介 著

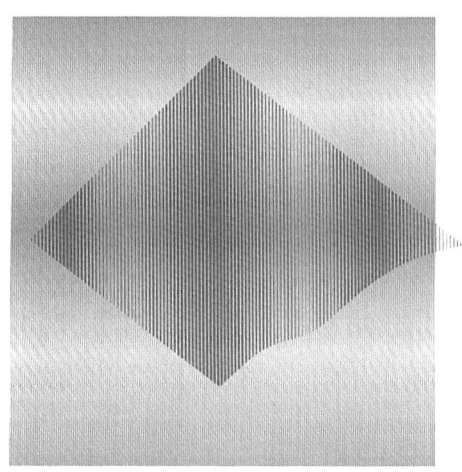

九州大学出版会

はしがき

　日本経済は近年不況を脱しきれない状況にあり，それに加えて国際競争力も急速に低下している．そのため経済成長を促進するための諸政策の必要性が主張され，国際競争力を回復させる構造改革，特に，イノベーションとそれを支える教育改革が盛んに議論されている．このような問題は，短期的あるいは静態的なコンテクストのもとでは充分に論究することが不可能であり，長期的かつ動態的なパースペクティブに立った経済分析の確立を必要としている．このような状況を踏まえて，本書ではイノベーションと人的資本のマクロ動学分析が試みられる．

　本書では特に下記の点に配慮しながら議論の展開がなされている．

(1) 最近の成長論の代表的な著書である Barro and Sala-i-Martin [1995] と同様に，実証科学としての側面を重視して理論と実証に関する基礎的数理が展開されている．

(2) 本書では厳密性・一貫性を維持し，かつ平易な議論の展開が企図されている．特に数理的に厳密な議論が必要な部分については，補論を設定して展開がなされている．平易な展開を行なうために，数理的ロジックを直感的にも理解できるように種々の工夫がなされている．

さらに，本書から修得して欲しい研究上の方法に関しては，デカルト [1701] の次の言説を引用しておく．

(1) 方法全体は，何らかの真理を発見するために，精神の力を向けるべき事物の秩序と配置に存在する．そして，複雑な不明瞭な命題を段階を追って一層単純なものに還元し，しかる後に，最も単純なものの直観から始めて，同じ段階を経つつ，他のすべてのものの認識に登り行こうと試みるならば，我々は正確に方法に従うことになるであろう．

(2) 知識を完成するためには，我々の目的に関係ある事物をすべて一つ一つ連続的な，どこにも中断されない思惟の運動によって通覧し，かつそれらを充分な秩序正しい枚挙によって総括すべきである．

　これは経済学に限らず研究者としての視野と方法を的確に表現しており，味読すべきであろう．「現実」と「我々の認識」は単純に切り離されることは不可能であり，「現実」と「認識」は不可分の関係にある．それゆえ合理性に裏打ちされた方法が必要である．現実のデータを解析し，それを基礎にして思惟により理論を構築し，さらにその結果と現実のデータ解析の結果との適合性をチェックし，モデルの再構築にフィードバックすべきであると考えている．そのため本書では，著者自身の反省も込めて，理論に限定せずに経済成長の計量分析に関する基礎も

提示することを心掛けている．

本書の作成に際しては，LATEX の入力等で私の研究室の下記の大学院生及び OB の諸氏にお世話になった．記して感謝の意を表したい．

　　大隈慎吾　池下研一郎　永田美紀　内田秀明　岩田伸吾　タン・ウェイウェイ（以上，九州大学大学院経済学府）　片桐昭司（広島県立大学）　ナム・クァンヒョン（韓国海洋研究開発研究所）　伊ヶ崎大理（熊本学園大学）　野田英雄（旭川大学）

また，大学院のゼミに参加して有形無形の貢献をした多数の参加者にもお世話になった．さらに，西村和雄教授(京都大学) 主催の非線形均衡動学研究会に参加させていただき，内生的成長論および均衡動学に関する最新の情報にアクセスできたことは有意義であった．この場を借りて，西村教授をはじめとして研究会のメンバーの皆様にお礼申し上げたい．

最後に九州大学出版会の藤木雅幸氏と永山俊二氏には，本書の出版に際して非常にお世話になった．お礼を申し上げたい．本書には平成 11-14 年度の文部科学省（課題番号 11630045）研究課題『環境Ｒ＆Ｄ政策と内生的経済成長に関する分析』による研究成果の一部が含まれているということを付記しておく．

目　次

はしがき ……………………………………………………………………………… i

第1章　基礎的数理 …………………………………………………………… 1

1.1　集合と論理 …………………………………………………………… 1
1.1.1　集　合 …………………………………………………………… 1
1.1.2　集合と論理の関係 ……………………………………………… 4

1.2　対応，写像，および関数 …………………………………………… 8
1.2.1　元の列，収束列，コーシー列 ………………………………… 10

1.3　実数空間 R における議論 ………………………………………… 11
1.3.1　上界・下界，上限・下限，収束性 …………………………… 11
1.3.2　関数の極限値と連続性 ………………………………………… 13
1.3.3　実数値関数の最大値，最小値，極大値，極小値 …………… 14

1.4　$f(x)$ の導関数 ……………………………………………………… 14
1.4.1　微係数と導関数 ………………………………………………… 14
1.4.2　指数関数と対数関数 …………………………………………… 16
1.4.3　導関数の公式 …………………………………………………… 17
1.4.4　n 回微分可能性，n 階導関数，および n 回連続微分可能性 … 18

1.5　最適問題（1変数のケース）………………………………………… 19

1.6　補論：ロピタルの定理 ……………………………………………… 24

1.7　R^2 上の実数値関数 $y = g(x_1, x_2)$ の偏導関数 ………………… 25
1.7.1　$y = g(x_1, x_2)$ に付随する曲面 ……………………………… 25
1.7.2　偏微係数と偏導関数 …………………………………………… 26
1.7.3　全　微　分 ……………………………………………………… 28
1.7.4　全微分と限界代替率 …………………………………………… 29
1.7.5　合成関数の微分 ………………………………………………… 30
1.7.6　陰関数定理 ……………………………………………………… 30

1.8　行列と行列式 ………………………………………………………… 31
1.8.1　行列と行列式の規定 …………………………………………… 31
1.8.2　連立一次方程式とクラーメルの公式 ………………………… 33

	1.9 最適問題（2変数のケース） ································· 33
	1.9.1 制約条件なしの最適問題 ····························· 33
	1.9.2 制約条件つき最大値問題 ····························· 37
1.10	定差方程式 ·· 41
1.11	一般的な規定 ·· 41
1.12	1変数の定差方程式 ··· 42
	1.12.1 線形のシステム ······································ 42
	1.12.2 1変数の一般的システム ···························· 45
1.13	2変数の定差方程式系 ·· 46
	1.13.1 位相図 ·· 46
	1.13.2 線形の定差方程式 ···································· 47
1.14	非線形の定差方程式 ·· 52
1.15	補論：カオスの発生 ·· 54

第2章 集計的成長モデルの基礎 ···································· 61

2.1	序 ·· 61
2.2	基礎的前提 ··· 61
2.3	生産技術と生産関数 ·· 63
	2.3.1 マクロ的生産関数の規定 ····························· 63
	2.3.2 規模に関する収穫 ····································· 69
	2.3.3 規模に関する収穫一定性（あるいは一次同次性）をもつ生産関数 ··· 69
	2.3.4 適切な性質を持つ生産関数 ·························· 72
	2.3.5 CES型生産関数と代替の弾力性 ····················· 73
2.4	代表的個人の効用関数と異時点間評価関数 ·················· 74
	2.4.1 各期の代表的個人の効用関数と家計の厚生関数 ··· 74
	2.4.2 計画時間視野 ·· 76
	2.4.3 時間選好率と社会的割引率 ··························· 77
2.5	補論：代替の弾力性 ··· 79

第3章 離散型の集計的成長モデル ································ 83

3.1	序 ·· 83
3.2	実行可能性 ··· 83
3.3	持続的成長経路と黄金律成長経路 ···························· 84
3.4	非有効性規準 ·· 87
3.5	ソロー＝スワン・モデル ······································ 90
3.6	貯蓄性向の変化と持続的均衡径路 ···························· 92
3.7	キャス＝クープマンス・モデル ······························ 95

  3.7.1 有限時間視野モデル ……………………………………………………95
  3.7.2 無限時間視野モデルのもとでの分析 …………………………………99
  3.7.3 分権的市場経済と均衡 …………………………………………………102
  3.7.4 外生的技術進歩が存在するケース ……………………………………103
 3.8 補論1：新古典派成長モデルにおける持続的成長 …………………………107
 3.9 補論2：2期間のケースの解析的分析 ………………………………………107

第4章　イノベーションと経済成長 ……………………………………………………111
 4.1 序 …………………………………………………………………………………111
 4.2 競争均衡と内生的経済成長 ……………………………………………………112
 4.3 最　適　性 ………………………………………………………………………116
 4.4 政府の政策 ………………………………………………………………………118
  4.4.1 中間財の購入に対する補助政策 ………………………………………118
  4.4.2 最終財に対する補助政策 ………………………………………………119
  4.4.3 R&Dに対する補助 ……………………………………………………120
 4.5 R&Dに労働が必要とされるケースの分析 …………………………………120

第5章　生産を伴うオーヴァーラッピング・ゼネレーションズ・モデル ……………123
 5.1 序 …………………………………………………………………………………123
 5.2 記号と前提 ………………………………………………………………………123
 5.3 資本市場の均衡条件 ……………………………………………………………125
 5.4 国債の発行と動学的均衡 ………………………………………………………127
 5.5 一定の公共財の供給 ……………………………………………………………129
 5.6 計画当局による最適配分 ………………………………………………………132
  5.6.1 ラーナー＝アシマコプロス型の厚生評価汎関数 ……………………132

第6章　連続型のダイナミカル・システムの数理的基礎 ……………………………135
 6.1 序 …………………………………………………………………………………135
 6.2 不　定　積　分 …………………………………………………………………135
  6.2.1 eと複利的な成長の関係およびその意味 ………………………………142
  6.2.2 成長率と対数微分法 ……………………………………………………142
 6.3 1次元空間における正規形の常微分方程式 …………………………………143
 6.4 2次元空間における正規形の常微分方程式系 ………………………………146
  6.4.1 基本的概念 ………………………………………………………………146
  6.4.2 簡単な線形の微分方程式系 ……………………………………………147
  6.4.3 線形の一般的な正規形常微分方程式系 ………………………………153
  6.4.4 非線形常微分方程式系 …………………………………………………174

6.5	動学的最適問題	179
	6.5.1 簡単な変分法	180
	6.5.2 最適制御と最大値原理	181
	6.5.3 カレント・バリュー・ハミルトニアン	183
	6.5.4 2次元のケースの最大値原理	184
	6.5.5 無限時間視野のもとでの最大値原理	186
	6.5.6 最大化ハミルトニアン	186
6.6	補論1：簡単な微分方程式の解法（求積法）	189
6.7	補論2：複素関数の微分	190
6.8	補論3：最大値原理の直感的証明	192

第7章 物的資本の蓄積と経済成長 195

7.1	序	195
7.2	キャス＝クープマンス・モデル	195
	7.2.1 均衡成長経路	195
	7.2.2 最適成長経路	198
	7.2.3 均衡成長経路と最適成長経路の分析	203
7.3	外生的技術進歩，外部性および政府のメカニズム	207
	7.3.1 レベロのAKモデル	208
	7.3.2 外部性が存在しているケース	210
	7.3.3 政府のメカニズムが組み込まれているケース	211
7.4	補論：キャス＝クープマンス・モデルにおける均衡経路の大域的安定性	213

第8章 人的資本と内生的経済成長 215

8.1	序	215
8.2	モデルの設定	216
	8.2.1 前提と記号	216
	8.2.2 実行可能経路と均衡成長経路	218
8.3	一般的なモデルにおける均衡成長経路	220
8.4	コブ＝ダグラス型生産関数とCRRA型効用関数のケース	224
	8.4.1 均衡成長経路	224
8.5	外部性が存在していない体系	225
	8.5.1 一般的な生産関数と効用関数のケース	225
	8.5.2 コブ＝ダグラス型生産関数とCRRA型効用関数のケース	227
8.6	補論：外部性の存在と不決定性	229
	8.6.1 モデルの基本的構造	229
	8.6.2 均衡成長経路	229

  8.6.3 縮約型のシステム ……………………………………………………230
  8.6.4 縮約型システムにおける定常状態 …………………………………232

第9章 イノベーション，人的資本，および経済成長 ………………………235
 9.1 序 ………………………………………………………………………………235
 9.2 均衡成長経路 …………………………………………………………………235
  9.2.1 最終財部門 ………………………………………………………235
  9.2.2 中間財製造者 ……………………………………………………236
  9.2.3 独占的競争下における中間財生産者の行動 …………………238
  9.2.4 R&D部門 …………………………………………………………239
  9.2.5 家計部門 …………………………………………………………240
 9.3 持続的均衡成長経路 …………………………………………………………241

第10章 積分と確率 …………………………………………………………………245
 10.1 序 ……………………………………………………………………………245
 10.2 定積分 ………………………………………………………………………245
 10.3 確率変数と確率分布の基礎 ………………………………………………248
  10.3.1 離散確率変数と離散型確率分布 ……………………………249
  10.3.2 連続確率変数と密度関数 ……………………………………253
 10.4 1変量の正規分布に関連する分布 ………………………………………256
 10.5 補論：ライプニッツのルール ……………………………………………259

第11章 経済成長の計量分析 ……………………………………………………261
 11.1 序 ……………………………………………………………………………261
 11.2 標準的回帰分析 ……………………………………………………………261
  11.2.1 基本的構造 ……………………………………………………261
  11.2.2 単純回帰分析 …………………………………………………262
  11.2.3 重回帰モデル …………………………………………………267
 11.3 経済成長分析に必要な計量経済手法 ……………………………………272
  11.3.1 標準的仮定が成立しないケースの計量分析 ………………272
  11.3.2 その他の問題 …………………………………………………276
  11.3.3 同時方程式モデルにおける推定 ……………………………277
  11.3.4 時系列分析 ……………………………………………………278
 11.4 経済成長の計量分析 ………………………………………………………280
  11.4.1 経済成長の実証分析 …………………………………………280
  11.4.2 ソロー・スワン成長モデルの実証分析 ……………………280
  11.4.3 技術進歩率の計測方法 ………………………………………281

	11.4.4　人的資本，イノベーション，および内生的成長 ………………………	283
11.5	補論1：最小2乗法による係数推定値の期待値と分散 …………………	285
11.6	補論2：多変量分布と回帰分析 ……………………………………………	288
	11.6.1　σ^2 の不偏推定量 ……………………………………………………	291
11.7	補論3：他の推定方法 ………………………………………………………	295
11.8	補論4：ＭＬ法に基づく検定法 ……………………………………………	298

あ と が き ……………………………………………………………………………… 301

参 考 文 献 ……………………………………………………………………………… 303

索　　　引 ……………………………………………………………………………… 315

第1章　基礎的数理

1.1　集合と論理

1.1.1　集　合

　経済が複雑さを増すにつれて，種々の領域で考察対象を集まりとして捉え，分析していくことが要請されている．現代経済学を修得するうえで，集合論と数理論理の基礎を学習することは不可欠であり，まず，それについて言及することにしよう．

　任意のものについて，それに属しているか，属していないかが厳密に規定されているようなものの集まりを集合 (set) と呼ぶことにする．集合に属しているものをその集合の要素（element）と呼ぶ．x が集合 A の要素であるとき，つまり，x が集合 A に属しているとき，$x \in A$ と記すことにする．x が 集合 A に属さないとき，$x \notin A$ と記す．いかなる要素も含まない集合は空集合と呼ばれ，ϕ と記される．

　集合の規定の仕方には 2 通りのものが考えられている．1 つは集合の要素を順に記述することによって集合の規定がなされる．たとえば，集合 A の要素が a, b, c からなる場合，次のように規定される．

$$A = \{a, b, c\}.$$

　もう 1 つの規定は，明確な条件を規定して，それを満足するもの全体の集まりとして記述する仕方である．たとえば，x に関する条件を $P(x)$ とし，集合 A が $P(x)$ を満足するような x 全体の集まりとして表されているとしよう．そのことは通常次のように記述される．

$$A = \{x \mid P(x)\}.$$

数に関する集合として，次のものが使用される．

$$\begin{aligned} R &= \{x \mid x \text{ は実数である}\}, \\ Q &= \{x \mid x \text{ は有理数である}\}, \\ Z &= \{x \mid x \text{ は整数である}\}, \\ N &= \{x \mid x \text{ は自然数である}\}. \end{aligned}$$

　さて，次に，集合の間の関係について言及していくことにしよう．集合の間の関係として種々のものが考えられるが，包含関係が特に重要なので，ここでは，包含関係の規定を行うことにする．

$x \in A$ ならば $x \in B$ ということが成立するとき,A は B に含まれる,あるいは A は B の部分集合であるといわれ,通常,$A \subset B$ と記される.

条件で規定された文章と集合の包含関係は密接な関係を持っている.いま,x に関する条件 $A(x)$ と $B(x)$ があるとしよう.さらに,集合を次のように定義する.

$$A = \{x \mid A(x)\}, \qquad B = \{x \mid B(x)\}.$$

任意の $x \in A$ に対して $B(x)$ が成立するとき,通常,我々は $A(x)$ ならば $B(x)$ という言説は成立する,あるいは,$A \subset B$ という包含関係は成立するとしている.たとえば,次の例を考えてみよう.

$$\begin{aligned} Z &= \{x \mid x \text{ は整数である}\}, \\ R &= \{x \mid x \text{ は実数である}\}. \end{aligned}$$

任意の $x \in Z$ に対して,x は実数であるという言説は真であり,x が整数であれば x は実数であるということが成立しており,$Z \subset R$ という包含関係も成立している.

次に,集合の和集合を定義しよう.集合 A_1 と A_2 の和集合(cup)は次のように定義される.図 1-1 のヴェン図を参照せよ[1].

$$A_1 \cup A_2 = \{x \mid x \in A_1 \text{ または } x \in A_2\}.$$

図 1-1

$A \cup B$

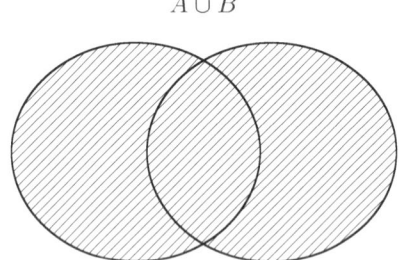

以上の定義より,次の意味も明確である.

$$(A_1 \cup A_2) \cup A_3.$$

図 1-2 より明らかなように,この集合は次のものと一致する.

$$A_1 \cup (A_2 \cup A_3).$$

---

[1] 数学における'または'という表現には排反的な意味はない.

1.1. 集合と論理

図 1-2

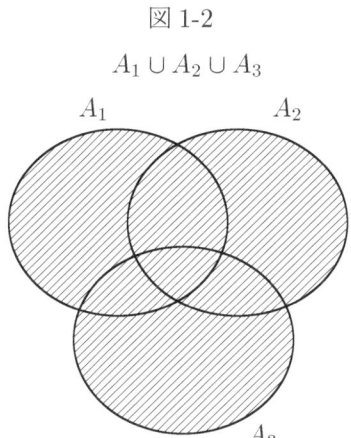

さらに，これらの集合は $(A_1 \cup A_3) \cup A_2$ とも一致する．したがって，これらの集合は $\cup$ の操作の順番に依存していないので，$A_1 \cup A_2 \cup A_3$ と記すことにする．一般的に，集合 $A_1, A_2, \cdots, A_n$ の和集合を次のように帰納的に定義する．

$$\bigcup_{i=1}^{n} A_i = A_1 \cup A_2 \cup \cdots \cup A_n = (A_1 \cup A_2 \cup \cdots \cup A_{n-1}) \cup A_n.$$

次に，集合の共通部分の定義を行うことにしよう．集合 A_1 と A_2 の共通部分 $A_1 \cap A_2$ は次のように定義される．

$$A_1 \cap A_2 = \{x \mid x \in A_1 \text{かつ} x \in A_2\}.$$

和集合のケースと同様に，次式が成立する．

$$(A_1 \cap A_2) \cap A_3 = A_1 \cap (A_2 \cap A_3) = (A_1 \cap A_3) \cap A_2.$$

これを $A_1 \cap A_2 \cap A_3$ と記すことにする．一般的に，集合 $A_1, A_2, \cdots, A_n$ の共通部分は次式のように帰納的に定義される．

$$\bigcap_{i=1}^{n} A_1 = A_1 \cap A_2 \cap \cdots \cap A_n = (A_1 \cap A_2 \cap \cdots \cap A_{n-1}) \cap A_n.$$

さらに，集合 A, B, C に対して，次式が成立する．

$$(A \cup B) \cap C = (A \cap C) \cup (B \cap C).$$

図 1-3 のヴェン図より，斜線の部分が $A \cap C$ と $B \cap C$ の和集合であることを確認することができる．

図 1-3

$$(A \cup B) \cap C = (A \cap C) \cup (B \cap C)$$

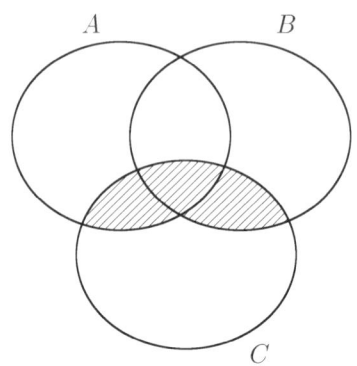

図 1-4

$$(A \cap B) \cup C = (A \cup C) \cap (B \cup C)$$

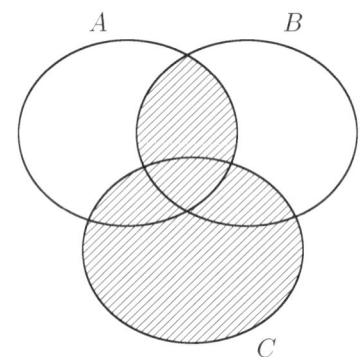

また，集合 A, B, C に対して，次式が成立する．

$$(A \cap B) \cup C = (A \cup C) \cap (B \cup C).$$

$(A \cap B) \cup C$ は図 1-4 のヴェン図の斜線の部分を表している．これは確かに $A \cup C$ と $B \cup C$ の共通部分に一致している．

1.1.2 集合と論理の関係

さて，考察対象とするすべてのものからなる全体集合を X とし，以下，X を前提として考えることにしよう．集合 A の補集合 A^c は次のように定義される（図 1-5 を参照せよ）．

$$A^c = \{x \mid x \notin A\}.$$

図 1-5

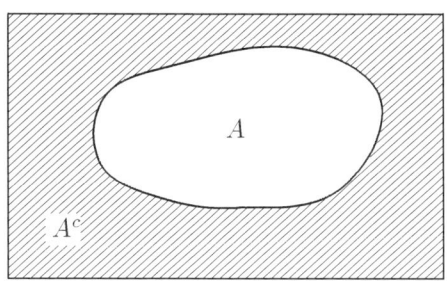

集合 A, B について，次のことが成立する．

$$A \subset B \iff A^c \supset B^c.$$

図 1-6 のヴェン図を参照せよ．

図 1-6

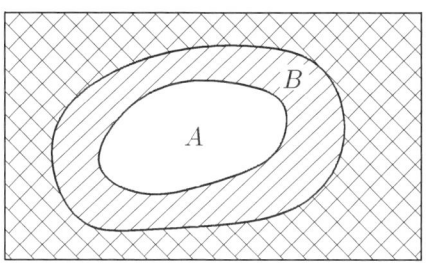

したがって，

$$A = \{x | A(x)\}, \qquad B = \{x | B(x)\}$$

とし，論理の問題として考えた場合，'x が条件 $A(x)$ を満足するならば $B(x)$ を満足する' という言説は 'x が条件 $B(x)$ を満足しないならば x は $A(x)$ を満足しない' ということと同じことである．通常これは対偶と呼ばれている．数理論理を考える場合，このことの意味は重要である．

図 1-7

$(A \cup B)^c = A^c \cap B^c$

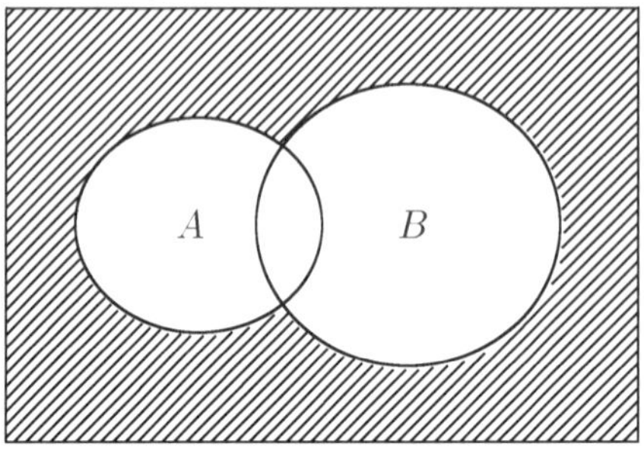

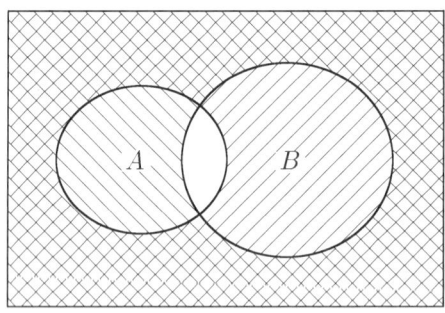

図 1-8

さて，次に，集合 A, B について次のことが成立する．

$$(A \cup B)^c = A^c \cap B^c.$$

図 1-7 のヴェン図では，$(A \cup B)^c$ が図示されている．さらに，図 1-8 のヴェン図では，A^c は右上りの斜線の領域で示され，B^c は右下りの斜線の領域で示されている．$A^c \cap B^c$ はそれらの共通部分であり，格子状の領域で示されている．これは上の図の $(A \cup B)^c$ と一致している．いま，集合 A, B が次のように定義されているものとする．

$$A = \{x | A(x)\}, \qquad B = \{x | B(x)\}.$$

そのとき，$x \in (A \cup B)^c$ ということは，'$A(x)$ または $B(x)$' ということが成立しないということを意味している．したがって，上記のことより，「$A(x)$ または $B(x)$」ということの否定は「$A(x)$ が成立しない」かつ「$B(x)$ が成立しない」ということと同値であるということができる．

さらに，集合 A, B について次のことが成立する．

$$(A \cap B)^c = A^c \cup B^c.$$

1.1. 集合と論理

図1-9のヴェン図では，$(A\cap B)^c$は斜線の領域で示されている．また，図1-8のヴェン図では，$A^c\cup B^c$は斜線が施されている領域で示されており，上図の$(A\cap B)^c$に一致している．

ここで，$A=\{x|A(x)\}, B=\{x|B(x)\}$としよう．そのとき，$x\in(A\cap B)^c$ということは'$A(x)$かつ$B(x)$'ということが成立しないということを意味している．したがって，上記の式より，「$A(x)$かつ$B(x)$」ということの否定は「$A(x)$が成立しない」または「$B(x)$が成立しない」ということと同値である．

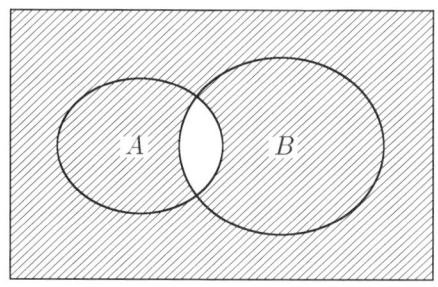

図 1-9
$(A\cap B)^c = A^c \cup B^c$

さて，X,Y,Zをそれぞれ空ではない集合としよう．ここで，zをZの要素とし，パラメータを表すことにする．

(1) 任意の$x\in X$に対して，ある$y\in Y$が存在して，$P(x,y,z)$が成立するということは次のように表される．
$$\forall x\in X, \exists y\in Y : P(x,y,z).$$

(2) ある$x\in X$が存在して，任意の$y\in Y$に対して，$P(x,y,z)$が成立するということは次のように表される．
$$\exists x\in X, \forall y\in Y : P(x,y,z).$$

これらの表記の背後にある意味の違いを明確にするために，次のような例をとりあげることにしよう．
$$X=\{1,2\}, \qquad Y=\{2,3\}, \qquad Z=\{3,4,5\}.$$
そのとき，$z=4$については，次のことが成立している．
$$\forall x\in X, \exists y\in Y : x+y=z.$$

$z=3$のケースでは，$x=1$に対して，$y=2$をとると，$x+y=3$ということが成立するが，$x=2$に対しては，$x+y=3$となる$y\in Y$は存在していない．つまり，$z=3$のケースでは，
$$\exists x\in X, \forall y\in Y : x+y\neq 3.$$

同様に，$z = 5$ に対しても，

$$\exists\, x \in X,\ \forall\, y \in Y\ :\ x + y \neq 5.$$

以上のことより，次のことが成立する．

$$A = \{z | z \in Z,\ \forall\, X,\ \exists\, y \in Y\ :\ x + y = z\} = \{4\},$$

$$A^c = \{z | z \in Z,\ \exists\, x \in X,\ \forall\, y \in Y\ :\ x + y \neq z\} = \{3, 5\}.$$

さて，一般的に次の言説を考えることにしよう．

$$\forall\, x \in X,\ \exists\, y \in Y\ :\ P(x, y, z).$$

この言説の否定は次式で表される．

$$\exists\, x \in X,\ \forall\, y \in Y\ :\ \overline{P(x, y, z)}.$$

ここで，$\overline{P(x,y,z)}$ は $P(x,y,z)$ の否定文である．

1.2 対応，写像，および関数

集合 A と B が与えられているとする．ある規則 φ によって，A の各元 x に対して，B の部分集合 $\varphi(x)$ が対応づけられているとき，φ は A から B への対応 (correspondence) と呼ばれ，$\varphi : A \to B$ と記される．A は始集合，B は終集合，$\varphi(x)$ は対応 φ による x の像と呼ばれる．経済学では，価格ベクトルに対して，経済主体の主体的均衡を表す需要の集合あるいは供給の集合を対応づける需要対応あるいは供給対応が考えられている．対応 $\varphi : A \to B$ を所与として，A の任意の部分集合 C の像を次のように定義する．

$$\varphi(C) = \{\varphi(x) | x \in C\}.$$

対応 $\varphi : A \to B$ を所与として，

$$\{(a, b) | a \in A,\ b \in \varphi(a)\}$$

という集合は対応 $\varphi : A \to B$ のグラフ (graph) と呼ばれ，$G(\varphi)$ と記される．対応 $\varphi : A \to B$ の定義域は次のように定義される．

$$D(\varphi) = \{a \mid a \in A,\ \varphi(a) \neq \phi\}.$$

対応 $\varphi : A \to B$ の値域は次のように定義される．

$$V(\varphi) = \{b \mid \exists\, a \in A\ :\ (a, b) \in G(\varphi)\}.$$

1.2. 対応，写像，および関数

対応 $\varphi : A \to B$ を所与として，$b \in V(\varphi)$ に対して，

$$\{a | (a,b) \in G(\varphi)\}$$

を対応づける新たな対応は φ の逆対応といわれ，$\varphi^{-1} : B \to A$ と記される．

次に，写像 (mapping) について定義することにしよう．

次の条件を満足するとき，対応 $f : A \to B$ は A から B への写像と呼ばれる．

(M) 任意の $a \in A$ に対して，$f(a)$ は B のただ 1 つの元からなっている．一般的に，$a \in A$ の像 $f(a) = \{b\}$ を単純に $f(a) = b$ と記す習慣がある．

また，写像 $f : A \to B$ について，'写像 f による a の像は b である'というかわりに，a における写像 f の値は b であるともいわれる．

さらに，写像 $f : A \to B$ は A の像が B を埋めつくすとき，すなわち，

$$f(A) = B$$

となるとき，全射といわれる．

また，写像 $f : A \to B$ は，

$$a \neq a', \quad a, a' \in A \quad \Rightarrow \quad f(a) \neq f(a')$$

ということを満足しているとき，単射といわれる[2]．写像 $f : A \to B$ は全射でかつ単射であるとき，全単射であるといわれる．さらに，写像はその終集合が実数全体の集合 R で規定されているとき，関数 (function) といわれる．

図 1-10

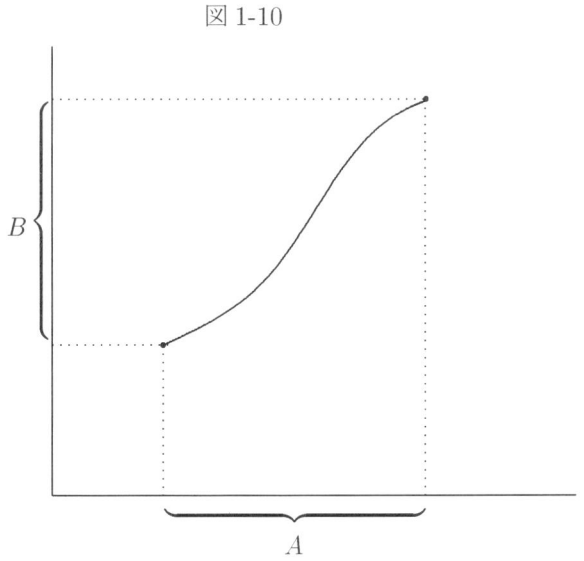

---

[2] 一般的に，C ならば D が成立するとき，$C \Rightarrow D$ と記す．さらに，それに加えて同時に D ならば C ということも成立するとき，$C \Longleftrightarrow D$ と記す．

1.2.1 元の列，収束列，コーシー列

次に，集合の元の列について定義しておくことにしよう．

自然数の集合 N から 集合 D への写像 a を D の元の列と呼び，$n \in N$ に対する像 $a(n)$ を a_n と記す．以下，D の元の列を (a_n) あるいは $(a_n)_{n \in N}$ と記すことにする．

また，元の列 (a_n) から，番号をとびとびに選んで，$a_{m_1}, a_{m_2}, \cdots$ とすると 1 つの元の列 (a_{m_n}) が得られる．(a_{m_n}) はもとの元の列の部分列といわれる．

以下では，集合 D において，任意の $a, b \in D$ に対して，距離 $d(a,b)$ が規定されているものとして，考察する[3]．

定義 1：集合 D の元の列 (a_n) について，n が無限大に増加するとき，a_n が a に近づいていく場合，D の元の列 (a_n) は a に収束するといわれ，次のように表される．

$$\lim_{n \to \infty} a_n = a, \quad あるいは \quad n \to \infty のとき, a_n \to a.$$

厳密には，

$$\forall \varepsilon > 0, \exists n_0 \in N, \forall n \geq n_0 :$$

$$d(a_n, a) < \varepsilon$$

となるとき，D の元の列 (a_n) は a に収束するといわれる．そのとき，a は極限値といわれる．

さて，上記の規定には，元の列 (a_n) が与えられたとき，それが収束するかどうかを検討する場合，存在するかどうかが不明な a が入っている．ところが，(a_n) が a に収束する元の列であれば，任意の $\varepsilon > 0$ に対して，ある n_0 が存在して，任意の $n \geq n_0$ ($n \in N$) に対して，

$$d(a_n, a) < \frac{\varepsilon}{2}$$

ということが成立する．したがって，任意の $n \geq n_0$ ($n \in N$) と任意の $m \geq n_0$ ($m \in N$) に対して，

$$d(a_n, a_m) < \varepsilon$$

---

[3] 一般的に，集合 A と B の直積 $A \times B$ は次のように定義される．

$$A \times B = \{(a,b) | a \in A, b \in B\}.$$

次の性質を満足する関数 $d(a,b) : A \times B \to R$ は距離と呼ばれる．
(1) $\forall (a,b) \in A \times B : d(a,b) \geq 0$,
(2) $d(a,a) = 0$,
(3) $d(a,b) = d(b,a)$,
(4) $d(a,c) \leq d(a,b) + d(b,c)$.

また，以下の議論で，一般的に，$R^n = \overbrace{R \times R \times \cdots \times R}^{n}$ と記され，次のように規定される．

$$R^n = \{(x_1, x_2, \cdots, x_n) | x_i \in R (i = 1, 2, \cdots, n)\}.$$

ということが成立する．この規定では確かに極限値は現われていない．逆に，この規定を満足する数列をコーシーの判定条件を満たす元の列，あるいは，単純に，コーシー列と呼ぶ．つまり，次のように定義される．

定義 2 : $\forall \varepsilon > 0,\ \exists n_0 \in N,\ \forall n, m \geq n_0$:

$$d(a_n, a_m) < \varepsilon$$

という性質を持っている元の列 (a_n) はコーシー列と呼ばれる．

上に述べたことから，収束する元の列であればコーシー列であるが，コーシー列が収束するかどうかは不明である．コーシー列は収束するということが確認されれば，極限値を含まない判定条件によって元の列が収束するかどうかを確認できることになる．

1.3 実数空間 R における議論

1.3.1 上界・下界，上限・下限，収束性

実数空間については，次の実数に関する連続の公理を前提にすると，コーシー列は収束するということを示すことができる．

公理 1 (カントールの連続性の公理) : 実数の閉区間の列 $I_n = [a_n, b_n]$ が次の条件を満たすとしよう．

(1) $I_1 \supset I_2 \supset \cdots$．

(2) $n \to \infty\ \Rightarrow\ b_n - a_n \to 0$．

そのとき，すべての I_n に共通に含まれる実数がただ 1 つ存在する．

次のことが成立する．

定理 1 : R 上で，連続性の公理を前提にすると，コーシー列は必ず収束する．

一般的に考察の対象とする空間において任意のコーシー列が収束する場合，その空間は完備であるといわれる．したがって，連続性の公理が成立する場合，実数の空間 R は完備であるということができる．

まず，幾つかの概念の定義を行うことにしよう．

定義 3 :

(1) x を R における空でない集合とする．ある実数 b が存在して，任意の $x \in X$ に対して，$x \leq b$ が成り立つとき，X は上に有界 (bounded from above)，b を X の上界 (upper bound) という．さらに，次の 2 つの条件が成立するとき，b_0 は X の上限 (supremum) といわれる．

(a) 任意の $x \in X$ に対して, $x \leq b_0$;

(b) $b < b_0 \Rightarrow \exists x \in X : b < x$.

通常, X の上限は sup X と記される.

(2) X を R における空でない集合とする. ある実数 a が存在して, 任意の $x \in X$ に対して, $a \leq x$ が成り立つとき, X は下に有界 (bounded from below) であるといわれる. また, a は X の下界 (lower bound) といわれる. さらに, 次の 2 つの条件が成立するとき, a_0 は X の下限 (infimum) といわれる.

(a) 任意の $x \in X$ に対して, $a_0 \leq x$;

(b) $a_0 < a \Rightarrow \exists x \in X : x < a$.

通常, X の下限は inf X と記される.

次のことが成立する.

定理 2 : $X \subset R, X \neq \phi$ とする.

(1) X が上に有界であれば, X の上限 sup X が存在する.

(2) X が下に有界であれば, X の下限 inf X が存在する.

定義 4 :

(1) $a_{n+1} \geq a_n$ $(n = 1, 2, \cdots)$ ということが成立するとき, 数列 (a_n) は単調増加数列であるという. 上式が狭義の不等号 > で成立しているとき, (a_n) は狭義単調増加数列であるという.

(2) $a_{n+1} \leq a_n$ $(n = 1, 2, \cdots)$ ということが成立するとき, 数列 (a_n) は単調減少数列であるという. 上式が狭義の不等号 < で成立しているとき, (a_n) は狭義単調減少数列であるという.

次の定理が成立する.

定理 3 :

(1) 単調増加数列 (a_n) は上に有界であれば, 次のことが成立する.

$$\lim_{n \to \infty} a_n = \sup_n a_n.$$

ここで, $\sup_n a_n = \sup \{a_1, a_2, \cdots\}$.

(2) 単調減少数列 (a_n) は下に有界であれば, 次のことが成立する.

$$\lim_{n \to \infty} a_n = \inf_n a_n.$$

ここで, $\inf_n a_n = \inf \{a_1, a_2, \cdots\}$.

1.3.2 関数の極限値と連続性

さて,実数値関数 $f(x)$ について次の定義を行うことにしよう.

定義 5 : x が x_0 に限りなく近づくとき, $f(x)$ がある数 α に限りなく近づくならば, $f(x)$ は α に収束するといい,

$$f(x) \to \alpha \ (x \to x_0) \ \text{または} \ \lim_{x \to x_0} f(x) = \alpha$$

と書く.ここで, α を x_0 における関数 $f(x)$ の極限値という.

厳密には,

$$\forall \varepsilon > 0, \exists \delta > 0 :$$

$$|x - x_0| < \delta \quad \Rightarrow \quad |f(x) - \alpha| < \epsilon$$

ということが成立するとき, $f(x)$ は α に収束するという.

定義 6 :

(1) x が a に限りなく近づくとき, $f(x)$ が $f(a)$ に限りなく近づくならば,関数 $f(x)$ は a で連続であるという.

厳密には,

$$\forall \varepsilon > 0, \exists \delta > 0 :$$

$$|x - a| < \delta \quad \Rightarrow \quad |f(x) - f(a)| < \epsilon$$

ということが成立するとき, $f(x)$ は a で連続であるという (図 1-11 を参照).

(2) 関数 $f(x)$ の定義域内の任意の x に対して連続であるとき, $f(x)$ は連続関数であるといわれる.

図 1-11

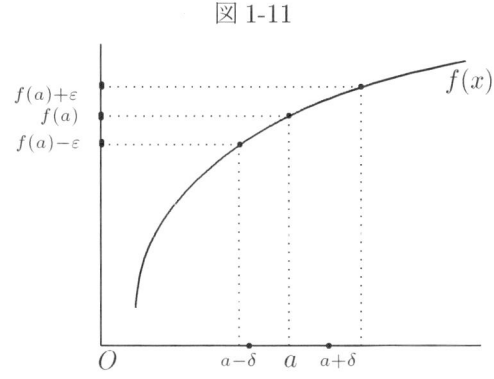

1.3.3 実数値関数の最大値,最小値,極大値,極小値

$y = f(x)$ を定義域 U の関数としよう.

(1) 任意の $x \in U$ に対して,$f(\hat{x}) \geq f(x)$ $(f(\hat{x}) \leq f(x))$ となるとき,$y = f(x)$ は $\hat{x}$ で最大値 (最小値) をとるといわれ,$f(\hat{x})$ は最大値 (最小値) とよばれる.

(2) $\hat{x}$ のある近傍 $N(\hat{x})$ が存在して,任意の $x \in N(\hat{x})$ に対して,$f(\hat{x}) \geq f(x)$ $(f(\hat{x}) \leq f(x))$ となるとき,$y = f(x)$ は $\hat{x}$ で極大値 (極小値) をとるといわれ,$f(\hat{x})$ は極大値 (極小値) とよばれる.

1.4 $f(x)$ の導関数

1.4.1 微係数と導関数

実数値関数 $y = f(x)$ を考えることにする[4].

まず,x のある値 x' における微係数 (微分係数) を次のように,近似的に定義しよう.

x' における $y=f(x)$ の微係数 ≒ x が x' から微小量 Δx だけ変化した場合,それに伴って生じる y の (x の変化 1 単位当たりの) 変化量.

図 1-12

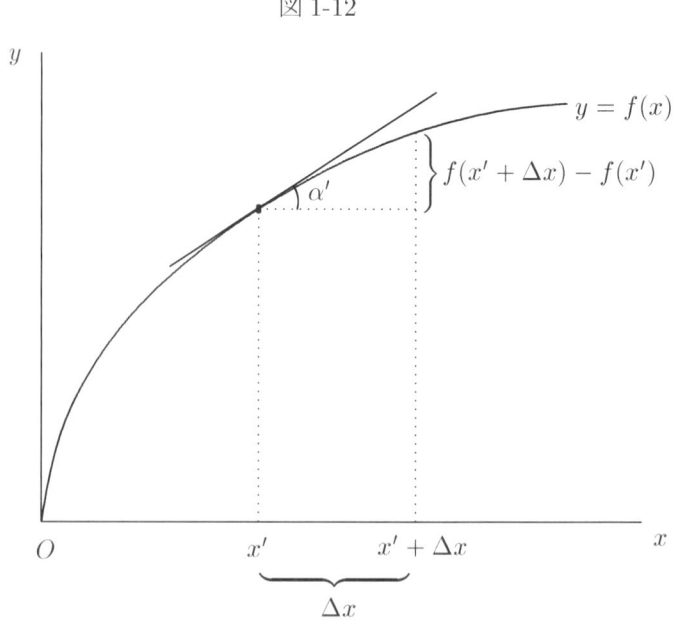

---
[4] 通常,x は独立変数,y は従属変数とよばれる.

1.4. $f(x)$ の導関数

ここで，カッコ（ ）の部分について付言すると，問題になっている変化量は y のそれであるが，x の変化量 1 単位当たりに修整されたものであるという意味である．

いま，$y = f(x)$ を図示したグラフが図 1-12 のように与えられているケースを考察してみることにしよう．

x' における y の値は $f(x')$ である．x' から変数 x が Δx だけ増加した場合，変化後の y の値は $f(x' + \Delta x)$ となる．したがって，Δx だけの x の変化に伴って生じる y の変化量は $f(x' + \Delta x) - f(x')$ となる．ゆえに，x の変化量 1 単位当たりに修整された y の変化量は $\{f(x' + \Delta x) - f(x')\}/\Delta x$ で与えられる．

以上のことより，次のようになる．

$$x' \text{ における } y = f(x) \text{ の微係数}$$
$$\fallingdotseq \{f(x' + \Delta x) - f(x')\}/\Delta x.$$

ところで，上述の言葉による定義のなかでは，微小量というあいまいな表現が使用されていた．図 1-12 のケースで，x の変化量を小さくすると，上記の近似的な値は増加する．したがって，微小量の意味を明確にしないかぎり，厳密な定義は不可能だということになる．さて，通常，微小量というあいまいさを回避するために，x' における微係数は x の変化量を 0 に近づけたとき，$\{f(x' + \Delta x) - f(x')\}/\Delta x$ が近づいていく値として定義される．つまり，厳密な意味で，x' における微係数 $df(x')/dx$ は次のように定義される．

$$x' \text{ における微係数} \quad \frac{df(x')}{dx} = \lim_{\Delta x \to 0} \frac{f(x' + \Delta x) - f(x')}{\Delta x}.$$

記法上，x' における微係数は $f'(x')$ とも記される．図 1-12 から推察されるように，Δx を 0 に近づけていくと，$\{f(x' + \Delta x) - f(x')\}/\Delta x$ は次第に（$y = f(x)$ に対応する）曲線の x' における接線の勾配，つまり，$\tan \alpha'$ に近づいていくことになる．x' における微係数は上述のように定義されたが，x の他の値，たとえば，x'' についても，そこにおける微係数は同じように定義される．任意の x に対して，x における微係数 $df(x)/dx$ を対応づける関数は $y = f(x)$ の導関数といわれる．通常，$y = f(x)$ の導関数は $df(x)/dx$ あるいは $f'(x)$ と記される．図 1-13(a) に描かれている関数 $y = f(x)$ の導関数は図 1-13(b) のように描かれる．

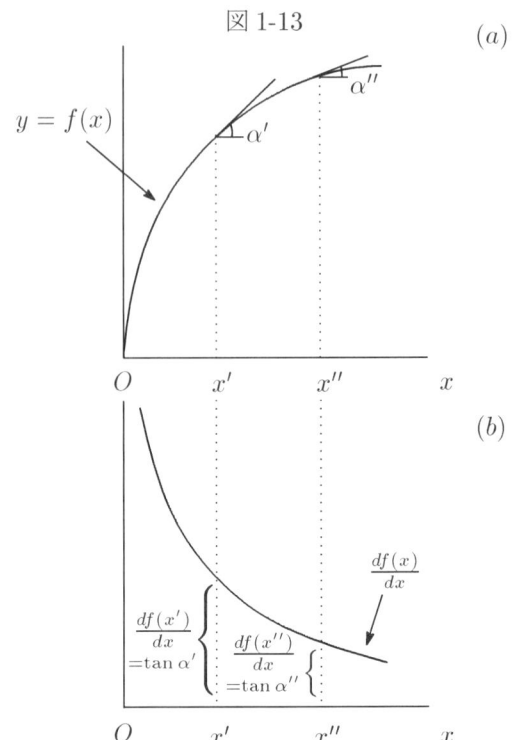

図 1-13

1.4.2 指数関数と対数関数

まず,e を次のように定める.

$$\lim_{m \to \infty} \left(1 + \frac{1}{m}\right)^m = e.$$

このような e は次のような無理数である.

$$e = 2.71828\ldots$$

この e を利用して,x に e^x を対応づける関数は通常,指数関数 (exponential function) と呼ばれている.指数関数は一般的に次のように記される.

$$e^x \quad \text{あるいは} \quad \exp x.$$

1.4. $f(x)$ の導関数

図 1-14

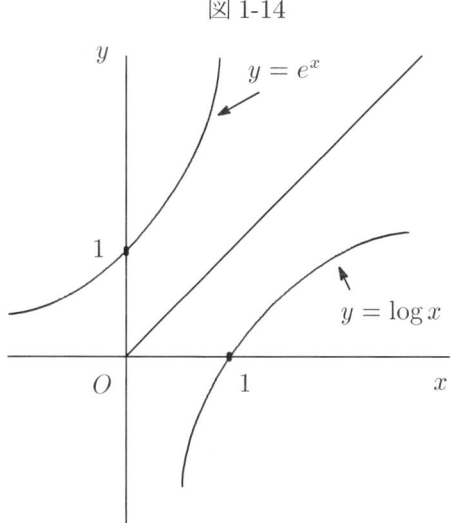

同様に，正の数 x に対して，e を底とする対数 $\log_e x$ を対応づける関数は対数関数 (logarithmic function) と呼ばれ，通常，

$$\log x \text{ あるいは } \ln x$$

と表されている．図 1-14 で描かれているように，2 つの関数の合成関数は，$f(x) = \log e^x = x$ になり，$y = e^x$ と $y = \log x$ はそれぞれの逆関数である．（ここでは，逆関数の慣用的な定義に従っている．逆写像との違いに注意する必要がある．）

1.4.3　導関数の公式

次に，経済学でしばしば使用されるタイプの関数について，導関数の公式を列記しておくことにしよう．

$$\frac{d}{dx}\{af(x)\} = af'(x) \quad (a \text{ は定数})$$

$$\frac{d}{dx}\{f(x) + g(x)\} = f'(x) + g'(x)$$

$$\frac{d}{dx}[f(x)\,g(x)] = f'(x) \cdot g(x) + f(x) \cdot g'(x)$$

$$\frac{d}{dx}\frac{f(x)}{g(x)} = \frac{f'(x)g(x) - f(x)g'(x)}{g(x)^2} \quad (\text{ここで，} g(x) \neq 0)$$

$$\frac{d}{dx}f(g(x)) = f'(g(x))g'(x)$$

$$\frac{dx^\alpha}{dx} = \alpha x^{\alpha-1} \quad (\alpha \text{ は実数})$$

$$\frac{de^x}{dx} = e^x$$

$$\frac{d\log x}{dx} = \frac{1}{x} \quad (ここで,\ x \neq 0)$$

$$\frac{d\log f(x)}{dx} = \frac{f'(x)}{f(x)} \quad (ここで,\ f(x) \neq 0)$$

$$\frac{df^{-1}(x)}{dx} = \frac{1}{f'[f^{-1}(x)]} \quad (ここで,\ f^{-1}(x)\ は\ f(x)\ の逆関数である)$$

$$\frac{da^x}{dx} = a^x \log a$$

1.4.4　n 回微分可能性，n 階導関数，および n 回連続微分可能性

さて，通常，関数 $f(x)$ の導関数が定義できるとき，関数 $f(x)$ は微分可能あるいは (厳密にいって) 1 回微分可能であるといわれる．このとき，上述のように，$f(x)$ の導関数あるいは 1 階導関数は $df(x)/dx$ あるいは $f'(x)$ と表される．$df(x)/dx$ は x の関数であるが，さらに，この関数も微分可能であるとき，関数 $f(x)$ は 2 回微分可能だといわれ，$d^2f(x)/dx^2$ あるいは $f''(x)$ と記され，$f(x)$ の 2 階導関数といわれる．同様にして，n 回微分可能性と n 階導関数が順々に定義され，通常，$d^n f(x)/dx^n$ あるいは $f^{(n)}(x)$ と表される．

図 1-15

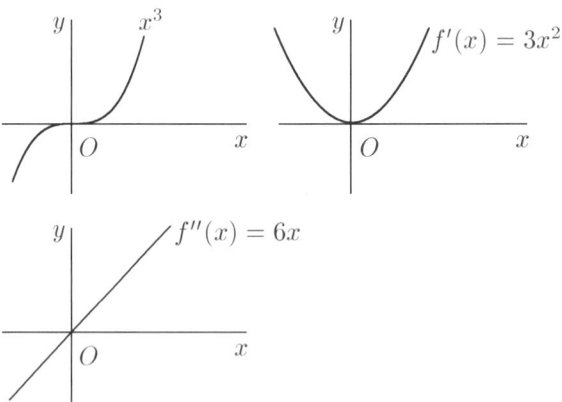

図 1-15 には，例として，関数 $f(x) = x^3$ の導関数 $df(x)/dx$ (あるいは $f'(x)$) と 2 階導関数 $d^2 f(x)/dx^2$ (あるいは $f''(x)$) が描かれている．ここで，$df(x)/dx = 3x^2$, $d^2 f(x)/dx^2 = 6x$.

関数 $f(x)$ が n 回微分可能で，しかも，n 階導関数が連続関数であるとき，$f(x)$ は n 回連続微分可能であるといわれる．

1.5 最適問題 (1 変数のケース)

連続関数については,次のことが成立する.

定理 4 : $f(x)$ が閉区間 $[a, b]$ の連続関数だとすると,最大値および最小値が存在する.

定理 5 : $f(x)$ は閉空間 $[a, b]$ で連続で,(a, b) で微分可能であるとする.$c \in (a, b)$ で極大値あるいは極大値をとれば,

$$f'(c) = 0$$

となる.

証明: $c \in (a, b)$ において極大値をとれば,次のことが成立する.

$$\frac{f(c+h) - f(c)}{h} \leq 0 \qquad (\text{十分小なる } h > 0 \text{ に対して}),$$

$$\frac{f(c+h) - f(c)}{h} \geq 0 \qquad (\text{十分小なる } h < 0 \text{ に対して}).$$

したがって,

$$0 \geq \lim_{h \to 0, h > 0} \left\{ \frac{f(c+h) - f(c)}{h} \right\}, \qquad \lim_{h \to 0, h < 0} \left\{ \frac{f(c+h) - f(c)}{h} \right\} \geq 0.$$

$f(x)$ は $c \in (a, b)$ で微分可能であるので,

$$\lim_{h \to 0, h > 0} \left\{ \frac{f(c+h) - f(c)}{h} \right\} = \lim_{h \to 0, h < 0} \left\{ \frac{f(c+h) - f(c)}{h} \right\} = f'(c).$$

よって,

$$f'(c) = 0.$$

Q.E.D.

補助定理 1 : $f(x)$ は $[a, b]$ で連続で,(a, b) で微分可能であるとする.$f(a) = f(b)$ ならば $f'(c) = 0$ となる $c \in (a, b)$ が存在する.

証明: $f(x)$ が定値関数である場合,任意の $c \in (a, b)$ に対して,$f'(c) = 0$ となる.次に,$f(x)$ が定値関数ではないとしよう.仮定より,$f(a) = f(b)$ であるので,最大値あるいは最大値をとる点が (a, b) の中に存在する.その点を c とすると,本章の定理 5 より,$f'(c) = 0$.

Q.E.D.

定理 6 (平均値の定理): $f(x)$ が $[a, b]$ で連続で,(a, b) で微分可能であるとしよう.そのとき,$f'(x_0) = (f(b) - f(a))/(b - a)$ となる $x_0 \in (a, b)$ が存在する.$x_0 = a + \theta(b - a), 0 < \theta < 1, b - a = h$ とおくと,$f(a + h) = f(a) + hf'(a + \theta h)$ と表すことができる.

証明：次の関数を定義しよう．

$$g(x) = f(x) - f(a) - \frac{f(b) - f(a)}{b - a}(x - a).$$

ここで，$g(x)$ は $[a,b]$ で連続で，(a,b) で微分可能である．さらに，$g(b) = g(a) = 0$．したがって，本章の定理5より，

$$g'(x_0) = 0,$$

つまり，次式を満足するような $x_0 \in (a, b)$ が存在する．

$$f'(x_0) = \frac{f(b) - f(a)}{b - a}.$$

Q.E.D.

次に関数 $f(x)$ が開区間 U 上で2回連続微分可能である場合，以下の諸定理が成立する．

定理 7：関数 $y = f(x)$ が定義域 U 上で2回連続微分可能だとすると，U の内部の任意の x に対して，

$$f(x + \Delta x) - f(x) = f'(x)\Delta x + \frac{1}{2}f''(x + \theta \Delta x)(\Delta x)^2, \ (0 < \theta < 1; x + \theta\Delta x \in U)$$

と表される．

定理 8：関数 $y = f(x)$ は定義域 U 上で2回連続微分可能だとする．関数 $y = f(x)$ が x^* で極大値を持つための必要条件は次の通りである．

(1) $f'(x^*) = 0,$

(2) $f''(x^*) \leqq 0.$

証明：関数 $y = f(x)$ が x^* で極大値をとるとしよう．そのとき，次のことが成立している．

$$f(x^* + \Delta x) - f(x^*) = \frac{1}{2}f''(x^* + \theta\Delta x)(\Delta x)^2, \ 0 < \theta < 1.$$

ある $\delta'' > 0$ が存在して，任意の $\Delta x \in (-\delta'', \delta'')$ に対して，

$$f(x^* + \Delta x) - f(x^*) \leqq 0.$$

したがって，

$$f''(x^* + \theta\Delta x) \leqq 0.$$

ゆえに，$f''(x^*) \leqq 0$．

Q.E.D.

1.5. 最適問題 (1 変数のケース)

定理 9 ：関数 $y = f(x)$ は定義域 U 上で 2 回連続微分可能だとする．関数 $y = f(x)$ が x^* で極大値を持つための十分条件は次の通りである．

(1)　$f'(x^*) = 0$,

(2)　$f''(x^*) < 0$.

証明：$f'(x^*) = 0$, $f''(x^*) < 0$ であれば，ある $\delta > 0$ が存在して，任意の $\Delta x \in (-\delta, \delta)$ に対して，$f''(x^* + \theta \Delta x) < 0$ であるので，上記の定理の証明の過程から，x^* が極大値であるということができる．

Q.E.D.

さて，次に，経済理論でよく利用されている凹関数について簡単に説明しておくことにしよう．

定義 7　(**凹関数の定義**)：関数 $y = f(x)$ は次のことが成立するとき凹関数 (concave function) といわれる．

任意の x_1, x_2 と，任意の $\lambda \in [0, 1]$ に対して，

$$f((1-\lambda)x_1 + \lambda x_2)$$

図 1-16

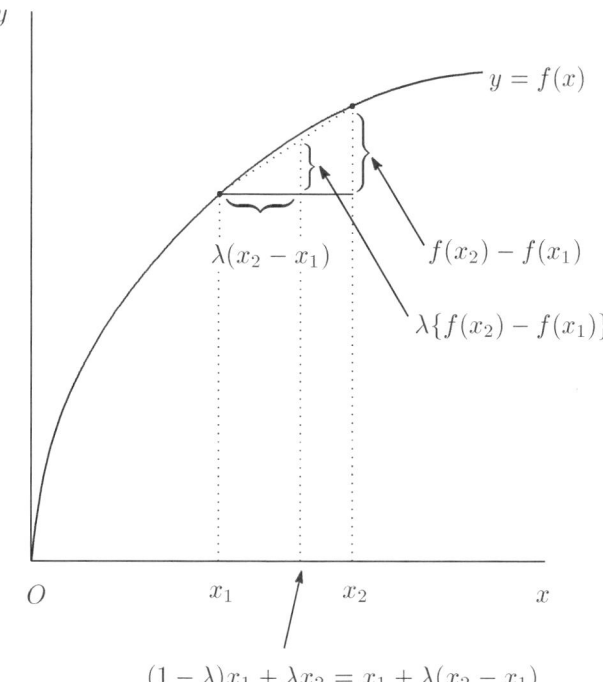

$$\geqq (1-\lambda)f(x_1) + \lambda f(x_2)$$
$$= f(x_1) + \lambda\{f(x_2) - f(x_1)\}.$$

ここで，上記の関係式が狭義の $>$ で成立しているとき，$y = f(x)$ は狭義の凹関数といわれる（図 1-16 を参照せよ）．

定義 8 （凸関数の定義） : $y = f(x)$ は次のことが成立するとき凸関数 (convex function) といわれる．

任意の x_1，x_2 と，任意の $\lambda \in [0, 1]$ に対して，

$$f((1-\lambda)x_1 + \lambda x_2)$$
$$\leqq (1-\lambda)f(x_1) + \lambda f(x_2).$$

ここで，上記の関係式が狭義の $<$ で成立するとき，$y = f(x)$ は狭義の凸関数といわれる．凹関数については，次のことが成立する．

定理 10 : 関数 $y = f(x)$ は 2 回微分可能であるとする．$y = f(x)$ が凹関数であれば，また，そのときにかぎり，定義域の任意の x に対して，

$$f''(x) \leqq 0.$$

図 1-17

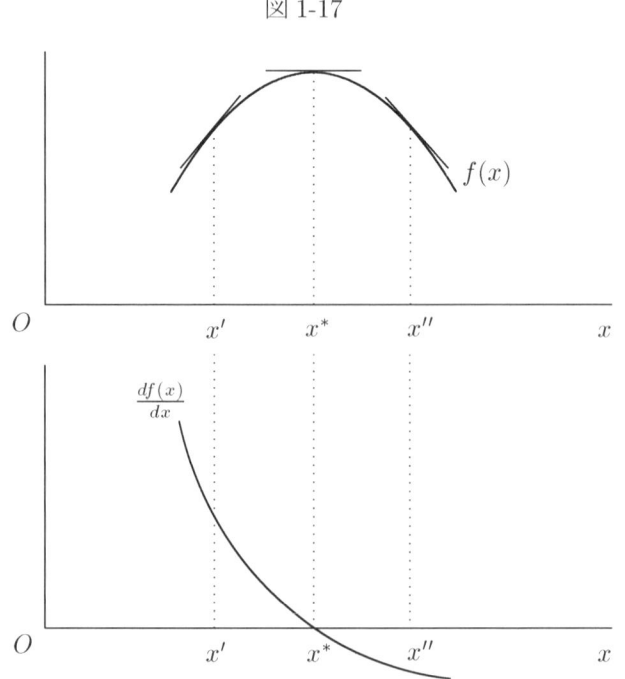

1.5. 最適問題 (1 変数のケース)

定理 11：関数 $y = f(x)$ は微分可能な凹関数であるとしよう．そのとき，$y = f(x)$ が x^* で最大値をとるための必要十分条件は，

$$f'(x^*) = 0$$

となることである (図 1-17 を参照せよ)．

定義 9 (変曲点の定義)： 連続関数 $f(x)$ が点 c の左側で狭義の凸 (凹) 関数であり，右側で狭義の凹 (凸) 関数になっているとき，点 c は変曲点といわれる．

図 1-18

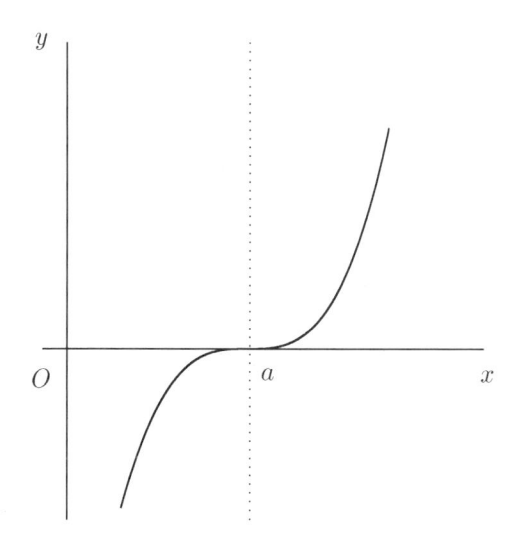

例として，$f(x) = (x-a)^3$ という関数を考えることにしよう (図 1-18 を参照せよ)．そのとき，

$$\begin{align} f'(x) &= 3(x-a)^2, \\ f''(x) &= 6(x-a). \end{align}$$

ゆえに，

$$f(a) = 0,\ f'(a) = 0,\ f''(a) = 0$$

ということが成立している．この例で明らかにされているように，点 a では $f'(a) = 0$ ということが成立しているが，関数 $f(x)$ は点 a で極大値も極小値もとらない．したがって，一般的に，定義域の内部で，$f'(a) = 0$ ということが成立していても，関数 $f(x)$ は点 a で必ずしも極大値あるいは極小値をとらないということは注意する必要がある．ただし，定義域の内部で最大値をとるような点 a が存在する場合には，必ず，$f'(a) = 0$ ということが成立している．

1.6 補論：ロピタルの定理

次に，しばしば使用されるロピタルの定理について考察しておこう．まず，次の補助定理を証明しておく．

補助定理 2：関数 $f(x), g(x)$ は $[a,b]$ は下記の条件を満たすものとする．

(1) $f(x), g(x)$ は $[a,b]$ で連続で，(a,b) で微分可能とする．

(2) $g(a) \neq g(b)$.

(3) 任意の $x \in (a,b)$ に対して，$|f'(x)| + |g'(x)| \neq 0$.

そのとき，次式を満足する $x_0 \in (a,b)$ が存在する．
$$\frac{f(b)-f(a)}{g(b)-g(a)} = \frac{f'(x_0)}{g'(x_0)}.$$

証明：次のような関数を定義しよう．
$$M(x) = f(x) - f(a) - \frac{f(b)-f(a)}{g(b)-g(a)}\{g(x)-g(a)\}.$$

ここで，$M(a) = M(b) = 0$. したがって，本章の定理 5 により，
$$M'(x_0) = 0,$$
つまり，
$$f'(x_0) = \frac{f(b)-f(a)}{g(b)-g(a)} g'(x_0)$$
となる $x_0 \in (a,b)$ が存在する．$g'(x_0) = 0$ ならば，$f'(x_0) = 0$ となり，条件 (3) に矛盾する．したがって，$g'(x_0) \neq 0$. ゆえに，
$$\frac{f(b)-f(a)}{g(b)-g(a)} = \frac{f'(x_0)}{g'(x_0)}.$$

Q.E.D.

次の定理が成立する．

定理 12：下記のことが成立しているとしよう．

(1) $f(x), g(x)$ は $[a,b]$ で連続で，(a,b) で微分可能である．

(2) 任意の $x \in [a,b]$ に対して，$g(x) \neq 0$, $g'(x) \neq 0$ である．

いま，(a) $x \to c$ のとき，$f(x) \to 0$, $g(x) \to 0$, あるいは，(b) $x \to c$ のとき，$f(x) \to \infty$, $g(x) \to \infty$ としよう．そのとき，次のことが成立する．
$$\lim_{x \to c} \frac{f'(x)}{g'(x)} = A \quad \Rightarrow \quad \lim_{x \to c} \frac{f(x)}{g(x)} = A.$$

証明：ここでは，(a) のケースのみを証明する．$I = [a, b]$ の相異なる 2 元を x, y とする．ここで，$x < y < c \leqq b$ とする．

$$\frac{f(x) - f(y)}{g(x) - g(y)} = \frac{f'(v)}{g'(v)}$$

となる $v \in [x, y]$ が存在する．したがって，

$$\frac{f(x)/g(x) - f(y)/g(x)}{1 - g(y)/g(x)} = \frac{f'(v)}{g'(v)}.$$

ここでは，A が $\pm\infty$ でないケースのみを証明しよう．

$$\forall \varepsilon > 0, \quad \exists x_0, \quad \forall x \in (x_0, c): \text{そのとき}, \quad \left|\frac{f'(x)}{g'(x)} - A\right| < \varepsilon.$$

x を x_0 と c との間，y も x_0 と c の間にとることにしよう．そのとき，上で定まる v も x_0 と c の間に存在する．

したがって，

$$A - \varepsilon < \frac{f(x)/g(x) - f(y)/g(x)}{1 - g(y)/g(x)} < A + \varepsilon.$$

いま，x を x_0 と c の間の値に固定して，$y \to c$ とすると，

$$A - \varepsilon \leq \frac{f(x)}{g(x)} \leq A + \varepsilon.$$

したがって，

$$\forall \varepsilon > 0, \quad \exists x_0, \quad \forall x \in (x_0, c): \quad \left|\frac{f(x)}{g(x)} - A\right| \leq \varepsilon.$$

Q.E.D.

1.7　R^2 上の実数値関数 $y = g(x_1, x_2)$ の偏導関数

1.7.1　$y = g(x_1, x_2)$ に付随する曲面

前節で取り扱われた関数 $y = f(x)$ のような 1 変数と 1 変数の間の対応関係は平面上にグラフとして表示することができる．ところが，本節で議論される $y = g(x_1, x_2)$ のような (x_1, x_2) という 2 変数と 1 変数の間の対応関係を 1 つの平面上に描くことは容易ではない．

図 1-19 では，x_1 と x_2 の組合せ (x_1, x_2) が (x_1, x_2) 平面上に 1 対 1 に対応づけられている．(x_1, x_2) 平面に垂直な第 3 の座標軸 y を設定することにする．そして，(x'_1, x'_2) に対しては，$y' = g(x'_1, x'_2)$ の長さの線分を対応づけ，(x''_1, x''_2) に対しては $y'' = g(x''_1, x''_2)$ の長さの線分を対応づけるというように，(x_1, x_2) 平面上のすべての点 (x_1, x_2) に対して，y 軸方向に $y = g(x_1, x_2)$ の長さの線分を対応づけていくことにする．各線分の頂点を結んでいくと，1 つの曲面が構成される．これが関数 $y = g(x_1, x_2)$ に付随する曲面である．以下では，右下方向から見て，曲面が図 1-19 のように描かれるケースのもとで議論を行うことにする．

1.7.2 偏微係数と偏導関数

関数 $y = g(x_1, x_2)$ の偏導関数を定義するために，まず，偏微係数の定義を行うことにしよう．

(x_1', x_2') における x_1 に関する偏微係数
$\fallingdotseq$ x_2 の量を x_2' に一定にしておいて，x_1 の量を x_1' から微小量 Δx_1 だけ変化させた場合，それに伴って生じる y の (x_1 の変化量 1 単位当たりの) 変化量
$= \dfrac{g(x_1' + \Delta x_1,\ x_2') - g(x_1',\ x_2')}{\Delta x_1}.$

ところで，(関数 $g(x_1, x_2)$ が特殊な関数でないかぎり) 前項での議論と同様に，微小量 Δx_1 の指定に伴う問題が生じる．そこで，Δx_1 を 0 に近づけたとき，次の商の極限値が存在するとき，

$$\frac{g(x_1' + \Delta x_1,\ x_2') - g(x_1',\ x_2')}{\Delta x_1}$$

その極限値は (x_1', x_2') における x_1 に関する偏微係数と呼ばれる．通常，厳密には，次のように，定義される．

(x_1', x_2') における x_1 に関する偏微係数 $\partial g(x_1', x_2')/\partial x_1$
$= \displaystyle\lim_{\Delta x_1 \to 0} \dfrac{g(x_1' + \Delta x_1,\ x_2') - g(x_1',\ x_2')}{\Delta x_1}$ （図 1-19 では $= \tan\alpha$）

同様に，(x_1', x_2') における x_2 に関する偏微係数 $\partial g(x_1', x_2')/\partial x_2$ は次のように定義される．

図 1-19

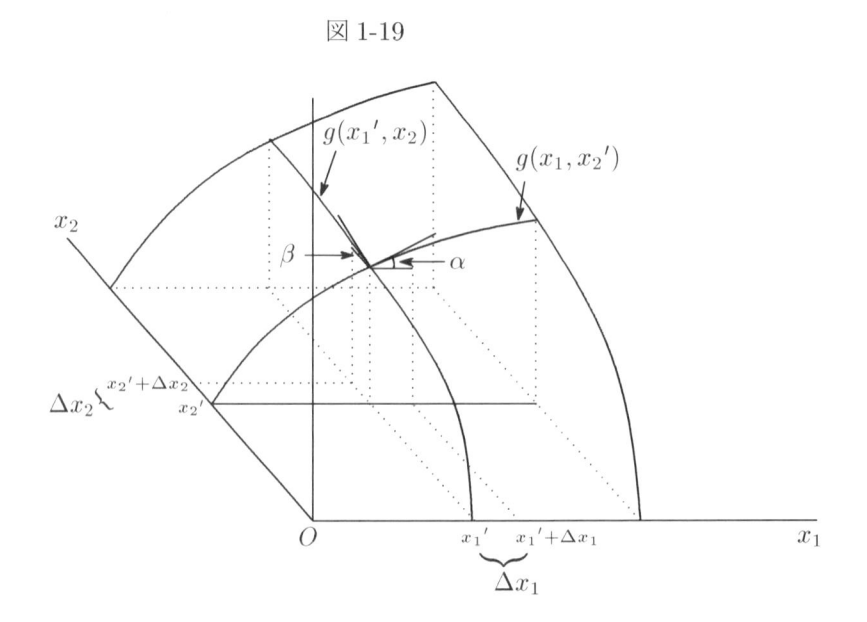

1.7. R^2 上の実数値関数 $y = g(x_1, x_2)$ の偏導関数

(x'_1, x'_2) における x_2 に関する偏微係数 $\partial g(x'_1, x'_2)/\partial x_2$
$$= \lim_{\Delta x_2 \to 0} \frac{g(x'_1, x'_2 + \Delta x_2) - g(x'_1, x'_2)}{\Delta x_2}. \quad \text{(図 1-19 では} = \tan \beta)$$

さて，図 1-19 で，偏微係数を考えてみることにしよう．$y = g(x_1, x_2)$ に付随する曲面を所与として，点 (x'_1, x'_2) においては，いろいろな方向での傾きが考えられるが，(x'_1, x'_2) における x_1 に関する偏微分係数 $\partial g(x'_1, x'_2)/\partial x_1$ は，曲面の (x'_1, x'_2) 上での x_1 方向の傾き $\tan \alpha$ のことである．同様に，$\partial g(x'_1, x'_2)/\partial x_2$ は曲面の (x'_1, x'_2) 上での x_2 方向の傾き $\tan \beta$ のことである．

さて，各 (x_1, x_2) に対して，(x_1, x_2) における x_1 に関する偏微係数を対応づけることによって導出される関数は x_1 に関する偏導関数といわれ，$\partial g(x_1, x_2)/\partial x_1$ と記される．

同様に，各 (x_1, x_2) に対して，(x_1, x_2) における x_2 に関する偏微係数を対応づける関数は x_2 に関する偏導関数といわれ，$\partial g(x_1, x_2)/\partial x_2$ と記される．

また，関数 $g(x_1, x_2)$ の $x_i (i = 1, 2)$ に関する偏導関数を求めることを，通常，$g(x_1, x_2)$ を x_i で偏微分するという．具体的に，偏導関数を求めるためにどのようにすればよいかを考えてみることにする．まず，次のような例を考えてみよう．

$$g(x_1, x_2) = x_1^2 x_2.$$

(a, b) における x_1 に関する偏微係数：

$$\frac{\partial g(a, b)}{\partial x_1} = \lim_{h \to 0} \frac{(a+h)^2 b - a^2 b}{h} = \lim_{h \to 0} \frac{a^2 b + 2abh + h^2 b - a^2 b}{h} = 2ab.$$

したがって，$\dfrac{\partial g(x_1, x_2)}{\partial x_1} = 2x_1 x_2$.

同様に，

(a, b) における x_2 に関する偏微係数：

$$\frac{\partial g(a, b)}{\partial x_2} = \lim_{k \to 0} \frac{a^2(b+k) - a^2 b}{k} = a^2.$$

よって，$\partial g(x_1, x_2)/\partial x_1 = x_1^2$.

上記のことより明らかなように，一般的に，関数 $g(x_1, x_2)$ の $x_i (i = 1, 2)$ に関する偏導関数は次のように求められる．

$\dfrac{\partial g(x_1, x_2)}{\partial x_1}$ …… x_2 を所与として (すなわち x_2 を定数とみなして)，関数 $g(x_1, x_2)$ を x_1 に関して通常の微分を行う．

$\dfrac{\partial g(x_1, x_2)}{\partial x_2}$ …… x_1 を所与として (すなわち x_1 を定数とみなして)，関数 $g(x_1, x_2)$ を x_2 に関して通常の微分を行う．

また，関数 $g(x_1, x_2)$ は定義域上で x_1 および x_2 に関する偏微係数が存在するとき，偏微分可能だといわれる．さらに，定義域上で，$\partial g(x_1, x_2)/\partial x_1, \partial g(x_1, x_2)/\partial x_2$ が連続関数になっているとき，$g(x_1, x_2)$ は連続微分可能な (continuously differentiable) 関数あるいは C^1 級の関数であるといわれる．

1.7.3 全微分

$\sqrt{(\Delta x_1)^2 + (\Delta x_2)^2} \to 0$ となるとき，

$$\frac{g(x_1' + \Delta x_1, x_2' + \Delta x_2) - g(x_1', x_2') - \{a\Delta x_1 + b\Delta x_2\}}{\sqrt{(\Delta x_1)^2 + (\Delta x_2)^2}}$$

がゼロに近づくならば，関数 $g(x_1, x_2)$ は点 (x_1', x_2') で全微分可能であるといわれる．

ここで，$\Delta x_2 = 0$ として，$\Delta x_1 \to 0$ とすると，

$$\frac{g(x_1' + \Delta x_1, x_2') - g(x_1', x_2') - a\Delta x_1}{\Delta x_1} \to 0.$$

同様に，$\Delta x_1 = 0$ として，$\Delta x_2 \to 0$ とすると，

$$\frac{g(x_1', x_2' + \Delta x_2) - g(x_1', x_2') - b\Delta x_2}{\Delta x_2} \to 0.$$

したがって，(x_1', x_2') において x_1 に関して偏微分可能で，

$$\frac{\partial g(x_1', x_2')}{\partial x_1} = a.$$

また，(x_1', x_2') において x_2 に関して偏微分可能で，

$$\frac{\partial g(x_1', x_2')}{\partial x_2} = b.$$

したがって，全微分可能性の定義は次のように表現されることもある．

$\sqrt{(\Delta x_1)^2 + (\Delta x_2)^2} \to 0$ となるとき，

$$\frac{g(x_1' + \Delta x_1, x_2' + \Delta x_2) - g(x_1', x_2') - \left\{\frac{\partial g(x_1', x_2')}{\partial x_1}\Delta x_1 + \frac{\partial g(x_1', x_2')}{\partial x_2}\Delta x_2\right\}}{\sqrt{(\Delta x_1)^2 + (\Delta x_2)^2}}$$

がゼロに近づくとき，点 (x_1', x_2') で全微分可能であるといわれる．

定義域の各点 (x_1, x_2) で全微分可能であるとき，関数 $g(x_1, x_2)$ は全微分可能であるといわれる．以上のことより，関数 $g(x_1, x_2)$ が全微分可能であるときには，x_1 および x_2 に関し偏微分可能であるが，逆は必ずしも成立しない．ただし，$g(x_1, x_2)$ が，連続微分可能であるときには，$g(x_1, x_2)$ は全微分可能 (totally differentiable) になることが確認されている．

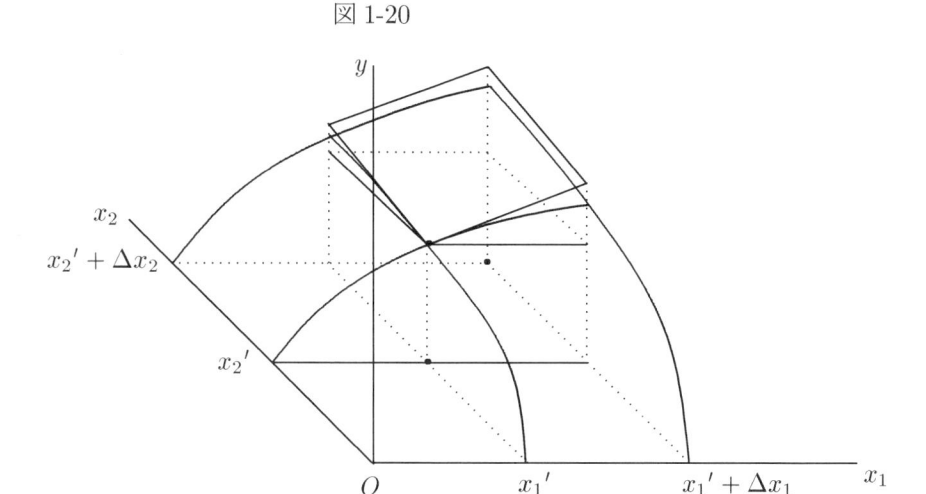

1.7. R^2 上の実数値関数 $y = g(x_1, x_2)$ の偏導関数

図 1-20

通常, (x_1^0, x_2^0) における全微分は次のように書かれている.

$$dy = \frac{\partial g(x_1^0, x_2^0)}{\partial x_1}dx_1 + \frac{\partial g(x_1^0, x_2^0)}{\partial x_2}dx_2.$$

この式は (dx_1, dx_2) によってもたらされる y の変化の近似値であるということができるであろう.

1.7.4 全微分と限界代替率

次の関数を考えることにしよう.

$$y = f(x_1, x_2).$$

この関数の全微分は次のように与えられる.

$$dy = f_1 dx_1 + f_2 dx_2.$$

ここで, $f_i = \partial f / \partial x_i (i = 1, 2)$.

$dy = 0$ となるような $dx_i (i = 1, 2)$ の変化を考えることにすると,

$$f_1 dx_1 + f_2 dx_2 = 0.$$

$f_2 \neq 0$ としよう. そのとき,

$$-\frac{dx_2}{dx_1} = \frac{f_1}{f_2}.$$

さらに,

$$-\frac{d^2 x_2}{dx_1^2} = \frac{f_2 \left\{ f_{11} + f_{12} \frac{dx_2}{dx_1} \right\} - f_1 \left\{ f_{21} + f_{22} \frac{dx_2}{dx_1} \right\}}{f_2^2}$$

$$= \frac{f_2\left\{f_{11} + f_{12}\left(-\frac{f_1}{f_2}\right)\right\} - f_1\left\{f_{21} + f_{22}\left(-\frac{f_1}{f_2}\right)\right\}}{f_2^2}$$

$$= \frac{f_{11}(f_2)^2 - f_{12}f_1f_2 - f_{21}f_1f_2 + f_{22}(f_1)^2}{f_2^3}$$

$$= \frac{f_{11}(f_2)^2 - 2f_{12}f_1f_2 + f_{22}(f_1)^2}{f_2^3}.$$

ただし，記号は次の意味で使用されている．

$$f_{ij} = \frac{\partial}{\partial x_j}f_i = \frac{\partial}{\partial x_j}\left(\frac{\partial f}{\partial x_i}\right) \ (i, j = 1, 2).$$

さらに，ここでは，f_{ij} が連続関数だと想定されている．その場合，$f_{ij} = f_{ji}$ ということが成立する[5]．

1.7.5 合成関数の微分

定理 13：$F(u, v)$ が u, v で全微分可能で，$u = f(x, y)$ と $v = g(x, y)$ が x, y の全微分可能な関数であれば，次の関数は x, y の全微分可能な関数である．

$$\phi(x, y) = F(f(x, y), g(x, y)).$$

さらに，次のことが成立する．

$$\frac{\partial \phi(x, y)}{\partial x} = \frac{\partial F(f(x, y), g(x, y))}{\partial u}\frac{\partial f(x, y)}{\partial x} + \frac{\partial F(f(x, y), g(x, y))}{\partial v}\frac{\partial g(x, y)}{\partial x},$$

$$\frac{\partial \phi(x, y)}{\partial y} = \frac{\partial F(f(x, y), g(x, y))}{\partial u}\frac{\partial f(x, y)}{\partial y} + \frac{\partial F(f(x, y), g(x, y))}{\partial v}\frac{\partial g(x, y)}{\partial y}.$$

1.7.6 陰関数定理

定理 14（陰関数定理）：次のことが成立するとしよう．

(1) 関数 $F(x, y)$ は開区間 G で連続微分可能である．$(x_0, y_0) \in G$．

(2) $F(x_0, y_0) = 0$, $F_y(x_0, y_0) \neq 0$．

そのとき，次式を満足するような (x_0 のまわりの開区間) $B(x_0; \beta_1)$ と (y_0 のまわりの開区間) $B(y_0; \beta_2)$ および連続微分可能な関数 $f(x) : B(x_0, \beta_1) \to B(y_0, \beta_2)$ が存在する．

(1) $f(x_0) = y_0$．

(2) $\forall x \in B(x_0, \beta_1) : F(x, f(x)) = 0$

(3) $f'(x) = -\dfrac{F_x(x, f(x))}{F_y(x, f(x))}$．

---

[5] 後ほど紹介される本章の定理 18(ヤングの定理) より，このことが成立する．

1.8 行列と行列式

1.8.1 行列と行列式の規定

$l \times n$ 個の実数を縦 l, 横 n の矩形状に配列したものを l 行 n 列の行列という. $l = n$ の場合, 行列は n 次の正方行列といわれる.

$$l\text{ 行}\left\{\begin{array}{c}\overbrace{\begin{bmatrix} a_{11} & a_{12} & \cdots & a_{1n} \\ \vdots & & & \vdots \\ a_{l1} & a_{l2} & \cdots & a_{ln} \end{bmatrix}}^{n\text{ 個}}\end{array}\right.$$

例として, 2次の正方行列と3次の正方行列は次のように表される.

$$A = \begin{bmatrix} a_{11} & a_{12} \\ a_{21} & a_{22} \end{bmatrix}, \; B = \begin{bmatrix} a_{11} & a_{12} & a_{13} \\ a_{21} & a_{22} & a_{23} \\ a_{31} & a_{32} & a_{33} \end{bmatrix}.$$

一般的に, n 次の正方行列 C の行列式は $\det C$ と記される. ここでは, 正方行列に対して, 実数を対応づける操作を意味する行列式の帰納的な定義を行うことにしよう. まず, 2次の正方行列 A と3次の正方行列 B に対する行列式 $\det A$ と $\det B$ は次のように定義される.

$$\det \begin{bmatrix} a_{11} & a_{12} \\ a_{21} & a_{22} \end{bmatrix} = a_{11}a_{22} - a_{12}a_{21},$$

$$\det \begin{bmatrix} a_{11} & a_{12} & a_{13} \\ a_{21} & a_{22} & a_{23} \\ a_{31} & a_{32} & a_{33} \end{bmatrix} = \begin{array}{l} a_{11}a_{22}a_{33} + a_{13}a_{21}a_{32} + a_{12}a_{23}a_{31} \\ -a_{13}a_{22}a_{31} - a_{12}a_{21}a_{33} - a_{11}a_{23}a_{32}. \end{array}$$

すなわち, 図1-21のような規則に従って操作がなされている.

次に, 一般的な n 正方行列についての行列式を考えるために, 行列式の余因数展開を紹介

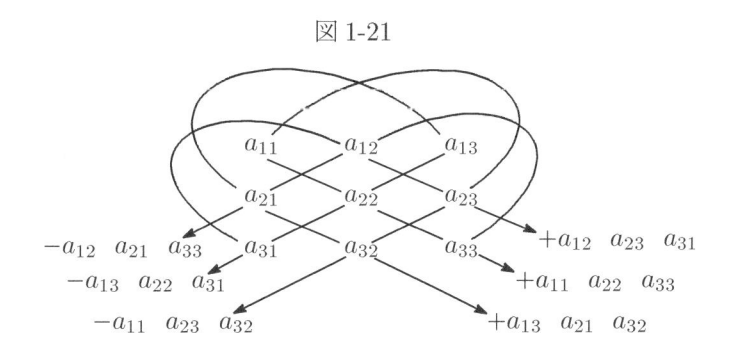

図 1-21

しておくことにしよう．

$$A = \begin{bmatrix} a_{11} & \ldots & a_{1n} \\ \vdots & & \vdots \\ a_{n1} & \ldots & a_{nn} \end{bmatrix}$$ とし，a_{ij} の余因数 A_{ij} を次のように定義する．

$$A_{ij} = (-1)^{i+j} \det \begin{bmatrix} a_{11} & \ldots & \vline & \ldots & a_{1n} \\ \vdots & \ddots & \vline & & \vdots \\ \hline \vdots & & \vline & \ddots & \vdots \\ a_{n1} & \ldots & \vline & \ldots & a_{nn} \end{bmatrix} < i.$$

ここで，A_{ij} は i 行と j 列を削除してできる $n-1$ 次の正方行列の行列式に $(-1)^{i+j}$ を乗じたものである．一般的に次のことが成立する．

$$\det A = A_{1j}a_{1j} + A_{2j}a_{2j} + \cdots + A_{nj}a_{nj} \quad (j=1,2,\cdots,n),$$
$$\det A = A_{i1}a_{i1} + A_{i2}a_{i2} + \cdots + A_{in}a_{in} \quad (i=1,2,\cdots,n).$$

したがって，ある1つの行あるいは1つの列に定数 k を乗じた行列

$$\begin{bmatrix} ka_{11} & \ldots & ka_{1n} \\ a_{21} & \ldots & a_{2n} \\ \vdots & & \vdots \\ a_{n1} & \ldots & a_{nn} \end{bmatrix}, \begin{bmatrix} ka_{11} & \ldots & a_{1n} \\ ka_{21} & \ldots & a_{2n} \\ \vdots & & \vdots \\ ka_{n1} & \ldots & a_{nn} \end{bmatrix}$$

に対しては，次のことが成立する．

(1) $\det \begin{bmatrix} ka_{11} & \ldots & ka_{1n} \\ a_{21} & \ldots & a_{2n} \\ \vdots & & \vdots \\ a_{n1} & \ldots & a_{nn} \end{bmatrix} = \det \begin{bmatrix} ka_{11} & \ldots & a_{1n} \\ ka_{21} & \ldots & a_{2n} \\ \vdots & & \vdots \\ ka_{n1} & \ldots & a_{nn} \end{bmatrix} = k \det A.$

さらに，直ちにチェックされるように，次のことが成立する．

$$\begin{aligned}
\det \begin{bmatrix} a_{11} + ka_{12} & a_{12} \\ a_{21} + ka_{22} & a_{22} \end{bmatrix} &= (a_{11} + ka_{12})a_{22} - a_{12}(a_{21} + ka_{22}) \\
&= (a_{11}a_{22} - a_{12}a_{22}) + k(a_{12}a_{22} - a_{12}a_{22}) \\
&= \det \begin{bmatrix} a_{11} & a_{12} \\ a_{21} & a_{22} \end{bmatrix}.
\end{aligned}$$

このことは2次のケースに限らず，一般的に成立する．つまり，

(2) 行列のある列 (行) に，他の列 (行) を何倍かしたものを加えても，行列式の値は変化しない．

1.8.2 連立一次方程式とクラーメルの公式

次のような連立一次方程式の解に関連してクラーメルの公式を紹介することにしよう．

$$a_{11}x_1 + a_{12}x_2 + \cdots + a_{1n}x_n = c_1,$$
$$a_{21}x_1 + a_{22}x_2 + \cdots + a_{2n}x_n = c_2,$$
$$\cdots$$
$$a_{n1}x_1 + a_{n2}x_2 + \cdots + a_{nn}x_n = c_n.$$

いま，

$$A = \begin{bmatrix} a_{11} & a_{12} & \ldots & a_{1n} \\ a_{21} & a_{22} & \ldots & a_{2n} \\ & \cdots & & \\ a_{n1} & a_{n2} & \ldots & a_{nn} \end{bmatrix}$$

と表すことにし，$\det A \neq 0$ とすると，上の方程式の解は次のように求められる．

$$x_j = \frac{\det \begin{bmatrix} a_{11} & \ldots & c_1 & \ldots & a_{1n} \\ a_{21} & \ldots & c_2 & \ldots & a_{2n} \\ \vdots & & \vdots & & \vdots \\ a_{n1} & \ldots & c_n & \ldots & a_{nn} \end{bmatrix}}{\det A}. \quad (j=1,2,\ldots,n)$$

ただし，上式の分子は行列 A の第 j 列の要素を c_i からなるベクトルで置き換えた行列の行列式である．上式がクラーメルの公式である．

1.9 最適問題 (2 変数のケース)

1.9.1 制約条件なしの最適問題

本項では，次のような関数を考えることにする．

$$y = g(x_1, x_2) \quad (\text{定義域を } U \text{ とする}).$$

この関数について次のことが成立する．

定理 15：(x_1^*, x_2^*) が定義域 U の内部の点で関数 $y = g(x_1, x_2)$ の極大値 (あるいは極小値) をとる点であれば，

$$\frac{\partial g(x_1^*, x_2^*)}{\partial x_1} = 0, \quad \frac{\partial g(x_1^*, x_2^*)}{\partial x_2} = 0$$

となる．

この帰結の直感的な意味は直ちに理解されるであろう．(x_1^*, x_2^*) が定義域 U の内部で極大値をとる点であれば，$y = g(x_1, x_2)$ に対応する曲面上でのいずれの方向の傾斜もゼロである．したがって，それぞれ，x_1 方向，x_2 方向の傾斜もゼロであるということができる．そうでなければ，微小量だけ増減することによって，曲面上のより高い位置に移動することができ，(x_1^*, x_2^*) が極大値であるということに矛盾する．また，1 変数のケースと同様に，関数 $g(x_1, x_2)$ が凹関数であれば，この条件は最大値をとるための必要十分条件であるということができる．

さて，次に，$g(x_1, x_2)$ が極大値をとるための十分条件を紹介することにしよう．以下，次のように表すことにする．

$$g_{ij}(x_1, x_2) = \frac{\partial^2 g(x_1, x_2)}{\partial x_i \partial x_j} = \frac{\partial}{\partial x_j}\left\{\frac{\partial g(x_1, x_2)}{\partial x_i}\right\} \quad (i, j = 1, 2).$$

また，$g(x_1, x_2)$ は 2 回連続微分可能な関数[6]とする．いま，$g(x_1, x_2)$ は (x_1^*, x_2^*) で極大値あるいは極小値をとるとしよう．つまり，次のことが成立するとしよう．

$$\frac{\partial g(x_1^*, x_2^*)}{\partial x_1} = 0, \quad \frac{\partial g(x_1^*, x_2^*)}{\partial x_2} = 0.$$

そのとき，テーラーの定理[7]により，

$$g(x_1^* + h, x_2^* + k) - g(x_1^*, x_2^*)$$
$$= \frac{1}{2}[h, k]\begin{bmatrix} g_{11}^* & g_{12}^* \\ g_{21}^* & g_{22}^* \end{bmatrix}\begin{bmatrix} h \\ k \end{bmatrix} + \varepsilon(h, k)\rho^2.$$

ここで，$\rho = \sqrt{h^2 + k^2}$，$\lim_{\rho \to 0} \varepsilon(h, k) = 0$，$g_{ij}^* = g_{ij}(x_1^*, x_2^*)$ $(i, j = 1, 2)$．
また，上式の右辺の次の正方行列はヘッシャン (Hessian) といわれている．したがって，十分小なる (h, k) については，上式の右辺の符号は次式に依存している．

$$[h, k]\begin{bmatrix} g_{11}^* & g_{12}^* \\ g_{21}^* & g_{22}^* \end{bmatrix}\begin{bmatrix} h \\ k \end{bmatrix}.$$

まず，正値定符号行列と負値定符号行列の定義を行うことにしよう．以下，次の行列について考察しよう．

$$A = \begin{bmatrix} a_{11} & a_{12} \\ a_{21} & a_{22} \end{bmatrix}.$$

---

[6] $g(x_1, x_2)$ の各偏導関数が連続微分可能であるとき，$g(x_1, x_2)$ は 2 回連続微分可能であるといわれる．
[7] ここでも，証明なしで紹介しておく．

1.9. 最適問題 (2変数のケース)

定義 9 :

(1) 任意の $[h_1,h_2]' \neq [0,0], [h_1,h_2]' \in R^2$ に対して，次のことが成立するとき，行列 A は正値定符号行列であるといわれる．

$$(h_1,h_2) A \begin{bmatrix} h_1 \\ h_2 \end{bmatrix} > 0.$$

(2) 任意の $[h_1,h_2]' \neq [0,0], [h_1,h_2]' \in R^2$ に対して，次のことが成立するとき，行列 A は負値定符号行列であるといわれる．

$$[h_1,h_2] A \begin{bmatrix} h_1 \\ h_2 \end{bmatrix} < 0.$$

したがって，極値 (x_1^*, x_2^*) でヘッシャンが正値定符号行列になっているときには，$g(x_1,x_2)$ は (x_1^*, x_2^*) で極小値をとるということができる．同様に，負値定符号行列になっているときには，$g(x_1,x_2)$ は (x_1^*, x_2^*) で極大値をとるということができる．

さて，次の条件を満足する λ は行列 A の固有値 (eigenvalue) と呼ばれる．

$$\exists [x_1,x_2]' \neq [0,0]' : \begin{bmatrix} a_{11} & a_{12} \\ a_{21} & a_{22} \end{bmatrix} \begin{bmatrix} x_1 \\ x_2 \end{bmatrix} = \lambda \begin{bmatrix} x_1 \\ x_2 \end{bmatrix}.$$

ここで，$[x_1,x_2]'$ は λ に付随する固有ベクトルと呼ばれる．λ が固有値であるということと次の行列の行列式がゼロであるということは同値である．

$$\lambda \begin{bmatrix} 1 & 0 \\ 0 & 1 \end{bmatrix} - \begin{bmatrix} a_{11} & a_{12} \\ a_{21} & a_{22} \end{bmatrix} = \begin{bmatrix} \lambda - a_{11} & -a_{12} \\ -a_{21} & \lambda - a_{22} \end{bmatrix}.$$

したがって，上記の 2 次正方行列 A の固有値は次の特性方程式の根で与えられる．

$$\varphi_A(\lambda) = \det \begin{bmatrix} \lambda - a_{11} & -a_{12} \\ -a_{21} & \lambda - a_{22} \end{bmatrix} = 0.$$

つまり，

$$\lambda^2 - (a_{11}+a_{22})\lambda + a_{11}a_{22} - a_{12}a_{21} = 0.$$

さて，正定符号行列と負定符号行列については次のことが成立する．

定理 16 : 行列 A が正値定符号行列であるということと次の条件 (1), (2) とは同値である．

(1) $a_{11} > 0, \ a_{22} > 0,$

$$\det \begin{bmatrix} a_{11} & a_{12} \\ a_{21} & a_{22} \end{bmatrix} > 0.$$

(2) 行列 A の固有値 $\lambda_i (i=1,2)$ については,

$$\lambda_1 > 0, \lambda_2 > 0.$$

行列 A が負値定符号行列であるということと次の条件 (3), (4) とは同値である.

(3) $a_{11} < 0, a_{22} < 0$,

$$\det \begin{bmatrix} a_{11} & a_{12} \\ a_{21} & a_{22} \end{bmatrix} > 0.$$

(4) 行列 A の固有値 $\lambda_i (i=1,2)$ について,

$$\lambda_1 < 0, \lambda_2 < 0.$$

定理 17:

(1) (x_1^*, x_2^*) が下記の 1 階の条件と 2 階の条件を満足しているとき, 関数 $y = g(x_1, x_2)$ は (x_1^*, x_2^*) で極大値をとる.

1 階の条件	2 階の条件
$\dfrac{\partial g(x_1^*, x_2^*)}{\partial x_1} = 0$ $\dfrac{\partial g(x_1^*, x_2^*)}{\partial x_2} = 0$	$\dfrac{\partial^2 g(x_1^*, x_2^*)}{\partial x_1^2} < 0$ $\det \begin{bmatrix} \dfrac{\partial^2 g(x_1^*, x_2^*)}{\partial x_1^2} & \dfrac{\partial^2 g(x_1^*, x_2^*)}{\partial x_1 \partial x_2} \\ \dfrac{\partial^2 g(x_1^*, x_2^*)}{\partial x_2 \partial x_1} & \dfrac{\partial^2 g(x_1^*, x_2^*)}{\partial x_2^2} \end{bmatrix} > 0$

ここで, 2 階の条件から,

$$\left(\frac{\partial^2 g^*}{\partial x_1^2}\right)\left(\frac{\partial^2 g^*}{\partial x_2^2}\right) > \left(\frac{\partial^2 g^*}{\partial x_1 \partial x_2}\right)^2 \geq 0$$

となり, $\partial^2 g^*/\partial x_2^2 < 0$ となるということができる. このことは, 2 変数の関数の場合, $\partial^2 g^*/\partial x_2^2 < 0$, $\partial^2 g^*/\partial x_1^2 < 0$ という条件だけでは, $g(x_1, x_2)$ が (x_1^*, x_2^*) で極大値であるということを保証するには十分ではないということを意味している. また,

$$\frac{\partial g(x_1^*, x_2^*)}{\partial x_1} = 0, \frac{\partial g(x_1^*, x_2^*)}{\partial x_2} = 0$$

となるが, $g(x_1, x_2)$ は (x_1^*, x_2^*) で極大値も極小値もとらないケースも考えられる (図 1-22 を参照せよ).

1.9. 最適問題 (2 変数のケース)

図 1-22

$g_1(x_1^*, x_2^*) = 0, g_2(x_1^*, x_2^*) = 0$ となるが，極小点でも極大点でもないケース

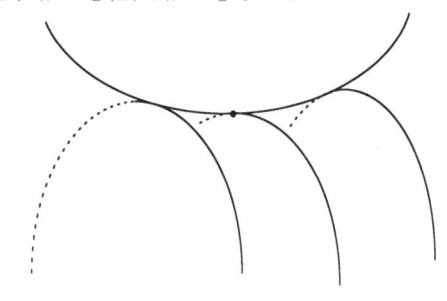

(2) (x_1^*, x_2^*) が下記の 1 階の条件と 2 階の条件を満足しているとき，関数 $y = g(x_1, x_2)$ は (x_1^*, x_2^*) で極小値をとる．

1 階の条件	2 階の条件
$\dfrac{\partial g(x_1^*, x_2^*)}{\partial x_1} = 0$ $\dfrac{\partial g(x_1^*, x_2^*)}{\partial x_2} = 0$	$\dfrac{\partial^2 g(x_1^*, x_2^*)}{\partial x_1^2} > 0$ $\det \begin{bmatrix} \dfrac{\partial^2 g(x_1^*, x_2^*)}{\partial x_1^2} & \dfrac{\partial^2 g(x_1^*, x_2^*)}{\partial x_1 \partial x_2} \\ \dfrac{\partial^2 g(x_1^*, x_2^*)}{\partial x_2 \partial x_1} & \dfrac{\partial^2 g(x_1^*, x_2^*)}{\partial x_2^2} \end{bmatrix} > 0$

ここで，上記の条件のなかで，

$$\frac{\partial^2 g(x_1, x_2)}{\partial x_i \partial x_j} = \frac{\partial}{\partial x_j} \left\{ \frac{\partial g(x_1, x_2)}{\partial x_i} \right\} \ (i, j = 1, 2),$$

$$\frac{\partial^2 g(x_1, x_2)}{\partial x_i^2} = \frac{\partial}{\partial x_i} \left\{ \frac{\partial g(x_1, x_2)}{\partial x_i} \right\} \ (i = 1, 2).$$

さらに，本書で取り扱われる 2 回連続微分可能な関数については，次のことが成立する．

定理 18 （ヤングの定理）： $g(x_1, x_2)$ が 2 回連続微分可能であれば，次のことが成立する．

$$\frac{\partial^2 g(x_1, x_2)}{\partial x_1 \partial x_2} = \frac{\partial^2 g(x_1, x_2)}{\partial x_2 \partial x_1}.$$

1.9.2 制約条件つき最大値問題

次の制約条件のもとで，関数 $g(x_1, x_2)$ の極大値 (あるいは最大値) を求める問題を考えることにしよう．

$$f(x_1, x_2) = 0.$$

いま，次のような関数を構成する．

$$V(x_1,\ x_2,\ \lambda) = g(x_1,\ x_2) + \lambda f(x_1,\ x_2).$$

ここで，通常，$V(x_1,\ x_2,\ \lambda)$ はラグランジュ関数とよばれ，λ はラグランジュの未定乗数とよばれている．

次の定理が成立する．

定理 19：$(\hat{x}_1,\ \hat{x}_2)$ が制約条件

$$f(x_1,\ x_2) = 0$$

のもとで，$g(x_1,\ x_2)$ の最大値をとるような点であれば，ある λ が存在して，下記の条件が成立している．

$$\frac{\partial V(\hat{x}_1, \hat{x}_2, \lambda)}{\partial x_1} = \frac{\partial g(\hat{x}_1, \hat{x}_2)}{\partial x_1} + \lambda \frac{\partial f(\hat{x}_1, \hat{x}_2)}{\partial x_1} = 0,$$

$$\frac{\partial V(\hat{x}_1, \hat{x}_2, \lambda)}{\partial x_2} = \frac{\partial g(\hat{x}_1, \hat{x}_2)}{\partial x_2} + \lambda \frac{\partial f(\hat{x}_1, \hat{x}_2)}{\partial x_2} = 0,$$

$$\frac{\partial V(\hat{x}_1, \hat{x}_2, \lambda)}{\partial \lambda} = f(\hat{x}_1, \hat{x}_2) = 0.$$

(ここでは，$(\hat{x}_1,\ \hat{x}_2)$ がいわゆる正規であるケースに限定して考察がなされている.)

この条件は次の2つの条件と同値である．

(1) $\quad \dfrac{\dfrac{\partial g(\hat{x}_1,\ \hat{x}_2)}{\partial x_1}}{\dfrac{\partial g(\hat{x}_1,\ \hat{x}_2)}{\partial x_2}} = \dfrac{\dfrac{\partial f(\hat{x}_1,\ \hat{x}_2)}{\partial x_1}}{\dfrac{\partial f(\hat{x}_1,\ \hat{x}_2)}{\partial x_2}}.$

(2) $\quad f(\hat{x}_1,\ \hat{x}_2) = 0.$

すなわち，$(\hat{x}_1,\ \hat{x}_2)$ が上述の条件つき最大値問題の解であれば，制約条件を満たし，しかも，$(\hat{x}_1,\ \hat{x}_2)$ を通る目的関数に付随する等高線と制約条件式の $(\hat{x}_1,\ \hat{x}_2)$ における接線の傾きが等しいということが必要な条件である．図1-23では，$\partial g(x_1,\ x_2)/\partial x_i > 0\ (i=1,2)$ のケースについて描かれている．ここで，$y_1 > y_2 > y_3$ とする．

1.9. 最適問題 (2 変数のケース)

図 1-23

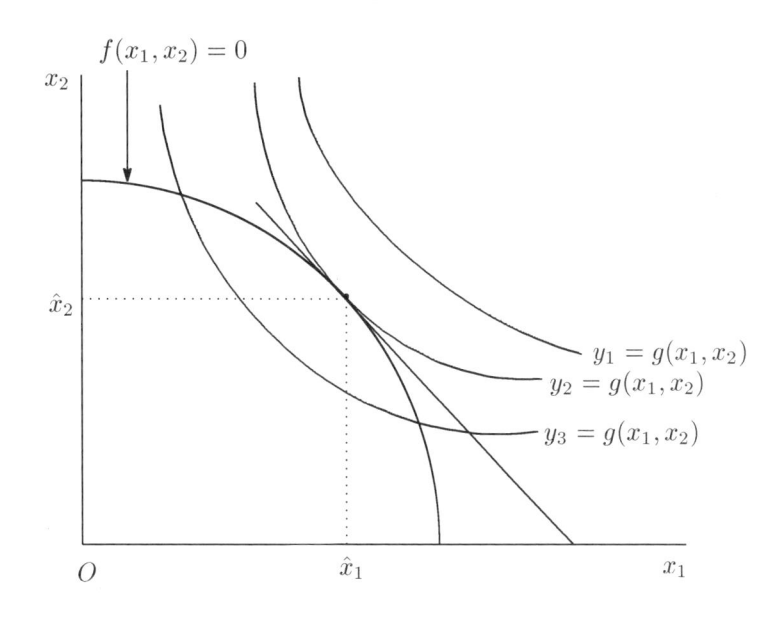

ところで，図 1-24 のようなケースも考えられるので，上記の条件 (1) と (2) だけでは，$(\hat{x}_1, \hat{x}_2)$ が極大値であることを保証することが必ずしも可能ではないということができる．図 1-24 では，$y_1 > y_2 > y_3$ として描かれている．

図 1-24

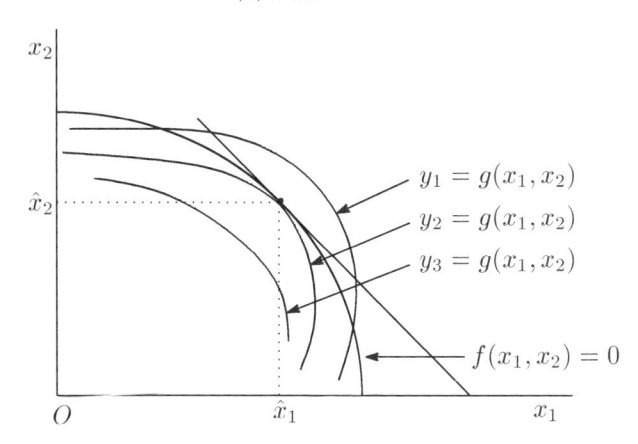

したがって，上記の条件 (1) と (2) に加えて，$g(x_1, x_2)$ が $(\hat{x}_1, \hat{x}_2)$ で極大値をとることを保証するもう 1 つの条件を設定しなければならない．まず，次のような定義を行うことにしよう．

$(\hat{x}_1, \hat{x}_2)$ を通る等高線 (図 1-23 のケースでは $y_2 = g(x_1, x_2)$) の接線の傾きの $(\hat{x}_1, \hat{x}_2)$ における変化:

$$\frac{d}{dx_1}\left\{-\frac{(\frac{\partial g}{\partial x_1})}{(\frac{\partial g}{\partial x_2})}\right\}.$$

同様に，制約条件式 ($f(x_1, x_2) = 0$) の接線の傾きの $(\hat{x}_1, \hat{x}_2)$ における変化:

$$\frac{d}{dx_1}\left\{-\frac{(\frac{\partial f}{\partial x_1})}{(\frac{\partial f}{\partial x_2})}\right\}.$$

そのとき，$g(x_1, x_2)$ が $(\hat{x}_1, \hat{x}_2)$ で極大値をとることを保証する条件は次のように与えられる.

$$\frac{d}{dx_1}\left\{-\frac{(\frac{\partial g}{\partial x_1})}{(\frac{\partial g}{\partial x_2})}\right\} > \frac{d}{dx_1}\left\{-\frac{(\frac{\partial f}{\partial x_1})}{(\frac{\partial f}{\partial x_2})}\right\}.$$

以下，

$$\frac{\partial f}{\partial x_i} = f_i, \frac{\partial g}{\partial x_i} = g_i \ (i = 1, 2), \frac{\partial f_i}{\partial x_j} = f_{ij}, \frac{\partial g_i}{\partial x_j} = g_{ij} \ (i, j = 1, 2)$$

と定義して，具体的に上の関係式を考えてみることにしよう．ここで，$f_i > 0, g_i > 0$ とする $(i = 1, 2)$.

$$\begin{aligned}
d\left(-\frac{f_1(x_1, x_2)}{f_2(x_1, x_2)}\right)/dx_1 &= -(f_2^2 f_{11} - 2f_1 f_2 f_{12} + f_1^2 f_{22})/f_2^3, \\
d\left(-\frac{g_1(x_1, x_2)}{g_2(x_1, x_2)}\right)/dx_1 &= -(g_2^2 g_{11} - 2g_1 g_2 g_{12} + g_1^2 g_{22})/g_2^3 \\
&= (\lambda^2 f_2^2 g_{11} - 2\lambda^2 f_1 f_2 g_{12} + \lambda^2 f_1^2 g_{22})/\lambda^3 f_2^3 \\
&= (f_2^2 g_{11} - 2f_1 f_2 g_{12} + f_1^2 g_{22})/\lambda f_2^3.
\end{aligned}$$

ここで，$g_1 = -\lambda f_1, g_2 = -\lambda f_2$.

ゆえに，

$$\begin{aligned}
&-(f_2^2 g_{11} - 2f_1 f_2 g_{12} + f_1^2 g_{22}) - \lambda\{f_2^2 f_{11} - 2f_1 f_2 f_{12} + f_1^2 f_{22}\} \\
&= -f_2^2(g_{11} + \lambda f_{11}) + 2f_1 f_2\{g_{12} + \lambda f_{12}\} - f_1^2\{g_{22} + \lambda f_{22}\} \\
&= \det\begin{bmatrix} g_{11} + \lambda f_{11} & g_{21} + \lambda f_{21} & f_1 \\ g_{12} + \lambda f_{12} & g_{22} + \lambda f_{22} & f_2 \\ f_1 & f_2 & 0 \end{bmatrix} > 0 \quad (\lambda < 0).
\end{aligned}$$

したがって，次の帰結が得られる．

定理 20：ある λ^* が存在して，(x_1^*, x_2^*) が下記の 1 階の条件と 2 階の条件を満たしているならば，(x_1^*, x_2^*) は制約条件 ($f(x_1, x_2) = 0$) のもとで $y = g(x_1, x_2)$ の極大値をとるような点である．ここで，$V(x_1, x_2, \lambda) = g(x_1, x_2) + \lambda f(x_1, x_2)$.

1.10. 定差方程式

1階の条件	2階の条件
$\dfrac{\partial V(x_1^*,\ x_2^*,\ \lambda^*)}{\partial x_1} = 0$ $\dfrac{\partial V(x_1^*,\ x_2^*,\ \lambda^*)}{\partial x_2} = 0$ $f(x_1^*,\ x_2^*) = 0$	$\begin{vmatrix} \dfrac{\partial^2 V}{\partial x_1^2} & \dfrac{\partial^2 V}{\partial x_1 \partial x_2} & \dfrac{\partial f}{\partial x_1} \\ \dfrac{\partial^2 V}{\partial x_2 \partial x_1} & \dfrac{\partial^2 V}{\partial x_2^2} & \dfrac{\partial f}{\partial x_2} \\ \dfrac{\partial f}{\partial x_1} & \dfrac{\partial f}{\partial x_2} & 0 \end{vmatrix} > 0$

さらに，次の点を指摘しておくことにする．$(x_1^*,\ x_2^*)$ が制約条件 ($f(x_1, x_2) = 0$) のもとで，$y = g(x_1, x_2)$ の極小値をとるための十分条件は，1階の条件は上記のものと同じであるが，2階の条件については，行列式の符号が負になるように変更されなければならない．

1.10 定差方程式

現在から将来にわたって，現在時点に近い順に，$0, 1, 2, \cdots$ と呼ばれる同一の時間間隔で区切られる期間が規定されているものとする．各 t 期 ($t = 0, 1, 2, \cdots$) における変数 x の値を x_t と記すことにする．以下では，単一の変数あるいは変数の組の通時的な挙動を規定する定差方程式あるいは定差方程式系を考察する．

1.11 一般的な規定

一般的に，次のような定差方程式系を検討する．

$$x_{t+1} = f(x_t).$$

ここで，$f(x): R^n \to R^n$ とする．そのとき，次のように点列が規定される．

$$x_1 = f(x_0),\ \ x_2 = f^2(x_0),\ \ x_3 = f^3(x_0), \cdots, x_t = f^t(x_0), \cdots.$$

特殊ケースとして，$f(x) = Ax$ である場合には，次のように表される．

$$x_{t+1} = Ax_t.$$

定義 10 :

(1) 点列 $(f^t(x_0))_{t \in N}$ は x_0 の前方軌道と呼ばれる．

(2) $f^n(x) = x$ となる点は周期 n の周期点と呼ばれる．特に，$n = 1$ のとき，x は平衡点 (equilibrium point) あるいは不動点 (fixed point) と呼ばれる．すなわち，周期 1 の周期軌道は全く変化しない軌道である．

定義 11 :

(1) $\bar{x}$ を周期 n の周期点とする．次のことが成立するとき，x は $\bar{x}$ に前方漸近するといわれる．
$$\lim_{t \to \infty} f^{nt}(x) = \bar{x}.$$
前方漸近するような点 x の全体の集合は $\bar{x}$ の安点集合と呼ばれ，$W^s(\bar{x})$ と記される．

(2) $n = 1$ のときは通常の平衡点の安点集合あるいは安点多様体の定義に一致する．

定義 12 : $n = 1$ の場合，$f'(\bar{x}) = 0$ となる点 $\bar{x}$ は関数 f の臨界点 (critical point) と呼ばれる．さらに，臨界点 $\bar{x}$ は $f''(\bar{x}) \neq 0$ であれば非退化臨界点，$f''(\bar{x}) = 0$ であれば退化臨界点と呼ばれる．

1.12　1 変数の定差方程式

1.12.1　線形のシステム

本節では，一般的に，次のように規定される 1 変数からなる定差方程式を検討する．

$$x_{t+1} = f(x_t) \quad \text{あるいは} \quad x_{t+1} - x_t = f(x_t) - x_t = g(x_t).$$

上記の定差方程式において，$x_t = \bar{x} = $ 一定 $(t = 0, 1, 2, \cdots)$ となる，つまり，$\bar{x} = f(\bar{x})$ を満足する $\bar{x}$ は平衡点である．一般的な定差方程式の平衡点の近傍における解の局所的挙動は線形近似システムの解の挙動に近似している．そこで，まず，次のような単純なケースを考察することにしよう．

$$x_{t+1} = ax_t \quad \text{あるいは} \quad x_{t+1} - x_t = (a-1)x_t = bx_t.$$

このとき，上式の解は次のように表される．

$$x_t = a^t x_0.$$

以下のことが成立する．

(1) $0 < a < 1$ すなわち $-1 < b < 0$ のとき，任意の初期値 x_0 から出発する解は平衡点 0 に単調に収束する (図 1-25 を参照せよ)．

1.12. 1変数の定差方程式

図 1-25

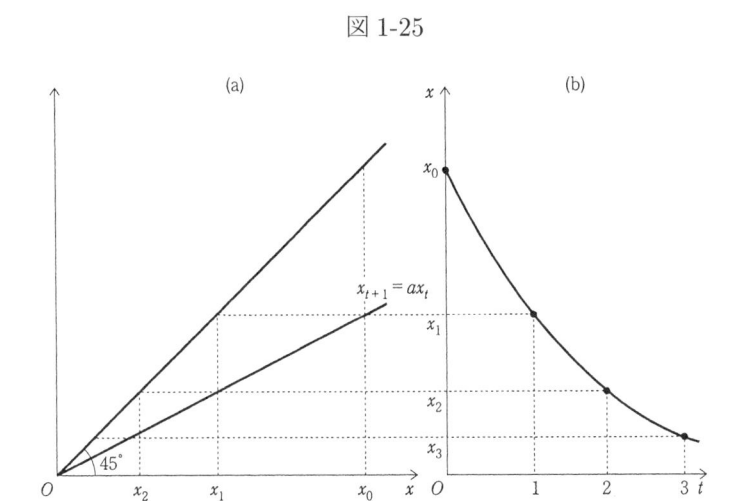

(2) $-1 < a < 0$ すなわち $-2 < b < -1$ のとき，任意の初期値 x_0 から出発する解は振動しながら平衡点 0 に近づいていく (図 1-26 を参照せよ).

図 1-26

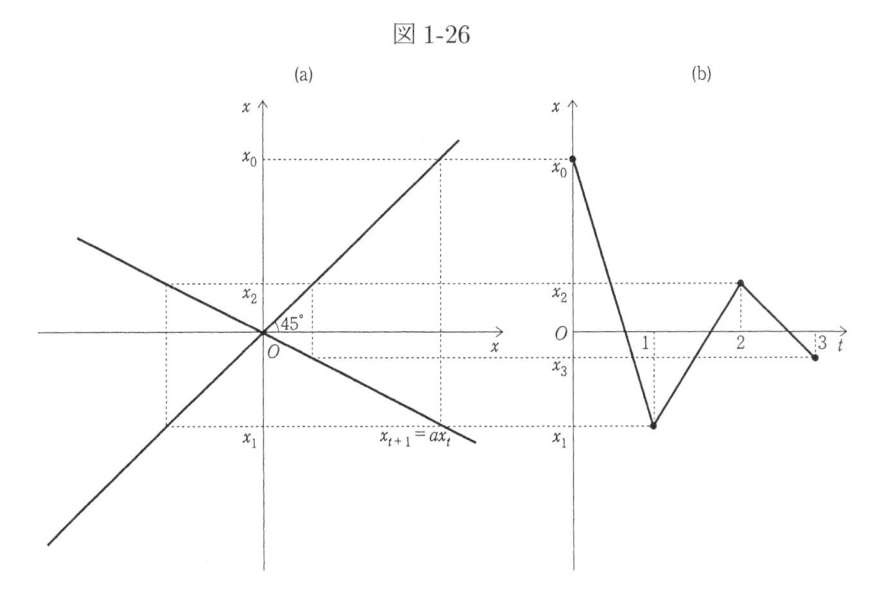

(3) $a > 1$ すなわち $b > 0$ ならば，任意の初期値 x_0 から出発する解は発散する (図 1-27 を参照せよ).

図 1-27

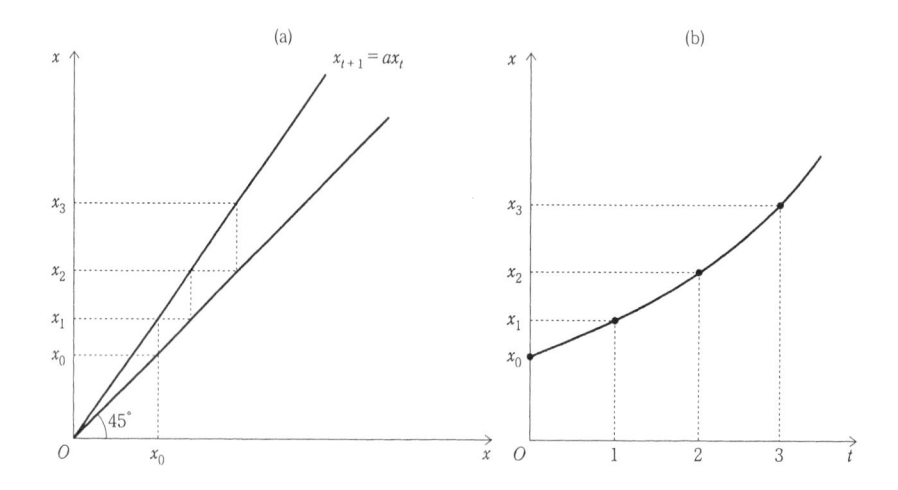

(4) $a < -1$ すなわち $b < -2$ ならば，任意の初期値 x_0 から出発する解は振動しながら発散する (図 1-28 を参照せよ).

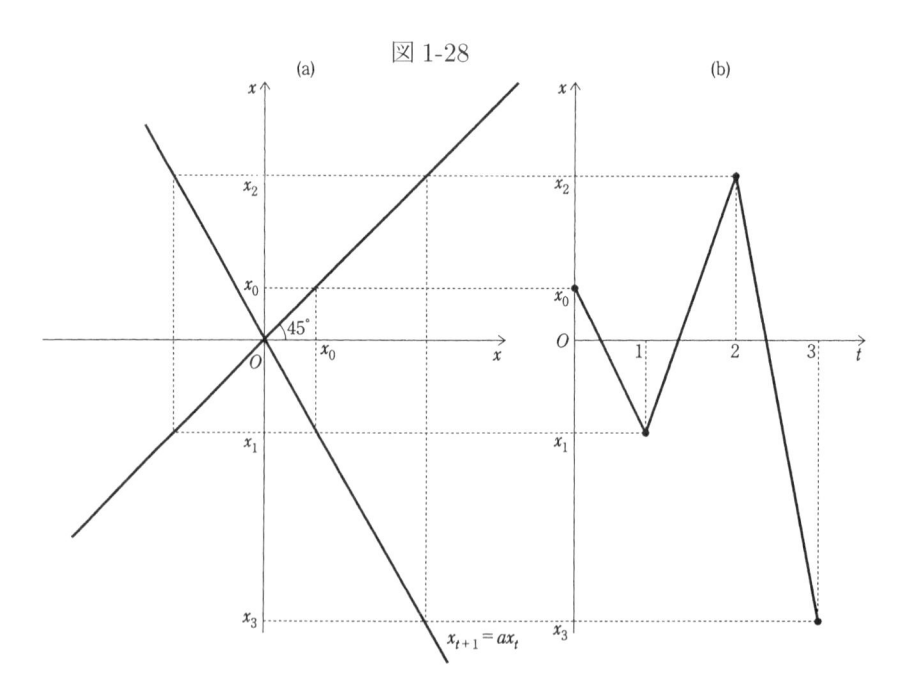

図 1-28

(5) $a = 1$ ならば，任意の初期値 x_0 から出発する解は x_0 にとどまりつづける.

(6) $a = -1$ ならば，任意の初期値 x_0 から出発する解は奇数期には $-x_0$, 偶数期には x_0 をとることになる.

1.12. 1変数の定差方程式

1.12.2 1変数の一般的システム

次のような一般的なシステムを検討する.

$$x_{t+1} = f(x_t) \quad \text{あるいは} \quad x_{t+1} - x_t = f(x_t) - x_t.$$

ここで, $\bar{x} = f(\bar{x})$ となる $\bar{x}$ は平衡点である. $\bar{x}$ の近傍における解の局所的挙動は（テイラー展開により）近似的に次式で表される.

$$x_{t+1} - \bar{x} = f'(\bar{x})(x_t - \bar{x}).$$

したがって, $f'(\bar{x})$ の値が前節のいずれのケースに当てはまるかに依存して, 解の挙動が規定される.

定義 13：

(1) $\bar{x}$ を素周期 n の周期点とする. 次のことが成立するとき, $\bar{x}$ は双曲型であるといわれる.

$$|(f^n)'(\bar{x})| \neq 1.$$

(2) $n = 1$ のときは, 上の (1) の定義は双曲型平衡点についての定義になる.

定理 21：関数 $f(x)$ は連続微分可能であるとする. $\bar{x}$ は双曲型平衡点であり, $|f'(\bar{x})| < 1$ としよう. そのとき, 次のことが成立する.

$\exists\, \varepsilon > 0, \ \forall\, x \in (\bar{x} - \varepsilon, \bar{x} + \varepsilon)$：

$$\lim_{n \to \infty} f^n(x) = \bar{x}.$$

証明：関数 $f(x)$ は連続微分可能であるので,

$$\forall\, \delta > 0, \exists\, \varepsilon > 0 \ : \ x \in (\bar{x} - \varepsilon, \bar{x} + \varepsilon) \Rightarrow |f'(x) - f'(\bar{x})| < \delta.$$

したがって, $0 < \delta' < 1 - |f'(\bar{x})|$ となる δ' に対しても, ある ε' が存在して,

$$x \in (\bar{x} - \varepsilon', \bar{x} + \varepsilon') \ \Rightarrow \ |f'(x) - f'(\bar{x})| < \delta'.$$

ゆえに,

$$|f'(x)| - |f'(\bar{x})| \leqq |f'(x) - f'(\bar{x})| < \delta'$$

であるので,

$$|f'(x)| < |f'(\bar{x})| + \delta' < 1.$$

ここで, $|f'(\bar{x})| + \delta' = A$ とおく. したがって, $x \in (\bar{x} - \varepsilon', \bar{x} + \varepsilon')$ に対して,

$$|f(x) - \bar{x}| = |f(x) - f(\bar{x})| \leqq A|x - \bar{x}| \leqq |x - \bar{x}| \leqq \varepsilon'.$$

さらに，$f(x) \in (\bar{x} - \varepsilon', \bar{x} - \varepsilon')$ であるので，再度，上式が適用される．

$$|f^2(x) - \bar{x}| \leq A|f(x) - \bar{x}| \leq A^2|x - \bar{x}|.$$

したがって，一般的に，次のことが成立する．

$$|f^n(x) - \bar{x}| \leq A^n|x - \bar{x}|.$$

よって，$x \neq \bar{x}$ を所与として，$n \to \infty$ とすると，はさみうちの定理により，

$$n \to \infty \Rightarrow |f^n(x) - \bar{x}| \to 0.$$

Q.E.D

定理 22：関数 $f(x)$ は連続微分可能であり，$\bar{x}$ を周期 n の双曲型周期点とする．$|(f^n)'(\bar{x})| < 1$ としよう．そのとき，

$$i \to \infty \text{ ならば } |f^{in}(x) - \bar{x}| \to 0.$$

証明：関数 $f(x)$ は連続微分可能であるので，$f^n(x)$ も連続微分可能である．上と同様の議論により，ある A が存在して，

$$\exists \varepsilon > 0, \forall x \in (\bar{x} - \varepsilon, \bar{x} + \varepsilon) : |(f^n)'(x)| < A < 1.$$

したがって，

$$|f^n(x) - \bar{x}| = |f^n(x) - f^n(\bar{x})| \leq A|x - \bar{x}| \leq |x - \bar{x}| < \varepsilon.$$

ゆえに，

$$0 \leq |f^{in}(x) - \bar{x}| \leq A^i|x - \bar{x}|.$$

したがって，$i \to \infty$ とすると，

$$|f^{in}(x) - \bar{x}| \to 0.$$

Q.E.D.

定義 14：$|f'(\bar{x})| < 1$ となる双曲型平衡点は沈点 (sink) といわれる．

定義 15：$|f'(\bar{x})| > 1$ となる双曲型平衡点は源点 (source) といわれる．

1.13 2変数の定差方程式系

1.13.1 位相図

一般的に下記のような変数 x^1 と x^2 に関する定差方程式系が考察される．

$$x^1_{t+1} = f^1(x^1_t, x^2_t) \quad \text{すなわち}, \quad x^1_{t+1} - x^1_t = f^1(x^1_t, x^2_t) - x^1_t,$$

1.13. 2変数の定差方程式系

$$x_{t+1}^2 = f^2(x_t^1, x_t^2) \quad \text{すなわち,} \quad x_{t+1}^2 - x_t^2 = f^2(x_t^1, x_t^2) - x_t^2.$$

ここで,変数 x^1 と x^2 の変数が一定にとどまるような解 $(\bar{x}^1, \bar{x}^2)$ は平衡点といわれる.

さて,変数 x^i $(i=1,2)$ が一定にとどまる,つまり,$x_{t+1}^i - x_t^i = 0$ となるような (x^1, x^2) を結んでできるような軌道は $x_{t+1}^i - x_t^i = 0$ 線と呼ばれる.$x_{t+1}^1 - x_t^1 = 0$ 線と $x_{t+1}^2 - x_t^2 = 0$ 線の交点が平衡点 $(\bar{x}_1, \bar{x}_2)$ である.

通常,$x_{t+1}^1 - x_t^1 = 0$ 線と $x_{t+1}^2 - x_t^2 = 0$ 線により,4つの領域が確定する.

それぞれの領域における $g^1(x_t^1, x_t^2) = f^1(x_t^1, x_t^2) - x_t^1$,$g^2(x_t^1, x_t^2) = f^2(x_t^1, x_t^2) - x_t^2$ の符号を確定し,離散型の位相図を作成することにより,図を利用した解の分析が可能となる.

1.13.2 線形の定差方程式

本項では,次のような線形の定差方程式系が考察される.

$$x_{t+1}^1 = a_{11} x_t^1 + a_{12} x_t^2,$$

$$x_{t+1}^2 = a_{21} x_t^1 + a_{22} x_t^2.$$

すなわち,

$$\begin{bmatrix} x_{t+1}^1 \\ x_{t+1}^2 \end{bmatrix} = \begin{bmatrix} a_{11} & a_{12} \\ a_{21} & a_{22} \end{bmatrix} \begin{bmatrix} x_t^1 \\ x_t^2 \end{bmatrix}.$$

(1) 簡単なシステム

最初に,次のような簡単なシステムを考えることにしよう.

$$x_{t+1}^1 = a_{11} x_t^1,$$

$$x_{t+1}^2 = a_{22} x_t^2.$$

あるいは,

$$\begin{bmatrix} x_{t+1}^1 \\ x_{t+2}^2 \end{bmatrix} = \begin{bmatrix} a_{11} & 0 \\ 0 & a_{22} \end{bmatrix} \begin{bmatrix} x_t^1 \\ x_t^2 \end{bmatrix}.$$

前節の議論より,この定差方程式系の解は次のように表される.

$$x_t^1 = C_1 a_{11}^t,$$

$$x_t^2 = C_2 a_{22}^t.$$

あるいは,ベクトル表示で下記のように表される.

$$\begin{bmatrix} x_t^1 \\ x_t^2 \end{bmatrix} = C_1 \begin{bmatrix} 1 \\ 0 \end{bmatrix} a_{11}^t + C_1 \begin{bmatrix} 0 \\ 1 \end{bmatrix} a_{22}^t.$$

ここで，C_1, C_2 は任意定数である．

したがって，この単純なケースでは，前項の結果が適用可能である．たとえば，次のことが成立する．

(i) $0 < a_{11} < 1, 0 < a_{22} < 1$ となるケースでは，任意の初期状態 (x_0^1, x_0^2) から出発する解は単調に平衡点 $(0,0)$ に収束する[8]．

(ii) $a_{11} > 1, 0 < a_{22} < 1$ となるケースでは，解の挙動は 図 1-29 のように表される．この場合，平衡点 $(0,0)$ は鞍点 (saddle point) といわれる．

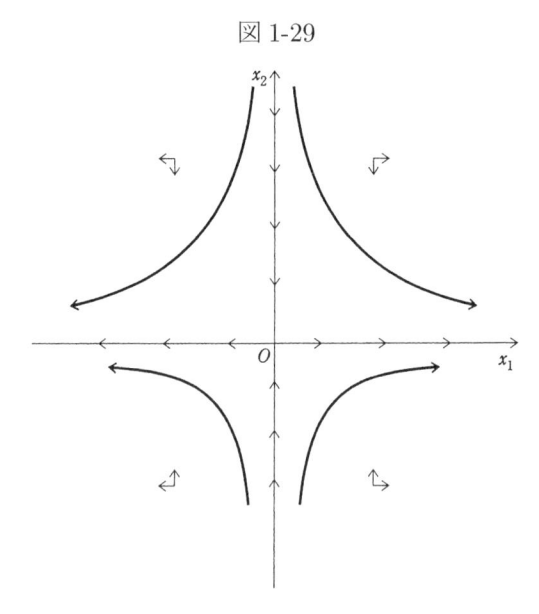

図 1-29

(2) 一般的なシステム

以下，$\begin{bmatrix} a_{11} & a_{12} \\ a_{21} & a_{22} \end{bmatrix} = A$ と表すことにしよう．そのとき，一般的な線形の定差方程式系は次のように表される．

$$\begin{bmatrix} x_{t+1}^1 \\ x_{t+1}^2 \end{bmatrix} = A \begin{bmatrix} x_t^1 \\ x_t^2 \end{bmatrix}.$$

まず最初に，行列 A の固有値 $\lambda_i (i = 1, 2)$ が異なる実数であるケースに限定して検討しよう．$\lambda_i (i = 1, 2)$ に対応する固有ベクトルを h_i とすると，h_1, h_2 は一次独立である．ここで，

$$\lambda_1 h_1 = A h_1, \qquad \lambda h_2 = A h_2.$$

このことにより，

$$\lambda_1^{t+1} h_1 = A h_1 \lambda_1^t, \qquad \lambda_2^{t+1} h_2 = A h_2 \lambda_2^t.$$

---

[8] 実際には，a_{ii} は実固有根である．

1.13. 2変数の定差方程式系

したがって，$h_1\lambda_1^t, h_2\lambda_2^t$ もそれぞれ上記の定差方程式系の解である．

さて，一般的な解を考えることにしよう．次のような（h_1, h_2 をそれぞれ単位ベクトル e_1, e_2 に移す）座標変換を考えることにしよう．

$$\begin{bmatrix} x^1 \\ x^2 \end{bmatrix} = S \begin{bmatrix} y^1 \\ y^2 \end{bmatrix}, \qquad h_1 = Se_1, h_2 = Se_2.$$

そのとき，

$$S^{-1}AS = [h_1, h_2]^{-1}A[h_1, h_2] = [h_1, h_2]^{-1}[h_1, h_2]\begin{bmatrix} \lambda_1 & 0 \\ 0 & \lambda_2 \end{bmatrix}.$$

したがって，

$$\begin{aligned}
\begin{bmatrix} y_{t+1}^1 \\ y_{t+1}^2 \end{bmatrix} &= S^{-1}\begin{bmatrix} x_{t+1}^1 \\ x_{t+1}^2 \end{bmatrix} = S^{-1}A(SS^{-1})x_t \\
&= \begin{bmatrix} \lambda_1 & 0 \\ 0 & \lambda_2 \end{bmatrix} S^{-1}x_t = \begin{bmatrix} \lambda_1 & 0 \\ 0 & \lambda_2 \end{bmatrix}\begin{bmatrix} y_t^1 \\ y_t^2 \end{bmatrix}.
\end{aligned}$$

以上のことにより，座標変換したシステムに対して，前節の結果が適用できる．

前節の議論より解は次のように表される．

$$\begin{bmatrix} y_t^1 \\ y_t^2 \end{bmatrix} = \begin{bmatrix} C_1\lambda_1^t \\ C_2\lambda_2^t \end{bmatrix}.$$

したがって，(x_1, x_2) 平面上では，解は次のように表される．

$$\begin{bmatrix} x_t^1 \\ x_t^2 \end{bmatrix} = S\begin{bmatrix} y_t^1 \\ y_t^2 \end{bmatrix} = [h_1, h_2]\begin{bmatrix} y_t^1 \\ y_t^2 \end{bmatrix} = C_1h_1\lambda_1^t + C_2h_2\lambda_2^t.$$

次に A の固有値が重根のケースの結果を証明なしに紹介しておくことにしよう．結果だけ述べると，A の固有値が重根 λ のケースでは，次のいずれかで表される[9]．

$$\begin{bmatrix} y_{t+1}^1 \\ y_{t+1}^2 \end{bmatrix} = \begin{bmatrix} \lambda & 0 \\ 0 & \lambda \end{bmatrix}\begin{bmatrix} y_t^1 \\ y_t^2 \end{bmatrix} \text{ あるいは } \begin{bmatrix} y_{t+1}^1 \\ y_{t+1}^2 \end{bmatrix} = \begin{bmatrix} \lambda & 1 \\ 0 & \lambda \end{bmatrix}\begin{bmatrix} y_t^1 \\ y_t^2 \end{bmatrix}.$$

行列 A の固有値は次のように定義される $p(\lambda) = 0$ の解として与えられる．

$$\begin{aligned}
p(\lambda) &= |A - \lambda I| \\
&= \lambda^2 - (\text{tr } A)\lambda + \det A.
\end{aligned}$$

ここで，tr $A = a_{11} + a_{22}$, det $A = a_{11}a_{22} - a_{12}a_{21}$. $p(\lambda) = 0$ の2根を λ_1, λ_2 とし，次のように表すことにする．

$$p(\lambda) = (\lambda - \lambda_1)(\lambda - \lambda_2).$$

---

[9] 第6章の議論を参照せよ．ここでは，議論の簡単化のために，固有値が複素数になるケースは省略する．

ここでは，さらに，次のように固有値が実数のケースに限定して考察する．

$$(\operatorname{tr} A)^2 - 4(\det A) > 0.$$

以前の議論との関連で，固有値が $(-1, 1)$ に属しているかどうかが重要な点であるので，この点を中心に考察する．まず，次のような定義を行うことにしよう．

定義 16：

(1) いずれの固有値の絶対値も 1 より小となっているとき，平衡点は沈点 (sink) といわれる．

(2) いずれの固有値の絶対値も 1 より大となっているとき，平衡点は源点 (source) といわれる．

(3) 一つの固有値の絶対値が 1 より大で，他方の固有値の絶対値が 1 より小となっているとき，平衡点は鞍点 (saddle point) といわれる．

ここで，次のように表される．

$$p(1) = (1 - \lambda_1)(1 - \lambda_2) = (\lambda_1 - 1)(\lambda_2 - 1),$$
$$p(-1) = (-1 - \lambda_1)(-1 - \lambda_2) = (\lambda_1 + 1)(\lambda_2 + 1).$$

(1) $p(1) > 0$ となるとき，つまり，$(\det A) > (\operatorname{tr} A) - 1$ となっているときに限って，2 根とも 1 より大であるか，あるいは小である．

(2) $p(1) < 0$ となるとき，つまり，$(\det A) < (\operatorname{tr} A) - 1$ となっているときに限って，1 つの根は 1 より大であり，他の根は 1 より小である．

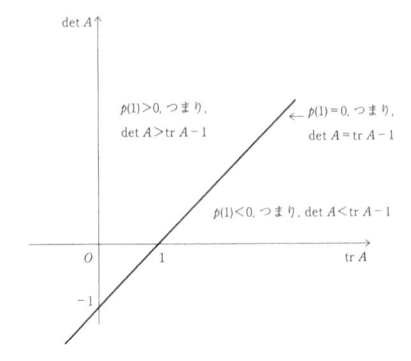

(3) $p(-1) > 0$ となるとき，つまり，$(\det A) > -(\operatorname{tr} A) - 1$ となっているときに限って，2 根とも -1 より大であるか，あるいは小である．

(4) $p(-1) < 0$ となるとき，つまり，$(\det A) < (-\operatorname{tr} A) - 1$ となっているときに限って，1 つの根は -1 より大であり，他の根は -1 より小である．

図 1-30 (a)

1.13. 2変数の定差方程式系

図 1-30 (b)

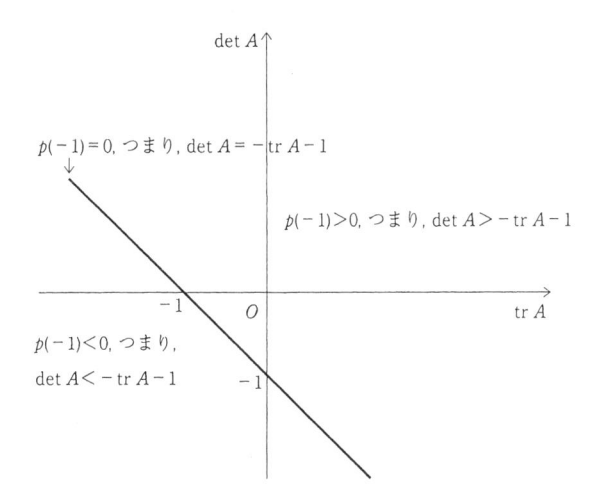

$p(-1) = 0$, つまり, $\det A = -\operatorname{tr} A - 1$

$p(-1) > 0$, つまり, $\det A > -\operatorname{tr} A - 1$

$p(-1) < 0$, つまり, $\det A < -\operatorname{tr} A - 1$

(a)　$p(1) > 0, p(-1) < 0$ となるケース

　$p(1) > 0$ より2根とも1より大であるか小である．$p(-1) < 0$ より，少なくとも1つの根は -1 より小でなければならないので，他の根は -1 と 1 の間に存在する．したがって，平衡点は鞍点である．

(b)　$p(1) < 0, p(-1) > 0$ となるケース

　このケースでは，1つの根は1より大であり，他の根は $(-1, 1)$ に属している．

(c)　$p(1) < 0, p(-1) < 0$ となるケース

　このケースでは，1つの根が $(-1, 1)$ に属しているとすると，$p(1) < 0$ のケースでは，他の根は1より大となり，$p(-1) < 0$ に矛盾する．したがって，2根とも $(-1, 1)$ に属することはない．

(d)　$p(1) > 0, p(-1) > 0$ となるケース

　①の領域；$(\det A) > 0, (\operatorname{tr} A) < -2$ となるケースでは，2根とも -1 より大である．
　②の領域；$(\det A) > 0, (\operatorname{tr} A) > 2$ となるケースでは，2根とも1より大である．
　③の領域；$(\det A) \in (-1, 1), (\operatorname{tr} A) \in (-2, 2)$ となるケースでは，2根とも $(-1, 1)$ に属している．

図 1-31

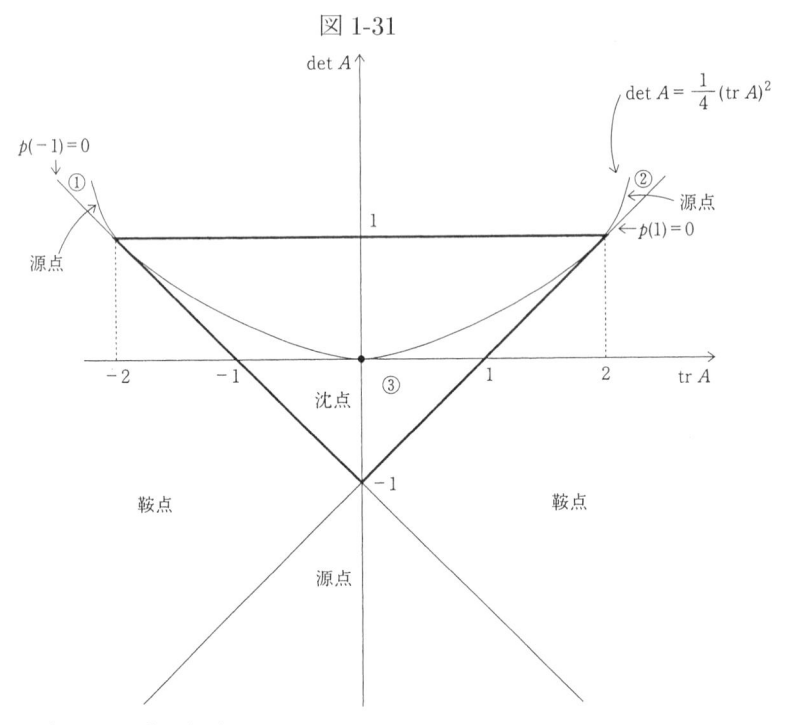

1.14 非線形の定差方程式

次のような一般的な定差方程式系を考察することにしよう.

$$x^1_{t+1} = f^1(x^1_t, x^2_t),$$
$$x^2_{t+1} = f^2(x^1_t, x^2_t).$$

いま, $(\bar{x}^1, \bar{x}^2)$ がこの定差方程式系の平衡点であるとしよう. つまり,

$$\bar{x}^1 = f^1(\bar{x}^1, \bar{x}^2),$$
$$\bar{x}^2 = f^2(\bar{x}^1, \bar{x}^2)$$

とする. $(\bar{x}^1, \bar{x}^2)$ の近傍で, 次のような変換を考えることにする.

$$z^1_t = x^1_t - \bar{x}^1,$$
$$z^2_t = x^2_t - \bar{x}^2.$$

$(\bar{x}^1, \bar{x}^2)$ は変換後の (z_1, z_2) 平面での原点 $(0,0)$ に対応している.

$$\begin{bmatrix} z^1_{t+1} \\ z^2_{t+1} \end{bmatrix} = \begin{bmatrix} f^1(x^1_t, x^2_t) - f^1(\bar{x}^1, \bar{x}^2) \\ f^2(x^1_t, x^2_t) - f^2(\bar{x}^1, \bar{x}^2) \end{bmatrix}$$

1.14. 非線形の定差方程式

$$= \begin{bmatrix} f^1(z_t^1 + \bar{x}^1, z_t^2 + \bar{x}^2) - f^1(\bar{x}^1, \bar{x}^2) \\ f^2(z_t^1 + \bar{x}^1, z_t^2 + \bar{x}^2) - f^2(\bar{x}^1, \bar{x}^2) \end{bmatrix}$$

$$= \begin{bmatrix} \frac{\partial f^1}{\partial x_1} & \frac{\partial f^1}{\partial x_2} \\ \frac{\partial f^2}{\partial x_1} & \frac{\partial f^2}{\partial x_2} \end{bmatrix} \begin{bmatrix} z_t^1 \\ z_t^2 \end{bmatrix} + R(z_t^1, z_t^2).$$

ここで，$|z_t^1| + |z_t^2| \to 0$ ならば $R(z_t^1, z_t^2) \to 0$. また，$\partial f^i / \partial x_j (i,j=1,2)$ は平衡点 $(\bar{x}^1, \bar{x}^2)$ で評価されている．

構造安定性[10]の議論により，上記の定差方程式系の解の動きは次の定差方程式の解の挙動によって近似的に表される．

$$\begin{bmatrix} z_{t+1}^1 \\ z_{t+1}^2 \end{bmatrix} = \begin{bmatrix} \frac{\partial f^1}{\partial x_1} & \frac{\partial f^1}{\partial x_2} \\ \frac{\partial f^2}{\partial x_1} & \frac{\partial f^2}{\partial x_2} \end{bmatrix} \begin{bmatrix} z_t^1 \\ z_t^2 \end{bmatrix}.$$

また，(z_1, z_2) 平面上の軌道を元の (x_t^1, x_t^2) 平面上に写しかえても，軌道の基本的な特性は変わらない．したがって，もとの定差方程式系の平衡点の近傍での解の局所的な挙動は平衡点 $(\bar{x}^1, \bar{x}^2)$ で評価された次の線形部分の特性を吟味することによって，かなりの程度解明される．

$$\begin{bmatrix} \frac{\partial f^1}{\partial x_1} & \frac{\partial f^1}{\partial x_2} \\ \frac{\partial f^2}{\partial x_1} & \frac{\partial f^2}{\partial x_2} \end{bmatrix}.$$

---

[10] たとえば，連続的時間モデルに関してであるが，Hirsch and Smale [1974] の第 16 章を参照せよ．

1.15 補論：カオスの発生

この補論では[11]，次のような関数の族を考えることにする．

$$f_\mu(x) = \mu x(1-x) = \mu x - \mu x^2 \quad (ここで, \mu > 1).$$

この関数族を前提として，次の定差方程式を考えることにしよう．

$$x_{t+1} = f_\mu(x_t).$$

まず，$f_\mu(x)$ の不動点を求め，不動点における微係数を求めておくことにする．$f_\mu(x)$ の不動点を求めるために，$f_\mu(x) = x$ となる点，つまり，次式を満足する x を求めることにしよう．

$$\mu x(1-x) = x.$$

$f_\mu(x)$ の不動点は次のように求められる．

$$x = 0, \; x = \frac{\mu - 1}{\mu}.$$

さて，$f_\mu(x)$ を微分すると，

$$f'_\mu(x) = \mu - 2\mu x.$$

したがって，

$$f'_\mu(0) = \mu > 0,$$

$$\begin{aligned} f'_\mu\left(\frac{\mu-1}{\mu}\right) &= \mu - 2(\mu - 1) \\ &= 2 - \mu. \end{aligned}$$

定理 23：上記の $f_\mu(x)$ については次のことが成立する．

(1)　$f_\mu(0) = f_\mu(1) = 0$.

(2)　不動点は 0 と $x_\mu = \frac{\mu-1}{\mu}$ である．

(3-a)　$x < 0$ のケースでは，次のことが成立する．

$$n \to \infty \Rightarrow \; f_\mu^n(x) \to -\infty.$$

(3-b)　$x > 1$ のケースでは，次のことが成立する．

$$n \to \infty \Rightarrow \; f_\mu^n(x) \to -\infty.$$

---

[11] この補論の議論は Devaney [1989] を参照している．さらに厳密な展開を望む読者は，Devaney [1989], Guckenheimer and Holmes [1993] 等の文献を検討することを勧める．

1.15. 補論：カオスの発生

証明：(3-a) のケースのみを証明しておくことにしよう．まず，次のことが成立する．

$$x < 0 \Rightarrow \mu x(1-x) < x \Rightarrow f_\mu(x) < x.$$

したがって，$(f_\mu^n(x))_{n=1}^\infty$ は減少数列である．この減少数列は $-\infty$ になるか，あるいは(有限値の) 下限に収束する．下限 p に収束するとすれば，

$$n \to \infty \Rightarrow f_\mu^n(x) \to p.$$

したがって，$f_\mu(x)$ の連続性より，

$$f_\mu(f_\mu^n(x)) \to f_\mu(p) < p$$

となり，矛盾する．

Q.E.D.

(1) $1 < \mu < 3$ のケース

(a) 不動点 $x_\mu = \frac{\mu-1}{\mu}$ は沈点であり，不動点 0 は源点である．

(b) $0 < x < 1$ ならば $\displaystyle\lim_{n\to\infty} f_\mu^n(x) = \frac{\mu-1}{\mu}$．

(1-1) $1 < \mu < 2$ のケース (図 1-32 を参照)

$x \in (0, 1/2]$ の場合には，次のことが成立する．

$$\exists \lambda \in (0,1) : \frac{|f_\mu(x) - x_\mu|}{|x - x_\mu|} < \lambda.$$

したがって，

$$|f_\mu(x) - x_\mu| < \lambda |x - x_\mu|.$$

このことにより，

$$|f_\mu^2(x) - x_\mu| < \lambda |f_\mu(x) - x_\mu| < \lambda^2 |x - x_\mu|.$$

したがって，一般的に，

$$0 \leqq |f_\mu^n(x) - x_\mu| < \lambda^n.$$

はさみうちの定理により

$$f_\mu^n(x) \to x_\mu.$$

$x \in (1/2, 1)$ のケースでは，

$$f_\mu(x) \in (0, 1/2).$$

したがって，

$$n \to \infty \Rightarrow f_\mu^n(x) = f_\mu^{n-1}(f_\mu(x)) \to x_\mu.$$

Q.E.D.

図 1-32 $1 < \mu < 2$

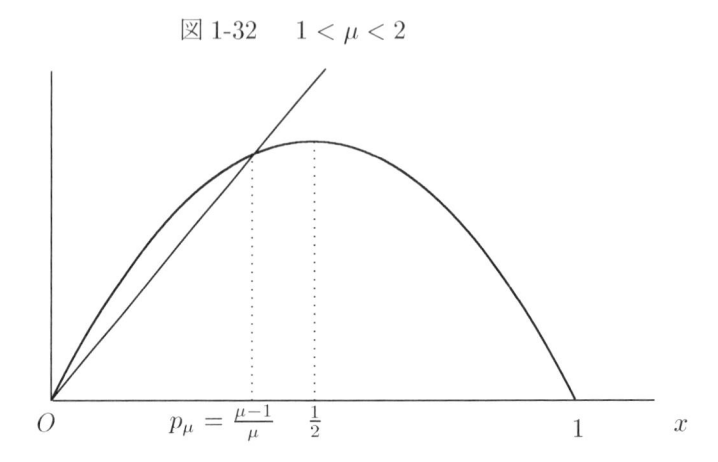

O $p_\mu = \frac{\mu-1}{\mu}$ $\frac{1}{2}$ 1 x

図 1-33

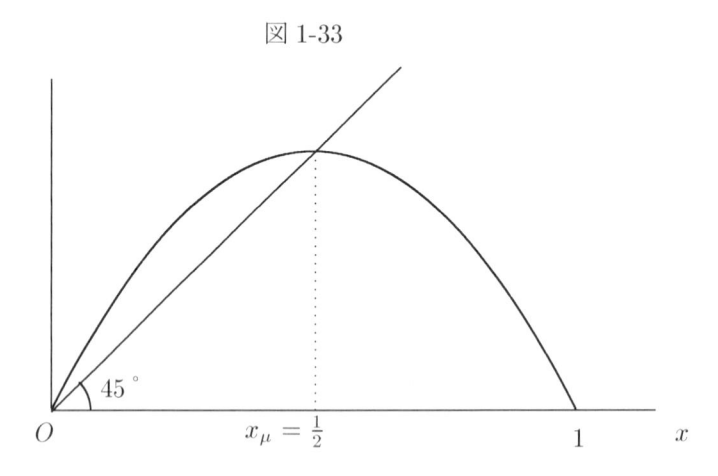

$45°$

O $x_\mu = \frac{1}{2}$ 1 x

1.15. 補論：カオスの発生

図 1-34

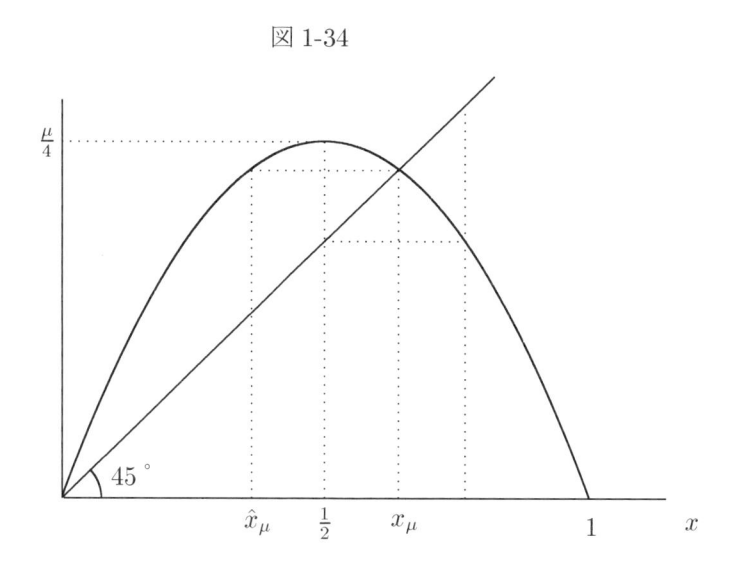

(1-2) $2 \leq \mu < 3$ のケース (図 1-33 と図 1-34 を参照)

以下で, $\hat{x}_\mu$ は $f_\mu(x)$ によって x_μ に写されるような点である.

(a) $f_\mu^2(x) \in [\hat{x}_\mu, x_\mu]$ の場合
$$n \to \infty \Rightarrow f_\mu^n(x) \to x_\mu.$$

(b) $x \in (0, \hat{x}_\mu)$ の場合
$$\exists\, k > 0 : f_\mu^k(x) \in [\hat{x}_\mu, x_\mu].$$

(c) $x \in (\hat{x}_\mu, 1)$ の場合
$$\exists\, k > 0 : f_\mu^k(x) \in (0, x_\mu].$$

(2) $4 < \mu$ のケース

以下, 次のようにおくことにする (図 1-35 を参照).
$$\Lambda = [0,1] - (\cup_{n=0}^{\infty} A_n).$$

ここで, A_0 は 1 回の操作で $[0,1]$ から逃げていく点の集合であり, A_1 は 2 回の操作で I から逃げていくような集合である. 一般的に, A_n は $n+1$ 回の操作で $[0,1]$ から逃げていく点の集合である. したがって, Λ はいかなる操作でも $[0,1]$ から逃げない集合ということができる. 次のことが成立する.

定理 24 : Λ は次のように規定されるカントル集合である.

(1) Λ は閉集合である.

(2) Λ は全不連結 (totally disconnected) である.

(3) Λ は完全集合である.

さて,次の重要な定理を紹介しよう.

定理 25 : $f_\mu(x) = \mu x(1-x)$ $(\mu > 4)$ としよう.そのとき,次のことが成立する.

(1) $f_\mu(x)$ の周期 n の周期点解の個数は 2^n である.

(2) f_μ は Λ 内に稠密な軌道を持っている.

(3) 周期点すべての集合は Λ の稠密な部分集合である.

図 1-35

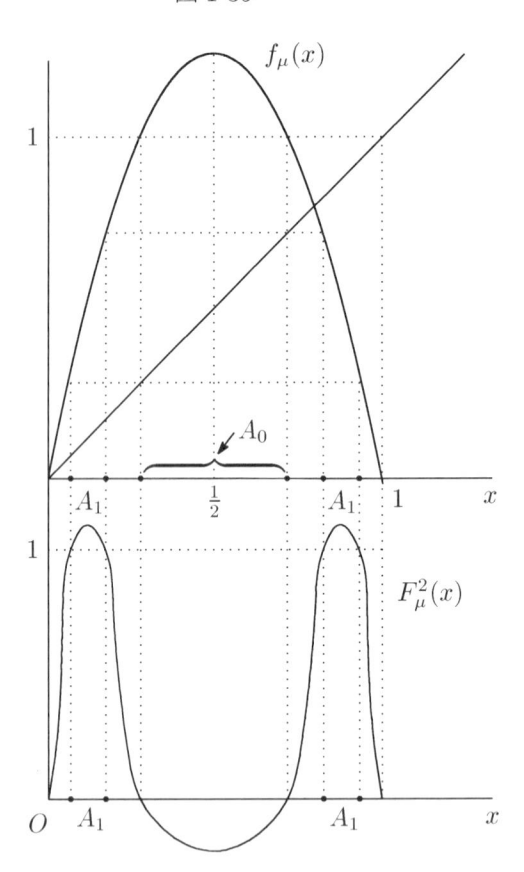

定義 17 : 次の条件を満足するとき,$f : J \to J$ は位相的に推移的といわれる.

$$\forall \text{ 開集合 } U, V \subset J, \exists k > 0 :$$

$$f^k(U) \cap V \neq \phi.$$

1.15. 補論：カオスの発生

定義 18 :

(1) 次の条件を満足するとき，$f: J \to J$ は初期条件に対して鋭敏な依存性を持っているといわれる.

$$\exists \delta > 0, \forall x \in J, \forall N(x), \exists y \in N(x), \exists n > 0:$$

ここで, $N(x)$ は x の近傍を表している.

$$|f^n(x) - f^n(y)| > \delta.$$

(2) 次の条件を満足するとき，$f: J \to J$ は初期条件に対して強意の鋭敏な依存性を持っているといわれる.

$$\exists \delta > 0, \forall x \in J, \forall N(x), \forall y \in N(x), \exists n > 0:$$

$$|f^n(x) - f^n(y)| > \delta.$$

(3) 次の条件を満足するとき，$f: J \to J$ は拡大的 (expansive) であるといわれる.

$$\exists \delta > 0, \forall x, y \in J, \exists n > 0:$$

$$|f^n(x) - f^n(y)| > \delta.$$

定義 19 :次の条件が成立するとき，$f: V \to V$ はカオス的であるといわれる.

(1) f は初期条件に関する鋭敏な依存性を持っている.

(2) f は位相的に推移的である.

(3) 周期点は V において稠密である.

上記の定義の意味で, $f_\mu(x) = \mu x(1-x) \ (\mu > 4)$ はカオス的であることが確認される. 最後に, シャルコフスキーの定理を紹介するために, 次のような順序を考えることにしよう.

$$3 > 5 > 7 > \cdots 2 \cdot 3 > 2 \cdot 5 > \cdots 2^2 \cdot 3 > 2^2 \cdot 5 > \cdots 2^3 > 2^2 > 2 > 1.$$

次の定理が成立する.

定理 26 : $f: R \to R$ は連続関数であるとしよう. f が素周期 k の周期点を持つならば, f は (上述の順序の意味で) $k > l$ となる周期 l の周期点を持つ.

第2章　集計的成長モデルの基礎

2.1　序

本章では，以下で展開される集計的モデル (aggregative model) の基本的な前提と諸概念が解説される．経済成長に関する有意味でしかも厳密な帰結の導出のためには，動態的経済メカニズムの本質を捨象することなく，しかも，ある程度単純化して，適切にモデルを構築することが肝要である．まず，本章の最初の部分では，集計的モデルの基礎的前提が明確に規定され，記号が定義される．

2.2　基礎的前提

現在から将来にわたって，ある所与の時間単位で測定された連続的な時間の流れが存在するものとしよう．連続型モデルを使用して分析がなされる場合には，初期時点を 0 と記し，所与の時間単位で初期時点から t 時間経過後を t 時点と呼び，単純に t と表すことにする．離散型モデル (discrete-time model) を用いて期間分析が試みられる場合には，現在から将来にかけて，現在に近いものから順に，第 0 期，第 1 期，第 2 期，$\cdots$ と呼ばれるある同一の時間間隔で区切られた期間が順次設定されているものとして，分析上の処理がなされる．

次のように記号が定義される．

（離散型モデル）

- Y_t = t 期における国民生産物
- C_t = t 期における消費
- I_t = t 期における投資
- K_t = t 期の期首における資本ストック
- P_t = t 期の期首における総人口
- L_t = t 期の期首における労働力人口

（連続型モデル）

- $Y(t)$ = t における国民生産物
- $C(t)$ = t における消費
- $I(t)$ = t における投資
- $K(t)$ = t における資本ストック
- $P(t)$ = t における総人口
- $L(t)$ = t における労働力人口

また，1 人当たりの変数を小文字で表すことにする (たとえば，離散型のケースで，$y_t = Y_t/P_t$, $c_t = C_t/P_t, k_t = K_t/P_t$).

次に，集計的経済モデルに共通している基本的前提を順次規定しよう．

(M. 1) 各 t における財貨・サービスおよび労働用役はそれぞれ同質であり，したがって，何らかの物的単位によって集計化することができる．さらに，財貨・サービスの集計量および労働用役のそれは任意可分性 (極めて小単位ででも利用可能であるという性質) を持っている．

これは，財貨・サービスと労働の同質性という単純化された想定である．この前半の想定，特に，資本財の測定可能性と集計化可能性に関しては，長期にわたって激しい論争が行われている．また，労働用役に関しては，個々人の保有している技能に差異があり，その集計化は容易ではないが，さしあたり，人・時 (man-hour) のような実質単位で処理されているものと想定しておこう．次に，任意可分性に関してであるが，この想定が存在しない場合，微分可能性を利用した強力な分析が利用できなくなり，議論が過度に複雑になるという指摘にとどめておく．

次に資本財の完全可塑性 (perfect malleability) が想定される．

(M. 2) 資本財は完全に可塑的 (perfectly malleable) である．

この前提から，投資が可逆的 (reversible) であるということが保証される．ここで，特に注意すべき点は，他に前提がなく，この想定のみでは，資本財は即時的に消費用途に変形可能ではあるが資本財の自由処分性 (free disposal，コストを費やさないで，処分することが可能であるという性質) に関しては，明確に規定されていないということである．ただし，他に，資本ストックの完全利用が仮定として設定されている場合には，当然のことながら，自由処分性の問題は生じてこない．同様に，最適性が議論の対象とされている場合には，将来の国民生産物という便益を生み出す資本ストックを自由処分するということはまず考えられないことなので，やはり，自由処分性はさほど問題にはならない．

人口および労働力人口の成長に関する次のような (通常の文献で採用されている) 仮定が設定される．

仮定 1：人口および労働力人口は現在時点における所与の水準，$\bar{P}_0, \bar{L}_0$ から，同一の率 $n \geq 0$ で外生的に成長する[1]．ここで，$\bar{P}_0 > 0, \bar{L}_0 > 0$，また，$\bar{L}_0/\bar{P}_0 = r$ とする．この r は労働力参加率である．したがって，期間分析の場合には，各 $t \geq 0$ について，

$$P_t = \bar{P}_0(1+n)^t \qquad L_t = \bar{L}_0(1+n)^t$$

と表される．連続分析の場合には，各 $t \geq 0$ に対して，次のように表される．

$$P(t) = \bar{P}_0 e^{nt},$$

$$L(t) = \bar{L}_0 e^{nt}.$$

---

[1] この外生的な一定の率で成長するという人口あるいは労働力人口の成長に関する仮定は，ある程度，緩和することができる．たとえば，Burmeister and Dobell [1970](邦訳，pp.45-47) では人口は一定の外生的な率で成長するが，労働力は賃金率の関数としての労働力参加率に従って定まるケースが取り扱われている．比較的最近になって，養育費用を考慮に入れて人口成長を内生化する試みもなされている．最近の内生的人口成長モデルに関しては，たとえば，Barro and Sala-i-Martin [1995, 第 9 章] を参照せよ．

2.3. 生産技術と生産関数

仮定 2：各 t について，労働力人口と資本ストックがそれぞれ完全雇用および完全利用されている．

ここで，注意すべき点は，仮定2が設定されていない場合でも，最適性が議論されているケースでは，この仮定がある場合と結果として同じことになり，したがって，その場合には，仮定2が設定されているかどうかは問題ではなくなるであろう．

次に，資本ストックの減耗に関して，次のように仮定される．

仮定 3：資本ストックは一定の率 $\delta \geq 0$ で減耗する．

2.3 生産技術と生産関数

2.3.1 マクロ的生産関数の規定

ある期を所与として，国民経済において最終的に産出されるものは国民生産物であり，投入されるものは本源的生産要素 (資本，労働，土地) である．国民生産物の量を Y と記し，本源的生産要素である資本，労働，土地をそれぞれ順に K, L, N と記すことにする．本源的生産要素の量 (K, L, N) と国民生産物の量 Y の間の量的関係を表す関数はマクロ的生産関数 (production function) と呼ばれる．これは次のように表される．

$$Y = G(K, L, N).$$

通常，N は一定であるので，$N = \bar{N} = $ 一定 として，次のように表すことにする．

$$Y = F(K, L) = G(K, L, \bar{N}).$$

経済分析上，よく利用される生産関数として次のようなものがある．

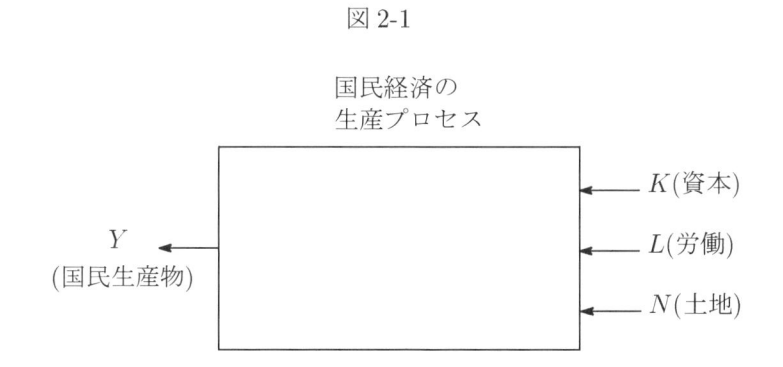

図 2-1

国民経済の
生産プロセス

Y ←
(国民生産物)

← K (資本)
← L (労働)
← N (土地)

(1) コブ＝ダグラス型生産関数

$$F(K,L) = AK^\alpha L^{1-\alpha}. \quad (ここで，A, \alpha は定数で，A > 0,\ 0 < \alpha < 1)$$

(2) 固定係数型生産関数

$$Y = \min\left\{\frac{K}{v}, \frac{L}{u}\right\}. \quad (ここで，u, v は正の定数)$$

図 2-2 と図 2-3 に，それぞれ，コブ＝ダグラス型生産関数と固定係数型の生産関数に対応する生産曲面が図示されている．

図 2-2　コブ＝ダグラス型生産関数の生産曲面

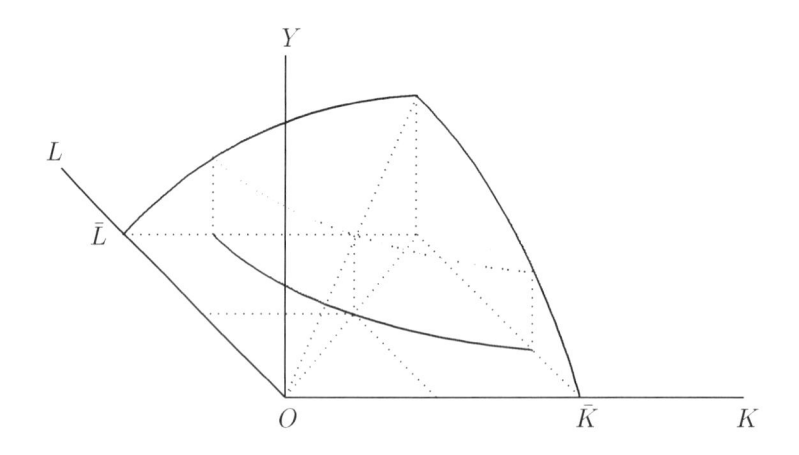

図 2-3　固定係数型生産関数の生産曲面

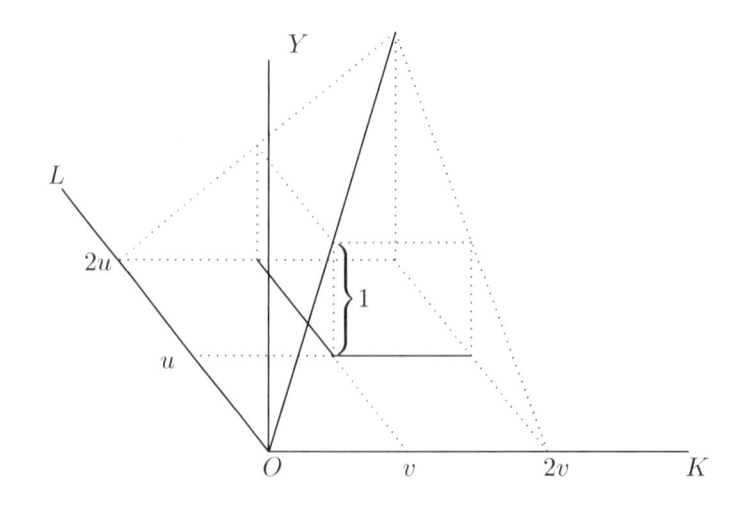

2.3. 生産技術と生産関数

限界生産性

さて，限界生産性 (marginal productivity) という概念を導入することにしよう．まず，資本の限界生産性は次のように近似的に定義される．

$$\begin{aligned}
&(K',L') \text{ における資本の限界生産性} \\
\fallingdotseq\ &(K',L') \text{ から } K \text{ だけが微小量 } \Delta K > 0 \text{ だけ増加した場合，それに伴っ} \\
&\text{て生じる産出量の } (K \text{ の増加 1 単位当たりの}) \text{ 変化量} \\
=\ &\frac{F(K'+\Delta K,\ L') - F(K',\ L')}{\Delta K}.
\end{aligned}$$

微小量の変化量の規定の困難性を考慮して，通常，ΔK を 0 に近づけて定義がなされている．すなわち，厳密には，次のように定義されている．

$$\begin{aligned}
&(K',L') \text{ における資本の限界生産性 } F_K(K',L') \\
=\ &\lim_{\Delta K \to 0} \frac{F(K'+\Delta K,\ L') - F(K',\ L')}{\Delta K} = \frac{\partial F(K',L')}{\partial K}.
\end{aligned}$$

同様に，

$$\begin{aligned}
&(K',L') \text{ における労働の限界生産性 } F_L(K',L') \\
=\ &\lim_{\Delta L \to 0} \frac{F(K',\ L'+\Delta L) - F(K',\ L')}{\Delta L} = \frac{\partial F(K',L')}{\partial L}.
\end{aligned}$$

一般的に，(K,L) における資本と労働の限界生産性は次のように表される．

$$\begin{aligned}
&(K,L) \text{ における資本の限界生産性 } F_K(K,L) \\
=\ &\frac{\partial F(K,L)}{\partial K}, \\
&(K,L) \text{ における労働の限界生産性 } F_L(K,L) \\
=\ &\frac{\partial F(K,L)}{\partial L}.
\end{aligned}$$

たとえば，コブ＝ダグラス型生産関数 $F(K,L) = AK^\alpha L^{1-\alpha}$ について，(K,L) における資本の限界生産性は $F_K(K,L) = \alpha AK^{\alpha-1}L^{1-\alpha}$ で与えられる．

等量線

次に，等量線 (isoquant) あるいは等産出量曲線という概念を導入しておくことにしよう．同一の産出量を生産できるすべての (K,L) を結んでできる軌跡あるいは曲線は等量線と呼ばれる．つまり，一定の産出量 $Y^0 > 0$ に対して，

$$Y^0 = F(K,L)$$

を満たす K と L のすべての組 (K, L) の集合は 1 つの等量線を構成する．図 2-4 と図 2-5 の (K, L) 平面に，それぞれ，コブ＝ダグラス型生産関数と固定係数型生産関数の等量線が描かれている．

図 2-4　コブ＝ダグラス型生産関数の等量線

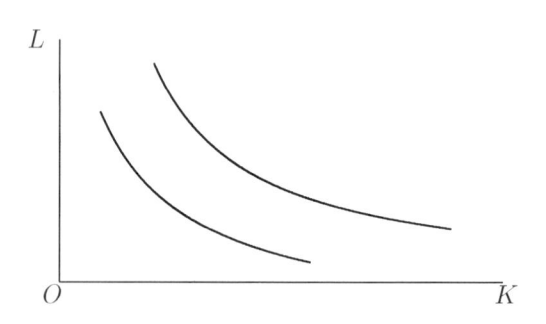

図 2-5　固定係数型生産関数の等量線

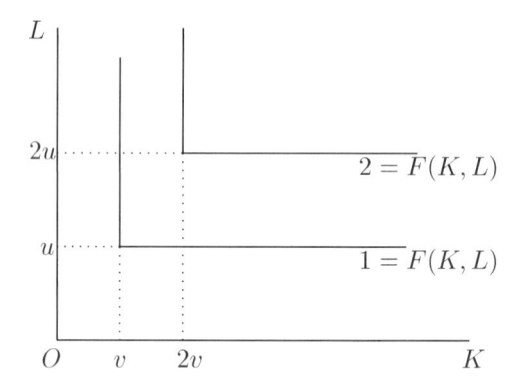

技術的限界代替率

さらに，技術的限界代替率 (marginal rate of technical substitution 以下，RTS と略記する) という概念を定義しておくことにしよう．(K', L') における RTS を $RTS(K', L')$ と表し，次のように，まず，近似的に定義しておく (図 2-6 を参照)．

$RTS(K', L')$
$\simeq$ (K', L') から K が微小量 $\{-\Delta K\}(\Delta K < 0)$ だけ減少した場合，それを補償するために，すなわち，(K', L') と同一の等量線に位置するために追加されなければならない L の (K の変化量 1 単位当たりの) 増加量
$= -\dfrac{\Delta L}{\Delta K}.$

2.3. 生産技術と生産関数

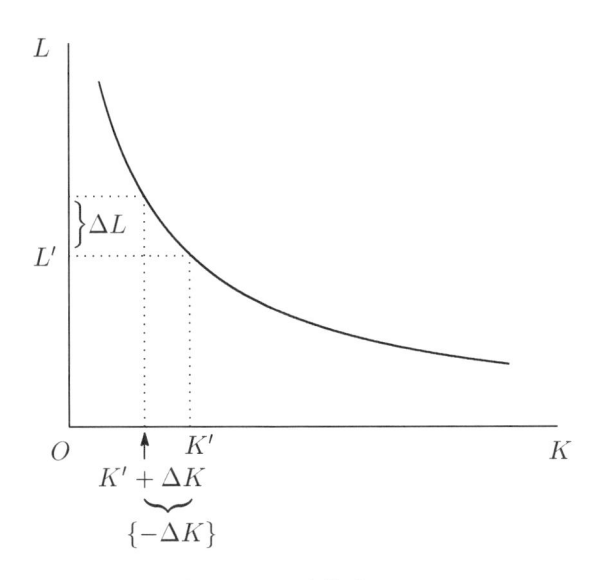

図 2-6 技術的限界代替率

厳密には, ΔK を 0 に近づけて, 次のように定義される.

$$\begin{aligned} RTS(K', L') &= \lim_{\Delta K \to 0} \left\{ -\frac{\Delta L}{\Delta K} \right\} \\ &= (K', L') \text{ を通る等量線の } (K', L') \text{ における接線の傾き} \\ &\quad \text{に負の符号をつけた値}. \end{aligned}$$

また, 次のことが成立する.

$$RTS(K', L') = \frac{F_K(K', L')}{F_L(K', L')}.$$

さて, 等量線に沿って, (K, L) が K の増加の方向に動いていくとき, $RTS(K, L)$ が減少していくならば, 技術的限界代替率 RTS は逓減的であるといわれる (図 2-7 を参照せよ).

代替の弾力性

以下では, 図 2-7 のように, 技術的限界代替率 RTS が逓減的であるようなケースに限定して議論がなされる. 図 2-7 から看取されるように, 任意の等量線に沿って, K が増加していく方向で変化していくとき, 投入量の比 L/K も減少している.

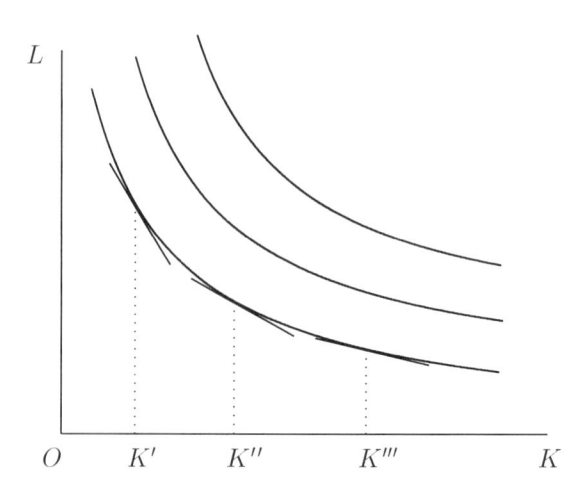

図 2-7　技術的限界代替率 (RTS) の逓減性

さて，投入量の比の変化率 $d(L/K)/(L/K)$ を RTS の変化率 $d(F_K/F_L)/(F_K/F_L)$ で割った値：

$$\gamma(K,L) = \frac{d(L/K)/(L/K)}{d(F_K/F_L)/(F_K/F_L)}$$

を考えることにしよう．$\gamma(K,L)$ は通常 (K,L) における代替の弾力性 (elasticity of substitution) とよばれている．

ここでは，代替の弾力性を図 2-8 を用いて近似的に求めておくことにする．

$$\begin{aligned}
\Delta(L/K)/(L'/K') &= \frac{\frac{BC}{OC} - \frac{DC}{OC}}{\frac{DC}{OC}} \\
&= -\frac{DC - BC}{DC}, \\
\frac{\Delta(F_K/F_L)}{F_K(K',L')/F_L(K',L')} &= \frac{\frac{CF}{CE} - \frac{DC}{CE}}{DC/CE} \\
&= -\frac{DC - CF}{DC}.
\end{aligned}$$

したがって，$\gamma(K',L')$ は近似的に次のように与えられる．

$$\gamma(K',L') \fallingdotseq \frac{DC - BC}{DC - CF}.$$

2.3. 生産技術と生産関数

図 2-8　代替の弾力性

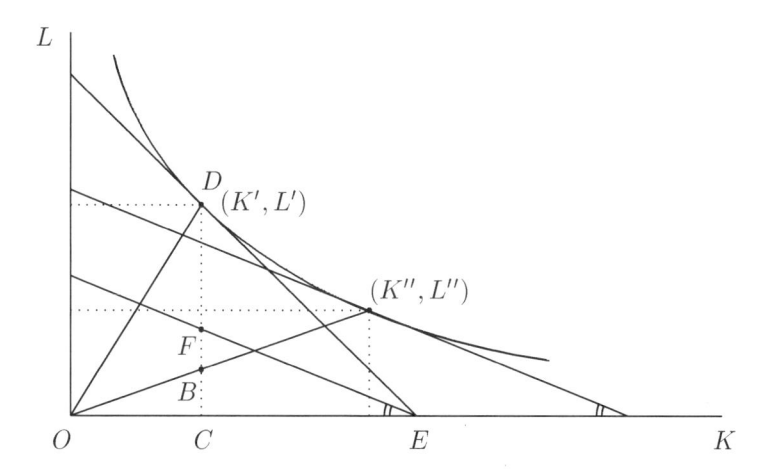

2.3.2　規模に関する収穫

すべての生産要素の量が同一比率で変化したとき，産出量がどのように変化するかについて次のように 3 つのケースを規定しておく．

(1)　規模に関する収穫一定性
　　任意の (K, L) と任意の $\lambda > 0$ に対して，
$$F(\lambda K, \lambda L) = \lambda F(K, L).$$

(2)　規模に関する収穫逓増性
　　任意の (K, L) と任意の $\lambda > 1$ に対して，
$$F(\lambda K, \lambda L) > \lambda F(K, L)$$

(3)　規模に関する収穫逓減性
　　任意の (K, L) と任意の $\lambda > 1$ に対して，
$$F(\lambda K, \lambda L) < \lambda F(K, L).$$

2.3.3　規模に関する収穫一定性 (あるいは一次同次性) をもつ生産関数

規模に関する収穫一定性を持っている生産関数 $F(K, L)$ については，次のことが成立している．任意の $t > 0$ と任意の (K, L) に対して[2]，
$$F(tK, tL) = tF(K, L).$$

---

[2] 厳密には，偏微分可能性は正象限の内部の点でのみ定義される．特に断りのない限り，本書では，このことが前提とされているものとする．

したがって, 任意の (K', L') を所与として, 任意の t に対して,

$$F(tK', tL') = tF(K', L').$$

上式の両辺を t で微分すると,

$$F(K', L') = F_K(tK', tL')K' + F_L(tK', tL')L'.$$

任意の $t > 0$ に対して, この関係式の成立が保証されているので, $t = 1$ を代入すると,

$$F(K', L') = F_K(K', L')K' + F_L(K', L')L'.$$

したがって, 一般的に, 任意の (K, L) に対して, 次のことが成立する.

$$F(K, L) = F_K(K, L)K + F_L(K, L)L.$$

この関係式は, 通常, オイラーの定理とよばれている.

さらに, 収穫不変性に関する式を K に関して偏微分し, 整理すると, 任意の $(K, L) \in R_+^2$ と任意の $t > 0$ に対して,

$$F_K(tK, tL) = F_K(K, L).$$

同様にして, 任意の $(K, L) \in R_+^2$ と任意の $t > 0$ に対して,

$$F_L(tK, tL) = F_L(K, L).$$

また, オイラーの定理により,

$$K \cdot F_K(K, L) + L \cdot F_L(K, L) = F(K, L)$$

となるので, 任意の $(K, L) \in R_+^2$ に対して,

$$\begin{aligned} F_L(K, L) &= \frac{1}{L}\{F(K, L) - K \cdot F_K(K, L)\} \\ &= F(K/L, 1) - (K/L) \cdot F_K(K/L, 1) \end{aligned}$$

さらに、規模に関する収穫一定性を持っている生産関数 $F(K, L)$ については, 次のことが成立する. 図 2-9 のように, (K^0, L^0) に対して, 原点から出発し, (K^0, L^0) を通る半直線上の各点 (tK^0, tL^0) について, RTS の値は常に等しい. すなわち, 任意の (K^0, L^0) に対して,

$$\begin{aligned} RTS(K^0, L^0) &= \frac{F_K(K^0, L^0)}{F_L(K^0, L^0)} \\ &= \frac{F_K(tK^0, tL^0)}{F_L(tK^0, tL^0)} \\ &= RTS(tK^0, tL^0). \end{aligned}$$

2.3. 生産技術と生産関数

図 2-9 規模に関する収穫一定性のケースにおける技術的限界代替率

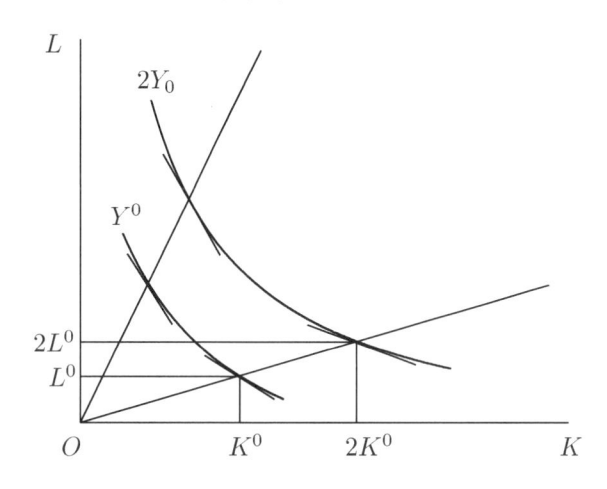

図 2-10

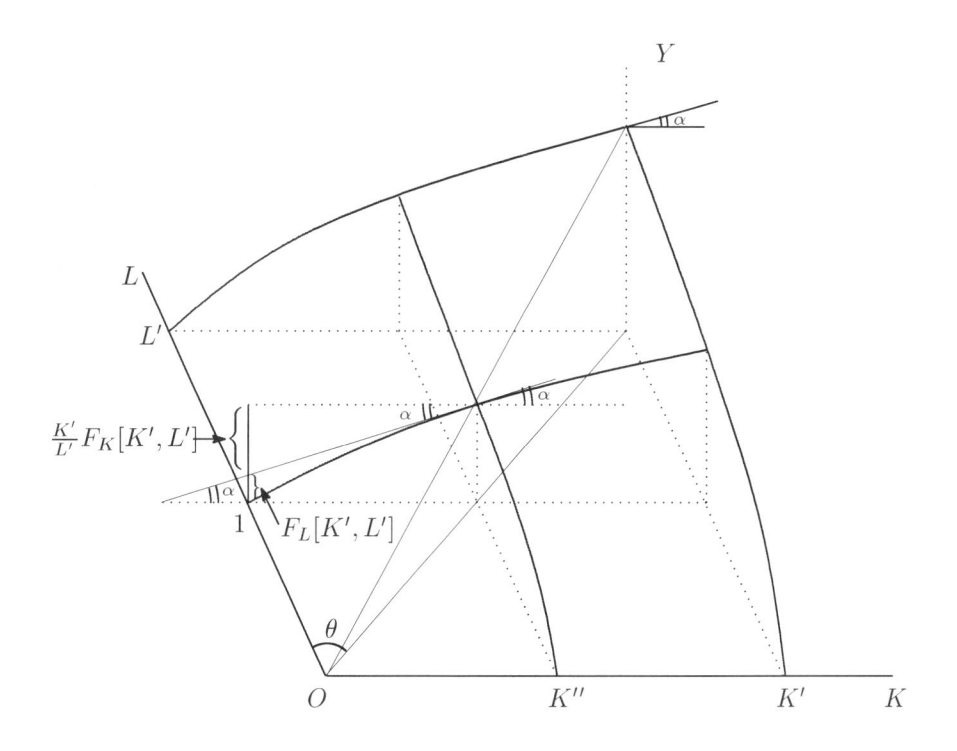

2.3.4 適切な性質を持つ生産関数

さて，コブ＝ダグラス型関数を特殊ケースとして含む適切な性質をもつ生産関数を定義しておくことにする．

定義 1：下記の諸性質を持っている生産関数 $Y = F(K, L)$ は適切な性質を持つ生産関数といわれる．

(1) (規模に関する収穫一定性)：任意の $(K, L) \in R_+^2$ と任意の $\lambda > 0$ に対して，

$$F(\lambda K, \lambda L) = \lambda F(K, L).$$

(2) (生産要素の不可欠性)：任意の $(K, L) \in R_+^2$ に対して，

$$F(K, 0) = 0, F(0, L) = 0.$$

(3) (2回連続微分可能性)：$F(K, L)$ は R_+^2 で2回連続微分可能である．記号の単純化のために，以下，次のように表示する．

$$\frac{\partial F(K, L)}{\partial K} = F_K(K, L), \quad \frac{\partial F(K, L)}{\partial L} = F_L(K, L),$$

$$\frac{\partial^2 F(K, L)}{\partial K^2} = F_{KK}(K, L), \quad \frac{\partial^2 F(K, L)}{\partial L^2} = F_{LL}(K, L).$$

(4) (限界生産性の正値性)：任意の $(K, L) \in R_+^2$ に対して，

$$F_K(K, L) > 0, F_L(K, L) > 0.$$

(5) (限界生産性の逓減性)：任意の $(K, L) \in R_+^2$ に対して，

$$F_{KK}(K, L) < 0, F_{LL}(K, L) < 0.$$

(6) (極限における限界生産性)：一定の $L > 0$ のもとでは，

$$\lim_{K \to 0} F_K(K, L) = +\infty, \lim_{K \to +\infty} F_K(K, L) = 0.$$

また，一定の $K > 0$ のもとでは，

$$\lim_{L \to 0} F_L(K, L) = +\infty, \lim_{L \to +\infty} F_L(K, L) = 0.$$

上記の諸性質の経済学的意味を簡単に考察しておこう．規模に関する収穫不変性は，資本ストック K と労働力人口 L を，同時に，それぞれ λ 倍すれば，その結果，産出可能な国民生産物の量 Y も (もとの水準の) λ 倍になるということを意味している．図 2-10 を利用しよう．原点 O から出発する (K, L) 平面上の任意の直線上での生産曲面の形状は，図 2-10 で描かれ

2.3. 生産技術と生産関数

ているように，直線になっているということである．数学の用語でいえば，この性質は1次同次性のことである．次に，生産要素の不可欠性は，資本ストック K および労働力人口 L のいずれを欠いても生産が不可能であるということを意味している．したがって，図2-10で明示されているように，生産曲面は K 軸と L 軸に接している．2回連続微分可能性は，任意の $(K,L) \in R_+^2$ に対して，資本の限界生産性 $F_K(K,L)$ および労働の限界生産性 $F_L(K,L)$ が定義可能であり，さらに，その変化率も定義可能で，(K,L) の変動に応じて，その変化が連続的であるということを意味している．限界生産性の正値性は，他の生産要素を固定しておいて，ある生産要素の量を追加的に増加させるとそれに付随して国民産出物の量が必ず増加するということである．限界生産性の逓減性は，資本ストックの量 K(労働力人口の量 L) を一定として，労働 L(資本 K) を追加的に増加させていくと，それに伴って，労働の限界生産性 (資本の限界生産性) が逓減していくということを意味している．最後に，極限における限界生産性に関する条件は，通常，稲田条件 (Inada condition) といわれているものに相応しており，その意義は後で均斉成長の存在性を考察する際に明確にされる．

2.3.5　CES型生産関数と代替の弾力性

本項では代替の弾力性が考察される (厳密な議論については補論を参照せよ)．

規模に関する収穫不変性を持っている生産関数の代替の弾力性は次のように表される．

$$\gamma(K,L) = \frac{F_K F_L}{F_{KL} F}.$$

さて，CES型の生産関数は次のように定義される．

$$F(K,L) = A\{aK^{-\beta} + (1-a)L^{-\beta}\}^{-\frac{1}{\beta}}.$$

(ここで，A, a は定数で，$A > 0, 0 < a < 1$)

このCES型生産関数の代替の弾力性は次のように表される．

$$\gamma(K,L) = \frac{1}{1+\beta}.$$

β の値あるいは代替の弾力性 γ と等量線の形状の関係が図示されている．図2-11を参照せよ．

図 2-11

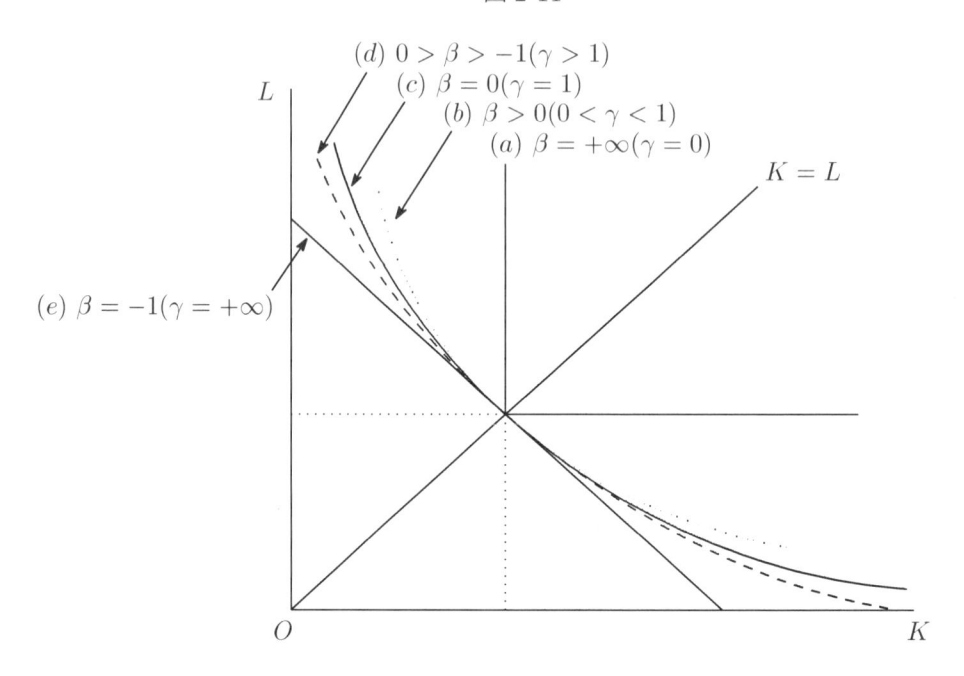

(d) $0 > \beta > -1 (\gamma > 1)$
(c) $\beta = 0 (\gamma = 1)$
(b) $\beta > 0 (0 < \gamma < 1)$
(a) $\beta = +\infty (\gamma = 0)$
(e) $\beta = -1 (\gamma = +\infty)$

2.4 代表的個人の効用関数と異時点間評価関数

具体的な評価汎関数の構成のためには，各期の厚生関数の定式化が不可欠である．まず，各期の個人の選好がいかに反映されるべきかという点を中心に各期の厚生関数の構成の問題が考察される．ついで，非常に難問ではあるが，いかなる時間視野 (time-horizon) が設定されるべきかということと，異期間の厚生が評価汎関数の中でどのように考慮されるべきか，特に，時間選好率あるいは社会的割引率の導入が是認されるべきか否かということが，順に議論される．

2.4.1 各期の代表的個人の効用関数と家計の厚生関数

一般的に，社会的厚生関数を具体的に構成する際には，「個人の選好は『尊重される』べきものである」という倫理的公準が，個人主義的かつ民主主義的伝統として，通常，保持・重視されている．経済成長論でも，この基本的な倫理公準が重視され，しかも，(Arrow [1963] による議論を契機に提示された) 適切な社会的厚生関数の構成上の難点を回避するために，各期の代表的個人の効用関数を設定して，それを基礎に家計の厚生関数を構成するという処理がなされている．

2.4. 代表的個人の効用関数と異時点間評価関数

代表的個人の効用関数について幾通りかの定式化が試みられているが，理論上，最も典型的なものは，(1人当たりの) 消費水準 (c) の関数として，処理する定式化であろう[3]．

さて，通常，代表的個人の効用関数としては，下記のようなものが想定されている．

定義 2：下記の諸性質を持っている関数 $u = u(c): R_+^1 \to R$ は代表的個人の適切な性質を持つ効用関数と呼ばれる．

(1) (2回連続微分可能性)：$u(c): R_+^1 \to R$ は2回連続微分可能である．

(2) (限界効用の正値性)：任意の $c > 0$ に対して，
$$u_c(c) > 0.$$
ここで，$u_c(c) = \frac{du(c)}{dc}$．

(3) (限界効用の逓減性)：任意の $c > 0$ に対して，
$$u_{cc}(c) < 0.$$
ここで，$u_{cc}(c) = \frac{d^2u(c)}{dc^2}$．

(4) (ゼロ消費に関する条件)[4]：
$$\lim_{c \to 0} u_c(c) = +\infty.$$

具体的には，最近の経済成長論では次のような効用関数が使用されている．

$$\begin{aligned} u(c) &= \frac{c^{1-\theta} - 1}{1-\theta} \quad (\theta > 0, \theta \neq 1) \\ &= \log c. \quad (\theta = 1) \end{aligned}$$

このタイプの効用関数は CRRA 効用関数と呼ばれている[5]．

さて，このような代表的個人の効用関数を基礎にして構成される家計の厚生関数の定式化のうち，成長理論における代表的なものは，次の2通りの定式化であろう[6]．ここでは離散型のケースに限定して規定が行われている．以下，c_t は t における代表的個人の1人当たりの消費水準を表すことにする．

---

[3] 例外的なものとしては，Ryder and Heal [1973] による効用関数の独立変数として，過去の消費をも考慮に入れる処理，Kurz [1968] による資本ストックの水準をも効用関数の独立変数として取り扱う定式化，あるいは，Arrow [1973] でのマキシミン経路の議論の際の次世代の消費水準をも考慮に入れる効用関数の定式化等が存在する．

[4] Koopmans[1967b, p.101]，Cass[1965, p.234]，[1966, p.492]，Arrow and Kurz[1970, p.64] を参照．

[5] ここで，ロピタルの定理により，
$$u'(c) = \lim_{\theta \to 1} c^{-\theta} = c^{-1}.$$

[6] これらの定式化の根拠に関しては，種々の議論がある (たとえば，Arrow and Kurz [1970b, pp.13-14]，Koopmans [1965]，[1967a]，[1967b] を参照)．(i) の定式化は，Koopmans[1967b] によって，通常の最適性の基準を導入して議論した場合，解の存在性という数理的審査 (mathematical screening) を通して，履行可能な倫理的原則 (implementable ethical principle) が過度に制限されすぎると指摘され，(ii) のケースの定式化の採用が主張されている (この点に関しては，Koopmans [1965, pp.253-258] をも参照)．

(i) t 期の代表的個人の効用関数に家計の人数を乗じて(ウェイトづけをして), $(1+n)^t u(c_t)$ と t 期の家計の厚生関数を定式化する.

(ii) 単純に, その期の代表的個人の効用関数を使って, $u(c_t)$ と t 期の家計の厚生関数を定式化する.

2.4.2 計画時間視野

真の時間視野 (true time-horizon) が現在の時点で正確に捉えられているのであれば, 問題の基本的な部分は一応解決する. というのは, 成長理論で利用されている大部分の動学的経済体系では, 任意の T に対して, 通常の意味での T までの最適経済成長経路の存在性は保証されているので, 真の時間視野のもとでの最適な経路を選び出して, それに沿って経済を運営していくという措置を講じればよいからである.

ところが, 現在の時点で, 確定的に真の時間視野が捉えられているということは, まず, ありそうもないことである. 真の時間視野の不確実な状況下で, あえて, ある有限の時間視野を設定して処理しようとすると, たとえば, 計画時間視野 (planning time-horizon) をある有限期 T までとして, 単純に現在から T までの最適化を行った場合, $k(T)$ はゼロとなり, 結果として, それ以後の世代の社会的厚生が無視されることになる. ここで, $k(T)$ がゼロでないとすれば, T までのいずれかの期で改善の余地があることになり, 最適性に矛盾する. したがって, それ以後の世代の社会的厚生をも考慮しようとすれば, 終期にどのくらいの資本ストックを残すべきかという新たな問題, つまり, 適切な $k(T)$ の選択の問題が生じてくる. この終期における適切な資本ストックの規定に対する解答は, それ以後の将来世代の社会的厚生を考慮することなしには不可能である. したがって, 終期における資本ストックの指定は恣意的なものにならざるをえない. 通常, この恣意性を回避するために有限時間視野での考察を諦めて, 無限時間視野のもとで便宜的に問題の処理が行われている.

このことに関連して, Solow [2000](邦訳, pp.111-112) に適切な解説があるので, 引用しておこう.

「無限の将来にわたって消費の流れを評価するという着想がどんなに魅力のないものであったとしても, それを巧みに免れる逃げ道といったものは存在しない. かりに有限の将来にわたって計画を立てたとすれば, その計画期間の期末には, さらにその後の将来のために残される資本ストックというものがどうしても含まれてきてしまい, それを評価することが不可避となる. というのは, さもなければ最適計画は, その計画期間の終わりのほうの年ですべての資本ストックを消耗してしまわねばならないはずだからである. ——そうしてしまわねばならない必然性がどこにあろうか. ——ところが期末に何らかの資本ストックを残すとすれば, 当該の計画期間ののちに何が起こるかを明示的にあるいは暗黙裡に考えることなしには, その期末資本を合理的に評価する仕方というものが全然ないことになる. そこでどうせもっと将来のことを考えるのなら, これを暗黙裡に考えるより, 表に出して考えるほうがはるかにましなのである. もっとも計画期間が無限大という事実は, 数学上の困難を惹き起こす. つまり, その

2.4.3 時間選好率と社会的割引率

現在世代の社会的厚生と，(まだ生まれていない，したがって，当然，計画上の意思決定に参加できない) 将来世代のそれとが，評価汎関数を構成する際にいかに考慮されるべきかという問題は結果として世代間配分に非常に影響を与えるために重要な要素である．ここでは，この問題が端的に表されている社会的割引率に関する議論が検討される．理念的には，「何人でも一定量の将来の快楽または満足よりも，等量の現在の快楽または満足を選ぶ」(Pigou [1932](邦訳, p.30)) というプラスの利子率で表されている我々の日常的思考習慣を評価汎関数を構成する際にも反映させるべきか否かということについての見解に依拠して，プラスの社会的割引率の採用に関する相反する 2 つの見解が存在する．ピグー，ラムゼイ，あるいはハロッドによって採用されている立場は，上述の我々の日常的思考習慣は，「展望能力の欠如 (lack of telescopic faculty)」(Pigou [1932](邦訳, p.30)) と「人間の生命は限られたものである」(Pigou [1932](邦訳, p.32)) という事実から生じたものであり，「野獣の食欲と同様である．それは感性の問題である」(Harrod [1973](邦訳, p.93)) としている．したがって，上述のことを基にして，プラスの社会的割引率を採用することは，「倫理的に弁護できない (ethically indefensible)」とし，「(そのような措置は) ただ単に想像力の弱さ (weakness of imagination) から生じている」(Ramsey [1928, p.543]) という議論を展開している．

他方，S. A. Marglin を含む多数の論者によって，民主的な社会である以上，個人の上述の日常的思考習慣を評価汎関数の定式化に反映させるのは当然であるとして個人の次元での割引という思考習慣を，社会の次元にも適用・拡張して，プラスの社会的割引率の採用がなされるべきだという主張がなされている．

これらの理念上の議論は，依然として決着がついていない問題であり，安易に速断できる問題ではない．したがって，本書では，この点を考慮して，理念的に決着がついていない社会的割引率の問題に弾力性を持たせて処理するという折衷的な立場が堅持される．具体的には，社会的割引率のとりうる値の範囲を (0 を含んで) 可能な限り広く設定して弾力的に処理がなされる．

さて，以上の議論を前提として，T 期までの家計の異時点間評価関数を定義することにしよう．以下，n は人口の成長率であり，ρ は割引率あるいは時間選好率である．離散的モデルのもとでは，次のように定義される[7]．

$$W^T[(c_t)] = u(c_0) + \frac{1+n}{1+\rho}u(c_1) + \left(\frac{1+n}{1+\rho}\right)^2 u(c_2) + \cdots + \left(\frac{1+n}{1+\rho}\right)^T u(c_T).$$

---

[7]世代間の利他主義と加法的評価関数との関連性に関する議論については，Heal [1973](邦訳, pp.149-159) を参照せよ．

連続型モデルのもとでは,

$$W^T[(c(t))] = \int_0^T e^{-(\rho-n)t} u(c(t))dt.$$

さて,初期資本ストック $\bar{k}_0$ を所与として,T 期までの実行可能な消費経路の集合を $F^T(\bar{k}_0)$ と表すことにする[8].最適基準を規定しておくことにしよう.以下の定義では離散型のケースについて規定されているが,連続型のケースについても同じように定義できる.

定義 3 :

(1) $T < +\infty$ であるケースでは,

$$(\hat{c}_t)_{t=0}^T \in F^T(\bar{k}_0)$$

でかつ,任意の $(c_t)_{t=0}^T \in F^T(\bar{k}_0)$ に対して,

$$W^T[(\hat{c}_t)_{t=0}^T] \geq W^T[(c_t)_{t=0}^T]$$

となっている場合,$(\hat{c}_t)_{t=0}^T$ は $\bar{k}_0$ から出発する T までの最適消費経路と呼ばれる.

(2) $T = +\infty$ であるケースでは[9],

$$(\hat{c}_t) \in F^\infty(\bar{k}_0)$$

でかつ,任意の $(c_t) \in F^\infty(\bar{k}_0)$ について,任意の $\varepsilon > 0$ に対して,

$$W^T[(\hat{c}_t)] \geq W^T[(c_t)] - \varepsilon \quad (任意の T \geq T' に対して)$$

となる $T' > 0$ が存在するとき,$(\hat{c}_t)$ は追いつき (catching-up) 原理の意味での最適消費経路と呼ばれる.厳密さを欠くことになるが,日常語で言い換えると,追いつき原理の意味での最適消費経路とはずっと将来まで顧慮されるときには,いかなる実行可能な消費経路と比較しても遜色がないような経路のことである.

---

[8] 選択基準の規定に関しては,Heal [1973](邦訳, pp.161-178) で丁寧に議論されている.

[9] 無限時間視野のもとで,単純に広義積分 (improper integral) を利用して最適性を考察するということも考えられるが,この場合には,解の存在性が過度に制限される.そのために種々の規準が取り上げられている.ここでは,最もよく利用されている規準のみを紹介しておく.その他の規準については,Heal [1973],大住 [1985] を参照せよ.

2.5 補論：代替の弾力性

代替の弾力性の一般的表現

生産関数 $F(K,L)$ を所与として代替の弾力性は次のように定義される．

$$\gamma(K,L) = \frac{d(L/K)/(L/K)}{d(F_K/F_L)/(F_K/F_L)} = \frac{F_K/F_L d(L/K)}{L/K d(F_K/F_L)}.$$

ここで，

$$\begin{aligned}
d(L/K) &= -LK^{-2}dK + K^{-1}dL \\
&= -\frac{LdK + K(F_K/F_L)dK}{K^2} \quad (\because -\frac{dL}{dK} = \frac{F_K}{F_L}) \\
&= -\frac{LF_L + KF_K}{K^2 F_L}dK, \\
d(F_K/F_L) &= \frac{\partial(F_K/F_L)}{\partial K}dK + \frac{\partial(F_K/F_L)}{\partial L}dL \\
&= \frac{F_{KK}F_L - F_{LK}F_K}{F_L^2}dK + \frac{F_{KL}F_L - F_{LL}F_K}{F_L^2}(-\frac{F_K}{F_L})dK \\
&= \frac{F_{KK}F_L^2 - F_{LK}F_K F_L - F_{KL}F_K F_L + F_{LL}F_K^2}{F_L^3}dK \\
&= \frac{F_{KK}F_L^2 - 2F_{KL}F_K F_L + F_{LL}F_K^2}{F_L^3}dK \quad (\because F_{KL} = F_{LK}).
\end{aligned}$$

ここで，$F_{ij} = \frac{\partial}{\partial j}\{\frac{\partial F}{\partial i}\}$ $(i,j = K, L)$．

したがって，

$$\begin{aligned}
\gamma(K,L) &= \frac{-F_K/F_L \left[\frac{LF_L + KF_K}{K^2 F_L}\right]}{L/K \left[\frac{F_{KK}F_L^2 - 2F_{KL}F_K F_L + F_{LL}F_K^2}{F_L^3}\right]} \\
&= \frac{F_K F_L [LF_L + KF_K]}{KL[2F_{KL}F_K F_L - F_{KK}F_L^2 - F_{LL}F_K^2]}. \quad (\text{分子と分母に} -K^2 F_L^3 \text{を乗じる})
\end{aligned}$$

規模に関する収穫一定性を持つ生産関数の代替の弾力性

さて，以下では，規模に関する収穫一定性を持っている生産関数 $F(K,L)$ に限定して考察していくことにしよう．そのとき，次のオイラーの定理が成立している．

$$KF_K(K,L) + LF_L(K,L) = F(K,L).$$

両辺を全微分すると，

$$(F_K + KF_{KK} + LF_{LK})dK + (F_L + LF_{LL} + KF_{KL})dL = F_K dK + F_L dL.$$

ここで，$dL = 0$ とすると，
$$F_K + KF_{KK} + LF_{LK} = F_K.$$
また，$dK = 0$ とすると，
$$F_L + KF_{KL} + LF_{LL} = F_L.$$
したがって，
$$F_{KK} = -\frac{L}{K}F_{LK}, F_{LL} = -\frac{K}{L}F_{KL}.$$
よって，
$$\begin{aligned}
& KL\{2F_{KL}F_KF_L - F_K{}^2F_{LL} - F_L{}^2F_{KK}\} \\
&= 2F_{KL}(KF_K)(LF_L) + K^2F_K{}^2F_{KL} + L^2F_L{}^2F_{KL} \quad (\because F_{KL} = F_{LK}) \\
&= F_{KL}(KF_K + LF_L)^2.
\end{aligned}$$
ゆえに，規模に関する収穫一定性を持つ生産関数 $F(K, L)$ の場合，代替の弾力性は次のように与えられる．
$$\begin{aligned}
\gamma(K, L) &= \frac{F_K F_L}{F_{KL}(KF_K + LF_L)} \\
&= \frac{F_K F_L}{F_{KL} F}.
\end{aligned}$$

CES 型生産関数の代替の弾力性

CES 型生産関数は次のように定義される．

$F(K, L) = A\left[aK^{-\beta} + (1-a)L^{-\beta}\right]^{-\frac{1}{\beta}}$ （ここで，A, a は定数で，$A > 0$, $0 < a < 1$）．

この関数の K, L の限界生産性は次のように与えられる．
$$\begin{aligned}
F_K = \frac{\partial F}{\partial K} &= A\left\{-\frac{1}{\beta}\right\}\left[aK^{-\beta} + (1-a)L^{-\beta}\right]^{-\frac{\beta+1}{\beta}}(-\beta)aK^{-(\beta+1)} \\
&= \frac{aA^{\beta+1}}{A^\beta}\left[aK^{-\beta} + (1-a)L^{-\beta}\right]^{-\frac{\beta+1}{\beta}}K^{-(\beta+1)} \\
&= \frac{a}{A^\beta}\left[A\{aK^{-\beta} + (1-a)L^{-\beta}\}^{-\frac{1}{\beta}} \cdot K^{-1}\right]^{\beta+1} \\
&= \frac{a}{A^\beta}\left[\frac{F(K,L)}{K}\right]^{\beta+1}, \\
F_L = \frac{\partial F}{\partial L} &= A\left\{-\frac{1}{\beta}\right\}\left[aK^{-\beta} + (1-a)L^{-\beta}\right]^{-\frac{\beta+1}{\beta}}(-\beta)(1-a)L^{-(\beta+1)} \\
&= \frac{(1-a)A^{\beta+1}}{A^\beta}\left[aK^{-\beta} + (1-a)L^{-\beta}\right]^{-\frac{\beta+1}{\beta}}L^{-(\beta+1)} \\
&= \frac{(1-a)}{A^\beta}\left[A\{aK^{-\beta} + (1-a)L^{-\beta}\}^{-\frac{1}{\beta}} \cdot L^{-1}\right]^{\beta+1} \\
&= \frac{(1-a)}{A^\beta}\left[\frac{F(K,L)}{L}\right]^{\beta+1}.
\end{aligned}$$

2.5. 補論：代替の弾力性

さらに，

$$
\begin{aligned}
F_{KL} &= \frac{a}{A^\beta}\left\{\frac{F}{K}\right\}^\beta (\beta+1) \cdot \frac{1}{K} F_L \\
&= \frac{a}{A^\beta}\left\{\frac{F}{K}\right\}^\beta (\beta+1) \cdot \frac{1}{K} \frac{(1-a)}{A^\beta}\left\{\frac{F}{L}\right\}^{\beta+1} \\
&= \frac{(1+\beta)a(1-a)F^{1+2\beta}}{A^{2\beta}(K\cdot L)^{\beta+1}}.
\end{aligned}
$$

よって，

$$
\begin{aligned}
\gamma(K,L) &= \frac{\frac{a}{A^\beta}\left\{\frac{F}{K}\right\}^{\beta+1} \cdot \frac{1-a}{A^\beta}\left(\frac{F}{L}\right)^{\beta+1}}{\frac{(1+\beta)a(1-a)F^{2\beta+1}}{A^{2\beta}(K\cdot L)^{\beta+1}} \cdot F} \\
&= \frac{1}{1+\beta}.
\end{aligned}
$$

CES 型生産関数と等量線

さて，CES 型生産関数の技術的限界代替率 $RTS(K,L)$ は次のように与えられる．

$$RTS(K,L) = \frac{a}{1-a}\left(\frac{L}{K}\right)^{\beta+1}.$$

また，産出量 Y^0 を所与として，CES 型生産関数の等量線は次のように表される．

$$aK^{-\beta} + (1-a)L^{-\beta} = \left\{\frac{Y^0}{A}\right\}^{-\beta}.$$

これらの関係式を考慮しながら，CES 型生産関数あるいは等量線の形状を考えることにする．

(1) $\beta \to +\infty$ $(\gamma \to 0)$
   技術的限界代替率 (RTS) を考えることにする．

   (a) $K > L$ の場合，$\beta \to +\infty$ のとき，$RTS \to 0$.
   (b) $L > K$ の場合，$\beta \to +\infty$ のとき，$RTS \to +\infty$.

   $\beta \to +\infty$ となるケースの等量線は，図 2-5 のような固定係数型の生産関数に相応するものになる．

(2) $\beta \to -1$ $(\gamma \to +\infty)$
   この場合，$\beta \to -1$ とするとき，$RTS \to \frac{a}{1-a}$ で，等量線は図 2-11 に描かれているように右下がりの線分になる．

(3) $\beta \to 0$ $(\gamma \to 1)$
   $Y^0 > 0$ を所与として，等量線を考え，辺々，対数をとると，

$$\log\frac{Y^0}{A} = -\frac{1}{\beta}\{\log[aK^{-\beta} + (1-a)L^{-\beta}]\}.$$

ここで，$M(\beta) = \log[aK^{-\beta} + (1-a)L^{-\beta}]$, $N(\beta) = -\beta$ とおくと，$\beta \to 0$ ならば $M(\beta) \to \log[a + (1-a)] = 0$, $N(\beta) \to 0$. ここで，ロピタルの定理を使用する．$\beta \to 0$ ならば，

$$\frac{M'(\beta)}{N'(\beta)} = \left\{ \frac{aK^{-\beta}\log K + (1-a)L^{-\beta}\log L}{[aK^{-\beta} + (1-a)L^{-\beta}]} \right\} \to a\log K + (1-a)\log L.$$

したがって，

$$\log \frac{Y^0}{A} = \log K^\alpha L^{1-\alpha}$$

となり，コブ=ダグラス型のケースの等量線が得られることになる．

第3章 離散型の集計的成長モデル

3.1 序

　本章では，離散型の集計的成長モデルのもとで均衡成長経路の分析がなされる．まず最初に，動態的な実行可能性が議論され，種々の概念が定義される．特に，動学的有効性と非有効性が規定され，有名な非有効性規準が紹介される．次に，家計の行動を明示的に規定し，(貯蓄率の一定性という仮定に基づく) ソロー＝スワンの成長モデルを取り上げる．このモデルのもとでは，長期的な均衡経路である持続的均衡経路上では，すべての水準変数 (level variable, Y, K, C, 等) の成長率は人口成長率に一致するという帰結が得られる．

　さらに，貯蓄率一定性という前提を緩和することによって家計の選好の余地を拡大し，家計も意思決定の重要な主体として取り扱われる離散型のキャス＝クープマンス・モデルを考察する．

3.2 実行可能性

　国民経済における動態的ワーキングは次のように表される．

$$F(K_t, L_t) = C_t + I_t, \tag{3.1}$$

$$K_{t+1} = K_t + I_t - \delta K_t. \tag{3.2}$$

(3.1) と (3.2) をまとめると，

$$F(K_t, L_t) = K_{t+1} - K_t + \delta K_t + C_t.$$

さらに，1人当たりの変数では，次のように表示される．

$$f(k_t) = (1+n)k_{t+1} - (1-\delta)k_t + c_t.$$

ここで，$F[k, 1] = f(k)$.

　まず，一般的に実行可能な成長経路の定義を行うことにしよう．

定義 1：次式を満足する時間経路 $((k_t), (c_t))$ は実行可能な経済成長経路と呼ばれる．

$$f(k_t) = (1+n)k_{t+1} - (1-\delta)k_t + c_t.$$

さて，無限時間視野のもとでの実行可能性の段階で幾つかの成長経路の定義を行うことにする．

定義 2：すべての経済変数が一定の率で成長するような実行可能な成長経路は持続的成長経路といわれる．

定義 3：持続的成長経路のうちで，さらに，すべての水準変数の成長率が同一であるような成長経路は均斉成長経路といわれる．

定義 4：持続的成長経路のうちで，1 人当たりの消費を最大にする経路は黄金律成長経路といわれる．

実行可能な成長経路 $((k_t), (c_t))$ に付随する各経済変数の時間経路は次のように求められる．

$$K_t = k_t \bar{L}_0 (1+n)^t, \qquad Y_t = \bar{L}_0 (1+n)^t f(k_t),$$

$$C_t = c_t \bar{L}_0 (1+n)^t, \qquad I_t = S_t = \bar{L}_0 (1+n)^t \{f(k_t) - c_t\}.$$

したがって，貯蓄率を $s_t = S_t/Y_t$ とすると，$k_t \neq 0$ ならば，

$$s_t = \frac{f(k_t) - c_t}{f(k_t)}$$

となる．また，各 t において，完全競争の前提が保証されている場合には，資本の粗賃料率は，$F_K(K_t, L_t) = F_K(k_t, 1) = f'(k_t)$ となり，利子率は $F_K(K_t, L_t) - \delta = F_K(k_t, 1) - \delta = f'(k_t) - \delta$ で与えられる．

3.3 持続的成長経路と黄金律成長経路

さて，各内生変数が時間の経過に伴って一定の率で成長していく持続的成長経路は

$$c = f(k) - (n+\delta)k$$

を満足する $k > 0$ と $c > 0$ に対して，1 人当たりの資本ストックの経路 (k_t) および消費の経路 (c_t) （ここで，任意の t に対して，$k_t = k, c_t = c$）に付随する成長状態によって可能である[1]．

そのとき，

$$K_t = k\bar{L}_0(1+n)^t, \qquad Y_t = \bar{L}_0(1+n)^t f(k),$$

$$C_t = c\bar{L}_0(1+n)^t, \qquad I_t = S_t = \bar{L}_0(1+n)^t \{f(k) - c\}.$$

ただちに判明するように，任意の持続的成長経路における水準変数の成長率は n である．

---

[1] 本章の補論 1 を参照せよ．

3.3. 持続的成長経路と黄金律成長経路

また，$(k_t),(c_t),k_t=k,c_t=c \ (t\geq 0)$ に付随する持続的成長経路上では，貯蓄率は次のように一定である．

$$s_t = \frac{f(k)-c}{f(k)} = \frac{(n+\delta)k}{f(k)}.$$

同様に，資本の粗賃料率と利子率はそれぞれ $f'(k)$ と $f'(k)-\delta$ で与えられる．

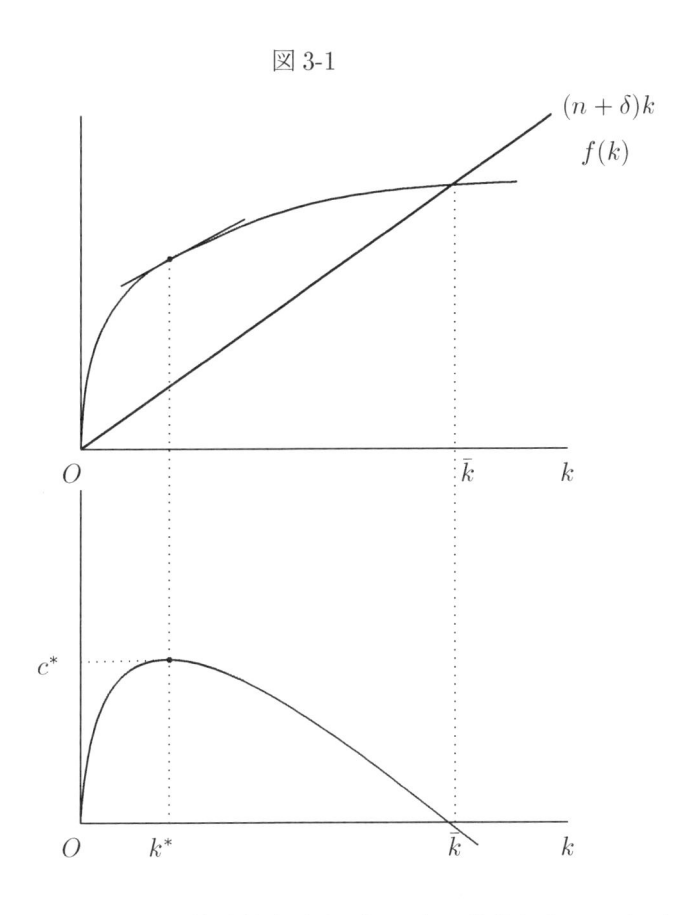

図 3-1

さて，図 3-1 で明らかなように，持続的成長は（図の中の曲線部分における）任意の (k,c) に対して，$k_t=k, c_t=c \ (t\geq 0)$ と維持することによって達成可能であるが，すべての持続的成長経路のうちで 1 人当たりの消費水準を最大にする黄金律成長経路は図の中に明示されているように，$k_t=k^*, c_t=c^* \ (t\geq 0)$ となる経路に付随している．

また，図 3-1 の中で示されているように，そこでは，

$$F_K[k^*,1] = f'(k^*) = n+\delta$$

ということが成立している．さらに，$(k_t),(c_t),k_t=k^*,c_t=c^* \ (t\geq 0)$ に付随する黄金律成長経路では，次のように表される．

$$s_t = \frac{f(k^*)-c^*}{f(k^*)} = \frac{(n+\delta)k^*}{f(k^*)} = \frac{f'(k^*)k^*}{f(k^*)} = \frac{L_t k^* f'(k^*)}{L_t f(k^*)} = \frac{k^* L_t F_K(k^* L_t, L_t)}{F(k^* L_t, L_t)}.$$

すなわち，黄金律成長経路上では貯蓄率が資本の相対的分配率に等しくなっている．次に，黄金律成長経路に関する上述の議論をまとめておこう．

命題 1： 仮定1，仮定2および仮定3によって規定されている新古典派モデルのもとでは唯一の黄金律成長経路が存在する．しかも，$(k_t),(c_t),k_t=k^*,c_t=c^*(t\geq 0)$ が黄金律成長経路に付随する（1人当たりの）資本ストックおよび消費の時間経路であれば，次のことが成立する．

(1) 利子率が持続的成長に付随する成長率に等しい．すなわち，

$$F_K(k^*,1)-\delta=n$$

(2) 貯蓄率が資本の相対的分配率に等しい．

この帰結は黄金律（golden rule）と呼ばれている[2]．この命題に関連して，Phelps [1961, p.642] に非常に興味深い見解があるので，やや長くなるが，引用しておこう．

「ソロヴィア人達は，オイコと彼の提示した定理（「黄金律」）に非常に感銘をうけた．しかし，彼らは，実際的であり，まもなく，疑問が集中的に提示された．どのようにして，その定理をソロヴィアに適用するのか．もし，黄金時代でかつ黄金律経路上に我々の現在の状態が位置していない場合，我々は何をしなければならないのか．黄金律・均衡状態からはずれている場合，それでもなお，黄金律に従うべきなのか．

オイコは，これらの質問に対して，次のように答えた．『おそらく，我々の状態は黄金律成長経路に漸近しているだろう．しかし，私は，我々の生涯，ソロヴィアを黄金律成長経路上に確実に位置づけるどのような手段でも講じることを強く勧める．黄金律経路には唯一の資本・産出比率（capital-output ratio）が付随している．我々の現在の資本・産出比率がそれよりも小ならば，資本・産出比率の不足がなくなるまで，消費は削減されなければならない．もしも，現在の資本・産出比率が黄金律成長経路に付随するそれよりも大であれば，その比率が超過しないようになるまで消費を一層早めなければならない．いったん，我々の資本・産出比率が黄金律成長経路に付随する水準に到達したならば，我々は，それ以後「黄金律」に従って投資を行っていくための神聖な契約を結ばなければならない．投資率（ここでは貯蓄率としている）が利潤の相対的分配率に等しく維持されるならば，ソロヴィアの将来のいかなる世代も，我々が，他の異なった（首尾よく施行される）投資率を選んでいたらよかったとは思わないであろう．こうして，準最適な社会的投資政策（quasi-optimal social investment policy）の基礎が構築される．』」

この引用文から読み取れるように，フェルプスは，経済の成長経路が黄金律成長経路に漸近しているかもしれないが，そうでなくても，黄金律成長経路に早急に到達し，その後，その状態を維持することが，架空の国ソロヴィアでは，好ましいという考えをもっているように思われる．しかし，上記の引用文中の準最適（quasi-optimal）という語が彼自身のこの点の認識

---

[2] これは聖書にある黄金律「人々にして欲しいとあなた方の望むことを，人々にもその通りにせよ」（ルカによる福音書第6章第31節）の世代間の関係への拡張である．

3.4. 非有効性規準

の不充分さを鋭く表している.厳密な理論構築のためには,「好ましい」あるいは「最適」ということに関連して,厳密な定式化および最適性の規準の明示的な規定がなされなければならない.

フェルプスの議論に対しては,多数の論者によってコメントがなされている.ここでは,Pearce [1962, p.1096] によるコメントを引用しておこう.

「不幸なことに,提示されるすべての問題に対して,理論上でさえも,常に解答が存在するわけではない.特に,最適あるいは最善という語を含んでいる問題については,このことは真実である.何が最善であるかは,しばしば,我々すべてが,何を最善であると同意するかの問題である.ソロヴィアは,一定の成長率が最善であると信じている.したがって,それは最善であり,オイコの法則は最善のうちの最善を定めているのである.」

このコメントは他の論者達のコメントと同様にフェルプスの議論の表面的な部分を捉えているだけで,彼の直感的な鋭い部分を見落としているように思われる.上述の引用文からも読み取れるように,フェルプスは,確かに,黄金律成長状態を過度に重要視しているが,彼は,現実の経済が黄金律成長状態に位置していない場合,どのような経路が最適かということに関しても,議論している.この点で,フェルプスの議論の中に,厳密な最適経済成長の議論の萌芽を見出すことができる.

さて,歴史的に所与とされる1人当たりの資本ストック $\bar{k}_0$ から出発する実行可能な1人当たりの資本ストックの経路 (k_t) とそれに付随する1人当たり消費経路 (c_t),つまり,下記の条件を選択する $((k_t),(c_t))$ 全体の集合を $F(\bar{k}_0)$ と記すことにする.

(1)　$c_t = f(k_t) - (n+1)k_{t+1} + (1-\delta)k_t.$

(2)　$k_0 = \bar{k}_0.$

ここで,$F(\bar{k}_0)$ は無限に多数の経路の集合であるということを注意しておく.したがって,$\bar{k}_0$ から出発して,その後の歴史を形成するには,必然的に,$\bar{k}_0$ から出発する適切な成長経路 $((k_t),(c_t))$ を $F(\bar{k}_0)$ から選択,規定するということが生じてくるが,次節では,消費者あるいは家計の選好が明確に規定されていない状況のもとで,有効性と非有効性の問題を考察することにしよう.

3.4　非有効性規準

上述の新古典派モデルのもとで,現在時点における (1人当たりの) 資本ストックの水準 $\bar{k}_0$ を所与として,有効性と非有効性の定義を行うことにしよう.

定義 5：

(1) $((k'_t),(c'_t)), ((k''_t),(c''_t)) \in F(\bar{k}_0)$ としよう.その時,任意の $t \geq 0$ に対して,

$$c'_t \geq c''_t$$

でしかも,ある $t \geq 0$ に対して,

$$c'_t > c''_t$$

ということが成立しているとき,$((k'_t),(c'_t))$ は $((k''_t),(c''_t))$ より優れているといわれる.

(2) $((\hat{k}_t),(\hat{c}_t)) \in F(\bar{k}_0)$ より優れた経路が $F(\bar{k}_0)$ の中に存在しないとき,$((\hat{k}_t),(\hat{c}_t))$ は有効な成長経路（efficient growth path）と呼ばれる.

(3) $((k_t),(c_t)) \in F(\bar{k}_0)$ より優れた経路 $((k'_t),(c'_t)) \in F(\bar{k}_0)$ が存在するとき,$((k_t),(c_t))$ は非有効的な成長経路といわれる.

さて,以上の準備を前提として,動学的非有効性の基準を紹介する.次の命題は Phelps [1962] で推測されたものである.

命題 2：$((k_t),(c_t)) \in F(\bar{k}_0)$ に対して,ある $t_0 \geq 0$ が存在して,任意の $t \geq t_0$ に対して,

$$k_{t+1} \geq k_t > k^*$$

となっているならば,$((k_t),(c_t))$ は非有効的な成長経路である.ここで,k^* は黄金律成長経路に付随する（1人当たりの）資本ストックの状態である.あるいは,同じことであるが,ある $t_0 \geq 0$ が存在して,任意の $t \geq t_0$ に対して,

$$f'(k_{t+1}) - \delta \leq f'(k_t) - \delta < n$$

となっているとき,$((k_t),(c_t))$ は非有効的な成長経路である.

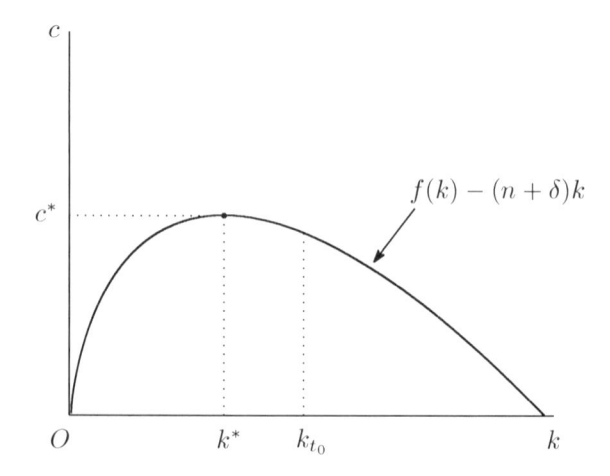

図 3-2(a)

3.4. 非有効性規準

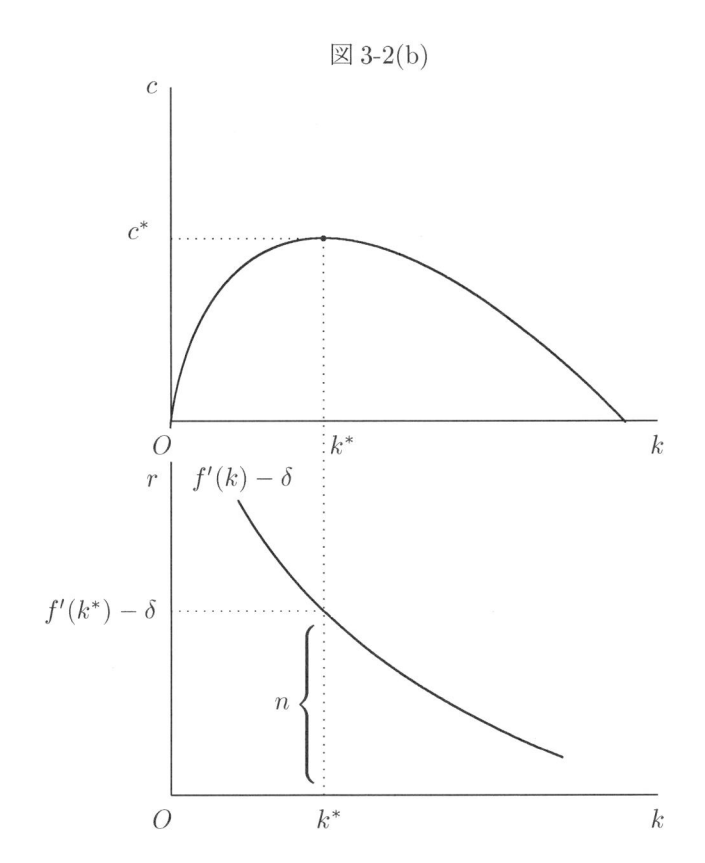

図 3-2(b)

証明：$((k_t),(c_t))$ を上述の条件を満足する実行可能な成長経路とする．いま，次のような (k_t^*) を定義しよう．

$$k_t^* = \begin{cases} k_t & (t_0 > t \geqq 0) \\ k^* & (t \geqq t_0) \end{cases}$$

また，(c_t^*) を (k_t^*) に付随する実行可能な（1人当たりの）消費の時間経路としよう．そのとき，任意の t に対して，

$$c_t^* - c_t = \{f(k_t^*) - (1+n)k_{t+1}^* + (1-\delta)k_t^*\} - \{f(k_t) - (1+n)k_{t+1} + (1-\delta)k_t\}.$$

したがって，

$$\begin{aligned}
c_{t_0-1}^* - c_{t_0-1} &= \{f(k_{t_0-1}) - (1+n)k^* + (1-\delta)k_{t_0-1}\} \\
&\quad - \{f(k_{t_0-1}) - (1+n)k_{t_0} + (1-\delta)k_{t_0-1}\} \\
&= (1+n)\{k_{t_0} - k^*\} > 0, \\
c_{t_0}^* - c_{t_0} &= \{f(k^*) - (1+n)k^* + (1-\delta)k^*\} - \{f(k_{t_0}) - (1+n)k_{t_0+1} + (1-\delta)k_{t_0}\} \\
&= f(k^*) - (n+\delta)k^* - \{f(k_{t_0}) - (n+\delta)k_{t_0} + (1+n)k_{t_0} - (1+n)k_{t_0+1}\} \\
&\geqq \{f(k^*) - (n+\delta)k^*\} - \{f(k_{t_0}) - (n+\delta)k_{t_0}\} > 0.
\end{aligned}$$

以上の議論と同様にして，任意の $t > t_0$ に対して $c_t^* \geqq c_t$ となる．

Q.E.D.

3.5 ソロー＝スワン・モデル

さて，次の（新たに追加された）仮定を満足する離散型の体系をソロー＝スワン・モデルと呼ぶことにする．

仮定 4：各 t において，次のような消費関数が存在する．

$$C_t = cY_t, \qquad 0 < c < 1$$

したがって，貯蓄関数は $S_t = (1-c)Y_t = sY_t$ となる．ここで s は定数であり，貯蓄性向あるいは貯蓄率と呼ばれる．

さて，上記のように規定されたソロー＝スワン・モデルのもとで実行可能性について考察しておこう．ここで貯蓄率が s に固定されているので，次のことが成立する．

$$s = \frac{(1+n)k_{t+1} - (1-\delta)k_t}{f(k_t)}.$$

すなわち，

$$(1+n)k_{t+1} - (1-\delta)k_t = sf(k_t).$$

したがって，次のように定義される．

定義 6：任意の t に対して，次式を満足する時間経路 (k_t) は均衡成長経路と呼ばれる．

$$k_{t+1} = \frac{1}{1+n}\{sf(k_t) + (1-\delta)k_t\}.$$

つまり，

$$k_{t+1} - k_t = \frac{1}{1+n}\{sf(k_t) - (\delta+n)k_t\}.$$

その際，それに付随する各経済変数の時間経路は次のように与えられる．

$$K_t = \bar{L}_0(1+n)^t k_t, \qquad Y_t = \bar{L}_0(1+n)^t f(k_t),$$

$$C_t = (1-s)\bar{L}_0(1+n)^t f(k_t) \qquad I_t = S_t = s\bar{L}_0(1+n)^t f(k_t).$$

上述のように，s が釘づけにされているとすると，実行可能な 1 人当たり資本ストックの蓄積経路 (k_t) は次の差分方程式によって規定されることになる．

$$k_{t+1} - k_t = \frac{1}{1+n}\{sf(k_t) - (\delta+n)k_t\}.$$

このとき，s を所与とすると，持続的均衡成長経路 $(k_t), k_t = k \ (t \geq 0)$ がこの差分方程式の平衡点として一意に導かれる．つまり，（次式を満足する）持続的成長経路の 1 つが結果的に選択されることになる[3]．

$$sf(k) = (n+\delta)k.$$

---

[3] ジョーン・ロビンソンの用語では，持続的均衡経路は黄金時代成長経路と呼ばれている．

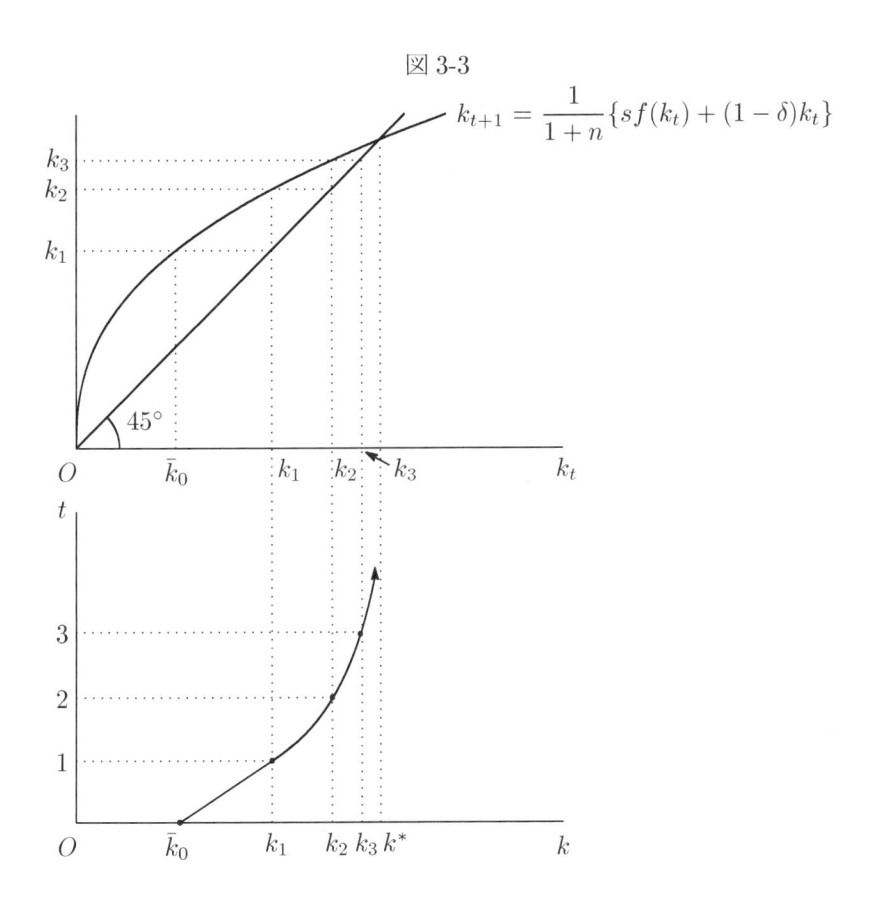

3.5. ソロー＝スワン・モデル

図 3-3

$$k_{t+1} = \frac{1}{1+n}\{sf(k_t) + (1-\delta)k_t\}$$

さらに，$\bar{k}_0$ を所与とすると，そこから出発する均衡成長経路 (k_t) は一意に存在することが確認される．また，図 3-3 から，理解されるように，プラスの平衡点 k^* は漸近安定的であるので，すべての経路は長期的に平衡点 k^* に漸近していくことになる．この k^* に対応して，持続的均衡成長経路に付随する各変数は次のように与えられる．

$$K_t = k^*\bar{L}_0(1+n)^t, \quad Y_t = \bar{L}_0(1+n)^t f(k^*),$$

$$C_t = (1-s)\bar{L}_0(1+n)^t f(k^*), \quad I_t = S_t = s\bar{L}_0(1+n)^t f(k^*).$$

したがって，持続的均衡成長経路に付随する各水準変数の時間経路の成長率は n である．

以上のことより，ソロー＝スワン・モデルのもとでは次のことが導かれる．

命題 3：上述のソロー＝スワン・モデルでは，次のことが成立する．

(1) 唯一の持続的均衡成長経路が存在する．しかも，それに付随する成長率は外生的に所与の労働力人口の成長率[4]に等しい．

---

[4] 通常，これは自然成長率と呼ばれている．

(2) 初期の状態がどのようなものであっても，そこから出発する均衡成長経路は長期的には持続的均衡成長経路へ漸近していく．

これは非常に有名な命題である．さて，以上のことから，ソロー＝スワン・モデルでは，貯蓄率 s を永久に固定することで，家計サイドに消費経路として1つのパターンのみを強引に押しつけ，その結果，可能性として $F(\bar{k}_0)$ 上に多様な消費の可能性が横たわっていながら，家計に消費経路に関する選択の余地が全くないようなシステムになっているということができる．最後に，ソロー＝スワン・モデルに関連して，最近の実証分析の重視という観点から2つの重要な論点を紹介しておく．

(1) ソロー＝スワン・モデルでは長期的に[5] 1人当たり所得の成長率はゼロになるという結果が得られているが，この事実は実証的データによる分析結果に合致していない．

(2) ソロー＝スワン・モデルでは，初期の資本ストックの水準が低い国ほど，1人当たりの成長率は高いということ，つまり，β 収束性 (convergence)[6]が示されている．だが，このことも，Barro and Sala-i-Martin [1995] で示されているように，分析対象の範囲を適切に確定しない限り，つまり，適切に条件をつけない限り，実証的に確認されない．

3.6 貯蓄性向の変化と持続的均衡経路

次に，以上の議論で与件とされていたパラメータ s が変化した場合，どのように帰結が変わるだろうか．この問題を，図3-4を利用して，考えてみることにしよう．

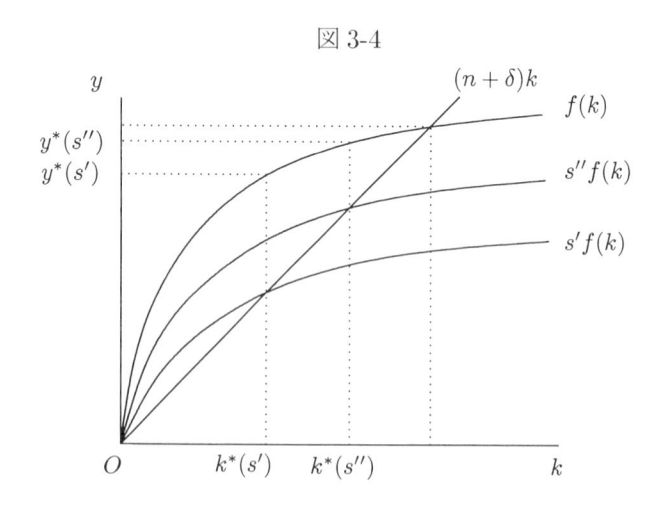

図 3-4

---

[5] 通常，長期という場合は，漸近性を前提として，持続的均衡経路に関する議論と解釈される．
[6] 1人当たりの資本ストックが高くなるほど，成長率が低くなるという性質のことである．ここでは，次の式を前提として考えられている．
$$\frac{k_{t+1} - k_t}{k_t} = \frac{1}{1+n}\{\frac{sf(k_t)}{k_t} - (\delta + n)\}.$$
ただし，ここでは簡単化のため資本ストックの成長率のみを取り扱っている．

3.6. 貯蓄性向の変化と持続的均衡経路

いま，たとえば，貯蓄性向 s', s'' ($0 < s' < s'' < 1$) を考えてみる．そのときの持続的均衡成長経路はそれぞれ $k^*(s'), k^*(s'')$ に対応している．つまり貯蓄性向がより大となっているケースでは，持続的均衡成長経路に付随する（1人当たりの）資本ストックおよび（1人当たりの）国民所得の水準は大となり，したがって，命題3を適用すると，初期状態がいかなる水準であっても，長期的には，より大きな（1人当たりの）国民所得の水準を現出することが可能である．ところで，容易に理解されるように，貯蓄性向がいかなる水準であっても，持続的均衡成長経路に付随する成長率は労働力人口の成長率 n に等しいということは注意されなければならない．これらのことを，以下に，まとめておこう．

命題 4：ソロー＝スワン・モデルのもとで，貯蓄性向 s というパラメータが変化した場合，次のことが成立する．

(1) より大なる貯蓄性向には，(持続的均衡成長経路に付随する) より大なる（1人当たりの）資本ストックとより大なる（1人当たりの）国民所得が対応する．

(2) 貯蓄性向 s がいかなる水準であっても，それに付随する持続的均衡成長経路上の国民所得の成長率は労働人口の成長率 n に等しい．

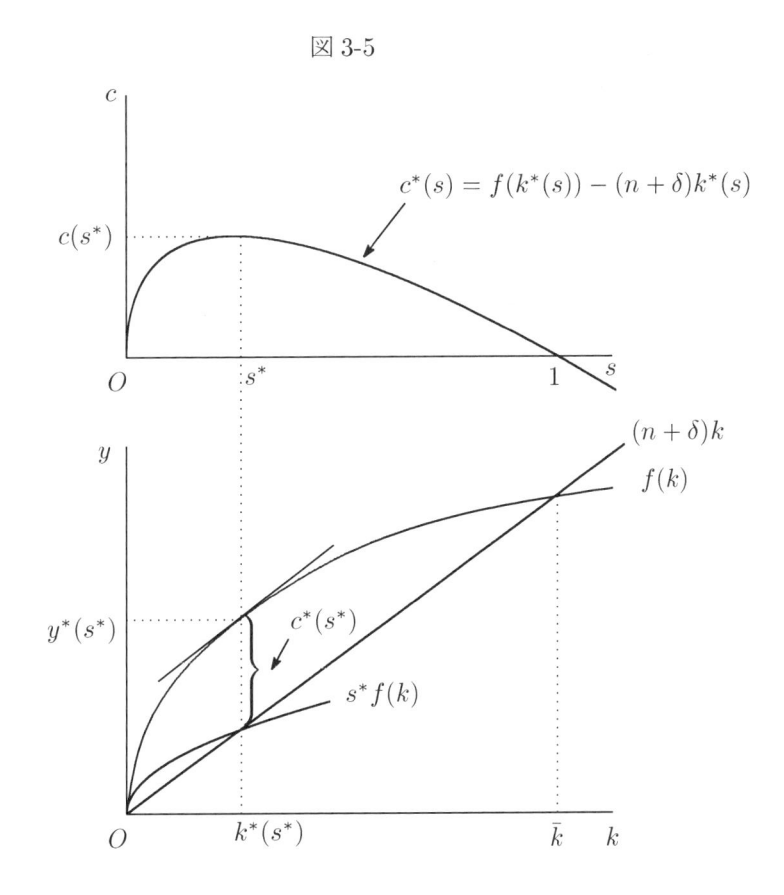

図 3-5

さて，貯蓄率 s の選択問題として以上の議論を捉えなおした場合，いかなる $s(=S/Y)$ の水準の選択が，「最適な」あるいは「最も理に適っている」ものであろうか．この問題に対しては，「最適な」あるいは「最も理に適っている」ということの定義を明らかにしない限り，明確な解答は与えられない．たとえば，高い成長率ということが目標であれば，上述の議論から明らかなように，どの s を選択しても最終的には変わらない．また，最終的に，高い（1人当たりの）国民所得の水準が目標であれば，s は高いほうがより好ましいものとなろう．ところが，各 t での個人の選好が重視されなければならないという民主的な観点から，最終的な（1人当たりの）高い消費水準が目標とされる場合には，貯蓄率 s は高水準に維持されればされるほど好ましいということは必ずしもいえない．

その場合，s の選択は慎重になされなければならない．図 3-5 で明示されているように，その場合，s^* が適切な貯蓄率であり，それに付随する（1人当たりの）資本ストックは $k^*(s^*)$ である．

図 3-5 で明らかなように，$k^*(s^*)$ ではすべての持続的成長経路のうちで（1人当たりの）消費水準が最大になっており，しかも，

$$f'(k^*(s^*)) = n + \delta$$

という関係が成立している．

したがって，黄金律成長経路は貯蓄率 s が適切に，たとえば，上述の議論での s^* に選択されたときの $k^*(s^*)$ に付随する持続的均衡成長経路であり，そこでは，資本の限界生産性が $n+\delta$ に等しくなっている．

スターリンの時代のように，現在世代の消費の節約は将来世代の消費生活の豊かさにつながるとして，将来世代の消費の豊かさを幻想させ，貯蓄率（貯蓄性向）を極端に高く，たとえば，

$$s'' > \frac{F_K(k^*, 1)k^*}{F(k^*, 1)} = s^*, \qquad 0 < s'' < 1$$

となるような s'' に貯蓄率を固定・維持したとしよう．ここで，k^* は黄金律成長経路に付随する 1 人当たりの資本ストックの水準である．このことに関連して，何らかの明確な立言が可能であろうか．ソロー＝スワン・モデルでの帰結と非有効性規準を利用すると，この場合，任意の（初期における）資本ストックの状態から出発する成長経路は長期的には，s'' に対応する持続的均衡成長経路に漸近していき，結局，社会的にみて，すべて非有効的な経路であるということができる．つまり，図 3-4 で描かれているような s'' のケースでは，結果的に持続状態 $k^*(s'')$ に収束して，先の非有効性の規準に照らして，非効率な経路を家計に押しつけているということもできる．

以上のことから，将来の歴史形成に家計の意思決定も反映するように，議論を組みかえる必要性がある．このためには，以下の議論をまたなければならない．

3.7 キャス＝クープマンス・モデル

3.7.1 有限時間視野モデル

2期間モデル

さて，本節では，家計の意思決定の要素もモデルの中に組み込んで，一般的な設定のもとで議論を展開することにしよう．以前の議論を前提として，家計は第2章で設定したような効用関数と評価関数を持っていると仮定する．

まず，時間視野が2期間のケースを検討しよう．時間視野が2期間のケースでは初期ストック $\bar{k}_0$ を所与として，0期と1期のみに代表的個人の関心が限定される．1期の期末に残す1人当たり資本ストックを $k_2 = k_2^*$ とすると，0期と1期の実行可能性はそれぞれ，次のように表される．

$$\begin{aligned} c_0 &= f(\bar{k}_0) - (1+n)k_1 + (1-\delta)\bar{k}_0, \\ c_1 &= f(k_1) + (1-\delta)k_1 - (1+n)k_2^*. \end{aligned}$$

さて，k_2^* を所与として，2期間の最適成長経路を求めることにしよう．2期間の最適成長経路 $(\bar{k}_0, \hat{k}_1)$, $(\hat{c}_0, \hat{c}_1)$ は次の問題の解として与えられる．

$$\text{maximize} \quad W(c_0, c_1) = u(c_0) + \frac{1+n}{1+\rho}u(c_1)$$

subject to

$$\begin{aligned} c_1 &= f\left(\frac{1}{n+1}\{f(\bar{k}_0) - c_0 + (1-\delta)\bar{k}_0\}\right) \\ &\quad + \frac{1-\delta}{n+1}\{f(\bar{k}_0) - c_0 + (1-\delta)\bar{k}_0\} - (1+n)k_2^*. \end{aligned}$$

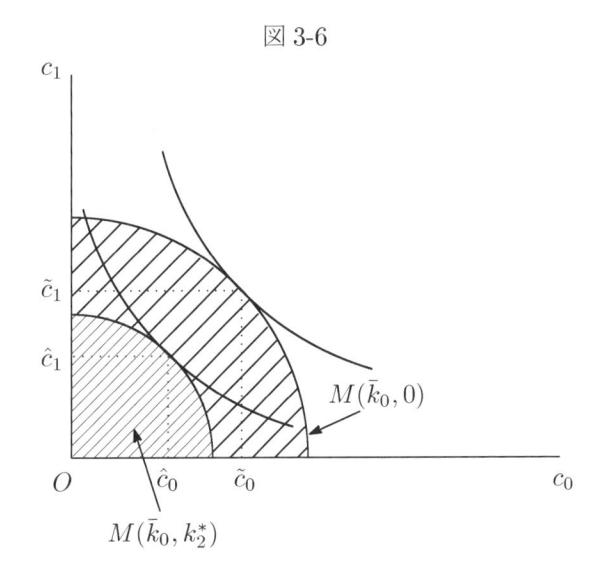

図 3-6

k_2^* を所与として，制約条件を満足する (c_0, c_1) をプロットしていくと実行可能な経済成長経路に付随する 1 人当たりの消費経路の集合が得られる．これを $M(\bar{k}_0, k_2^*)$ と表し，$(\bar{k}_0, k_2^*)$ のもとでの消費可能性フロンティアと呼ぶことにする．この消費可能性フロンティアに対応する曲線の傾きについては下記のことが成立する．

$$\frac{dc_1}{dc_0} < 0, \qquad \frac{d^2 c_1}{dc_0^2} < 0.$$

図 3-6 から確認されるように，上記の問題の解，つまり，最適成長経路 $(\bar{k}_0, \hat{k}_1)$, $(\hat{c}_0, \hat{c}_1)$ は $M(\bar{k}_0, k_2^*)$ と無差別曲線の交点として求められる．$(\hat{c}_0, \hat{c}_1)$ における限界代替率は次のように与えられる．

$$\mathrm{MRS}(\hat{c}_0, \hat{c}_1) = \frac{\partial W/\partial c_0}{\partial W/\partial c_1} = \frac{u'(\hat{c}_0)}{\dfrac{1+n}{1+\rho} u'(\hat{c}_1)} = \frac{1+\rho}{1+n} \frac{u'(\hat{c}_0)}{u'(\hat{c}_1)}.$$

一方，$(\hat{c}_0, \hat{c}_1)$ における消費可能性フロンティア $M(\bar{k}_0, k_2^*)$ の傾きは次のように与えられる．

$$\frac{dc_1}{dc_0} = f'(\hat{k}_1)\left(-\frac{1}{n+1}\right) - (1-\delta)\left(\frac{1}{n+1}\right).$$

したがって，最適成長経路 $(\bar{k}_0, \hat{k}_1)$, $(\hat{c}_0, \hat{c}_1)$ では次式が成立する．

$$\frac{1+\rho}{1+n} \frac{u'(\hat{c}_0)}{u'(\hat{c}_1)} = \frac{f'(\hat{k}_1)}{n+1} + \frac{1-\delta}{n+1},$$

つまり，

$$\frac{u'(\hat{c}_0)}{u'(\hat{c}_1)} = \frac{1}{1+\rho}\{f'(\hat{k}_1) + 1 - \delta\}.$$

さて，k_2^* の値が変化すると消費可能性フロンティアは変化する．$k_2^* = 0$ のときの消費可能性フロンティアが最も外側に位置し，k_2^* の増加とともに，左下方へシフトする．したがって，何ら k_2^* に関する終端条件が存在しない状況のもとで，最適な成長経路を選択する場合，$M(\bar{k}_0, 0)$ と無差別曲線との接点が選択され，結果的に 2 期間の期末に残される資本ストック k_2^* は 0 になる．したがって，$(\bar{k}_0, k_1, k_2)$, (c_0, c_1) が最適成長経路であれば，下記の条件を満足している．

(1) $\quad f(k_t) = (1+n)k_{t+1} - (1-\delta)k_t + c_t \qquad (t = 0, 1),$

(2) $\quad \dfrac{u'(c_{t-1})}{u'(c_t)} = \dfrac{1}{1+\rho}\{f'(k_t) + 1 - \delta\} \qquad (t = 1),$

(3) $\quad k_2 = 0.$

3期間モデル

次に，時間視野が3期間のケースについて考察する．$\bar{k}_0$ を所与として，3期間のケースの最適成長経路は下記の問題の解として与えられる．

$$\text{maximize} \quad u(c_0) + \frac{1+n}{1+\rho}u(c_1) + \left(\frac{1+n}{1+\rho}\right)^2 u(c_2)$$

subject to

(1)　　$f(k_t) + (1-\delta)k_t - (1+n)k_{t+1} - c_t = 0 \quad (t=0,1,2)$.

(2)　　$k_0 = \bar{k}_0$.

(3)　　$k_3 \geq 0$.

図 3-7

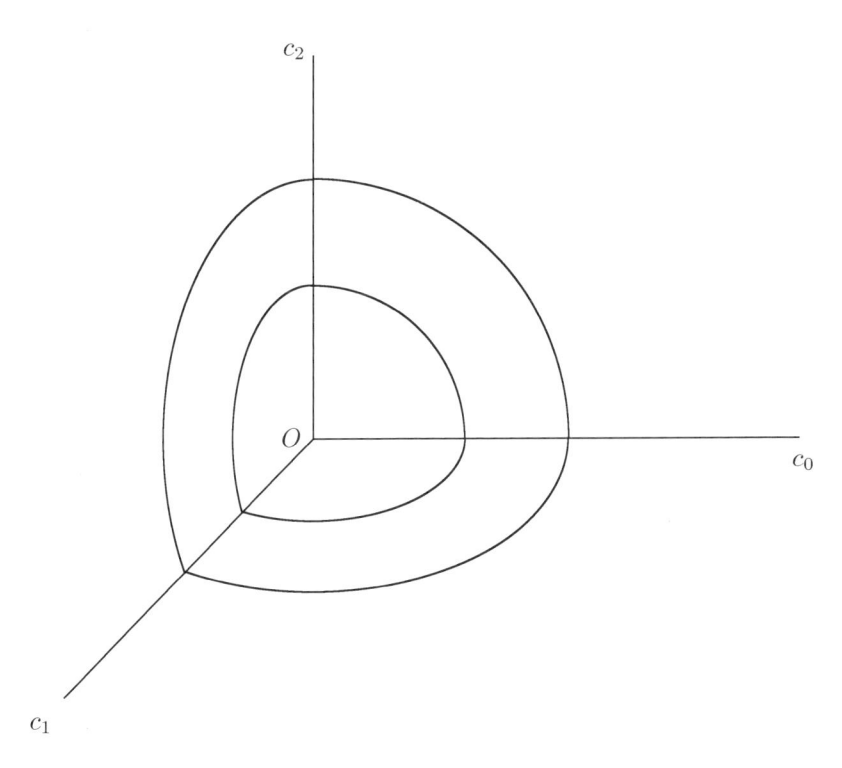

まず，図 3-7 により直感的含意を明確にしておくことにしよう．k_3 の値を所与として c_2 を c_0 と c_1 で表すと，図のような消費可能性フロンティアが描かれる．もちろん，2期間モデルと同様に，$k_3 = 0$ に対応する消費可能性フロンティアの曲面が最も外側に位置している．この曲面と

$$W = u(c_0) + \frac{1+n}{1+\rho}u(c_1) + \left(\frac{1+n}{1+\rho}\right)^2 u(c_2)$$

に付随する無差別曲面との接点が均衡成長経路に対応する消費経路 $(\hat{c}_0, \hat{c}_1, \hat{c}_2)$ である.

ここでは,解析的方法で考察することにしよう. (1) 式より,次のように表される.

$$c_t = f(k_t) + (1-\delta)k_t - (1+n)k_{t+1} \quad (t = 0, 1, 2).$$

これを目的関数に代入する.

$$\begin{aligned}W(k_1, k_2) &= u(f(\bar{k}_0) + (1-\delta)\bar{k}_0 - (1+n)k_1) \\ &\quad + \frac{1+n}{1+\rho} u(f(k_1) + (1-\delta)k_1 - (1+n)k_2) \\ &\quad + \left(\frac{1+n}{1+\rho}\right)^2 u(f(k_2) + (1-\delta)k_2 - (1+n)k_3).\end{aligned}$$

したがって, $(\bar{k}_0, \hat{k}_1, \hat{k}_2, \hat{k}_3)$, $(\hat{c}_0, \hat{c}_1, \hat{c}_2)$ が最適成長経路であれば,当然のことながら,下記のことが成立する.

(a) $\hat{k}_1$ のある近傍における k_1 に対して,

$$W(\hat{k}_1, \hat{k}_2) \geqq W(k_1, \hat{k}_2).$$

(b) $\hat{k}_2$ のある近傍における k_2 に対して,

$$W(\hat{k}_1, \hat{k}_2) \geqq W(\hat{k}_1, k_2).$$

したがって, (a) により, $\hat{W}(k_1) = W(k_1, \hat{k}_2)$ とおくと,

$$\left.\frac{d\hat{W}(k_1)}{dk_1}\right|_{k_1=\hat{k}_1} = 0,$$

つまり,

$$-(1+n)u'(\hat{c}_0) + \frac{1+n}{1+\rho} u'(\hat{c}_1)\{f'(\hat{k}_1) + (1-\delta)\} = 0.$$

同様に, (b) により, $\tilde{W}(k_2) = W(\hat{k}_1, k_2)$ とおくと,

$$\left.\frac{d\tilde{W}(k_2)}{dk_2}\right|_{k_2=\hat{k}_2} = 0,$$

つまり,

$$-\frac{1+n}{1+\rho} u'(\hat{c}_1)(1+n) + \left(\frac{1+n}{1+\rho}\right)^2 u'(\hat{c}_2)\{f'(\hat{k}_2) + (1-\delta)\} = 0.$$

以上のことより,次の条件が成立する.

定理 1: $(\bar{k}_0, k_1, k_2, k_3)$ と (c_0, c_1, c_2) が最適成長経路であれば次の条件が成立する.

(1) $\quad f(k_t) = (1+n)k_{t+1} - (1-\delta)k_t + c_t \quad (t = 0, 1, 2),$

(2) $\quad \dfrac{u'(c_{t-1})}{u'(c_t)} = \dfrac{1}{1+\rho}\{f'(k_t) + (1-\delta)\} \quad (t = 1, 2),$

(3) $\quad k_3 = 0.$

3.7. キャス＝クープマンス・モデル

3.7.2 無限時間視野モデルのもとでの分析

局所的最適条件の導出

次に，無限時間視野の問題を考察することにしよう．$\bar{k}_0$ を所与として，無限時間視野のもとでの最適成長経路は下記の問題の解として与えられる．

$$\text{maximize} \quad \sum_{t=0}^{\infty} \left(\frac{1+n}{1+\rho}\right)^t u(c_t)$$

subject to

(1) $\quad f(k_t) + (1-\delta)k_t - (1+n)k_{t+1} - c_t = 0 \quad (t=0,1,2,\cdots)$.

(2) $\quad k_0 = \bar{k}_0$.

$((\hat{k}_t),(\hat{c}_t))$ が最適成長経路であり，しかも内点解であるとしよう．(1) 式を目的関数に代入すると，次のように表される．

$$\sum_{t=0}^{\infty} \left(\frac{1+n}{1+\rho}\right)^t u[f(k_t) + (1-\delta)k_t - (1+n)k_{t+1}].$$

ここで，次のように定義する．

$$\begin{aligned}\tilde{W}(k_t) &= \left(\frac{1+n}{1+\rho}\right)^{t-1} u[f(\hat{k}_{t-1}) + (1-\delta)\hat{k}_{t-1} - (1+n)k_t] \\ &\quad + \left(\frac{1+n}{1+\rho}\right)^t u[f(k_t) + (1-\delta)k_t - (1+n)\hat{k}_{t+1}].\end{aligned}$$

$\hat{k}_t$ のある近傍における任意の k_t に対して，

$$\tilde{W}(\hat{k}_t) \geqq \tilde{W}(k_t).$$

したがって，

$$\left.\frac{d\tilde{W}(k_t)}{dk_t}\right|_{k_t=\hat{k}_t} = 0,$$

つまり，

$$-(1+n)u'(\hat{c}_{t-1}) + \frac{1+n}{1+\rho}u'(\hat{c}_t)\{f'(\hat{k}_t) + (1-\delta)\} = 0.$$

ゆえに，

$$\frac{u'(\hat{c}_{t-1})}{u'(\hat{c}_t)} = \frac{1}{1+\rho}\{f'(\hat{k}_t) + (1-\delta)\} \quad (t=1,2,\cdots).$$

無限時間視野のもとでの最適成長経路の分析

さて，以上のことにより，無限時間視野のもとで最適成長経路を規定する条件は次のように与えられる．

$$k_{t+1} = \frac{1}{1+n}\{f(k_t) + (1-\delta)k_t - c_t\},$$

$$\frac{u'(c_t)}{u'(c_{t+1})} = \frac{1}{1+\rho}\{f'(k_{t+1}) + (1-\delta)\} \quad (t=0,1,2,\cdots).$$

以下，次のことを前提として議論を展開する．

$$u(c) = \log c.$$

したがって，

$$u'(c) = \frac{1}{c}.$$

さて，位相図を利用して議論を行うために，上式を次のように変形する．

$$k_{t+1} - k_t = \frac{1}{1+n}\{f(k_t) - (n+\delta)k_t - c_t\},$$

$$c_{t+1} - c_t = \frac{1}{1+\rho}\left\{f'\left[\frac{1}{1+n}\{f(k_t) + (1-\delta)k_t - c_t\}\right] - (\delta+\rho)\right\}c_t.$$

まず，$k_{t+1} - k_t = 0$ となる曲線を求めることにしよう．それは次式で与えられる．

$$c_t = f(k_t) - (n+\delta)k_t.$$

また，

$$k_{t+1} - k_t > 0 \iff c_t < f(k_t) - (n+\delta)k_t,$$

$$k_{t+1} - k_t < 0 \iff c_t > f(k_t) - (n+\delta)k_t.$$

次に，$c_{t+1} - c_t = 0$ となる曲線を求めることにしよう．それは次のように与えられる．

$$f'\left(\frac{1}{1+n}\{f(k_t) + (1-\delta)k_t - c_t\}\right) = \delta + \rho.$$

いま，$f'(k^*) = \delta + \rho$ としよう．そのとき，

$$c_t = f(k_t) + (1-\delta)k_t - (1+n)k^*.$$

となる．$k_t = k^*$ のとき，$c_t = c^*$ とすると，(k^*, c^*) は 2 つの曲線の交点である．

また，

$$c_{t+1} - c_t > 0 \iff f'\left(\frac{1}{1+n}\{f(k_t) + (1-\delta)k_t - c_t\}\right) > \delta + \rho$$

$$\iff \frac{1}{1+n}\{f(k_t) + (1-\delta)k_t - c_t\} < k^*.$$

3.7. キャス＝クープマンス・モデル

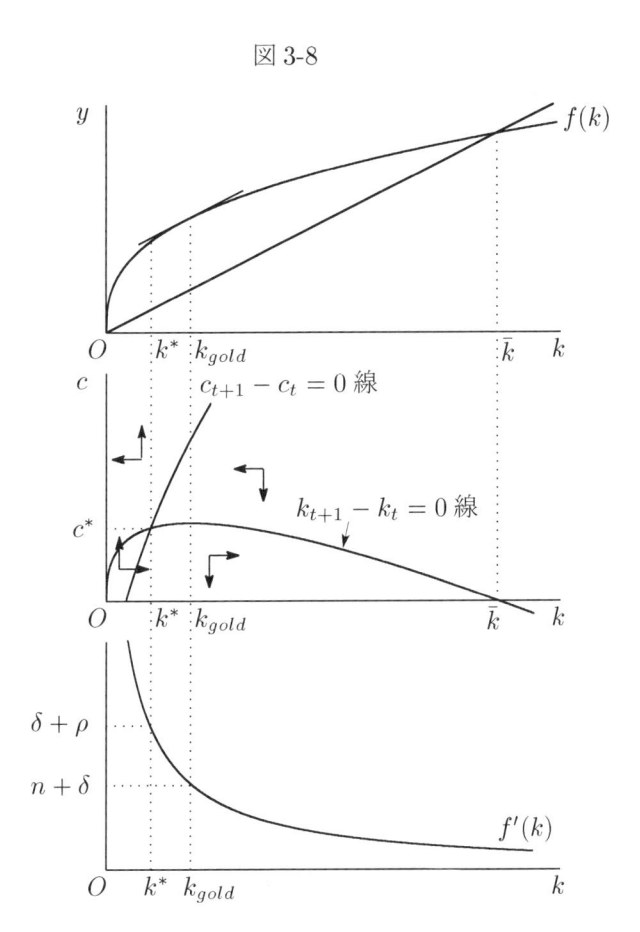

図 3-8

さらに，$\bar{k}_0$ を所与として，そこから出発し，無限時間視野のもとで上記の定差方程式系を満足し，しかも横断性条件を満足する時間経路 $(\hat{k}_t), (\hat{c}_t)$ は最適成長経路である[7]．したがって，$\bar{k}_0$ から出発し，(k^*, c^*) に漸近する (位相図における) 時間経路 $((\hat{k}_t), (\hat{c}_t))$ は最適成長経路である．さて，(k^*, c^*) に付随する持続的成長経路は次のように与えられる．

$$k_t = k^*, \quad c_t = c^*, \quad y_t = f(k^*).$$

$$K_t = L_t k^*, \quad C_t = L_t c^*, \quad Y_t = f(k^*) L_t.$$

(k^*, c^*) に付随する持続的成長経路上では 1 人当たり国民所得の成長率はゼロである．また，$\bar{k}_0$ を所与として，そこから出発する最適成長経路は長期的にこの持続的成長経路に漸近してい

---

[7] 無限時間視野のもとでの最適性を保証する横断性条件としては数種類のものが考えられているが，ここではその一つとして次のものを候補として紹介しておく．

$$\lim_{t \to \infty} \left(\frac{1+n}{1+\rho}\right)^t u'(c_{t-1}) k_t = \lim_{t \to \infty} \left(\frac{1+n}{1+\rho}\right)^t \frac{k_t}{c_{t-1}} = 0.$$

これは補論 2 における議論を前提として，無限時間視野のケースに拡張したものである．ただし，無限時間視野のもとで，この横断性条件を満足する定差方程式系の時間経路が最適成長経路であるということは慎重に論証されなければならない．大住 [1985,p.209] の議論が参考になるであろう．

る.このことより,長期的な成長率はこの持続的成長経路のそれに近似しているということができる.したがって,最適成長経路上では,ソロー＝スワン成長モデルの帰結と同様に,1人当たり国民所得の長期的成長率はゼロになっている.

3.7.3 分権的市場経済と均衡

企業の主体的均衡条件

企業部門は下記の利潤を最大にするように行動しようとする.各 t で,利子率 r_t と w_t を所与として,

$$\begin{aligned}
\Pi_t &= F[K, L] - \delta K - \{r_t K + w_t L\} \\
&= L\{F[k, 1] - (r_t + \delta)k - w_t\} \\
&= L\{f(k) - (r_t + \delta)k - w_t\}.
\end{aligned}$$

したがって,(k_t) が企業の主体的均衡であれば,次のことが成立する.

(1) $f'(k_t) = r_t + \delta$.

(2) $f(k_t) - f'(k_t)k_t = w_t$.

家計の主体均衡条件

w_t と r_t の経路を所与として,代表的家計は次の問題を解こうとする[8].

$$\text{maximize} \quad \sum_{t=0}^{\infty} \left(\frac{1+n}{1+\rho}\right)^t u(c_t)$$

subject to

$$a_{t+1}(1+n) - a_t = w_t + r_t a_t - c_t,$$
$$a_0 = \bar{a}_0.$$

以前と同様に,$((\hat{a}_t),(\hat{c}_t))$ が家計の主体的均衡だとすると,下記のことが成立する必要がある.任意の a_{t+1} に対して,

$$\tilde{W}(\hat{a}_{t+1}) \geq \tilde{W}(a_{t+1}).$$

---

[8] 以下の制約条件に加えて,通常,NPG(No-Ponzi-game) 条件も満足することが要請される.Blanchard and Fischer[1992, p.84] で説明されているように,ネズミ講で大金持ちになったが,捕まり,刑務所で無一文で死んでいった Charles Ponzi という者の名前に因んで,この名称が用いられている.無一文で死去するということを踏まえて,通常,NPG 条件はずっと先の将来に負債を残さないという意味で使用されている.この条件については連続型のモデルのもとで詳細に議論されている.ここでは若干大雑把な意味で使用する.以下,NPG 条件は満たされているものとする.

3.7. キャス=クープマンス・モデル

ここで,

$$\tilde{W}(a_{t+1}) = \left(\frac{1+n}{1+\rho}\right)^t u(w_t + (r_t+1)\hat{a}_t - (n+1)a_{t+1})$$
$$+ \left(\frac{1+n}{1+\rho}\right)^{t+1} u(w_{t+1} + (r_{t+1}+1)a_{t+1} - (n+1)\hat{a}_{t+2}).$$

したがって,

$$\left.\frac{d\tilde{W}(a_{t+1})}{da_{t+1}}\right|_{a_{t+1}=\hat{a}_{t+1}} = 0,$$

つまり,

$$u'(\hat{c}_t)(1+n) = \left(\frac{1+n}{1+\rho}\right) u'(\hat{c}_{t+1})\{r_{t+1}+1\}.$$

したがって,

$$\frac{u'(\hat{c}_t)}{u'(\hat{c}_{t+1})} = \frac{1}{1+\rho}\{r_{t+1}+1\}.$$

一般均衡

以上の議論を前提とし,しかも一般均衡では,任意の t に対して,$a_t = k_t$ が成立するので,次の条件が成立する[9].

(1) $k_{t+1}(1+n) - k_t = f(k_t) - (r_t+\delta)k_t + r_t k_t - c_t = f(k_t) - \delta k_t - c_t.$

(2) $\dfrac{u'(\hat{c}_t)}{u'(\hat{c}_{t+1})} = \dfrac{1}{1+\rho}\{f'(k_{t+1}) + 1 - \delta\}.$

(3) $k_0 = \bar{k}_0 = \bar{a}_0.$

以上のことより,無限時間視野のもとで一般均衡で達成される均衡成長経路は同時に最適成長経路でもあるということができる.この帰結は厚生経済学の第一基本定理の動学版である.したがって,前節の議論を援用すると,所与の初期資本ストックから出発する均衡成長経路は持続的均衡成長経路に漸近しているということができる[10].また,前節の議論を前提にすると,長期的に均衡経路上での1人当たり国民所得の成長率はゼロになるということができる.このことは我々の経験的事実とは合致しない帰結である.次節ではこのことを回避するために外生的な技術進歩が存在するケースにモデルを若干拡張する.

3.7.4 外生的技術進歩が存在するケース

以下では,次のようなハロッドの中立的技術進歩が存在するケースを検討しよう.

$$Y_t = F(K_t, (1+x)^t L_t).$$

---

[9] さらに,NPG 条件より横断性条件も成立することになる.この部分の厳密な議論に関しては,第7章で連続型のモデルのもとで展開されている.

[10] 最近の議論では,歴史的に所与とされる資本ストックの状態から,長期均衡である持続的均衡成長経路へ漸近する経路は移行動学 (transitional dynamics) とよばれている.

以下，$1+x = \alpha$，$1+n = m$ として展開する．

実行可能性は次のように規定される．

$$F(K_t, (\alpha m)^t \bar{L}_0) = C_t + K_{t+1} - K_t + \delta K_t.$$

つまり，

$$K_{t+1} = F(K_t, (\alpha m)^t \bar{L}_0) + (1-\delta)K_t - C_t.$$

以下，$z_t = K_t/(L_t \alpha^t)$，$e_t = C_t/(L_t \alpha^t)$，$F(z_t, 1) = f(z_t)$ と定義する．

上式の両辺を $\alpha^{t+1} L_{t+1}$ で割り，整理すると，

$$\begin{aligned} z_{t+1} &= \frac{1}{\alpha m} f(z_t) + (1-\delta)\frac{z_t}{\alpha m} - \frac{e_t}{\alpha m} \\ &= \frac{1}{\alpha m} f(z_t) + (1-\delta)\frac{z_t}{\alpha m} - \frac{c_t}{\alpha^{t+1} m}. \end{aligned}$$

したがって，

$$c_t = \alpha^t f(z_t) + \alpha^t(1-\delta)z_t - \alpha^{t+1} m z_{t+1}.$$

さて，社会的評価関数は次のように表されているとしよう．

$$\begin{aligned} W &= \sum_{t=0}^{\infty} \left(\frac{m}{1+\rho}\right)^t u(c_t) \\ &= \sum_{t=0}^{\infty} \left(\frac{m}{1+\rho}\right)^t u(\alpha^t f(z_t) + \alpha^t(1-\delta)z_t - \alpha^{t+1} m z_{t+1}). \end{aligned}$$

下記の実行可能な成長経路が最適成長経路であるとしよう．

$$\begin{aligned} (\hat{k}_t) &= (\hat{k}_0, \hat{k}_1, \cdots, \hat{k}_t, \hat{k}_{t+1}, \cdots), \\ (\hat{c}_t) &= (\hat{c}_0, \hat{c}_1, \cdots, \hat{c}_t, \hat{c}_{t+1}, \cdots), \\ (\hat{z}_t) &= (\hat{z}_0, \hat{z}_1, \cdots, \hat{z}_t, \hat{z}_{t+1}, \cdots). \end{aligned}$$

ここで，次のようにおく．

$$\begin{aligned} \tilde{W}(z_{t+1}) &= \left(\frac{m}{1+\rho}\right)^t u(\alpha^t f(\hat{z}_t) + \alpha^t(1-\delta)\hat{z}_t - \alpha^{t+1} m z_{t+1}) \\ &\quad + \left(\frac{m}{1+\rho}\right)^{t+1} u(\alpha^{t+1} f(z_{t+1}) + \alpha^{t+1}(1-\delta)z_{t+1} - \alpha^{t+2} m \hat{z}_{t+2}). \end{aligned}$$

さて，上記の経路が最適であれば，その部分経路も最適であるので，$\hat{z}_{t+1}$ のある近傍内の任意の z_{t+1} に対して，

$$\tilde{W}(\hat{z}_{t+1}) \geqq \tilde{W}(z_{t+1}).$$

3.7. キャス＝クープマンス・モデル

したがって,
$$\left.\frac{d\tilde{W}(z_{t+1})}{dz_{t+1}}\right|_{z_{t+1}=\hat{z}_{t+1}} = 0.$$

つまり,
$$u'(\hat{c}_t)\{-\alpha^{t+1}m\} + \left(\frac{m}{1+\rho}\right)u'(\hat{c}_{t+1})\{\alpha^{t+1}f'(\hat{z}_{t+1}) + \alpha^{t+1}(1-\delta)\} = 0.$$

ゆえに,
$$\frac{u'(\hat{c}_t)}{u'(\hat{c}_{t+1})} = \frac{1}{1+\rho}\{f'(\hat{z}_{t+1}) + 1 - \delta\}.$$

ここで, 代表的個人の効用関数を $u(c) = \log c$ と仮定しよう. そのとき,
$$\frac{\hat{c}_{t+1}}{\hat{c}_t} = \frac{1}{1+\rho}\{f'(\hat{z}_{t+1}) + 1 - \delta\}.$$

$\hat{c}_t = \hat{e}_t \alpha^t$ であるので,
$$\hat{e}_{t+1} = \frac{1}{\alpha(1+\rho)}\{f'(\hat{z}_{t+1}) + 1 - \delta\}\hat{e}_t.$$

したがって, 最適成長経路の挙動は下記の定差方程式系によって規定される.
$$z_{t+1} - z_t = \frac{1}{\alpha m}\{f(z_t) + (1-\delta-\alpha m)z_t - e_t\},$$
$$e_{t+1} - e_t = \frac{1}{\alpha(1+\rho)}\{f'(z_{t+1}) + 1 - \delta - \alpha(1+\rho)\}e_t.$$

この定差方程式系において, $z_{t+1} - z_t = 0$ 線は次のように与えられる.
$$e_t = f(z_t) - (\alpha m + \delta - 1)z_t.$$

$f'^{-1}[\alpha(1+\rho) + \delta - 1] = z^*$ とおくと, $e_{t+1} - e_t = 0$ 線は次のように与えられる.
$$e_t = f(z_t) + (1-\delta)z_t - \alpha m z^*.$$

前節の議論と同様に, 外生的技術進歩が存在するケースのもとでの位相図は図3-9に描かれている.

さて, 以上のことより, 初期資本ストックを所与として, そこから出発する無限時間視野のもとでの最適成長経路は (z^*, e^*) に漸近していく. さらに, 本節では単純化のために詳細な議論は省略されているが, 市場の失敗の要因が存在しないケースでは, 最適成長経路は同時に均衡成長経路でもある. ゆえに, 無限時間視野のもとでの均衡成長経路は長期的に (z^*, e^*) に漸近しており, 結果的に, 均衡成長経路は (z^*, e^*) に付随する経路によって近似することができる. (z^*, e^*) に付随する経路は持続均衡成長経路であり, しかも, 次のことが成立する.

$$z_t = \frac{K_t}{L_t \alpha^t} = z^*, \quad \text{ゆえに}, \quad k_t = z^* \alpha^t = z^*(1+x)^t.$$
$$e_t = \frac{C_t}{L_t \alpha^t} = e^*, \quad \text{ゆえに}, \quad c_t = e^* \alpha^t = e^*(1+x)^t.$$
$$\frac{Y_t}{L_t \alpha^t} = f(z*), \quad \text{つまり}, \quad y_t = f(z^*)(1+x)^t.$$

図 3-9

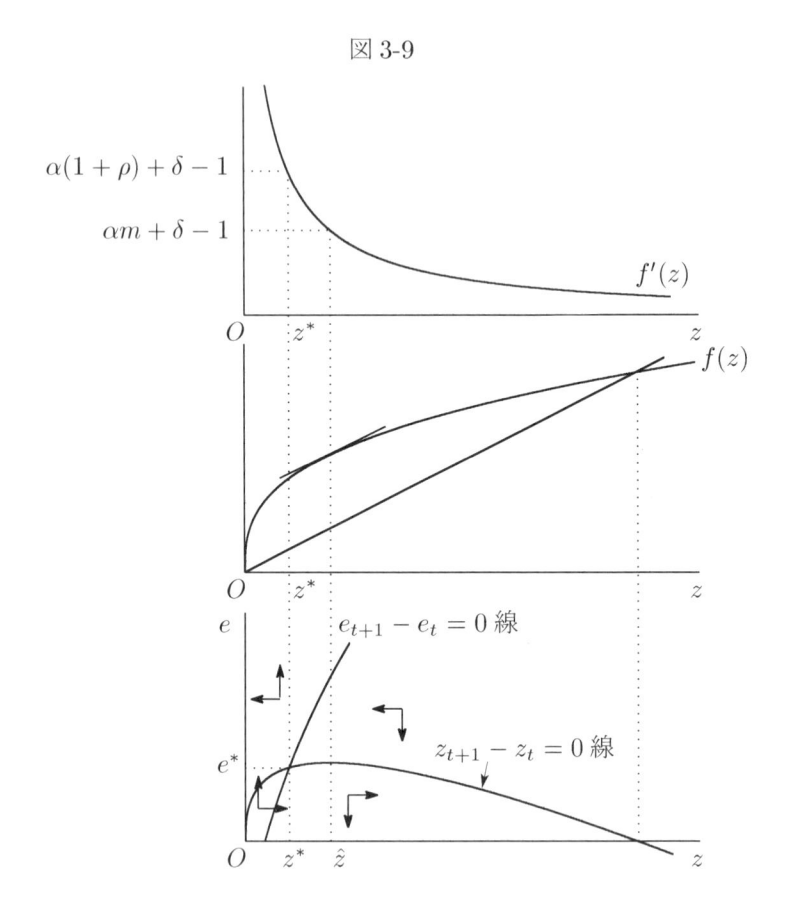

以上の議論より，外生的技術進歩が存在するケースでは，長期的な 1 人当たり国民所得の成長率はゼロではなくなり，結果的にソロー＝スワン・モデルあるいはキャス＝クープマンス・モデルの問題点の一部が解消されたことになる．しかし，上述の議論から理解されるように，モデルの枠内では技術進歩がどのように生じるかは明らかにされていない．これについては，イノベーションあるいは研究開発という視点を考慮して次章で議論される．

3.8 補論1：新古典派成長モデルにおける持続的成長

$(k_t), (c_t)$ は持続的成長経路であるとしよう．いま，定義により，次のようにおくことにする．

$$k_t = k(1+g_k)^t, c_t = (1+g_c)^t, k > 0, c > 0, g_k \geq 0, g_c \geq 0.$$

実行可能性は次のように表される．任意の t に対して，

$$f(k(1+g_k)^t) = (1+n)k(1+g_k)^{t+1} - (1-\delta)k(1+g_k)^t + c(1+g_c)^t.$$

この式は次のように表される．任意の t に対して，

$$\frac{f(k(1+g_k)^t)}{(k(1+g_k)^t} = (1+n)(1+g_k) - (1-\delta) + \frac{c}{k}\frac{(1+g_c)^t}{(1+g_k)^t}.$$

この式を中心として検討を行う．

(1) $g_k > g_c > 0$ のケース

t が増加すると，左辺は減少し，右辺は上昇するので，上の式は成立することはない．

(2) $g_c > g_k > 0$ のケース

t が増加すると，ロピタルの定理により，左辺はゼロに収束する．しかし，右辺は $[(1+n)(1+g_k) - (1-\delta)]$ に収束する．したがって，このケースでも上の式は必ずしも成立しない．

以上のことより，次のようなケースを考えることにしよう．

$$g_k = g_c = g.$$

さて，$g > 0$ と仮定しよう．このケースでは実行可能性は次のように表される．

$$\frac{f(k(1+g)^t)}{(k(1+g)^t} = (1+n)(1+g) - (1-\delta) + \frac{c}{k}.$$

t が増加すると，ロピタルの定理により，左辺はゼロに収束するが，右辺は一定に留まっている．したがって，持続的成長が可能ならば次のケースに限定される．

$$g_k = g_c = g = 0.$$

3.9 補論2：2期間のケースの解析的分析

次に解析的方法で均衡成長経路について考察してみることにしよう．最適成長経路 $(\bar{k}_0, \hat{k}_1, \hat{k}_2)$, $(\hat{c}_0, \hat{c}_1)$ は次の問題の解として求められる．

$$\text{maximize} \quad u(c_0) + \frac{1+n}{1+\rho}u(c_1)$$

subject to
$$f(\bar{k}_0) + (1-\delta)\bar{k}_0 - (1+n)k_1 - c_0 = 0,$$
$$f(k_1) + (1-\delta)k_1 - (1+n)k_2 - c_1 = 0,$$
$$k_2 \geq 0.$$

ラグランジュアンは下記のように定義される.

$$\begin{aligned}\mathcal{L} &= u(c_0) + \frac{1+n}{1+\rho}u(c_1) + \lambda_1\{f(\bar{k}_0) + (1-\delta)\bar{k}_0 - (1+n)k_1 - c_0\}\\ &\quad + \lambda_2\{f(k_1) + (1-\delta)k_1 - (1+n)k_2 - c_1\} + \lambda_3 k_2.\end{aligned}$$

クーン=タッカーの定理により,$(\bar{k}_0, \hat{k}_1, \hat{k}_2)$, $(\hat{c}_0, \hat{c}_1)$ が上記の問題の解であれば,次式を満足する $(\lambda_1^*, \lambda_2^*, \lambda_3^*) \geq 0$ が存在する.

(1) $\quad u'(\hat{c}_0) - \lambda_1^* \leq 0$,

(2) $\quad \dfrac{1+n}{1+\rho}u'(\hat{c}_1) - \lambda_2^* \leq 0$,

(3) $\quad -\lambda_1^*(1+n) + \lambda_2^*\{f'(\hat{k}_1) + (1-\delta)\} \leq 0$,

(4) $\quad -\lambda_2^*(1+n) + \lambda_3^* \leq 0$,

(5) $\quad \hat{c}_0\{u'(\hat{c}_0) - \lambda_1^*\} + \hat{c}_1\left\{\dfrac{1+n}{1+\rho}u'(\hat{c}_1) - \lambda_2^*\right\} + \hat{k}_1\{-\lambda_1^*(1+n) + \lambda_2^*(f'(\hat{k}_1) + (1-\delta))\}$
$\quad\quad + \hat{k}_2\{-\lambda_2^*(1+n) + \lambda_3^*\} = 0,$

(6) $\quad f(\bar{k}_0) + (1-\delta)\bar{k}_0 - (1+n)\hat{k}_1 - \hat{c}_0 = 0$,

(7) $\quad f(\hat{k}_1) + (1-\delta)\hat{k}_1 - (1+n)\hat{k}_2 - \hat{c}_1 = 0$,

(8) $\quad \hat{k}_2 \geq 0$,

(9) $\quad \lambda_1^*\{f(\bar{k}_0) + (1-\delta)\bar{k}_0 - (1+n)\hat{k}_1 - \hat{c}_0\}$
$\quad\quad + \lambda_2^*\{f(\hat{k}_1) + (1-\delta)\hat{k}_1 - (1+n)\hat{k}_2 - \hat{c}_1\} + \lambda_3^*\hat{k}_2 = 0.$

(1), (5) より,
$$u'(\hat{c}_0) = \lambda_1^*.$$

(2), (5) より,
$$\frac{1+n}{1+\rho}u'(\hat{c}_1) = \lambda_2^*.$$

(3), (5) より,
$$\frac{\lambda_1^*}{\lambda_2^*} = \frac{1}{1+n}\{f'(\hat{k}_1) + (1-\delta)\}.$$

したがって,
$$\frac{u'(\hat{c}_0)}{u'(\hat{c}_1)} = \frac{1}{1+\rho}\{f'(\hat{k}_1) + (1-\delta)\}.$$

3.9. 補論2：2期間のケースの解析的分析

同様に，(9) より，
$$\lambda_2^* \hat{k}_2 = 0.$$

また，(4)，(5) より，
$$\hat{k}_2 \lambda_2^*(1+n) = \lambda_3^* \hat{k}_2.$$

$\lambda_2^* > 0$ であるので，$\lambda_3^* > 0$. したがって，$\hat{k}_2 = 0$ でなければならない．

第4章 イノベーションと経済成長

4.1 序

前章では新古典派の成長モデルが展開され，下記のことが明らかになった．

(1) 資本形成が経済成長の推進力になっている．資本に関する収穫逓減性によって投資誘因は長期的に消失し，長期的な1人当たり国民所得の成長率はゼロになる．

(2) 完全競争的な分権的市場経済のもとで，最適な経済状態および最適経済成長率が達成されるということが明らかにされた．したがって，何ら政策介入の余地は存在しないことになる．

さて，翻って，現実のデータを眺めてみると，多くの国において，1人当たり国民所得の長期的成長率はプラスであり，しかも，国家間に大きな差異が存在している．さらに，種々の実証分析において，技術進歩の果たす役割が指摘されている．ここで，技術進歩といっても，新古典派の外生的技術進歩ではなく，利潤動機に基づく，意図的な産業イノベーション (innovation) に関連するようなものである．

経済成長を語るとき，我々は下記の要素をモデルの中に組み込むことが必要である．

(1) 資源を投じて，市場における利潤機会に呼応してなされる技術進歩，すなわち，内生的な研究開発活動に基づく技術進歩が経済成長において推進力の役割を果たす．

(2) イノベーションが成功した場合，私的な研究開発に対する収益は独占的レントの形態でもたらされる．

さて，産業イノベーションは，大きく，プロセス・イノベーションとプロダクト・イノベーションに分類される．プロセス・イノベーションは既存の製品の製造コストの削減努力に関するものであり，それに対して，プロダクト・イノベーションは新たな製品を開発することに関係している．新たに開発された製品が既存の製品に対して，新しい機能を持っているか，あるいは，既存の製品と同じような機能を持つが，高品質のものを提供するかに応じて，水平的イノベーションと垂直的イノベーションに再分類される．本章では製品多様性の拡大に関連する水平的イノベーションに関する次のような特徴を持つモデルが展開される．

(1) 産業イノベーションが長期的成長のエンジンの役割を果たす．

(2) 分権的な市場状況を前提として，一般均衡のフレームワークが採用される．

(3) 独占的レントを可能にするために中間財の市場は独占的競争状態にあるものとする．

(4) 市場で入手可能な中間財の範囲を拡大するのに役立つイノベーションが検討される．

4.2 競争均衡と内生的経済成長

イノベーションと内生的経済成長についての議論の代表的文献としては，Grossman and Helpman [1991], Barro and Sala-i-Martin [1995], Aghion and Howitt [1998] がある．本章では，Barro and Sala-i-Martin [1995] の所論を若干，単純化し，しかも，数理的な難解さを回避するために，前章と同様に離散型のモデルに修整して展開する．

図 4-1

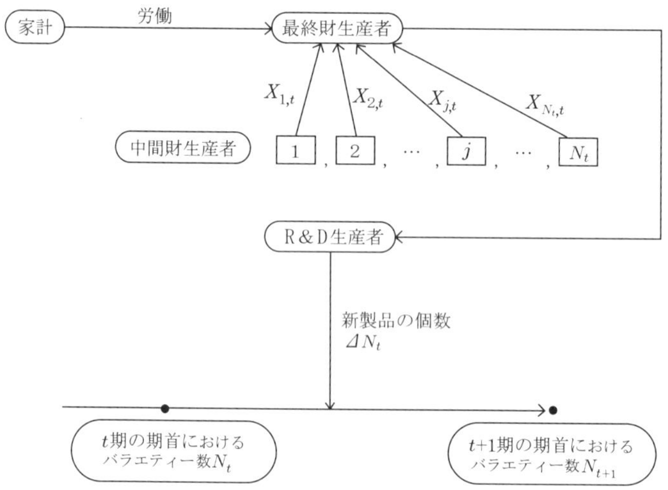

最終財生産者の主体的均衡

まず，最終財生産者の主体的均衡の問題を考察しよう．最終財生産者の t 期 $(t=0,1,2,\cdots)$ における生産関数が次のように与えられているものとする．

$$Y_t = AL_{Y,t}^{1-\alpha} \sum_{j=1}^{N_t} X_{j,t}^\alpha \qquad (A>0,\ 0<\alpha<1). \tag{4.1}$$

ここで，Y_t は t 期の国民生産物であり，N_t は t 期の期首における中間財の個数である．$L_{Y,t}$ は t 期の労働投入量であり，$X_{j,t}$ は t 期における第 j 中間財の投入量である．以下，最終財をニュメレールにとる．

賃金率 w_t と中間財の価格 $P_{j,t}(j=1,2,\cdots,N_t)$ を所与として，最終財生産者の主体的均衡

4.2. 競争均衡と内生的経済成長

について考えることにしよう．最終財生産者の利潤は次のように表される．

$$\Pi = AL_{Y,t}^{1-\alpha} \sum_{j=1}^{N_t} X_{j,t}^{\alpha} - \{w_t L_{Y,t} + \sum_{j=1}^{N_t} P_{j,t} X_{j,t}\}. \tag{4.2}$$

利潤最大化の1階の条件は次のように与えられる．

$$\alpha A L_{Y,t}^{1-\alpha} X_{j,t}^{\alpha-1} = P_{j,t}$$

つまり，

$$X_{j,t} = \left(\frac{\alpha A}{P_{j,t}}\right)^{1/(1-\alpha)} L_{Y,t}. \tag{4.3}$$

これは，第 j 中間財に対する需要関数でもある．さらに，

$$(1-\alpha) A L_{Y,t}^{-\alpha} \sum_{j=1}^{N_t} X_{j,t}^{\alpha} = w_t. \tag{4.4}$$

中間財生産者の主体的均衡

独占的レントの存在を考慮できるようにするために，中間財生産部門は独占的競争状態にあるものとする．各中間財生産者は中間財を1単位生産するのに最終財を1単位必要とするものと想定しよう．さらに，利得は各期の期末に計算されるものとする．そのとき，t 期の期首における中間財生産者の期待利得は次のように与えられる．

$$V_t = \sum_{v=t}^{\infty} (P_{j,v} - 1) X_{j,v} \left(\frac{1}{r_v + 1}\right)^{(v+1)-t}. \tag{4.5}$$

ここでは，r_v は v における利子率とする．第 j 中間財生産者にとって，各期の利潤はそれぞれ別個に計算されるので，各 t において次式を最大にするように価格を設定しようとする．

$$(P_{j,t} - 1) \left(\frac{\alpha A}{P_{j,t}}\right)^{1/(1-\alpha)} L_{Y,t}. \tag{4.6}$$

上式を $P_{j,t}$ に関して微分し，0 とおくと，これを最大にするような $P_{j,t}$ は次のように求められる．

$$P_{j,t} = \frac{1}{\alpha}. \tag{4.7}$$

したがって[1]，

$$V_t = \left(\frac{1-\alpha}{\alpha}\right)(\alpha^2 A)^{1/(1-\alpha)} L_{Y,t} \frac{1}{r}. \tag{4.8}$$

---

[1] 以下の議論で，均衡であるためには，$\sum_{v=t}^{\infty} \left(\frac{1}{r_v+1}\right)^{(v+1)-t} =$ 一定とならなければならない．以下では，$r_v = r = $ 一定として議論を展開する．

R & D に最終財が必要とされるケースのイノベーターの主体的均衡

図 4-2

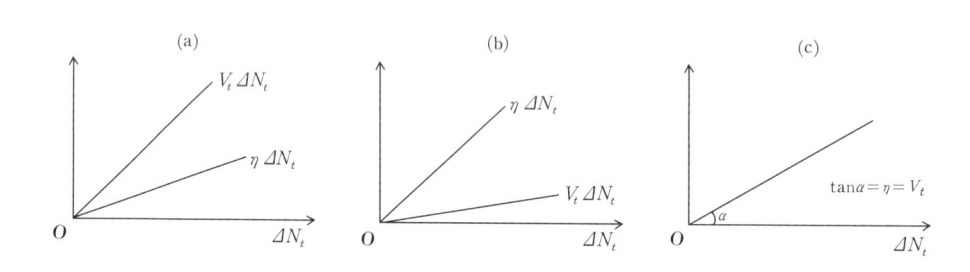

イノベーターが技術革新を行うのに1単位当たり η の固定費用が必要されるものとしよう．また，以下では，各期イノベーションが行われる．つまり，$\Delta N_t > 0$ となるような均衡のみを考えることにする．イノベーターの利得は次のように与えられる．

$$(V_t - \eta)\Delta N_t. \tag{4.9}$$

ここで，$\Delta N_t = N_{t+1} - N_t$ とする．$V_t > \eta$ となる場合，イノベーターはいくらでも技術革新に資源を投じようとするので，均衡値が決定されることはない．$V_t < \eta$ となる場合，$\Delta N_t = 0$ とすることが適切であるが，このような意味のない均衡は考えないとしているので，このケースも除外される．$\Delta N_t > 0$ となる均衡が可能なケースは $V_t = \eta$ となるケースのみである．このケースでは ΔN_t の値は不確定である．以上のことより，$\Delta N_t > 0$ となるような均衡であるための条件は次式で与えられる．

$$\left(\frac{1-\alpha}{\alpha}\right)(\alpha^2 A)^{1/(1-\alpha)} L_{Y,t} \frac{1}{r} = \eta. \tag{4.10}$$

このことから，次式が得られる．

$$r = \frac{L_{Y,t}}{\eta}\left(\frac{1-\alpha}{\alpha}\right)(\alpha^2 A)^{1/(1-\alpha)}. \tag{4.11}$$

家計の主体的均衡

ここでは，一定の予算制約のもとでの各家計の主体的均衡の問題が考察される．家計の労働の供給量は L（$=$ 一定）とする．労働1単位当たりの賃金率は w_t であり，利子率は r であるので，家計の予算制約式は次のように与えられる．

$$Lc_t + \eta \Delta N_t = w_t L + r\eta N_t.$$

したがって，

4.2. 競争均衡と内生的経済成長

$$c_t = w_t + r\eta \frac{1}{L} N_t - \frac{\eta}{L}(N_{t+1} - N_t). \tag{4.12}$$

家計の異期間の効用が次のように与えられているとしよう．

$$\sum_{t=0}^{\infty} \left(\frac{1}{1+\rho}\right)^t u(c_t). \tag{4.13}$$

ここで，ρ は時間選好率である．さて時間経路 $(\hat{c}_t)$, $(\hat{N}_t)$ が主体的均衡だとしよう．次のように定義する．

$$\begin{aligned}\tilde{W}(N_{t+1}) &= u(w_t + r\eta \frac{1}{L}\hat{N}_t - \frac{\eta}{L}(N_{t+1} - \hat{N}_t)) \\ &+ \left(\frac{1}{1+\rho}\right) u(w_{t+1} + r\eta \frac{1}{L} N_{t+1} - \frac{\eta}{L}(\hat{N}_{t+2} - N_{t+1})).\end{aligned} \tag{4.14}$$

$$\left.\frac{d\tilde{W}(N_{t+1})}{dN_{t+1}}\right|_{N_{t+1}=\hat{N}_{t+1}} = u'(\hat{c}_t)\left\{-\frac{\eta}{L}\right\} + \left(\frac{1}{1+\rho}\right) u'(\hat{c}_{t+1})\left\{r\eta\frac{1}{L} + \frac{\eta}{L}\right\} = 0.$$

ゆえに，

$$\frac{u'(\hat{c}_t)}{u'(\hat{c}_{t+1})} = \frac{1}{1+\rho}\{r+1\}. \tag{4.15}$$

以下，議論の簡単化のために，$u(c) = \log c$ と仮定しよう．そのとき，

$$\begin{aligned}\frac{\hat{c}_{t+1}}{\hat{c}_t} &= \frac{1}{1+\rho}\{r+1\} \\ &= \left(\frac{1}{1+\rho}\right)\left\{\frac{L}{\eta}\left(\frac{1-\alpha}{\alpha}\right)(\alpha^2 A)^{1/(1-\alpha)} + 1\right\}.\end{aligned}$$

以上のことより，均衡成長経路に付随する1人当たり消費の成長率は次のように与えられる．

$$\gamma_c = \frac{\hat{c}_{t+1} - \hat{c}_t}{\hat{c}_t} = \left(\frac{1}{1+\rho}\right)\left\{\frac{L}{\eta}\left(\frac{1-\alpha}{\alpha}\right)(\alpha^2 A)^{1/(1-\alpha)} - \rho\right\}. \tag{4.16}$$

したがって，均衡成長経路上の成長率は一定であり，次のことが成立する．

(1) 労働力人口 L が大となるほど，1人当たり消費の成長率は大となる．つまり，規模の効果が成立する．

(2) R&Dコスト η が小であるほど，成長率が大となる．

(3) 時間選選好率 ρ が小であるほど，成長率が大となる．

これらの帰結は前章での新古典派モデルの帰結とは対照的である．新古典派モデルのもとでは，1人当たりの消費の成長率はゼロであり，経済の種々のパラメータに全く依存していなかった．さらに，本章での均衡成長経路に付随する1人当たり消費の成長率は一定であり，したがって，持続的成長経路となる．

4.3 最適性

前章の新古典派モデルのもとでは，市場で決定される均衡成長経路は効率性の条件を満たしており，パレート最適なものであるということが確認された．本章のモデルのもとで，市場で決定される均衡成長経路は効率性あるいは最適性の規準を満たしているだろうか．もし最適なものでなければ政府による何らかの政策が必要になる．この問題を考察する準備として，本節では，最適な経済状況およびそのもとで達成される成長率を求めてみることにする．以下では，段階を追って，この問題を検討する．

(1) 各期の最終財生産者の生産関数は次のように表される (ここでは，記号の簡単化のため，時間の添え字は省略されている).

$$Y = AL^{1-\alpha} \sum_{j=1}^{N} X_j^{\alpha}.$$

$\sum_{j=1}^{N} X_j = S$ (一定) という条件のもとで $AL^{1-\alpha} \sum_{j=1}^{N} X_j^{\alpha}$ を最大にするような X_j を求めることにしよう．ここで，L は所与である．ラグランジュの未定乗数を λ とし，ラグランジュ関数を次のように定義する．

$$G = AL^{1-\alpha} \sum_{j=1}^{N} X_j^{\alpha} - \lambda \left[\sum_{j=1}^{N} X_j - S \right].$$

$\partial G / \partial X_j = 0$. したがって，任意の j に対して，$X_j = \left\{ \dfrac{\alpha A}{\lambda} \right\}^{1/(1-\alpha)} L = $ 一定となる．以下，$X_j = X_t \, (1 \leq j \leq N_t)$ とおくことにする．したがって，各期の最終財の生産量は次のように表される．

$$Y_t = AL^{1-\alpha} \sum_{j=1}^{N_t} X_j^{\alpha} = AL^{1-\alpha} N_t X_t^{\alpha}. \tag{4.17}$$

(2) また，

$$Y_t = c_t L + \eta \Delta N_t + N_t X_t.$$

以上のことより，

$$c_t L = AL^{1-\alpha} N_t X_t^{\alpha} - \eta \{N_{t+1} - N_t\} - N_t X_t. \tag{4.18}$$

X_t は c_t を最大化するように調整される．したがって，

$$\frac{dc_t L}{dX_t} = AL^{1-\alpha} \alpha N_t X_t^{\alpha-1} - N_t = 0.$$

ゆえに，

$$X_t^{1-\alpha} = AL^{1-\alpha} \alpha.$$

4.3. 最適性

したがって，
$$X_t = L(\alpha A)^{1/1-\alpha} = \hat{X} \qquad (t \geq 0). \tag{4.19}$$

(4.18) により，次のように表される．
$$c_t = AL^{-\alpha} N_t \hat{X}^\alpha - \frac{\eta}{L}\{N_{t+1} - N_t\} - \frac{1}{L} N_t \hat{X}. \tag{4.20}$$

この条件のもとで，
$$\sum_{t=0}^{\infty} \left(\frac{1}{1+\rho}\right)^t u(c_t) \tag{4.21}$$

を最大にする問題を考察しよう．$(N_0, \cdots, \hat{N}_t, \hat{N}_{t+1}, \cdots), (\hat{X}_t), (\hat{c}_t)$ を最適経済成長経路としよう．次のように関数を定義する．

$$\begin{aligned}
W(N_{t+1}) &= \left(\frac{1}{1+\rho}\right)^t u(AL^{-\alpha} \hat{N}_t \hat{X}^\alpha - \frac{\eta}{L}\{N_{t+1} - \hat{N}_t\} - \frac{1}{L}\hat{N}_t \hat{X}] \\
&+ \left(\frac{1}{1+\rho}\right)^{t+1} u(AL^{-\alpha} N_{t+1} \hat{X}^\alpha - \frac{\eta}{L}\{\hat{N}_{t+2} - N_{t+1}\} - \frac{1}{L} N_{t+1} \hat{X}).
\end{aligned} \tag{4.22}$$

$\hat{N}_{t+1}$ の近傍における任意の N_{t+1} に対して，次式が成立する．
$$W(\hat{N}_{t+1}) \geqq W(N_{t+1}).$$

したがって，
$$\begin{aligned}
\left.\frac{dW(N_{t+1})}{dN_{t+1}}\right|_{N_{t+1}=\hat{N}_{t+1}} &= \left(\frac{1}{1+\rho}\right)^t u'(\hat{c}_t)\left\{-\frac{\eta}{L}\right\} \\
&+ \left(\frac{1}{1+\rho}\right)^{t+1} u'(\hat{c}_{t+1})\left\{AL^{-\alpha}\hat{X}^\alpha + \frac{\eta}{L} - \frac{1}{L}\hat{X}\right\} = 0.
\end{aligned}$$

この式を整理すると，
$$u'(\hat{c}_t) = \left(\frac{1}{1+\rho}\right) u'(\hat{c}_{t+1}) \left\{\frac{1}{\eta} AL^{1-\alpha} \hat{X}^\alpha - \frac{1}{\eta}\hat{X} + 1\right\}. \tag{4.23}$$

ここで，前節の議論と同様に，$u(c) = \log c$ と仮定すると，
$$\begin{aligned}
\frac{\hat{c}_{t+1}}{\hat{c}_t} &= \frac{1}{1+\rho}\left\{\frac{A}{\eta} L^{1-\alpha} \hat{X}^\alpha - \frac{1}{\eta}\hat{X} + 1\right\} \\
&= \frac{1}{1+\rho}\left\{\frac{A}{\eta} L^{1-\alpha} L^\alpha A^{\alpha/(1-\alpha)} \alpha^{\alpha/(1-\alpha)} - \frac{L}{\eta} A^{1/(1-\alpha)} \alpha^{1/(1-\alpha)} + 1\right\} \\
&= \frac{1}{1+\rho}\left\{\frac{L}{\eta} A^{1/(1-\alpha)} \alpha^{1/(1-\alpha)} \alpha^{-1} - \frac{L}{\eta} A^{1/(1-\alpha)} \alpha^{1/(1-\alpha)} + 1\right\} \\
&= \frac{1}{1+\rho}\left\{\frac{L}{\eta} A^{1/(1-\alpha)} \alpha^{1/(1-\alpha)} (\alpha^{-1} - 1) + 1\right\} \\
&= \frac{1}{1+\rho}\left\{\frac{L}{\eta} A^{1/(1-\alpha)} \alpha^{1/(1-\alpha)} \left(\frac{1-\alpha}{\alpha}\right) + 1\right\}.
\end{aligned}$$

以上のことより，最適経済経路に付随する 1 人当たり消費の成長率は次のように与えられる．

$$\gamma_o = \frac{\hat{c}_{t+1} - \hat{c}_t}{\hat{c}_t} = \frac{1}{1+\rho}\left\{\frac{L}{\eta}A^{1/(1-\alpha)}\alpha^{1/(1-\alpha)}\left(\frac{1-\alpha}{\alpha}\right) - \rho\right\}. \tag{4.24}$$

$0 < \alpha < 1$ であるので，次のことが成立する．

$$\gamma_c < \gamma_o.$$

すなわち，市場で達成される均衡成長経路に付随する成長率は最適なものではないということができる．経済システムに何らかの歪みが存在して，市場の失敗が発生していると思われる．次節では，市場の失敗を是正する政策問題を考える．

4.4 政府の政策

前節で明らかにされたように均衡成長経路に付随する成長率と最適に経済運営されたときに達成される成長率の間に乖離が存在している．次に，このような歪みを解消するための政府の幾つかの政策を順次検討することにしよう．以下の議論では，補助は家計からの一括税による財源を基礎になされるものとする．

4.4.1 中間財の購入に対する補助政策

最終財の生産者が中間財を 1 単位購入するごとに，各 t において，政府によって $1-\alpha$ の率で補助がなされるとする．そのとき，第 j 中間財の購入ごとに，

$$P_{j,t} - (1-\alpha)P_{j,t} = \alpha P_{j,t} \tag{4.25}$$

だけコストが必要とされることになる．第 j 企業の利潤は次のように表される．

$$\Pi_t = AL_{Y,t}^{1-\alpha}\sum_{j=1}^{N_t} X_{j,t}^\alpha - wL_{Y,t} - \sum_{j=1}^{N_t}\alpha P_{j,t}X_{j,t}. \tag{4.26}$$

利潤最大化の 1 階条件は次のように与えられる．

$$\alpha AL_{Y,t}^{1-\alpha}X_{j,t}^{\alpha-1} - \alpha P_{j,t} = 0.$$

これを整理すると，

$$X_{j,t}^{1-\alpha} = \left(\frac{A}{P_{j,t}}\right)L_{Y,t}^{1-\alpha}.$$

したがって，労働市場の需給の均衡を考慮すると，

$$X_{j,t} = \left(\frac{A}{P_{j,t}}\right)^{1/(1-\alpha)} L. \tag{4.27}$$

4.4. 政府の政策

これは第 j 中間財に対する需要関数である．この第 j 中間財に対する需要関数を所与として，第 j 中間財生産は次の V_t を最大にしようとする．

$$V_t = \sum_{v=t}^{\infty} (P_{j,v} - 1) X_{j,v} \left(\frac{1}{r+1}\right)^{(v+1)-t}. \tag{4.28}$$

この最大化のためには，各 v $(v \geq t)$ において，

$$(P_{j,v} - 1) P_{j,v}^{1/(\alpha-1)} A^{1/(1-\alpha)} L$$

を最大にする $P_{j,v}$ を求めることにしよう．そのとき，

$$P_{j,v} = \frac{1}{\alpha}. \tag{4.29}$$

したがって，

$$V_t = \frac{1-\alpha}{\alpha} (\alpha A)^{1/(1-\alpha)} L \frac{1}{r}. \tag{4.30}$$

前の議論と同様に，R＆D部門におけるプラスの活動がなされる状況では，

$$\eta = \frac{1-\alpha}{\alpha} A^{1/(1-\alpha)} \alpha^{1/(1-\alpha)} L \frac{1}{r}. \tag{4.31}$$

したがって，

$$r = \frac{L}{\eta} \frac{1-\alpha}{\alpha} A^{1/(1-\alpha)} \alpha^{1/(1-\alpha)}. \tag{4.32}$$

以上のことより，1人当たり消費の成長率は次のように与えられる．

$$\begin{aligned} \gamma &= \frac{1}{1+\rho}(r-\rho) \\ &= \frac{1}{1+\rho} \left(\frac{L}{\eta} \frac{1-\alpha}{\alpha} A^{1/(1-\alpha)} \alpha^{1/(1-\alpha)} - \rho\right). \end{aligned} \tag{4.33}$$

この成長率は最適に経済運用される成長率に一致しており，中間財の購入に対する政府の補助政策によって市場の失敗が解消されるということができる．

4.4.2 最終財に対する補助政策

次に，最終財の購入に対する政府の補助政策を検討してみよう．最終財を1単位当たり購入するごとに政府によって $(1-\alpha)/\alpha$ の率で補助が行われるとしよう．そのとき，最終財生産者の利潤関数は次のように表される．

$$\Pi = \left\{\left(\frac{1}{\alpha} - 1\right) + 1\right\} Y_t - w_t L_{Y,t} - \sum_{j=1}^{N_t} P_{j,t} X_{j,t} = \frac{1}{\alpha} Y_t - w_t L_{Y,t} - \sum_{j=1}^{N_t} P_{j,t} X_{j,t}. \tag{4.34}$$

利潤最大化の 1 階条件は次のように与えられる.

$$\frac{\partial \Pi}{\partial X_{j,t}} = \frac{1}{\alpha}\frac{\partial Y_t}{\partial X_{j,t}} - P_{j,t} = AL_{Y,t}^{1-\alpha} X_{j,t}^{\alpha-1} - P_{j,t} = 0.$$

したがって,

$$X_{j,t}^{1-\alpha} = \frac{A}{P_{j,t}} L_{Y,t}^{1-\alpha} \tag{4.35}$$

前項の議論と同様に，均衡成長経路に付随する中間財の生産量は最適に経済運用されるケースのそれに一致している．したがって，前項の議論と同様に，政府の最終財の補助政策を所与として，均衡成長経路で達成される成長率は最適経済成長経路に一致する．

4.4.3 R＆Dに対する補助

最後に，R＆D活動に対する補助政策について検討することにしよう．政府によって，技術革新に必要とされる固定的なコストを削減するような補助政策が行われるとしよう．以下では，下記のような η を η' にする補助政策がなされるとする.

$$\eta \to \eta' = \eta \alpha^{1/(1-\alpha)}.$$

そのとき，R＆Dに対する補助政策を所与として，均衡成長経路に付随する成長率は次のように表される.

$$\begin{aligned}
\gamma_c &= \frac{1}{1+\rho}\left\{\frac{L}{\eta\alpha^{1/(1-\alpha)}} A^{1/(1-\alpha)}\left(\frac{1-\alpha}{\alpha}\right)\alpha^{2/(1-\alpha)} - \rho\right\} \\
&= \frac{1}{1+\rho}\left\{\frac{L}{\eta} A^{1/(1-\alpha)}\left(\frac{1-\alpha}{\alpha}\right)\alpha^{1/(1-\alpha)} - \rho\right\}.
\end{aligned} \tag{4.36}$$

したがって，R＆Dに対する上述の補助政策によって，均衡においても，最適成長率が達成されることになる．ただし，中間財の生産量の歪みは解消されることはない．

4.5 R＆Dに労働が必要とされるケースの分析

他の状況は前の議論と同じ状況を想定し，R＆Dの生産関数をより現実的なものに変更することにしよう．R＆D活動の生産関数が次のように与えられているものとする.

$$\Delta N_t = \frac{1}{\eta} L_{R,t} N_t. \tag{4.37}$$

ここで, $L_{R,t}$ は研究開発活動に使用される労働量とする．また，この式は，新たな中間財を 1 単位生産するには, $L_{R,t} = \eta/N_t$ だけ労働量が必要とされるということを意味している．

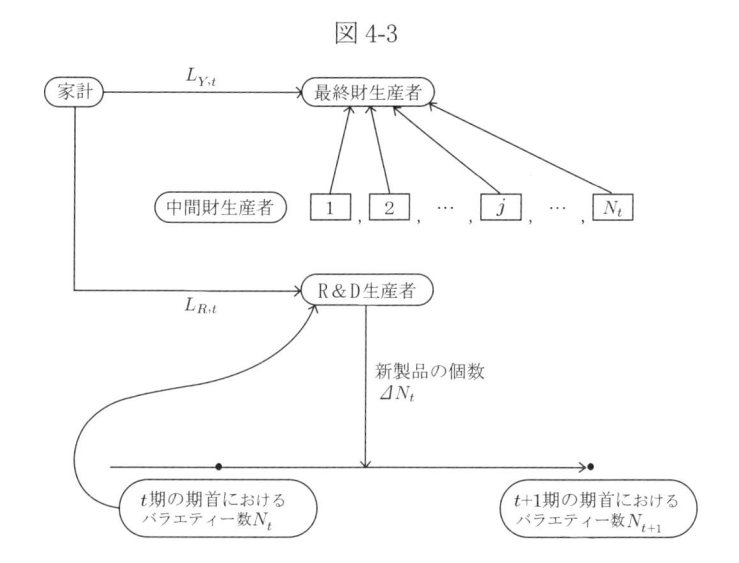

4.5. R&Dに労働が必要とされるケースの分析

図 4-3

一方, R&D 活動において成功を収めた場合, 一般均衡のもとでは, 1 単位当たり V_t だけ収入が入ることになる. 以上のことより, R&D 部門における利潤は次のように表される.

$$\Pi = \left\{ V_t - w_t \frac{\eta}{N_t} \right\} \Delta N_t. \tag{4.38}$$

ΔN_t がプラスとなるような, つまり, R&D 活動がなされるような均衡であるためには, 次の主体均衡条件が成立しなければならない.

$$V_t = w_t \frac{\eta}{N_t}. \tag{4.39}$$

ここで,

$$V_t = \left(\frac{1-\alpha}{\alpha} \right) (\alpha^2 A)^{1/(1-\alpha)} (L - L_{R,t}) \frac{1}{r}. \tag{4.40}$$

また, $\bar{X}$ を中間財生産量とし, (4.3),(4.4),(4.7) を使用すると,

$$\begin{aligned} w_t &= (1-\alpha) A L_{Y,t}^{-\alpha} \bar{X}^\alpha N_t \\ &= (1-\alpha) A L_{Y,t}^{-\alpha} \{ \alpha^{2/(1-\alpha)} A^{1/(1-\alpha)} L_{Y,t} \}^\alpha N_t \\ &= (1-\alpha) A^{1/(1-\alpha)} \alpha^{2\alpha/(1-\alpha)} N_t. \end{aligned} \tag{4.41}$$

したがって,

$$\frac{1-\alpha}{\alpha} (\alpha^2 A)^{1/(1-\alpha)} (L - L_{R,t}) \frac{1}{r} = \eta (1-\alpha) A^{1/(1-\alpha)} \alpha^{2\alpha/(1-\alpha)}.$$

ここで, $\alpha^{-1} \cdot \alpha^{\frac{2}{1-\alpha}} \cdot \alpha^{-\frac{2\alpha}{1-\alpha}} = \alpha^{\frac{\alpha-1}{1-\alpha} + \frac{2}{1-\alpha} - \frac{2\alpha}{1-\alpha}} = \alpha$. このことより, 次のことが成立する.

$$r = \frac{\alpha}{\eta} (L - L_{R,t}). \tag{4.42}$$

さらに, 持続的均衡成長経路上では[2], 次式が成立する.

$$\gamma = \frac{1}{1+\rho}\{r - \rho\}, \tag{4.43}$$

$$\gamma = \frac{\Delta N_t}{N_t} = \frac{L_{R,t}}{\eta}. \tag{4.44}$$

(4.42) を (4.43) に代入し, 整理すると,

$$\begin{aligned} \gamma &= \frac{1}{1+\rho}\left\{\frac{\alpha}{\eta}L - \rho - \frac{\alpha}{\eta}L_{R,t}\right\} \\ &= \frac{1}{1+\rho}\left\{\frac{\alpha}{\eta}L - \rho\right\} - \frac{\alpha\gamma}{1+\rho}. \end{aligned} \tag{4.45}$$

よって,

$$(1+\rho+\alpha)\gamma = \left\{\frac{\alpha}{\eta}L - \rho\right\}.$$

したがって,

$$\gamma = \frac{\frac{\alpha}{\eta}L - \rho}{1+\rho+\alpha}. \tag{4.46}$$

このように持続的均衡成長経路に付随する成長率が求められる. このことから, 次のことが明らかになる.

(1) 労働力人口 L が大となるほど, 成長率は高い.

(2) η が大となるほど, 成長率が低くなる.

(3) 時間選好率 ρ が低いほど, 成長率は高くなる.

---

[2] ただし, ここでは均斉成長経路に限定して考察がなされている.

第5章 生産を伴うオーヴァーラッピング・ゼネレーションズ・モデル

5.1 序

Samuelson [1958] の純粋交換的なオーヴァーラッピング・ゼネレーションズ・モデルを生産活動を明示的に含むようにモデルを拡張するという試みが Diamond [1965] によって最初に着手された.それ以降,ダイヤモンド流の生産を伴うオーヴァーラッピング・ゼネレーションズ・モデルの理論的彫琢が種々の形でなされている.本章では,基本的なオーヴァーラッピング・ゼネレーションズ・モデル (OLG model) のもとで,種々の議論を展開する.

5.2 記号と前提

前章までの議論と同様に,次のような記号が使用される.

$$\begin{aligned} Y_t &= t \text{ 期における国民生産物} \\ C_t &= t \text{ 期における消費} \\ I_t &= t \text{ 期における投資} \\ K_t &= t \text{ 期の期首における資本ストック} \\ L_t &= t \text{ 期の期首における労働力人口} \end{aligned}$$

さらに,次のように定義する.

$$y_t = \frac{Y_t}{L_t}, \quad c_t = \frac{C_t}{L_t}, \quad k_t = \frac{K_t}{L_t}.$$

まず,生産に関する規定を行うことにする.

仮定 1:

(1) t 期における経済のマクロ的生産技術の状況は次の生産関数によって表示される.

$$Y_t = F(K_t, L_t).$$

(2) $F(K, L) : R_+^2 \to R_+^1$ は適切な性質を持つ生産関数である.

(3) オーヴァーラッピング・ゼネレーションズ・モデルでは，1期間がおよそ30-40年に相応しているので，各期ごとに資本が完全に減耗する．つまり，資本の減耗率 δ は1とする．

さて，財市場の実行可能性は次のように表される．

$$F(K_t, L_t) = C_t + K_{t+1} - K_t + \delta K_t.$$

ここで，$\delta = 1$ と仮定しているので，

$$F(K_t, L_t) - C_t = K_{t+1}.$$

次に生産者の主体的均衡条件について考察することにしよう．生産者の生産技術は同一であり，生産者の数を l で所与とする．また，生産物をニュメレールとする．賃金率 w_t と賃料率 r_t が与えられている状況のもとでは，生産部門の利潤は次のように表される[1].

$$\begin{aligned}\Pi(K_t, L_t) &= F(K_t, L_t) - r_t K_t - w_t L_t \\ &= l\left[\frac{L_t}{l}\{f(k_t) - r_t k_t - w_t\}\right].\end{aligned}$$

ここで，$f(k) = F(k, 1)$．上記のことより，l 人の生産者はそれぞれ次のものを最大にするように行動するであろう．

$$\frac{L_t}{l}\{f(k_t) - r_t k_t - w_t\}.$$

いま，$\hat{k}_t$ を利潤を最大にする1人当たりの資本量とすると，次式が成立する．

$$f'(\hat{k}_t) = r_t.$$

さらに，生産活動がゼロでないような均衡を前提にすると，次のことが成立する．

$$w_t = f(\hat{k}_t) - f'(\hat{k}_t)\hat{k}_t.$$

次に，個人に関する規定を行うことにしよう．

仮定 2：各個人は各期の期首にのみ誕生し，ちょうど2期間だけ生存する．以下，t 期の期首に誕生する個人の集団を t 世代と呼ぶことにする．さらに，0期の期首に H 種類のタイプの家計が存在しており，それぞれの家計に属している世代の人数は各期 $n > 0$ の率で成長していくものとする．したがって，国民経済における t 世代の人数は次のように与えられる．

$$G_t = H(1+n)^t.$$

さらに，個人の選好に関して，次のような仮定を設定する．

---

[1] 賃料率として，$r_t + \delta$ をとるほうがよいと思われるが，議論に特に支障がないのでその点を無視する．

5.3. 資本市場の均衡条件

仮定 3：第 h 家計 ($h=1,2,\cdots,H$) に属している各世代の選好は同じであり，第 t 世代の効用関数は $U_h(c_{1h}^t, c_{2h}^t)$ で規定される ($t \geqq 1,2,\cdots$)．ここで，c_{1h}^t, c_{2h}^t はそれぞれ第 1 生涯期と第 2 生涯期における第 h 家計の第 t 世代の個人の消費である．また，各個人は第 1 生涯期に 1 単位の労働の賦存量を持っているものとする．

さて，以下で考察される状況を具体的に説明しよう．第 h 家計の t 世代の個人はその第 1 生涯期に 1 単位の労働用役を提供して賃金を w_t だけ稼得し，そのうちの c_{1h}^t だけを t 期に消費し，残りの $s_{th} = w_t - c_{1h}^t$ を貯蓄する．いま，($t+1$ 期に確定する) 利子率を r_{t+1} とすると，$t+1$ 期には，$c_{2h}^t = (1+r_{t+1})s_{th}$ だけ消費することができる．消費に関する分権的意思決定が保証されているような状況のもとでは，第 h 家計の t 世代の個人は w_t と r_{t+1} を所与として，彼の生涯消費から得られる効用を最大にするように消費計画を立てようとするであろう．すなわち，w_t と r_{t+1} を所与として，彼は

$$c_{1h}^t + \frac{1}{1+r_{t+1}}c_{2h}^t = w_t$$

という予算制約条件のもとで，

$$U_h(c_{1h}^t, c_{2h}^t)$$

を最大にするように (c_{1h}^t, c_{2h}^t) を求めようとするであろう．

さて，w_t と r_{t+1} を所与として，生涯効用の最大化を通して，第 h 家計の t 世代の個人によって決定される消費計画を $(c_{1h}^t(w_t, r_{t+1}), c_{2h}^t(w_t, r_{t+1}))$ と記すことにする．そのとき，第 h 家計の t 世代の個人の貯蓄は次のように表される．

$$s^h(w_t, r_{t+1}) = w_t - c_{1h}^t(w_t, r_{t+1}).$$

あるいは，次のように定義される．

$$s^h(w_t, r_{t+1}) = \arg\max_{0 \leqq s_t \leqq w_t} U_h(w_t - s_t, (1+r_{t+1})s_t).$$

w_t と r_{t+1} を所与として，t 世代の平均的貯蓄は次のように定義される．

$$\begin{aligned}
s(w_t, r_{t+1}) &= \frac{1}{H(1+n)^t}\sum_{h=1}^{H}(1+n)^t s^h(w_t, r_{t+1}) \\
&= \frac{1}{H}\sum_{h=1}^{H} s^h(w_t, r_{t+1}).
\end{aligned}$$

5.3　資本市場の均衡条件

以上の議論により，貯蓄と投資の均衡条件は次のように与えられる．

$$H(1+n)^t s(w_t, r_{t+1}) = K_{t+1}.$$

したがって，次のように表される．

$$(1+n)k_{t+1} = s(w_t, r_{t+1}).$$

ここで，次のように定義する．

$$r(k) = f'(k), \quad w(k) = f(k) - kf'(k).$$

したがって，$w_t = w(k_t) = f(k_t) - k_t f'(k_t)$, $r_{t+1} = r(k_{t+1}) = f'(k_{t+1})$. 以下，議論の単純化のために，次のことを仮定する．

仮定 4：$s(w_t, r_{t+1})$ は次の条件を満足している．

(1) $s(w_t, r_{t+1})$ は連続微分可能である．

(2) 任意の (w, r) に対して，

$$\frac{\partial s(w,r)}{\partial w} > 0, \quad \frac{\partial s(w,r)}{\partial r} > 0.$$

さて，

$$(1+n)k_{t+1} - s(f(k_t) - k_t f'(k_t), f'(k_{t+1})) = 0.$$

全微分すると，

$$\left\{(1+n) - \frac{\partial s}{\partial r} \cdot f''(k_{t+1})\right\} dk_{t+1} - \frac{\partial s}{\partial w} \cdot \{-k_t f''(k_t)\} dk_t = 0.$$

ゆえに，

$$\frac{dk_{t+1}}{dk_t} = \frac{-\partial s/\partial w \cdot k_t f''(k_t)}{\{(1+n) - \partial s/\partial r \cdot f''(k_{t+1})\}} > 0.$$

以下では，図 5-1 のように唯一の定常状態が存在する状況を前提とする[2]．

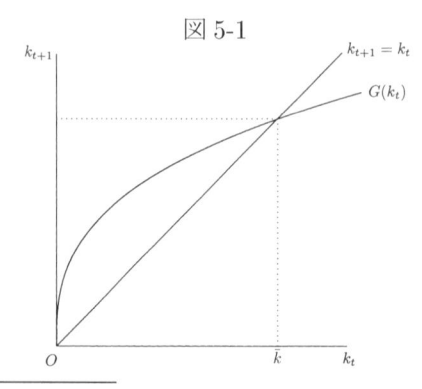

図 5-1

---

[2] ここで，次のことに留意すべきである．
(A) c_{1h} と c_{2h} が通常財ならば $\partial s/\partial w > 0$．
(B) 2 財が粗代替財ならば $\partial s/\partial r > 0$．
したがって，(B) が成立すれば，$k_{t+1} = G(k_t)$ と表される．

5.4 国債の発行と動学的均衡

さて,次に,国債の発行の効果について検討することにしよう[3].本節では議論の簡単化のために,$f'(0) < \infty$ とする.まず,次のように記号の定義を行う.

$$B_t = t \text{ 期の期首における国債の発行額}$$

$$b_t = B_t/L_t = B_t/H(1+n)^t$$

国債については,次のことを前提として考えることにする.t 期の期末に満期をむかえる国債に対する支払いを家計に B_{t+1} だけ購入してもらうことで,行うものとする.そのとき,次のように表される.

$$B_{t+1} = (1+r_t)B_t.$$

したがって,ここで,均衡動学方程式系は次のように与えられる.

$$K_{t+1} + B_{t+1} = H(1+n)^t s(f(k_t) - k_t f'(k_t),\ f'(k_{t+1})),$$

$$B_{t+1} = (1 + f'(k_t))\, B_t.$$

上の2つの式を $L_t = H(1+n)^t$ で割り,整理すると,次のことが成立する.

$$(1+n)k_{t+1} + (1+n)b_{t+1} = s(f(k_t) - k_t f'(k_t),\ f'(k_{t+1})),$$

$$(1+n)b_{t+1} = (1 + f'(k_t))b_t.$$

この動学方程式系の定常状態は次の式を満足する時間経路 $(k_t), (b_t)$ として定義される.

$$k_t = k \geq 0,$$

$$b_t = b \geq 0 \qquad (t = 0, 1, 2, \cdots).$$

さて,次のことが確認される.

定理 1:

(1) $k_t = 0,\ b_t = 0\ (t = 0, 1, 2, \cdots)$ となる時間経路 $(k_t), (b_t)$ は定常状態である.

(2) $k_t = \bar{k},\ b_t = 0\ (t = 0, 1, 2, \cdots)$ となる時間経路 $(k_t), (b_t)$ は定常状態である.

(3) 次の条件を満足する k^* と b^* に対して,$k_t = k^*, b_t = b^*, (t = 0, 1, 2, \cdots)$ となる時間経路 $(k_t), (b_t)$ は定常状態である.

---

[3] 本章の 5.4 節と 5.5 節の議論は Azariadis[1993] の議論に依拠している.Azariadis[1993] の第3部では国債の発行と財政政策に関して興味深い議論の展開がなされているが,多数のミスプリントと多数の論理的展開の不十分な箇所が存在している.ここでは,議論を修整し,議論の厳密化に努めている.

$$f'(k^*) = n,$$

$$(1+n)b^* = s(f(k^*) - k^*f'(k^*), f'(k^*)) - (1+n)k^*.$$

$\bar{k}$ については図 5-1 を参照せよ. さて, 位相図を使用して, 動態的挙動を検討することにしよう.

$$k_{t+1} > k_t$$

$$\Updownarrow$$

$$\begin{aligned}(1+r(k_t))b_t &= s(w(k_t), r(k_{t+1})) - (1+n)k_{t+1} \\ &< s(w(k_t), r(k_t)) - (1+n)k_t.\end{aligned}$$

(ただし, w を所与として, $s(w, r(k)) - (1+n)k$ については $\partial s/\partial r \cdot r'(k) - (1+n) < 0$.)

$$\Updownarrow$$

$$b_t < \frac{s(w(k_t), r(k_t)) - (1+n)k_t}{1+r(k_t)}.$$

以下, この右側を $M(k_t)$ と定義する.

$0 < k_t < \bar{k}$ のケースでは, $k_{t+1} > k_t$ となり, しかも, 次のことが成立するような実行可能な経路が存在する.

$$s(w(k_t), r(k_{t+1})) - (1+n)k_{t+1} = 0.$$

したがって,

$$s(w(k_t), r(k_t)) - (1+n)k_t > 0.$$

さらに, 次のことが成立する.

$$b_{t+1} > b_t$$

$$\Updownarrow$$

$$(1+r(k_t))b_t = (1+n)b_{t+1} > (1+n)b_t.$$

$$\Updownarrow$$

$$b_t\{f'(k_t) - f'(k^*)\} > 0.$$

以上のことより, 位相図は図 5-2 のように描かれる.

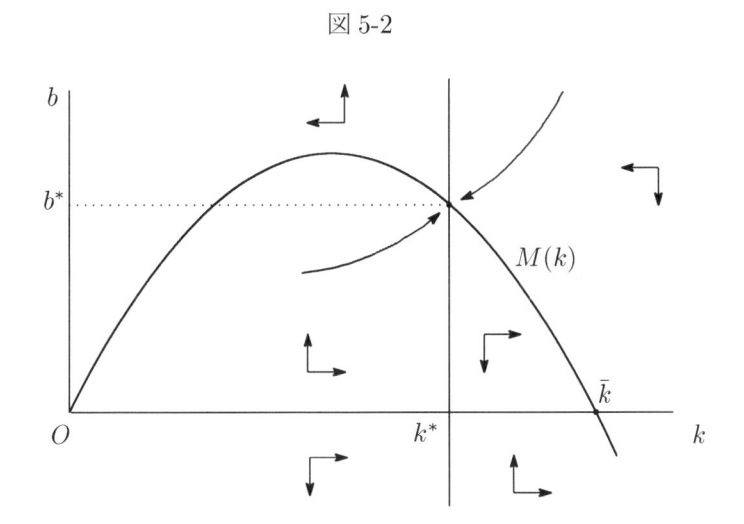

5.5 一定の公共財の供給

図 5-2

本節では，次のようなシステムが考察の対象とされる．

$$(1+n)\{k_{t+1} + b_{t+1}\} = s(w(k_t), r(k_{t+1})),$$

$$(1+n)b_{t+1} = \{1 + r(k_t)\}b_t + q.$$

ここで，q は一定の公共財に対する支出額とする．まず，q を所与とし，実行可能性の定義を行うことにしよう．

定義 1：q を所与として，上式を満足している時間経路 $(k_t), (b_t)$ は実行可能な経路と呼ばれる．

さて，実行可能な経路 $(k_t), (b_t)$ の挙動に関する検討を行うことにしよう．次のことが成立する．

$$b_{t+1} > b_t \iff (1+n)b_{t+1} > (1+n)b_t.$$

$$\Updownarrow$$

$$\{1 + r(k_t)\}b_t + q > (1+n)b_t.$$

$$\Updownarrow$$

$$\{f'(k^*) - f'(k_t)\}b_t < q.$$

$$\Updownarrow$$

(1) $\quad k_t > k^* \implies b_t < \dfrac{q}{f'(k^*) - f'(k_t)},$

(2) $\quad k_t < k^* \implies b_t > \dfrac{q}{f'(k^*) - f'(k_t)}.$

図 5-3

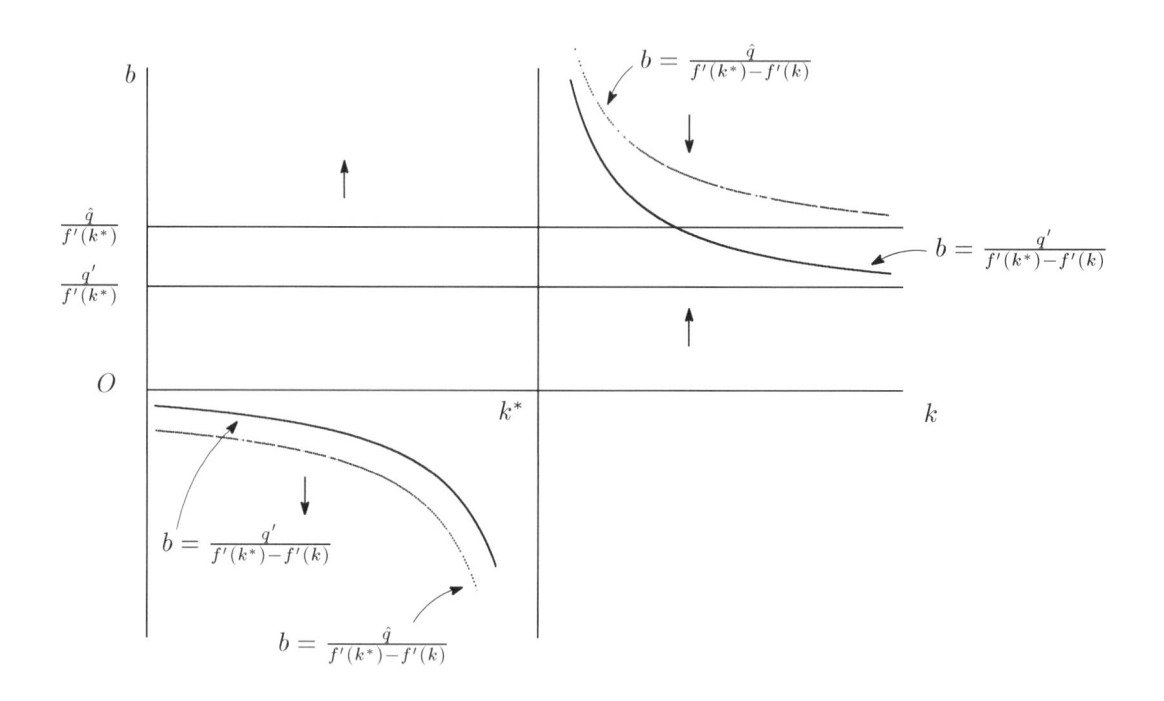

さらに，
$$k_{t+1} > k_t \iff (1+n)k_{t+1} > (1+n)k_t$$
$$\Updownarrow$$
$$s(w(k_t), r(k_{t+1})) - (1+n)k_{t+1} - q < s(w(k_t), r(k_t)) - (1+n)k_t - q$$
$$\Updownarrow$$
$$b_t < \frac{s(w(k_t), r(k_t)) - (1+n)k_t - q}{\{1 + r(k_t)\}}.$$

ここで，次のようにおくことにする．
$$\psi(k) = s(r(k), w(k)) - (1+n)k,$$
$$B(k, q) = \frac{\psi(k) - q}{\{1 + r(k)\}}.$$

$q = 0$ のケースでは，前節の議論と同様のことが成立する．

さて，q を 0 から連続的に増加させていくと，$q/\{1+r(k)\}$ は左上方にシフトしていき，$B(k, q)$ は下方にシフトしていく．図 5-4 において $q/\{1+r(k)\}$ が $M(k)$ と交点を持つような q の最

5.5. 一定の公共財の供給

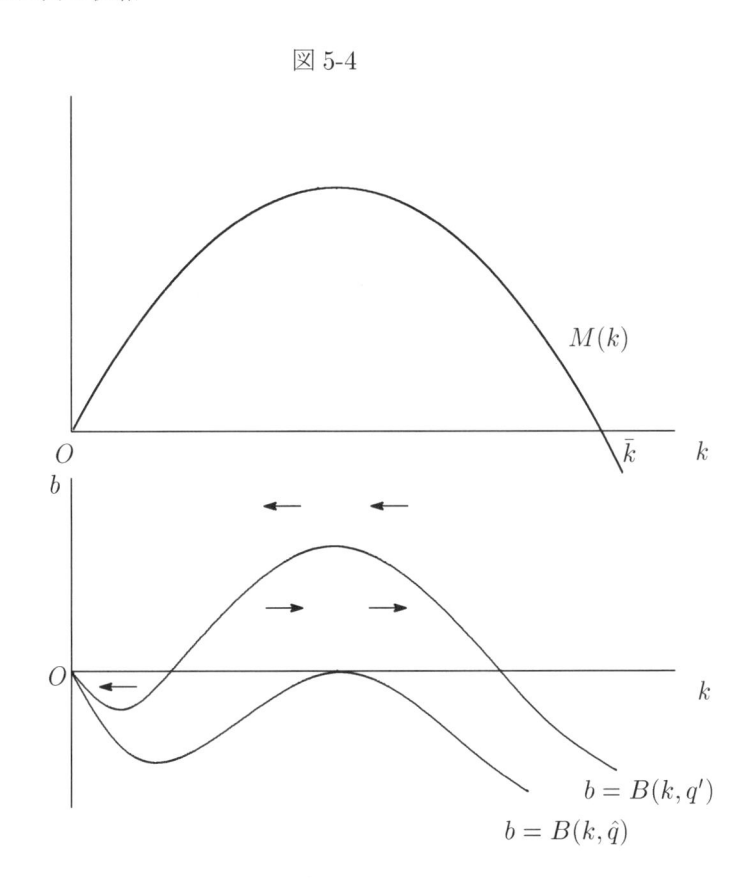

図 5-4

大値を $\hat{q}$ としよう．公共財に対する支出額 q を $\hat{q}$ から順次減少させることにする．q が $\hat{q}$ のときには，$B(k,q)$ は図 5-4 の下の図のように描かれる．また，曲線 $b_t = q/(f'(k^*) - f'(k_t))$ は図 5-3 のように破線で描かれる．

次に，$q = 0$ という極端なケースでは，$B(k,0)$ は $M(k)$ と一致し，図 5-3 のケースでは曲線 $b_t = q/(f'(k^*) - f'(k_t))$ は k 軸そのものであり，前節の帰結がそのまま適用される．したがって，位相図は図 5-2 と同じものになる．q が $\hat{q}$ から低下すると，$B(k,q)$ 対応する曲線は上方にシフトする．さらに，図 5-3 において曲線 $b = q/(f'(k^*) - f'(k_t))$ は k^* の右方では下方にシフトし，左方では上方にシフトする．例として，公共財に対する支出額が q' で与えられているケースが考察されている．そのときの位相図が図 5-5 で描かれている[4]．

さて，上述の一般的なモデルのもとで，各期の生産物の分配はどのようになっているかを簡単に吟味しておこう[5]．まず，$F_K(K_t, L_t) - 1 = r_t$, $F_L(K_t, L_t) = w_t$ であるので，オイラーの定理により，

$$r_t K_t + w_t L_t = F(K_t, L_t) - K_t.$$

---

[4] 公共支出の増額の効果に関する経済学的な解釈については，Azariadis[1993, pp.324-326] を参照せよ．
[5] 上の議論の展開では，簡単化のために無視されたが，ここでは $\delta = 1$ の部分に関する議論を考慮している．

図 5-5

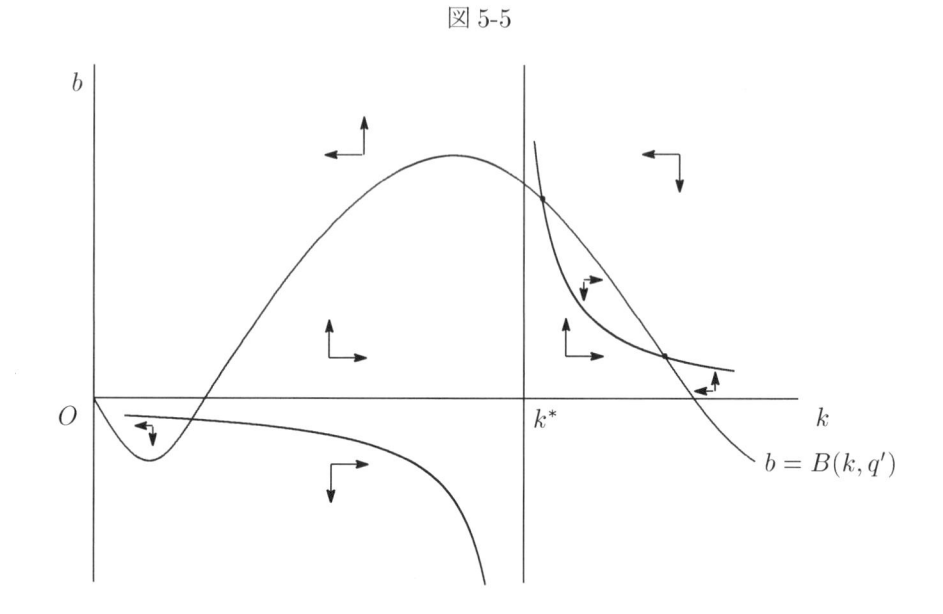

$$
\begin{aligned}
C_t &= c_1^t L_t + c_2^{t-1} L_{t-1} \\
&= (w_t - s_t)L_t + (1 + r_t)s_{t-1}L_{t-1} \\
&= w_t L_t + r_t K_t - K_{t+1} + K_t \\
&= F(K_t, L_t) - K_t - (K_{t+1} - K_t).
\end{aligned}
$$

資本市場での需要の均衡および各期の代表的個人の利子率に関する完全予見性が保証されている状況のもとでは，次のことが成立する．

5.6 計画当局による最適配分

5.6.1 ラーナー＝アシマコプロス型の厚生評価汎関数

本節では，計画当局が存在するとして，いかにして最適な状態を達成することが可能になるかという問題が考察される．

最適性を考える際に，決定的に重要な要素はいかに評価汎関数を定式化するかである．これについては，いわゆるサミュエルソン＝ラーナー論争の過程で，次第に明らかにされていったことだが，サミュエルソン・タイプのものとラーナー・タイプのものとが考えられている (サミュエルソンとラーナーの論争については，Samuelson [1958], [1959], Lerner [1959a], [1959b] を参照)．本節では，適切な時間視野は有限であるという現時的な観点から提示されているラーナー・タイプの評価汎関数に依拠して，分析が試みられる．

5.6. 計画当局による最適配分

さて，Lerner [1959a], [1959b] では，Samuelson [1958] の純粋交換的なオーヴァーラッピング・ゼネレーションズ・モデルは代表的個人の生涯効用関数を基礎にして厚生評価がなされており，その結果，無限時間視野の設定が不可避な体系になっているとして，激しい批判がなされている．Samuelson [1958] の純粋交換的な体系は Diamond [1965] によって生産を伴うオーヴァーラッピング・ゼネレーションズ・モデルに拡張された．一方，Lerner [1959a], [1959b] の批判的視点は，生産を伴うオーヴァーラッピング・ゼネレーションズ・モデルのもとで，Asimakopulos [1967] によって継承され，各期に生存している個人を基礎に厚生評価がなされるべきであるということが主張されている．以下では，ラーナー＝アシマコプロス・タイプのアプローチが検討される．以下，すべての家計の選好は同じであるケースを考察する．

まず，各期の消費財は，当該期において，引退世代と労働世代に分配されるので，次のように表される．

$$C_t = G_{t-1} c_2^{t-1} + G_t c_1^t.$$

ここで，各家計の選好に差異はないとしているので，h は省略している．t における 1 人当たりの消費を c_t と表すことにしよう．ここで，$P_t = H(1+n)^t + H(1+n)^{t-1}$ である．c_t は次のように表される．

$$c_t = \frac{1}{n+2} c_2^{t-1} + \frac{n+1}{n+2} c_1^t.$$

次に，Lerner [1959a], [1959b] および Asimakopulos [1967] の所論に従って，t 期における（1 人当たりの）消費水準 c_t を所与として，上式を満足する (c_2^{t-1}, c_1^t) の範囲で，（t 期に生存する個人に基礎をおく）次の t 期の社会的厚生を最大にするような分配状態が計画当局によって選択されるものとしよう．

$$G_{t-1} V[c_2^{t-1}] + G_t V[c_1^t].$$

ここで，$V_c > 0, V_{cc} < 0$ とする．そのような分配状態は次のように簡単に解かれる．まず，ラグランジュ関数を次のように設定する．

$$G[c_2^{t-1}, c_1^t, \lambda] = G_{t-1} V[c^{t-1}{}_2] + G_t V[c_1^t] - \lambda \left\{ \frac{1}{n+2} c_2^{t-1} + \frac{n+1}{n+2} c_1^t - c_t \right\}.$$

したがって，

$$G_{t-1} V_c[c_2^{t-1}] = \lambda \frac{1}{n+2},$$

$$G_t V_c[c_1^t] = \lambda \frac{n+1}{n+2}.$$

ゆえに，

$$V_c[c_2^{t-1}] = V_c[c_1^t].$$

ここで,任意の $c>0$ に対して,$V_{cc}[c]<0$ となっているので,次のように求められる.

$$c_2^{t-1} = c_1^t.$$

つまり,ラーナー=アシマコプロス・タイプの評価汎関数が採用される場合には,t 期に生存している引退世代の個人と労働世代の個人との間に均等に分配することが最適であるということができる.したがって[6],

$$c_2^{t-1} = c_1^t = c_t.$$

このことから,上述の手順を前提として,c_t を所与として達成可能な t 期の社会的厚生は次のように表される.

$$P_t\left\{\frac{1}{n+2}V[c_t] + \frac{n+1}{n+2}V[c_t]\right\} = P_t V[c_t].$$

さて,一定の初期資本ストック $\bar{k}_0$ を所与として,次のような評価汎関数が設定される.

$$\begin{aligned}W^T[(k_t)_{t=0}^\tau] &= \sum_{t=0}^T P_t V[c_t] \\ &= \sum_{t=0}^T P_t V[f(k_t) - (1+n)k_{t+1}].\end{aligned}$$

ここで,$\tau \geqq T$.

いま,この評価汎関数のもとで,第2章で定義されたように,有限期までの最適成長経路および無限時間視野のもとでの最適成長経路の定義が与えられているものとしよう.そのとき,通常の最適経済成長理論の議論と同じように,次の命題が成立する.

命題1:

(1) $0 < T < +\infty$ の場合,$(k_t)_{t=0}^T$ が $\bar{k}_0$ から出発する T までの最適な(1人当たりの)資本ストックの成長経路,$(c_t)_{t=0}^{T-1}$ がそれに付随する(1人当たりの)消費経路であれば,次のことが成立する.

$$\frac{V_c[\hat{c}_{t-1}]}{V_c[\hat{c}_t]} = f'(\hat{k}_t) \quad (0 < t \leqq T-1),$$

$$\hat{c}_t = f(\hat{k}_t) - (n+1)\hat{k}_{t+1} \quad (0 \leqq t \leqq T-1).$$

(2) $T = +\infty$ の場合,$(\hat{k}_t)_{t=0}^\infty$ が $\bar{k}_0$ から出発する(追いつき原理の意味での)1人当たりの最適な資本ストックの成長経路であれば,任意の $t \in \mathbf{N}$ に対して,上の式が成立する.ただし,定常状態に漸近する経路は非有効経路であり[7],無限時間視野のもとでの最適成長経路ではないということができる.

---

[6] 本節の以下では,記号の簡単化のために,$c_t = C_t/P_t, K_t/P_t, f(k) = F(k, \frac{n+1}{n+2})$ と定義して考察する.

[7] 実は,この経路はアグリーアブル・プランである.これに関する経済的な解釈については大住 [1985, pp.285-289] を参照せよ.

第6章 連続型のダイナミカル・システムの数理的基礎

6.1 序

　本章では,微分方程式の解の挙動に関する議論が展開される.厳密に一般的なケースから説きおこして,簡単なケースをその特殊ケースとして議論するほうが,議論の厳密性と完結性との点で優れているであろう.しかし,教育上の観点からは,むしろ逆に図で表せるような1次元あるいは2次元のダイナミカル・システムに充分に習熟し,直感的にイメージできるようにした後で,一般的なケースに拡張して議論するほうが教育効果が大であるように思われる.また,最近の経済成長理論に関しては,2次元あるいは3次元のダイナミカル・システムの議論で充分である.

6.2 不定積分

　ある実数に2乗という操作を行うことを考えてみよう.そのとき,たとえば, 2 に対しては,$2^2 = 4$ というように与えられる.逆に,平方根を求める操作を行う場合,4に対しては,$+2, -2$ が求められる.

　さて,第1章では,微分という演算あるいは操作によって,ある関数の導関数が求められた.逆に,微分したら,関数 $f(x)$ になるようなもとの関数は,通常,原始関数あるいは不定積分と呼び,$\int f(x)\,dx$ と表される.
つまり,

$$F'(x) = f(x)$$

となるような関数 $F(x)$ を $f(x)$ の原始関数といわれる.

　ところで,平方根を求めるという操作に関しては,たとえば,-4 というような数に対しては,実数の範囲で,その平方根を求めることは不可能である.さらに,4のように,平方根が実数の範囲に存在するとしても,$+2$ と -2 の2つのものが存在している.

　このことに関連して,積分という操作 (不定積分を求めること) についても次のことが考察されなければならない.

(1) ある関数 $f(x)$ が与えられた場合,その原始関数は存在するか.

(2) さらに, $f(x)$ の原始関数が存在するとして, それは一意か.

まず, (2) について考えてみることにしよう. ある関数 $F(x)$ が $f(x)$ の原始関数, つまり,

$$F'(x) = f(x)$$

とすると, 任意の実数 C に対して,

$$\{F(x) + C\}' = f(x)$$

となるので, $F(x) + C$ となるようなすべての関数が原始関数である. したがって, 関数 $f(x)$ の原始関数が存在するとして, 任意の定数が加わるということを除いて一意に決定されるにすぎないということは注意されなければならない. たとえば, x^2 の原始関数 (不定積分) は $\frac{1}{3}x^3 + C$ で与えられる. ここで, C は任意定数である.

次に, (1) の問題を考察することにしよう. 議論のために必要になるので, 定積分の定義を行うことにする.

定積分

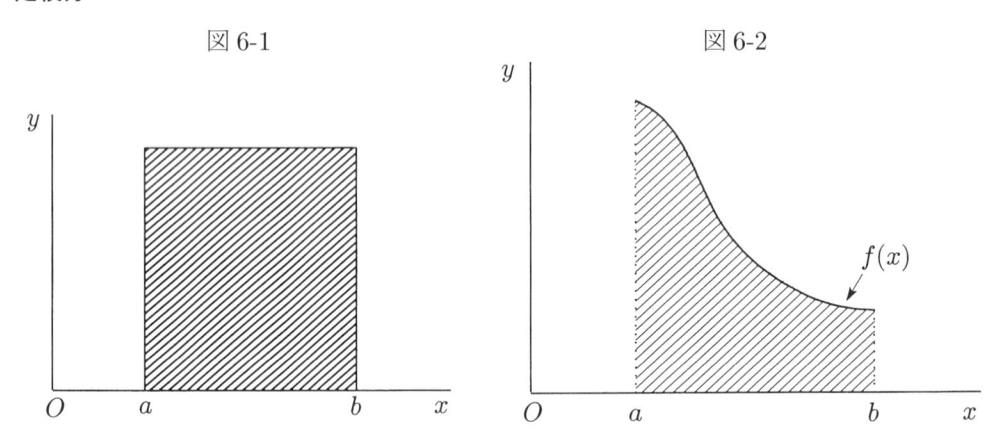

図 6-1 のようなケースで, 斜線の領域 (つまり, 長方形) の面積は $(b-a)h$ で与えられるということは既に初級のテキストで知ることができる. ところが, 図 6-2 のようなケースでは, その面積を求めることはそんなに容易ではない. 一般的に, $\{(x, y) \mid a \leq x \leq b,\ 0 \leq y \leq f(x)\}$, つまり x 軸と, $x = a$, $x = b$, $y = f(x)$ で囲まれた (x, y) からなる集合は縦線集合と呼ばれている. 初級の積分に関する議論では, この面積を $\int_a^b f(x)\,dx$ で表していた. ここで, a を下端, b を上端, $\int_a^b f(x)\,dx$ を a から b までの $f(x)$ の定積分と呼んでいた.

$f(x) \leq 0$ の場合には, その面積に負の符号をつけたものを $\int_a^b f(x)\,dx$ と定義するということが行われていた.

6.2. 不定積分

リーマン積分

上述の定積分の定義には,面積という若干あいまいな概念が使用されていた.ここでは,1つの解析的な定義を与えることにする.

図 6-3

いま,閉区間 $[a, b]$ を図 6-3 のような分点を設けて,

$$[a, x_1], [x_1, x_2], \cdots, [x_{n-1}, b]$$

というような小区間に分割する.ここで,区間 $[x_{i-1}, x_i]$ における $f(x)$ の最小値を m_i,最大値を M_i とし,次のような定義を行うことにする.

$$\text{不足和} = \sum_{i=1}^{n} m_i(x_i - x_{i-1})$$

$$\text{過剰和} = \sum_{i=1}^{n} M_i(x_i - x_{i-1})$$

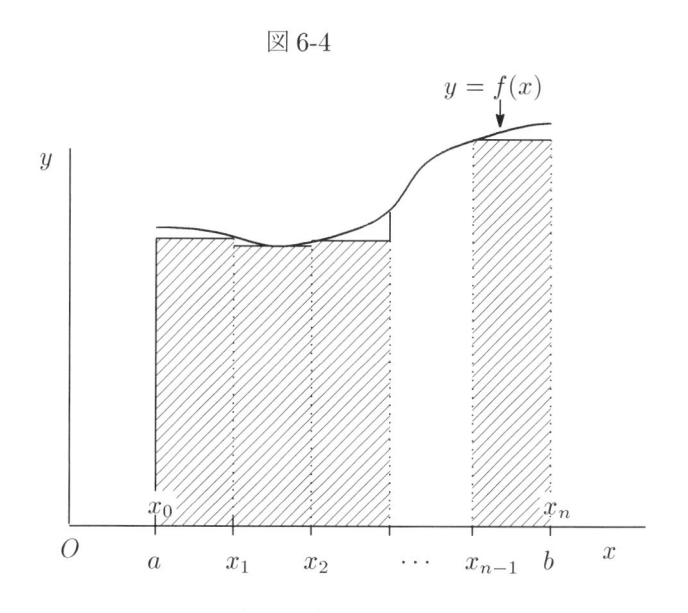

図 6-4

不足和の集合の上限と過剰和の集合の下限を,それぞれ下積分,上積分と呼ぶことにする.下積分と上積分が一致するとき,$[a, b]$ で $f(x)$ はリーマン積分可能だと呼び,それらに一致するものを次のように記し,$f(x)$ の $[a, b]$ におけるリーマン積分と呼ぶことにする.

$$\int_a^b f(x)\,dx = \underline{\int}_a^b f(x)\,dx = \overline{\int}_a^b f(x)\,dx.$$

ここで,次のことが成立する.

(1)
$$\int_a^b \{\alpha f(x) + \beta g(x)\}dx = \alpha \int_a^b f(x)\,dx + \beta \int_a^b g(x)\,dx$$

(2) (第一平均値の定理)
$$\int_a^b f(x)\,dx = f[a + \theta(b-a)](b-a)$$

(3) (連続関数 $f(x)$ の原始関数の存在性)
$$\frac{d}{dx}\int_a^x f(t)\,dt = f(x)$$

(4) (置換積分法)
$$\int_a^b f[g(x)]g'(x)\,dx = \int_{g(a)}^{g(b)} f(t)\,dt$$

(5)
$$\int_a^b f(x)g'(x)\,dx = [f(x)\cdot g(x)]_a^b - \int_a^b f'(x)g(x)\,dx$$

ここで,上記の第 1 平均値の定理については,たとえば 図 6-5 を参照せよ.

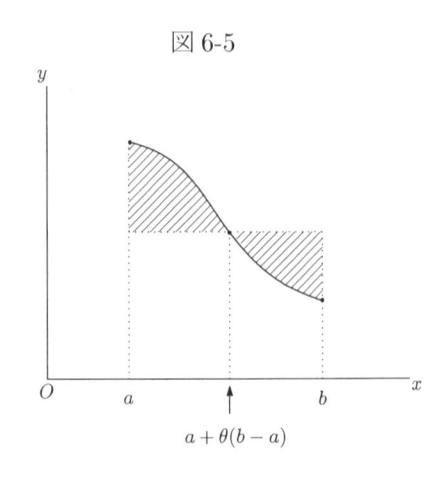

図 6-5

6.2. 不定積分

さて, 不定積分の存在性に関して, 考察することにしよう. $f(x)$ が連続関数である場合,

$$\frac{d}{dx}\int_a^x f(t)\,dt = f(x)$$

ということが成立し, $f(x)$ の原始関数 $\int_a^x f(t)\,dt$ が存在している. したがって, 連続関数については, その不定積分が存在するということができる.

微分と積分の公式

$\frac{d}{dx}(\alpha f(x)) = \alpha f'(x)$ $\qquad$ $\int \alpha f(x)dx = \alpha \int f(x)dx$

$\frac{d}{dx}\{f(x) + g(x)\} = f'(x) + g'(x)$ $\qquad$ $\int \{f(x) + g(x)\}dx$
$\qquad\qquad\qquad\qquad\qquad\qquad\qquad = \int f(x)dx + \int g(x)dx$

$\frac{d}{dx}\{f(x)g(x)\} = f'(x)g(x) + f(x)g'(x)$ $\qquad$ $\int f(x)g'(x)dx = f(x)g(x)$
$\qquad\qquad\qquad\qquad\qquad\qquad\qquad - \int f'(x)g(x)dx$

$\frac{df[g(x)]}{dx} = f'[g(x)]g'(x)$ $\qquad$ $\int f[g(x)]g'(x)dx = \int f(t)dt$

$\frac{df^{-1}(x)}{dx} = \frac{1}{f'(f^{-1}(x))}$

$\frac{dx^\alpha}{dx} = \alpha x^{\alpha - 1}$ $\qquad$ $\int x^\alpha dx = \frac{1}{\alpha + 1}x^{\alpha + 1} + C$
$\qquad\qquad\qquad\qquad$ (ここで, $\alpha \neq -1$)

$\frac{de^x}{dx} = e^x$ $\qquad$ $\int e^{\alpha x}dx = \frac{1}{\alpha}e^{\alpha x} + C$
$\qquad\qquad\qquad\qquad$ (ここで, $\alpha \neq 0$)

$\frac{d\log x}{dx} = \frac{1}{x}$ $\qquad$ $\int \frac{1}{x}dx = \log|x| + C$

$\frac{d\log f(x)}{dx} = \frac{f'(x)}{f(x)}$ $\qquad$ $\int \frac{f'(x)}{f(x)} = \log|f(x)| + C$

$\frac{d\sin x}{dx} = \cos x$ $\qquad$ $\int \cos \alpha x dx = \frac{\sin \alpha x}{\alpha} + C$

$\frac{d\cos x}{dx} = -\sin x$ $\qquad$ $\int \sin \alpha x dx = -\frac{\cos \alpha x}{\alpha} + C$

e の定義

まず, 経済動学で重要な意味を持っている無理数 e の定義を与えておくことにする. e は次のように定義される.

$$\int_1^e \frac{1}{x}\,dx = 1.$$

この e は次のように求められ, ネピアの数とも呼ばれている.

$$e = 2.71828\cdots.$$

指数関数

この e を利用して, x に e^x を対応づける指数関数 (exponential function) が経済学でしばしば利用される. この指数関数は次のように記される.

$$e^x \quad \text{あるいは} \quad \exp x.$$

の指数関数 e^x の導関数を考えてみることにしよう. a における微係数は次のように与えられる.

$$\left.\frac{de^x}{dx}\right|_{x=a} = \lim_{h \to 0} \left\{\frac{e^{a+h} - e^a}{h}\right\} = \lim_{h \to 0} e^a \left\{\frac{e^h - 1}{h}\right\} = e^a.$$

(ここで, $\lim_{h \to 0} \left\{\dfrac{e^h - 1}{h}\right\} = 1$.)

したがって, 一般的に $\dfrac{de^x}{dx} = e^x$.

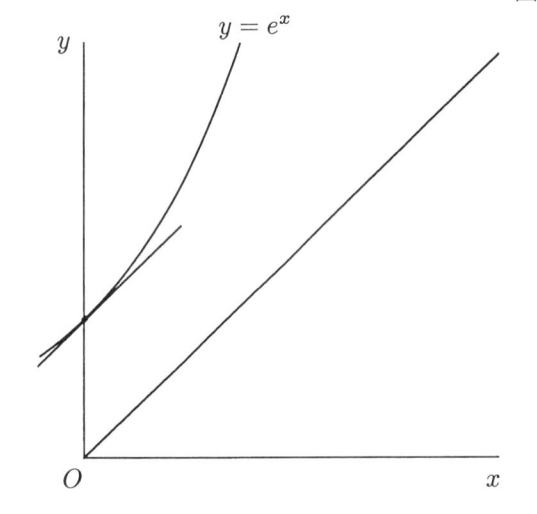

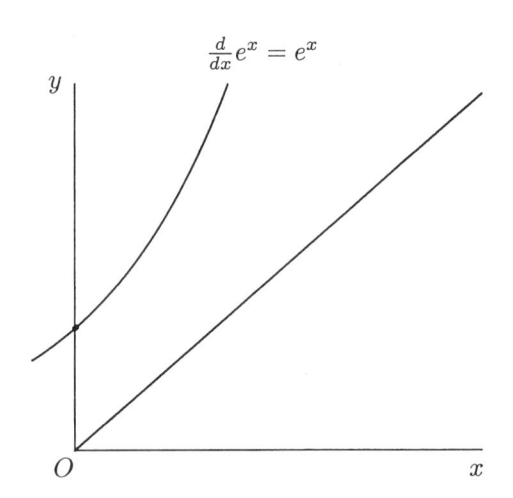

図 6-6

対数関数

指数関数 e^x の逆関数を次のように定義する.

$$\log x \quad \text{あるいは} \quad \ln x.$$

正の数 x に対して, e を底とする対数 $\log_e x$ を対応づける関数は, 通常, 対数関数 (logarithmic function) と呼ばれている (図 6-7 を参照).

6.2. 不定積分

図 6-7

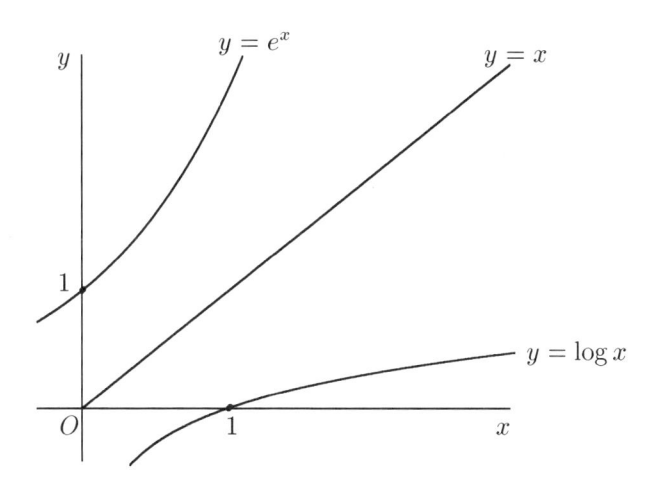

次に, $y = \log x$ の導関数を求めることにしよう. 逆関数の微分の公式より,

$$\frac{dy}{dx} = \frac{1}{(dx/dy)}.$$

$x = e^y$ より,

$$\frac{dx}{dy} = e^y = x.$$

したがって,

$$\frac{d}{dx} \log x = \frac{1}{x}.$$

ここで, $\left.\dfrac{d}{dx} \log x\right|_{x=1} = 1$ ということに注意しておく. このことより, 次のことが成立する.

$$h \to 0 \quad \Longrightarrow \quad \frac{\log(1+h) - \log 1}{h} = \frac{\log(1+h)}{h} \to 1.$$

$h = 1/t$ とすると,

$$t \log\left(1 + \frac{1}{t}\right) = \log\left(1 + \frac{1}{t}\right)^t.$$

したがって, 上述のことは次のように表現される.

$$t \to \infty \quad \Longrightarrow \quad \log\left(1 + \frac{1}{t}\right)^t \to 1.$$

$\log x$ は連続関数であり, 逆関数も連続関数であるので,

$$t \to \infty \quad \Longrightarrow \quad \left(1 + \frac{1}{t}\right)^t \to e.$$

6.2.1 e と複利的な成長の関係およびその意味

元本を a 円, r を利子率 (年利) とする. 1 年に 1 回利子の繰り入れを行うとすると, t 年後には次のようになる.

$$a(1+r)^t.$$

1 年に 2 回利子を繰り入れるとすると t 年後には, $(1+\frac{1}{2}r)^{2t}$ となる[1].

図 6-8

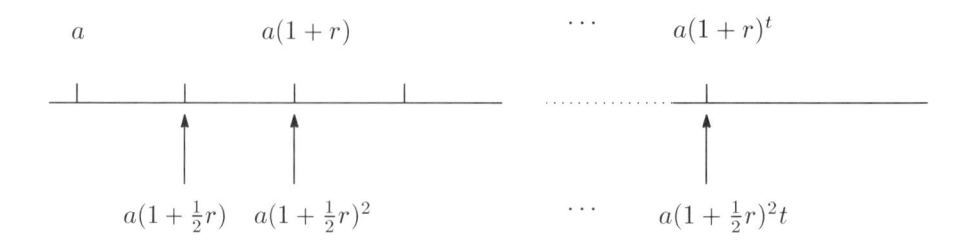

さらに, 1 年に n 回利子を繰り入れるとすると,

$$a\left(1+\frac{r}{n}\right)^{nt} = a\left\{\left(1+\frac{r}{n}\right)^{\frac{n}{r}}\right\}^{rt}.$$

いま, $n = rm$ とすると,

$$a\left\{\left(1+\frac{1}{m}\right)^m\right\}^{rt}.$$

ゆえに, $n \to \infty$, したがって, $m \to \infty$ とすると,

$$a\left\{\left(1+\frac{1}{m}\right)^m\right\}^{rt} \to ae^{rt}.$$

したがって, 年利 r で複利法により連続的に繰り入れを行うとすると, a は t 年後には次のようになる.

$$ae^{rt}.$$

6.2.2 成長率と対数微分法

時間 t を独立変数とする関数 $x(t)$ を考えることにする. $x(t)$ の t_0 における変化率は次のように定義される.

---

[1] 図 6-8 では, 期間が等間隔に設定されており, 利子を 1 年に 1 回と 2 回繰り入れるケースが描かれている.

$$x(t) \text{ の } t_0 \text{における変化率} = \frac{x(t_0 + \Delta t) - x(t_0)}{\Delta t}.$$

厳密には，次のように定義される．

$$x(t) \text{ の } t_0 \text{における変化率} = \lim_{\Delta t \to 0} \frac{x(t_0 + \Delta t) - x(t_0)}{\Delta t} = \left.\frac{dx(t)}{dt}\right|_{t=t_0}.$$

通常，慣用として時間 t を独立変数とする場合，次のように表示される．

$$\frac{dx(t)}{dt} = \dot{x}(t),$$

$$\frac{d}{dt}\left(\frac{dx(t)}{dt}\right) = \frac{d^2 x(t)}{dt^2} = \ddot{x}(t).$$

以上のことを前提として，t_0 における $x(t)$ の成長率は次のように定義される．

$$\frac{\dot{x}(t)|_{t=t_0}}{x(t_0)}.$$

したがって，一般的に，変数 x の成長率は次のように求められる．

$$\frac{d \log x(t)}{dt} = \frac{\dot{x}(t)}{x(t)}.$$

ここで，$x(t) > 0$ とする．

6.3　1次元空間における正規形の常微分方程式

本節では，次のような正規形の常微分方程式を考えることにする．

$$\dot{x} = f(x), \qquad x \in U.$$

ここで，U は空でない開集合であり，$f(x)$ は連続微分可能である．この微分方程式で，

$$f(x_0) = 0$$

となる点 $x_0 \in U$ は平衡点 (equilibrium point) といわれる．後の議論を考慮して，独立変数を時間 t とする関数 $x(t)$ について，次のような簡単な微分方程式を考えてみることにする．

$$\frac{dx(t)}{dt} = \lambda x(t).$$

この微分方程式の解は次のように与えられる．

$$x(t) = C e^{\lambda t}.$$

ここで，C は任意定数である．

図 6-9

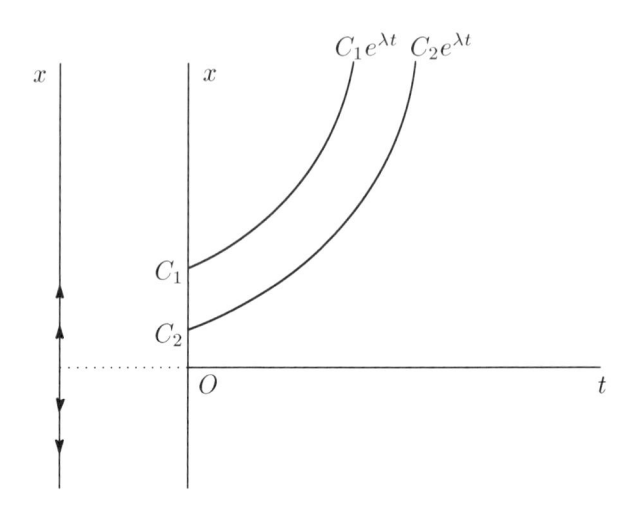

さて, λ の値を具体的に規定することなく, ただ λ の符号を規定することにより, 解の行動を吟味することが可能になる. この場合, 平衡点については, 次のことが成立する.

(1) $\lambda > 0$ のケース

   時間の経過とともに, 解は平衡点から遠ざかっていく (図 6-9 を参照).

(2) $\lambda < 0$ のケース

   時間の経過とともに, 解は平衡点に近づいていく (図 6-10 を参照).

図 6-10

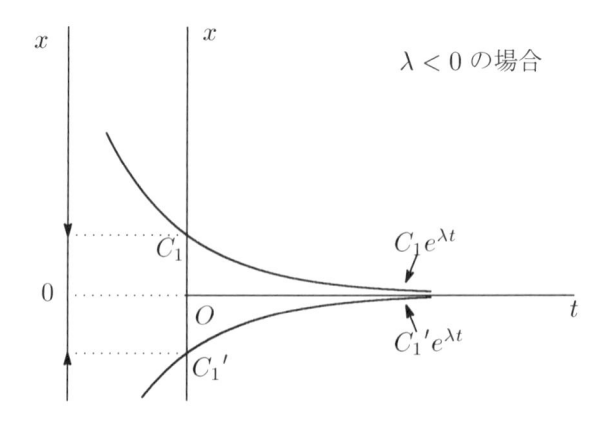

再度, 次の微分方程式を考えることにする.

6.3. 1次元空間における正規形の常微分方程式

$$\dot{x} = f(x).$$

まず,次のような簡単なケースを検討しよう.

$$f(x) = \lambda x - a \qquad (\lambda < 0, \quad a < 0).$$

このケースの平衡点 $x_0 = a/\lambda$ は漸近安定的である (図 6-11 を参照).

一般的に,関数 $f(x)$ が図 6-12 のように与えられているケースでは,平衡点 x_0 は漸近安定的である. 同様に,次のようなケースを考えることにする.

$$f(x) = \lambda x - a \qquad (\lambda > 0, \quad a > 0).$$

このケースでは,平衡点 $x_0 = a/\lambda$ は不安定である (図 6-13 を参照). 一般的に $f(x)$ の傾きがプラスのケースでは,平衡点 x_0 は不安定である (図 6-14 を参照).

図 6-11

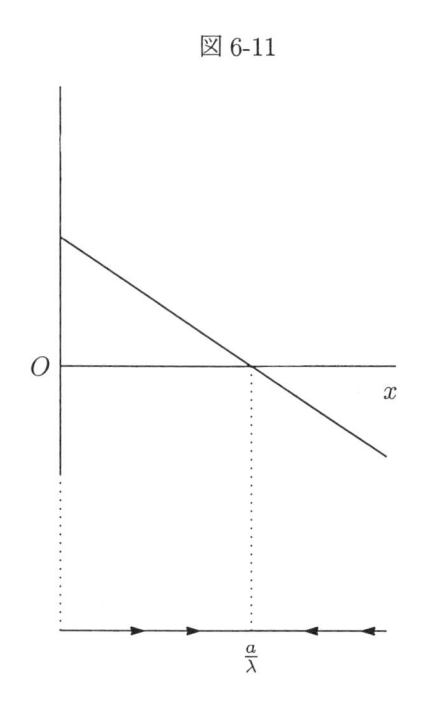

図 6-12

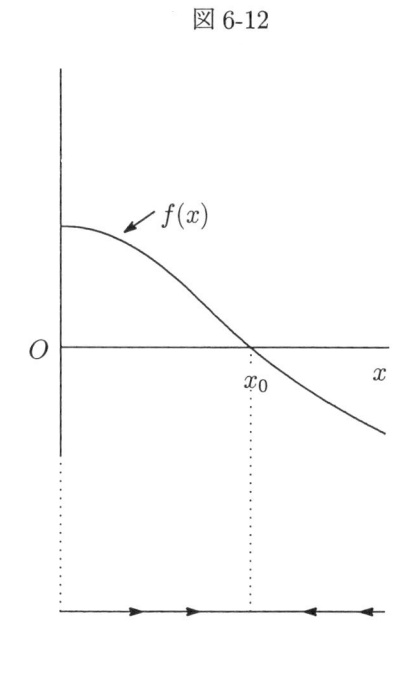

図 6-13　　　　　　　　　　　　図 6-14

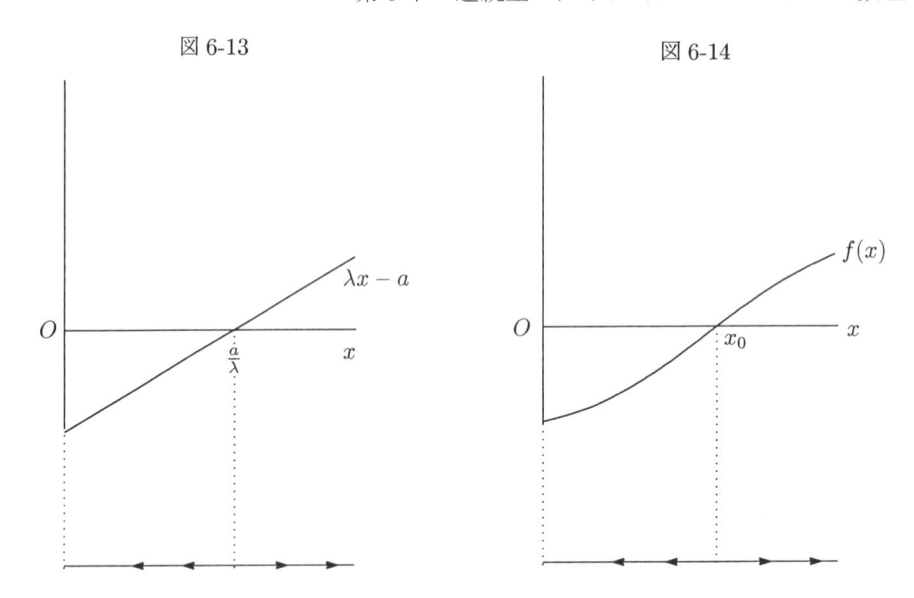

6.4　2次元空間における正規形の常微分方程式系

6.4.1　基本的概念

本節では，次のような正規形の常微分方程式系が考察の対象とされる．
$$\dot{x}_1 = f^1(x_1, x_2),$$
$$\dot{x}_2 = f^2(x_1, x_2), \qquad (x_1, x_2) \in U.$$

ここで，U は2次元平面 R^2 上の空でない開集合であり，$f^i(x_1, x_2) : U \to R$ $(i = 1, 2)$ は連続微分可能である[2]．このように，本節では，特に，関数 $f^i(x_1, x_2)$ の独立変数として，時間 t が明示されていない自励系の (autonomous) 正規形常微分方程式系が取り扱われる．独立変数として，t が明示的に導入されている関数 $f^i(x_1, x_2, t)$ をもとに構成された正規形常微分方程式系は非自励系 (nonautonomous) であるといわれる．また，運動学的な見地から，上記の自励系の正規形常微分方程式系の解が軌道を描く平面 U は相平面 (phase plane) と呼ばれ，解の軌道は相軌道 (phase trajectory) といわれる．また，相平面 U の点は相点 (phase point)，ベクトル $(f^1(x_1, x_2), f^2(x_1, x_2))'$ は相速度 (phase velocity) といわれる．

さて，上記の自励系の正規形常微分方程式系で，
$$f^1(x_1, x_2) = 0, \qquad f^2(x_1, x_2) = 0$$

となる点 $(x_1, x_2) \in U$ はこの常微分方程式系の平衡点 (equilibrium point) と呼ばれる（運動学的な観点から，相速度がゼロの点であるので，停留点あるいは不動点とも呼ばれている）．

システム自体の構造安定性 (structural stability) により，平衡点の近傍での解の挙動は，かなりの程度，線形近似してできる定数行列を持つ正規形線形常微分方程式系の固有値の特性に依存している．この点を顧慮して，次項では，まず，線形の正規形常微分方程式系が取り扱われる．

---

[2] 偏導関数 $\partial f^i(x_1, x_2)/\partial x_j$ $(j = 1, 2)$ が存在し，しかも，それが U 上で連続関数である．

6.4.2 簡単な線形の微分方程式系

本節では,次のような簡単な常微分方程式系を考えることにしよう.

$$\begin{bmatrix} \dot{x}_1 \\ \dot{x}_2 \end{bmatrix} = \begin{bmatrix} \lambda_1 x_1 \\ \lambda_2 x_2 \end{bmatrix}.$$

これらの解を別個に考えた場合,それぞれの変数の解は次のように求められる.

$$x_1(t) = C_1 e^{\lambda_1 t},$$

$$x_2(t) = C_2 e^{\lambda_2 t}.$$

ここで,C_1, C_2 は任意定数である.以上のことより,上記の常微分方程式系の解は次のように表される.

$$\begin{bmatrix} x_1(t) \\ x_2(t) \end{bmatrix} = C_1 \begin{bmatrix} e^{\lambda_1 t} \\ 0 \end{bmatrix} + C_2 \begin{bmatrix} 0 \\ e^{\lambda_2 t} \end{bmatrix} = \begin{bmatrix} C_1 e^{\lambda_1 t} \\ C_2 e^{\lambda_2 t} \end{bmatrix}.$$

ここで,C_1, C_2 は任意定数である.以下,λ_1, λ_2 の符号の変化があった場合,平衡点をとりまく相軌道の挙動がどのようになるかを考察することにしよう.

(1) $\lambda_1 < 0, \quad \lambda_2 < 0, \quad |\lambda_1| > |\lambda_2|$

(1-1) $C_1 = 0, \quad C_2 = 0$ のケース

相軌道は原点に留まる.

(1-2) $C_1 \neq 0, \quad C_2 = 0$ のケース

(1-2-1) $C_1 > 0$ のときには,相軌道は x_1 軸上を右方から左方へと平衡点に近づいていく.

(1-2-2) $C_1 < 0$ のときには,相軌道は x_1 軸上を左方から右方へと平衡点に近づいていく.

(1-3) $C_1 = 0, \quad C_2 \neq 0$ のケース

(1-3-1) $C_2 > 0$ のときには,相軌道は x_2 軸上を上方から下方へ平衡点に近づいていく.

(1-3-2) $C_2 < 0$ のときには,相軌道は x_2 軸上を下方から上方へ平衡点に近づいていく.

(1-4) $C_1 \neq 0, \quad C_2 \neq 0$ のケース

(1-4-1) $C_1 > 0$, $C_2 > 0$ のケース

このケースでは,次のように表される.

$$\frac{x_2(t)}{x_1(t)} = \frac{C_2 e^{\lambda_2 t}}{C_1 e^{\lambda_1 t}} = \frac{C_2}{C_1} e^{(\lambda_2 - \lambda_1)t}.$$

したがって,

$$\frac{d}{dt}\left(\frac{x_2(t)}{x_1(t)}\right) = \frac{C_2}{C_1}(\lambda_2 - \lambda_1)e^{(\lambda_2 - \lambda_1)t} > 0$$

となり,時間の経過とともに相軌道の動きにつれて $\frac{x_2(t)}{x^1(t)}$ は大となるので,図 6-15 のような形で平衡点に近づいていく.

次のケースも同じように吟味することができる.

(1-4-2) $C_1 < 0$, $C_2 < 0$

(1-4-3) $C_1 > 0$, $C_2 < 0$

(1-4-4) $C_1 < 0$, $C_2 > 0$

以上のことより,(1) のケースでは,図 6-15 で示されているような軌道を描いて,平衡点に近づいていることが確認される.このようなケースの平衡点は安定結節点 (stable tangent node) といわれる.

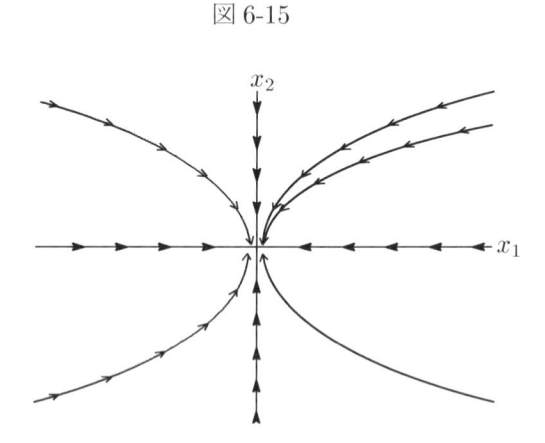

図 6-15

(2) $\lambda_1 > 0$, $\lambda_2 > 0$, $|\lambda_1| > |\lambda_2|$

このケースでは,相軌道は平衡点から遠ざかっていく.また,$C_1 > 0$, $C_2 > 0$ のケースで考えると,

$$\frac{d}{dt}\left(\frac{x_2(t)}{x_1(t)}\right) = \frac{C_2}{C_1}(\lambda_2 - \lambda_1)e^{(\lambda_2 - \lambda_1)t} < 0.$$

6.4. 2次元空間における正規形の常微分方程式系

時間の経過に伴って,$x_2(t)/x_1(t)$ は減少していくので,図としては,図 6-15 のケースの矢印を逆にしたものになる (図 6-16 を参照). この場合,平衡点 $(0,0)$ は不安定結節点といわれる.

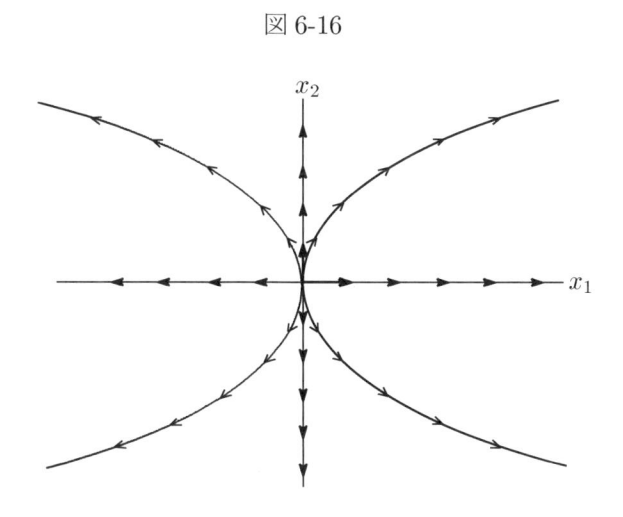

図 6-16

(3) $\lambda_1 < 0$, $\lambda_2 < 0$, $\lambda_1 < \lambda_2$

$C_1 > 0$, $C_2 > 0$ のケースでは,

$$\frac{x_2(t)}{x_1(t)} = \frac{C_2}{C_1}e^{(\lambda_2-\lambda_1)t}$$

となる. したがって,

$$\frac{d}{dt}\left(\frac{x_2(t)}{x_1(t)}\right) = \frac{C_2}{C_1}(\lambda_2-\lambda_1)e^{(\lambda_2-\lambda_1)t} < 0.$$

この場合には, (1) と同じように検討していくと, 図 6-17 のように描かれる. 平衡点は (1) のケースと同様に安定結節点といわれる.

図 6-17

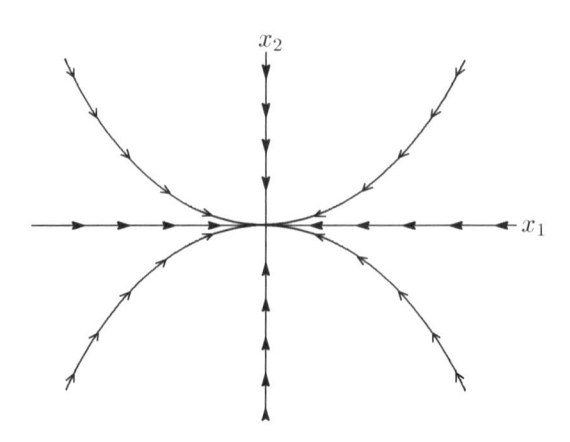

(4) $\lambda_1 > 0,\ \lambda_2 > 0,\ \lambda_1 < \lambda_2$

この場合には，上記の議論の類推により，図 6-17 のケースの矢印を逆にしたものになる (図 6-18 を参照)．この場合，平衡点は不安定結節点といわれる．

図 6-18

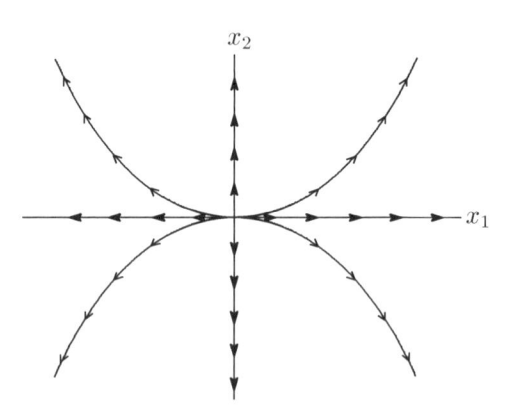

(5) $\lambda_1 < 0 < \lambda_2$

この場合，次のことが成立する．

(5-1) $C_1 = 0,\ C_2 \neq 0$ とすると，$x_2(t) = C_2 e^{\lambda_2 t}$ となり，x_2 軸上では平衡点から遠ざかっていく．

6.4. 2次元空間における正規形の常微分方程式系

(5-2)　$C_2 = 0$, $C_1 \neq 0$ とすると, $x_1(t) = C_1 e^{\lambda_1 t}$ となり, x_1 軸上では平衡点に近づいていく.

(5-3)　$C_1 \neq 0$, $C_2 \neq 0$ ここでは, 特に, $C_1 > 0$, $C_2 > 0$ のケースを考えることにする. 相軌道上では, 次のことが成立する.

$$\frac{x_2(t)}{x_1(t)} = \frac{C_2}{C_1} e^{(\lambda_2 - \lambda_1)t}.$$

したがって,

$$\frac{d}{dt}\left(\frac{x_2(t)}{x_1(t)}\right) = \frac{C_2}{C_1}(\lambda_2 - \lambda_1)e^{(\lambda_2 - \lambda_1)t} > 0.$$

あるいは,

$$\log x_2(t) - \log x_1(t) = \log \frac{C_2}{C_1} + (\lambda_2 - \lambda_1)t.$$

ゆえに,

$$\frac{\dot{x}_2(t)}{x_2(t)} - \frac{\dot{x}_1(t)}{x_1(t)} = \lambda_2 - \lambda_1 > 0.$$

この場合, 平衡点 (0,0) は鞍点 (鞍形点: saddle point) といわれる. x_1 軸上の点だったら, 平衡点に収束しているので, x_1 軸は, 通常, 安定多様体 (stable manifold) といわれている.

以上のことより, (5) のケースについては, 図 6-19 を参照せよ.

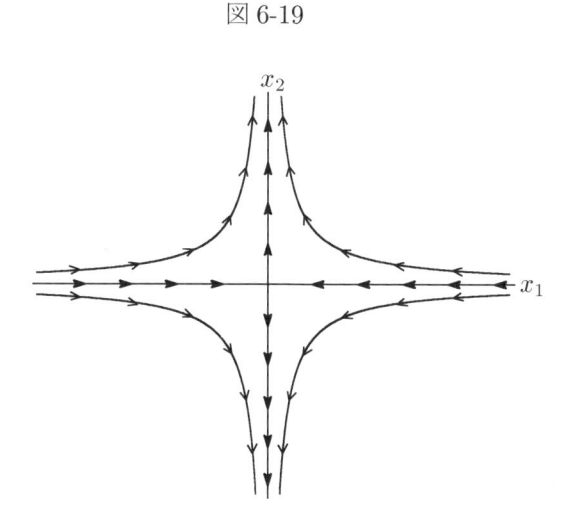

図 6-19

(6) $\lambda_2 < 0 < \lambda_1$

このケースについて，(5) のケースで，x_1 と x_2 を入れかえて考察すればよいので，相平面は図 6-19 の矢印を逆にしたものになる．このケースの相平面は図 6-20 に描かれている．このケースでの平衡点 $(0,0)$ もケース (5) と同様に鞍点といわれる．

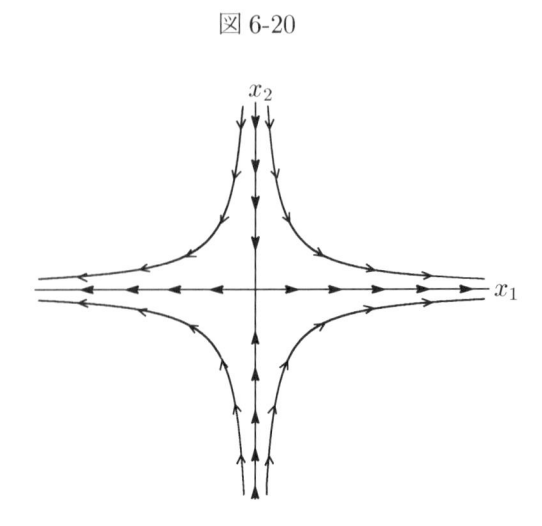

図 6-20

(7) $\lambda_1 = \lambda_2 = \lambda < 0$

このケースでは，解は次のように与えられる．

$$x_1(t) = C_1 e^{\lambda t}, \quad x_2(t) = C_2 e^{\lambda t}.$$

C_1, C_2 の符号のいずれかがゼロのケースでは，相軌道は x_1 軸上あるいは x_2 軸上を平衡点 $(0,0)$ に漸近していくことになる．$C_1 \neq 0$ $C_2 \neq 0$ というケースでは，次のようになる．

$$\frac{x_2(t)}{x_1(t)} = \frac{C_2}{C_1}.$$

この場合，相軌道は傾き $x_2(t)/x_1(t)$ を一定に維持しながら平衡点 $(0,0)$ に漸近していくことになる．したがって，相平面は図 6-21 のように描かれる．このケースでは，平衡点 $(0,0)$ は安定焦点 (stable focus) といわれる．

6.4. 2次元空間における正規形の常微分方程式系

図 6-21

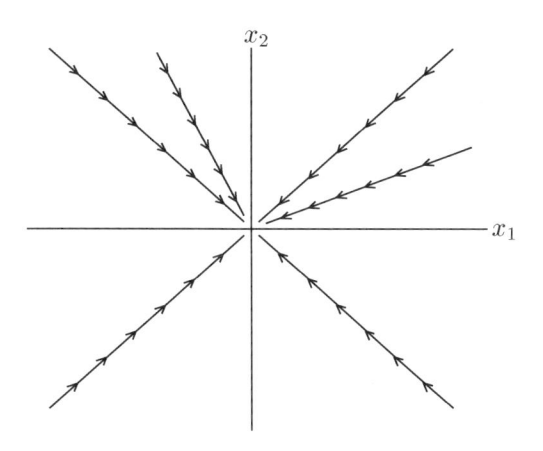

(8) $\lambda_1 = \lambda_2 = \lambda > 0$

このケースでは，相平面は図 6-21 の矢印を逆にしたものに相応しており，図 6-22 に描かれている．このケースの平衡点 $(0,0)$ は不安定焦点 (unstable focus) といわれる．

図 6-22

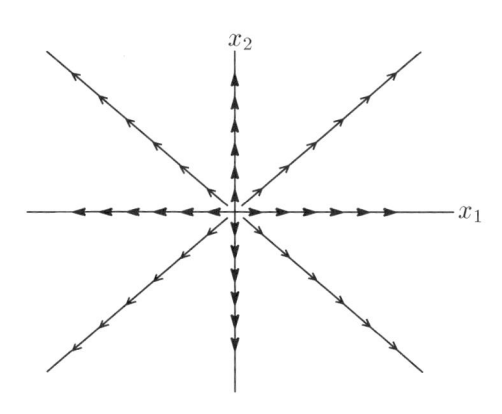

6.4.3 線形の一般的な正規形常微分方程式系

本項では，次のような線形の正規形常微分方程式系が考察される．

$$\dot{x}_1 = a_{11}x_1 + a_{12}x_2,$$

$$\dot{x}_2 = a_{21}x_1 + a_{22}x_2.$$

いま,
$$\dot{\mathbf{x}} = (\dot{x}_1, \dot{x}_2)', \quad A = \begin{bmatrix} a_{11} & a_{12} \\ a_{21} & a_{22} \end{bmatrix}, \quad \mathbf{x} = (x_1, x_2)'$$

と表示すると,
$$\dot{\mathbf{x}} = A\mathbf{x}$$

と表される. (0,0) はこの常微分方程式系の平衡点である. 以下, 行列 A の行列式を $\det A$ で, 行列 A のトレース (すなわち, 対角成分の和 $a_{11} + a_{22}$) を $\operatorname{tr} A$ と表すことにする. $\det A \neq 0$ ケースでは, 平衡点は (0,0) で一意的に与えられる. そのとき, A の固有方程式は次のように与えられる.

$$\begin{aligned}
\det[\lambda I - A] &= \det \begin{bmatrix} \lambda - a_{11} & -a_{12} \\ -a_{21} & \lambda - a_{22} \end{bmatrix} \\
&= \lambda^2 - (a_{11} + a_{22})\lambda + a_{11}a_{22} - a_{12}a_{21} \\
&= \lambda^2 - (\operatorname{tr} A)\lambda + \det A = 0.
\end{aligned}$$

したがって, A の固有値 λ_1, λ_2 は次のように求められる.

$$\lambda_1, \lambda_2 = \frac{1}{2}\left[\operatorname{tr} A \pm \{(\operatorname{tr} A)^2 - 4\det A\}^{\frac{1}{2}}\right].$$

以下, A の固有値 λ_i の実部を $\operatorname{Re}(\lambda_i)$, 虚部を $\operatorname{Im}(\lambda_i)$ と記すことにする $(i = 1, 2)$. また, $\Delta = (\operatorname{tr} A)^2 - 4\det A$ とする. ここで, 次のことが成立する.

(1) $\Delta = (\operatorname{tr} A)^2 - 4\det A < 0$, つまり,

$$\det A > \frac{1}{4}(\operatorname{tr} A)^2$$

ということが成立するときに限って,

$$\operatorname{Im}(\lambda_i) \neq 0 \quad (i = 1, 2).$$

(2) $\Delta = (\operatorname{tr} A)^2 - 4\det A = 0$, つまり,

$$\det A = \frac{1}{4}(\operatorname{tr} A)^2$$

ということが成立するときに限って, A の固有値は重根である.

(3) $\Delta = (\operatorname{tr} A)^2 - 4\det A > 0$, つまり,

$$\det A < \frac{1}{4}(\operatorname{tr} A)^2$$

6.4. 2次元空間における正規形の常微分方程式系

という場合に限って,

$$\mathrm{Im}(\lambda_i) = 0 \qquad (i = 1, 2)$$

であり, A の固有値は異なる2つの実根である.

まず, 最初に次のようなケースを考察することにしよう.

行列 A の固有値が実数であるケース

($\Delta \geqq 0$, つまり, $\det A \leqq (1/4)(\mathrm{tr}\, A)^2$)

行列 A の固有値 λ_i ($i = 1, 2$) が異なる実数であるケース ($\Delta > 0$, つまり, $\det A < (1/4)(\mathrm{tr}\, A)^2$)

$\lambda_i (i = 1, 2)$ に対応する固有ベクトルを h_i としよう. h_1, h_2 は一次独立である. ここで,

$$\lambda_1 h_1 = A h_1, \qquad \lambda_2 h_2 = A h_2.$$

このことより,

$$\lambda_1 h_1 e^{\lambda_1 t} = A h_1 e^{\lambda_1 t}, \qquad \lambda_2 h_2 e^{\lambda_2 t} = A h_2 e^{\lambda_2 t}$$

ということが成立するので, それぞれが常微分方程式系の解である. 一般的に, 解は次のように表される.

$$\begin{bmatrix} x_1(t) \\ x_2(t) \end{bmatrix} = C_1 h_1 e^{\lambda_1 t} + C_2 h_2 e^{\lambda_2 t}.$$

このことを考慮して, 次のような (h_1 を e_1 に, h_2 を e_2 に移す) 座標変換を考えることにしよう.

$$x = Sy, \qquad h_1 = S e_1, \qquad h_2 = S e_2.$$

つまり,

$$S = [h_1, h_2].$$

ところで, $S^{-1} = \begin{bmatrix} s_{11} & s_{12} \\ s_{21} & s_{22} \end{bmatrix}$, $y = [y_1, y_2]'$ と表すと,

$$\begin{bmatrix} y_1 \\ y_2 \end{bmatrix} = \begin{bmatrix} s_{11} & s_{12} \\ s_{21} & s_{22} \end{bmatrix} \begin{bmatrix} x_1 \\ x_2 \end{bmatrix}.$$

したがって,

$$\dot{y}_1 = s_{11}\dot{x}_1 + s_{12}\dot{x}_2,$$

$$\dot{y}_2 = s_{21}\dot{x}_1 + s_{22}\dot{x}_2.$$

つまり,

$$\dot{y} = \begin{bmatrix} \dot{y}_1 \\ \dot{y}_2 \end{bmatrix} = S^{-1}\begin{bmatrix} \dot{x}_1 \\ \dot{x}_2 \end{bmatrix} = S^{-1}\dot{x}.$$

したがって,

$$\dot{y} = S^{-1}\dot{x} = S^{-1}Ax = S^{-1}ASy.$$

ここで,

$$\begin{aligned} S^{-1}AS &= S^{-1}[Ah_1, Ah_2] = S^{-1}[\lambda_1 h_1, \lambda_2 h_2] \\ &= [\lambda_1 S^{-1}h_1, \lambda_2 S^{-1}h_2] = [\lambda_1 e_1, \lambda_2 e_2] \\ &= \begin{bmatrix} \lambda_1 & 0 \\ 0 & \lambda_2 \end{bmatrix}. \end{aligned}$$

以上のことより,

$$\begin{bmatrix} \dot{y}_1 \\ \dot{y}_2 \end{bmatrix} = \begin{bmatrix} \lambda_1 & 0 \\ 0 & \lambda_2 \end{bmatrix} \begin{bmatrix} y_1 \\ y_2 \end{bmatrix} = \begin{bmatrix} \lambda_1 y_1 \\ \lambda_2 y_2 \end{bmatrix}.$$

したがって, $\det A < (1/4)(\text{tr } A)^2$ というケースでは,

$$y = S^{-1}x$$

というように, h_1 を e_1 に, h_2 を e_2 に移すような座標変換を行った後の微分方程式系の解の挙動に関する議論には前節の帰結がそのまま適応可能である.

次に, $\det A < (1/4)(\text{tr } A)^2$ という前提のもとで, 順に検討してみることにしよう.

(1) $\lambda_1 < 0$, $\lambda_2 < 0$, $|\lambda_1| > |\lambda_2|$ (つまり, $\det A > 0$, $\text{tr } A < 0$)

(y_1, y_2) 座標上の相平面は図 6-15 で, x_1 を y_1 に x_2 を y_2 に書き換えたものに相応している. (x_1, x_2) 座標上の相平面で考えるために, 次のような写像を考える.

$$x = Sy.$$

さらに, 解 $(y_1(t), y_2(t))'$ を次の関係式に従って描き直すことにしよう.

6.4. 2次元空間における正規形の常微分方程式系

$$\begin{bmatrix} x_1(t) \\ x_2(t) \end{bmatrix} = S \begin{bmatrix} y_1(t) \\ y_2(t) \end{bmatrix}$$

そのとき,たとえば図 6-23 のような相平面が得られる.

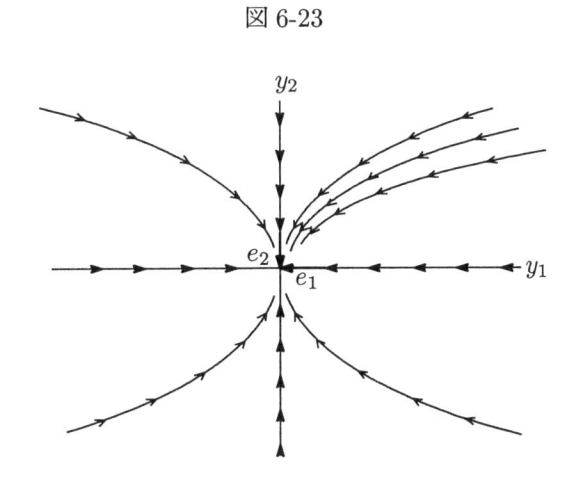

図 6-23

平衡点 $(0,0)$ の周囲の相軌道の挙動の特性は基本的に変化していないということに留意する必要がある.したがって,このケースの平衡点も安定結節点といわれる.以下のケースも同じように考えることができる.

(2) $\lambda_1 > 0,\ \lambda_2 > 0,\ \lambda_1 > \lambda_2$ (このケースでは, $\det A > 0$, $\operatorname{tr} A > 0$)

このケースの (y_1, y_2) 座標上の相平面については,図 6-16 を参照されたい.(x_1, x_2) 座標上の解の挙動を考察するには,相軌道 $(y_1(t), y_2(t))'$ を次式により, (x_1, x_2) 座標に写像すればよい (図 6-24 を参照).このケースの平衡点 $(0,0)$ は不安定結節点といわれる.

図 6-24

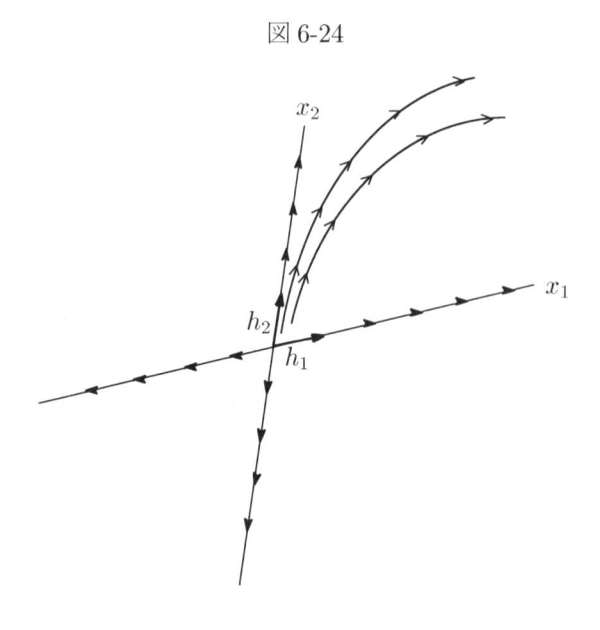

$$\left[\begin{array}{c} x_1(t) \\ x_2(t) \end{array}\right] = S \left[\begin{array}{c} y_1(t) \\ y_2(t) \end{array}\right].$$

(3) $\lambda_1 < 0$, $\lambda_2 < 0$, $|\lambda_1| < |\lambda_2|$ （このケースでは, det $A > 0$, tr $A < 0$）

このケースの (y_1, y_2) 座標上の相平面については, 図 6-17 を参照されたい. (x_1, x_2) 平面上の相平面については, 図 6-25 を参照されたい. このケースでは, 平衡点 $(0,0)$ は安定結節点といわれる.

図 6-25

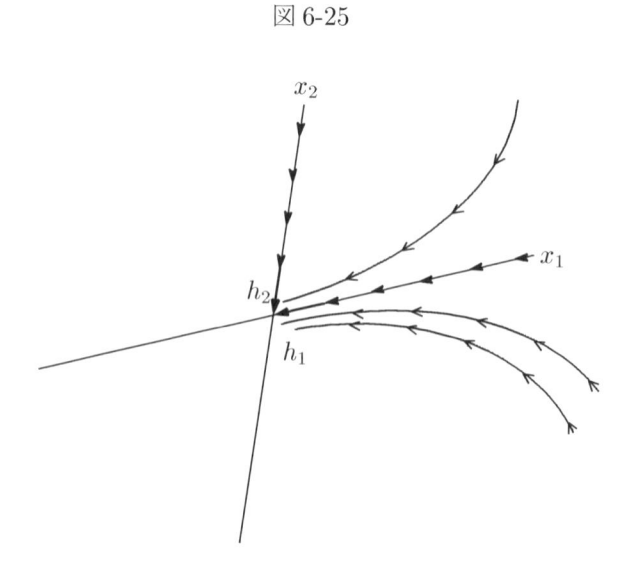

6.4. 2次元空間における正規形の常微分方程式系

(4) $\lambda_1 > 0$, $\lambda_2 > 0$, $\lambda_1 < \lambda_2$ （このケースでは, $\det A > 0$, $\operatorname{tr} A > 0$）

このケースの (y_1, y_2) 座標上の相平面については, 図 6-18 を参照されたい. このケースでの平衡点も不安定結節点といわれる.

(5) $\lambda_1 < 0 < \lambda_2$ （このケースでは, $\det A < 0$）

(6) $\lambda_2 < 0 < \lambda_1$ （このケースでは, $\det A < 0$）

ケース (5), (6) については, (y_1, y_2) 平面上の相座標はそれぞれ図 6-19, 図 6-20 のように描かれる. 先程の座標変換を利用することによって, (x_1, x_2) 座標上の相平面は求められる (それぞれ図 6-26, 図 6-27 を参照). いずれのケースでも, 平衡点 $(0,0)$ は鞍点といわれる.

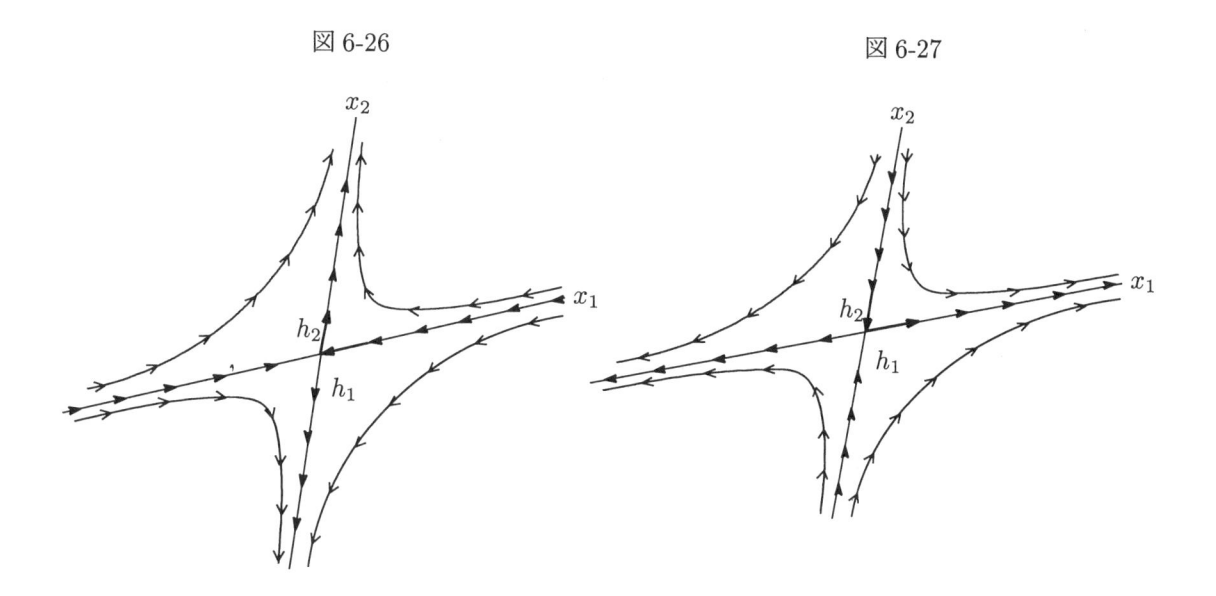

図 6-26　　　　　　　　　　　　　図 6-27

次に, 残されているケースとして, A の固有値が重根であるケースと複素数であるケースが考えられるが, これらのケースでは, 前節の帰結をそのまま自動的に適用することはできない.

A の固有値が重根 λ を持っているケース （$\Delta = 0$, つまり, $\det A = (1/4)(\operatorname{tr} A)^2$）

A の固有値 λ に付随する固有ベクトルを h_1 とする. h_1 と一次独立の関係にある任意のベクトル h_2 をとることにしよう. ここで,

$$Ah_1 = \lambda h_1.$$

h_1, h_2 は一次独立であるから, ベクトル Ah_2 は両方ともゼロとなることはない a, b をとると, 次のように表される.

$$Ah_2 = ah_1 + bh_2.$$

したがって,
$$[Ah_1, Ah_2] = [\lambda h_1, ah_1 + bh_2].$$

つまり,
$$A[h_1, h_2] = [h_1, h_2]\begin{bmatrix} \lambda & a \\ 0 & b \end{bmatrix}.$$

したがって,
$$[h_1, h_2]^{-1} A[h_1, h_2] = \begin{bmatrix} \lambda & a \\ 0 & b \end{bmatrix}.$$

この行列の固有方程式は次のように与えられる.
$$\det\left[\alpha I - \begin{bmatrix} \lambda & a \\ 0 & b \end{bmatrix}\right] = 0.$$

このことより, $[h_1, h_2]^{-1} A[h_1, h_2]$ の固有値は λ と b である. A の固有値は $[h_1, h_2]^{-1} A[h_1, h_2]$ の固有値と同じであるので, $\lambda = b$ である. したがって, 次のことが成立する.

（1） $a = 0$ のケース

この場合, $[h_1, h_2]^{-1} A[h_1, h_2]$ は次のように表される.
$$\begin{bmatrix} \lambda & 0 \\ 0 & \lambda \end{bmatrix}$$

と表される. したがって, 前の議論と同様に,
$$\begin{bmatrix} \dot{y}_1(t) \\ \dot{y}_2(t) \end{bmatrix} = \begin{bmatrix} \lambda & 0 \\ 0 & \lambda \end{bmatrix} \begin{bmatrix} y_1(t) \\ y_2(t) \end{bmatrix}.$$

このケースでの (y_1, y_2) 平面における相平面については, 6.4.2 のケース (7), (8) を参照されたい. $\lambda < 0$ の場合, 平衡 $(0,0)$ は安定焦点 (stable focus) といわれる. ((x_1, x_2) 平面上の相平面については図 6-28 を参照せよ). $\lambda > 0$ のケースでは, 図 6-28 で, 矢印が逆になり, 平衡点 $(0,0)$ は不安定焦点 (unstable focus) といわれる. いずれのケースでも相軌道 $(y_1(t), y_2(t))'$ は
$$\begin{bmatrix} x_1(t) \\ x_2(t) \end{bmatrix} = [h_1, h_2] \begin{bmatrix} y_1(t) \\ y_2(t) \end{bmatrix}$$

によって, (x_1, x_2) 平面上に変換できる.

6.4. 2次元空間における正規形の常微分方程式系

図 6-28

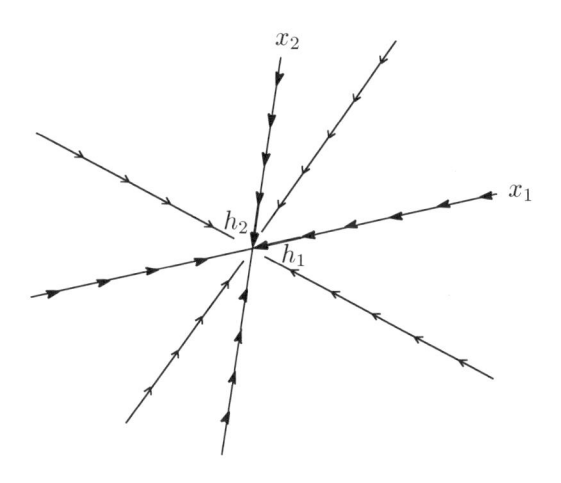

(2) $a \neq 0$ のケース

この場合, ah_1, h_2 は一次独立である. $ah_1 = \hat{h}_1$ とおくと,

$$[A\hat{h}_1, Ah_2] = [\lambda \hat{h}_1,\ \hat{h}_1 + \lambda h_2] = [\hat{h}_1, h_2] \begin{bmatrix} \lambda & 1 \\ 0 & \lambda \end{bmatrix}.$$

したがって,

$$[\hat{h}_1, h_2]^{-1} A [\hat{h}_1, h_2] = \begin{bmatrix} \lambda & 1 \\ 0 & \lambda \end{bmatrix}$$

と表される. このケースでは,

$$\begin{bmatrix} \dot{y}_1(t) \\ \dot{y}_2(t) \end{bmatrix} = \begin{bmatrix} \lambda & 1 \\ 0 & \lambda \end{bmatrix} \begin{bmatrix} y_1(t) \\ y_2(t) \end{bmatrix} = \begin{bmatrix} \lambda y_1(t) + y_2(t) \\ \lambda y_2(t) \end{bmatrix}.$$

したがって,

$$y_2(t) = C_2 e^{\lambda t}.$$

ここで, C_2 は任意定数である. さらに,

$$\dot{y}_1 - \lambda y_1(t) = C_2 e^{\lambda t}.$$

よって,

$$y_1(t) = e^{\int \lambda dt} \left\{ \int C_2 e^{\lambda t} e^{-\int \lambda dt} dt + C_1' \right\}$$

$$\begin{aligned}
&= e^{\lambda t}\left\{\int C_2 e^{\lambda t} e^{-\lambda t} dt + C_1'\right\} \\
&= e^{\lambda t}\{C_2 t + C_1\} \\
&= C_2 t e^{\lambda t} + C_1 e^{\lambda t}.
\end{aligned}$$

ここで, C_1, C_1', C_2 は任意定数である. 一般的に, 解は次のように与えられる.

$$\begin{cases} y_1(t) = e^{\lambda t}\{C_1 + C_2 t\} \\ y_2(t) = C_2 e^{\lambda t} \end{cases}$$

(2-1) $\lambda < 0$ のケース

(2-1-1) $C_2 = 0$, $C_1 \neq 0$ のケース

相軌道は y_1 軸上を平衡点に近づいていく.

(2-1-2) $C_1 = 0$, $C_2 > 0$ のケース

このケースでは, 次のように表される.

$$y_1(t) = C_2 e^{\lambda t} t, \qquad y_2(t) = C_2 e^{\lambda t}.$$

このことより,

$$\begin{aligned}
\frac{dy_1(t)}{dt} &= C_2 e^{\lambda t} + \lambda C_2 e^{\lambda t} t \\
&= C_2 e^{\lambda t}\{1 + \lambda t\}.
\end{aligned}$$

したがって, $t = 0$ のとき, $(y_1(0), y_2(0)) = (0, C_2)$ となる. また, $t = -\frac{1}{\lambda} > 0$ のとき $\frac{dy_1(t)}{dt} = 0$ となり, さらに, 次のことが成立する.

(a) $1 + \lambda t > 0$, つまり, $t < -\frac{1}{\lambda}$ の場合, $\frac{dy_1(t)}{dt} > 0$.

(b) $1 + \lambda t < 0$, つまり, $t > -\frac{1}{\lambda}$ のとき, $\frac{dy_1(t)}{dt} < 0$. さらに,

$$\frac{d}{dt}\{y_2(t)\} = C_2 \lambda e^{\lambda t} < 0.$$

したがって, $t \to \infty$ のとき, $y_2(t)$ は絶えずゼロに近づいていく.

(2-1-3) $C_1 > 0$, $C_2 > 0$ のケース

このケースでは, 次のことが成立する.

$$\begin{cases} y_1(t) = C_2 t e^{\lambda t} + C_1 e^{\lambda t} = e^{\lambda t}\{C_2 t + C_1\} \\ y_2(t) = C_2 e^{\lambda t} \end{cases}$$

6.4. 2次元空間における正規形の常微分方程式系

ここで, $C_2 t = -C_1$, つまり, $t = -C_1/C_2 < 0$ のとき, $y_1(t) = 0$ となる. また, $t = 0$ のとき (C_1, C_2) を出発する経路上では次のことが成立する.

$$\frac{y_1(t)}{y_2(t)} = t + \frac{C_1}{C_2}.$$

したがって,

$$\frac{d}{dt}\left\{\frac{y_1(t)}{y_2(t)}\right\} > 0.$$

つまり, $t \to \infty$ とすると, $y_1(t)/y_2(t)$ は次第に大きくなっていき, さらに, $y_1(t)$ と $y_2(t)$ はゼロに近づく. このケースについては図 6-29 を参照せよ.

図 6-29

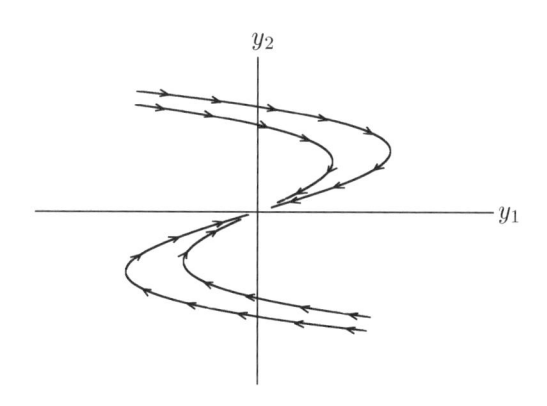

この場合, 平衡点 $(0,0)$ は安定退化結節点 (stable improper degenerate node) といわれる.

(2-2) $\lambda > 0$ のケース

矢印が逆になり, 平衡点 $(0,0)$ は不安定退化結節点 (unstable improper node) といわれる.

行列 A の固有値が複素数 $(\alpha + i\beta, \alpha - i\beta \quad (\beta \neq 0))$ のケース

$\lambda = \alpha + i\beta$, $\bar{\lambda} = \alpha - i\beta$ とし, λ の固有ベクトルを $h = h_1 - ih_2$ とする. そのとき, $\bar{\lambda}$ の固有ベクトルは $\bar{h} = h_1 + ih_2$ である[3].

$$\lambda h = Ah, \quad \bar{\lambda}\bar{h} = A\bar{h}$$

---
[3] 次のことから成立する. $(h_1 - ih_2)$ が $(\alpha + \beta i)$ に付随する固有ベクトルとすると, 次式が成立する.
$$\begin{aligned}\alpha h_1 + \beta h_2 - (\alpha h_2 - \beta h_1)i &= (\alpha + \beta i)(h_1 - ih_2) \\ &= A(h_1 - ih_2) \\ &= Ah_1 - iAh_2.\end{aligned}$$
したがって
$$\alpha h_1 + \beta h_2 = Ah_1, \alpha h_2 - \beta h_1 = Ah_2.$$

であるので,
$$\lambda h e^{\lambda t} = A h e^{\lambda t}, \qquad \bar{\lambda}\bar{h}e^{\bar{\lambda}t} = A\bar{h}e^{\bar{\lambda}t}.$$

したがって, $\dot{x} = Ax$ の任意の実数解は次のように表される[4].

$$x(t) = Che^{\lambda t} + \bar{C}\bar{h}e^{\bar{\lambda}t}.$$

ここで, $C = C_1 + iC_2$ は任意の複素数であり, $\bar{C} = C_1 - iC_2$.

したがって,

$$\begin{aligned}
x(t) &= (C_1 + iC_2)(h_1 - ih_2)e^{\lambda t} + (C_1 - iC_2)(h_1 + ih_2)e^{\bar{\lambda}t}\\
&= \{(C_1 h_1 + C_2 h_2) + (C_2 h_1 - C_1 h_2)i\}e^{\alpha t}(\cos\beta t + i\sin\beta t)\\
&+ \{(C_1 h_1 + C_2 h_2) - (C_2 h_1 - C_1 h_2)i\}e^{\alpha t}(\cos\beta t - i\sin\beta t)\\
&= 2e^{\alpha t}(C_1 \cos\beta t - C_2 \sin\beta t)h_1 + 2e^{\alpha t}(C_2 \cos\beta t + C_1 \sin\beta t)h_2.
\end{aligned}$$

ところで, 次のことが成立する.

$$\begin{aligned}
y(t) = Ce^{\lambda t} &= e^{\alpha t}(C_1 + C_2 i)(\cos\beta t + i\sin\beta t)\\
&= e^{\alpha t}(C_1 \cos\beta t - C_2 \sin\beta t) + e^{\alpha t}(C_2 \cos\beta t + C_1 \sin\beta t)i.
\end{aligned}$$

したがって, $2h_1$ を 1 に, $2h_2$ を i に移す写像を考えると, 上記の解には複素数 $y(t) = Ce^{\lambda t}$ が対応することになる. 極座標で考えることにする.

$$C_1 = r_0 \cos\theta_0, \qquad C_2 = r_0 \sin\theta_0$$

とすると,

$$C_1 + C_2 i = r_0 e^{i\theta_0}.$$

したがって,

$$\begin{aligned}
y(t) &= e^{\alpha t} r_0 e^{i\theta_0} e^{i\beta t}\\
&= r_0 e^{\alpha t} e^{(\beta t + \theta_0)i}.
\end{aligned}$$

ゆえに, 極座標では, 絶対値は $r_0 e^{\alpha t}$, 偏角 $\beta t + \theta_0$ で与えられる. このことを踏まえて, 次のようなケースを考えることにする.

ゆえに,
$$\begin{aligned}
(\alpha - \beta i)(h_1 + ih_2) &= \alpha h_1 + \beta h_2 + (\alpha h_2 - \beta h_1)i\\
&= Ah_1 + iAh_2\\
&= A(h_1 + ih_2).
\end{aligned}$$

したがって, $\alpha - i\beta$ に付随する固有ベクトルは $(h_1 + ih_2)$ である.

[4] 複素数の微分については本章の補論2を参照されたい.

6.4. 2次元空間における正規形の常微分方程式系

(1) $\alpha = 0, \beta < 0$ のケース

このケースでは，次のようになる．

$$r = r_0, \qquad \theta = \theta_0 + \beta t.$$

この場合，図6-30のように，時計まわりに平衡点のまわりを半径 r_0 の円周上をまわることになる．

図 6-30

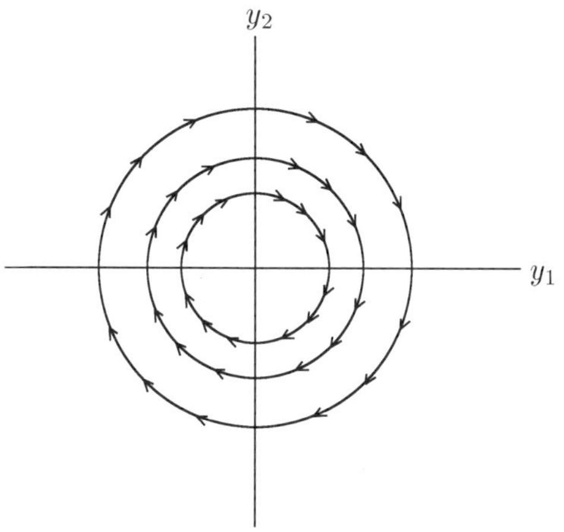

(2) $\alpha = 0, \beta > 0$ のケース

このケースでは，逆に，時計と逆まわりに r_0 の円周上を回転することになる．

このような (1),(2) のケースでは，平衡点は渦心点 (center, focal point) といわれる．

(3) $\alpha > 0, \beta \neq 0$ のケース

特に，$\alpha > 0,\ \beta < 0$ のケースでは，時計まわりに平衡点からの距離を増やしながら，渦まき状に軌道が描かれることになる (図 6-31 を参照)．さらに，$\alpha > 0, \beta > 0$ のケースでは，回転の方向が逆になる (図 6-30 を参照)．

図 6-31

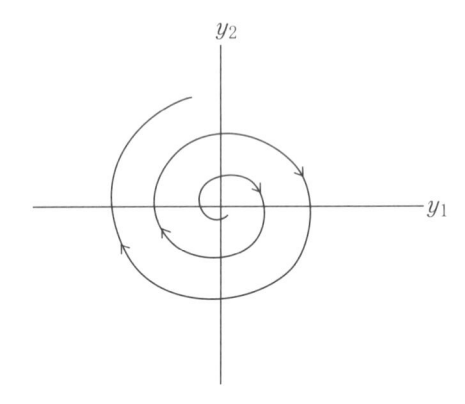

このようなケースでは, 平衡点 $(0,0)$ は不安定渦状点 (unstable focus) といわれる. さらに, $\alpha < 0$, $\beta < 0$ のケースでは, 図 6-32 のケースでの矢印が逆になる.

図 6-32

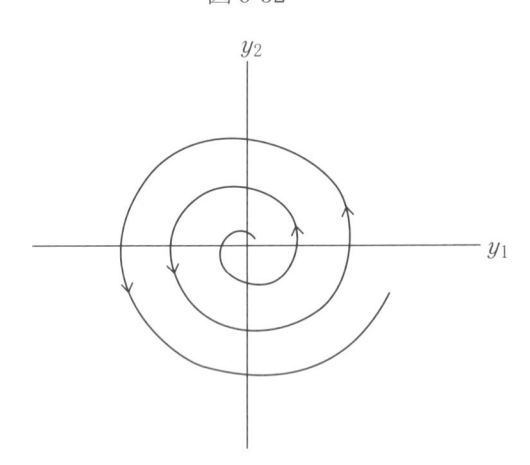

$\alpha < 0$, $\beta > 0$ のケースでは, 図 6-31 のケースで矢印が逆になる. 上述のように, $\alpha < 0$ というケースでは, 平衡点は安定渦状点 (stable focus, あるいは, spiral sink) といわれる.

さて, 固有値が複素数のケースに関して別の展開を紹介しておくことしよう. 行列 A の固有値が複素数 $\alpha + \beta i, \alpha - \beta i$ $(\beta \neq 0)$ を持っているときには, 適当な座標変換によって, 次のよ

6.4. 2次元空間における正規形の常微分方程式系

うに表すことができる (この点については, Hirsch and Smale [1976](邦訳, p.73) を参照).

$$QAQ^{-1} = \begin{bmatrix} \alpha & -\beta \\ \beta & \alpha \end{bmatrix}.$$

以下, Brock and Malliaris [1989, p.83] と同様の議論に従うことにする.

$$\begin{bmatrix} \dot{y}_1 \\ \dot{y}_2 \end{bmatrix} = \begin{bmatrix} \alpha & -\beta \\ \beta & \alpha \end{bmatrix} \begin{bmatrix} y_1 \\ y_2 \end{bmatrix}.$$

極座標を導入して, 次のように表すことにする.

$$y_1 = r\cos\theta, \qquad y_2 = r\sin\theta.$$

したがって,

$$\dot{y}_1 = \dot{r}\cos\theta - r(\sin\theta)\dot{\theta},$$
$$\dot{y}_2 = \dot{r}\sin\theta + (r\cos\theta)\dot{\theta}.$$

ゆえに,

$$(\sin\theta)\dot{y}_1 = \dot{r}\cos\theta\sin\theta - r(\sin\theta)^2\dot{\theta},$$
$$(\cos\theta)\dot{y}_2 = \dot{r}\cos\theta\sin\theta + r(\cos\theta)^2\dot{\theta}.$$

したがって,

$$(\cos\theta)\dot{y}_2 - (\sin\theta)\dot{y}_1 = r\dot{\theta},$$
$$\dot{\theta} = \frac{1}{r}\{(-\sin\theta)\dot{y}_1 + (\cos\theta)\dot{y}_2\}.$$

同様にして,

$$(\cos\theta)\dot{y}_1 = \dot{r}(\cos\theta)^2 - r(\sin\theta)(\cos\theta)\dot{\theta},$$
$$(\sin\theta)\dot{y}_2 = \dot{r}(\sin\theta)^2 + r(\sin\theta)(\cos\theta)\dot{\theta}.$$

よって,

$$\dot{r} = (\cos\theta)\dot{y}_1 + (\sin\theta)\dot{y}_2.$$

したがって,

$$\begin{align*}
\dot{r} &= \cos\theta\{\alpha y_1 - \beta y_2\} + \sin\theta\{\beta y_1 + \alpha y_2\} \\
&= \cos\theta\{\alpha r\cos\theta - \beta r\sin\theta\} + \sin\theta\{\beta r\cos\theta + \alpha r\sin\theta\} \\
&= \alpha r(\cos\alpha)^2 + \alpha r(\sin\alpha)^2 \\
&= \alpha r.
\end{align*}$$

$$\begin{aligned}
\dot{\theta} &= \frac{1}{r}\{(-\sin\theta)(\alpha y_1 - \beta y_2) + (\cos\theta)(\beta y_1 + \alpha y_2)\} \\
&= \frac{1}{r}\{(-\sin\theta)(\alpha r\cos\theta - \beta r\sin\theta) + (\cos\theta)(\beta r\cos\theta + \alpha r\sin\theta)\} \\
&= \frac{1}{r}\{\beta r(\sin\theta)^2 + \beta r(\cos\alpha)^2\} \\
&= \beta.
\end{aligned}$$

ゆえに,
$$r = r_0 e^{\alpha t}, \qquad \theta = \theta_0 + \beta t.$$

ここでは,上記の行列の固有値が $\alpha + \beta i$ と $\alpha - \beta i$ であることも確認することができる[5].

以上では,一般的な線形のシステムにおける相軌道の挙動に関する議論が展開された.次に具体例を使用して分析のプロセスを紹介しておくことにしよう.

例 次のような例を検討してみることにする.
$$\dot{x}_1 = 5x_1 + 3x_2,$$
$$\dot{x}_2 = -6x_1 - 4x_2.$$

これは次のように表現される.
$$\begin{bmatrix} \dot{x}_1 \\ \dot{x}_2 \end{bmatrix} = \begin{bmatrix} 5 & 3 \\ -6 & -4 \end{bmatrix} \begin{bmatrix} x_1 \\ x_2 \end{bmatrix}.$$

次の手順で考察する.

(1) $\begin{bmatrix} 5 & 3 \\ -6 & -4 \end{bmatrix}$ の固有値を計算する.

固有方程式は次のように与えられる.
$$\begin{aligned}
\det\left[\lambda I - \begin{bmatrix} 5 & 3 \\ -6 & -4 \end{bmatrix}\right] &= \det\begin{bmatrix} \lambda - 5 & -3 \\ 6 & \lambda + 4 \end{bmatrix} \\
&= (\lambda - 2)(\lambda + 1) = 0.
\end{aligned}$$

---

[5] 次のことが成立する.
$$\det\begin{bmatrix} \lambda - \alpha & -\beta \\ \beta & \lambda - \alpha \end{bmatrix} = (\lambda - \alpha)^2 + \beta^2 = \lambda^2 - 2\alpha\lambda + \alpha^2 + \beta^2 = 0.$$
したがって,
$$\lambda = \alpha \pm \sqrt{\alpha^2 - (\alpha^2 + \beta^2)} = \alpha \pm \beta i.$$
さらに,Brock and Malliaris [1989] のように,
$$\begin{bmatrix} \alpha & \beta \\ -\beta & \alpha \end{bmatrix}$$
という変換に依拠して,議論しても同じことが成立することを注意しておく.その場合,本節の議論で,$\beta < 0$ のケースが Brock and Malliaris [1989] での $\beta > 0$ というケースに相応していることは注意されなければならない.

6.4. 2次元空間における正規形の常微分方程式系

したがって,固有値は 2 と -1 である.

(2) $\lambda = 2$ と $\lambda = -1$ に付随する固有ベクトルを求める.

$$2\begin{bmatrix} h_1 \\ h_2 \end{bmatrix} = \begin{bmatrix} 5 & 3 \\ -6 & -4 \end{bmatrix} \begin{bmatrix} h_1 \\ h_2 \end{bmatrix}.$$

これより, $h_2 = -h_1$. したがって,固有値 2 に付随する固有ベクトルは次のようになる.

$$\begin{bmatrix} 1 \\ -1 \end{bmatrix}.$$

また,

$$-\begin{bmatrix} h_1 \\ h_2 \end{bmatrix} = \begin{bmatrix} 5 & 3 \\ -6 & -4 \end{bmatrix} \begin{bmatrix} h_1 \\ h_2 \end{bmatrix}.$$

このことより, $h_2 = -2h_1$. したがって,固有値 -1 に付随する固有ベクトルは次のように与えられる.

$$\begin{bmatrix} 1 \\ -2 \end{bmatrix}.$$

(3) S^{-1} の変換によって $(1,-1)$ を $(1,0)$ に $(1,-2)$ を $(0,1)$ にというように, (x_1, x_2) 相平面を (y_1, y_2) 平面に写した相平面は図 6-33 のように描かれる.

図 6-33

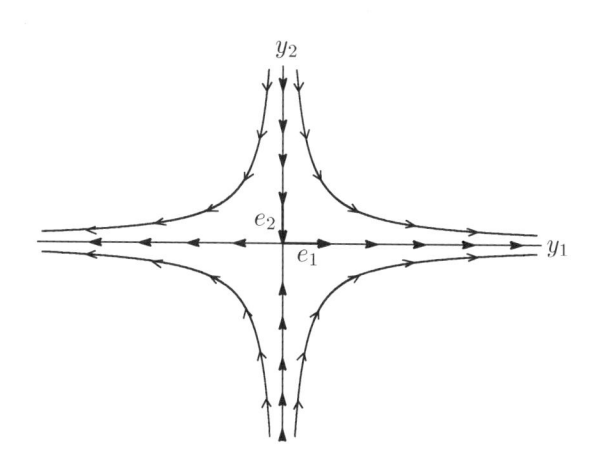

ここで,

$$S = \begin{bmatrix} 1 & 1 \\ -1 & -2 \end{bmatrix}.$$

(4) (x_1, x_2) 平面に再度, 変換によって, 写しかえると, $(1,0)$ は $(1,-1)$ に $(0,1)$ を $(1,-2)$ になる.

図 6-34

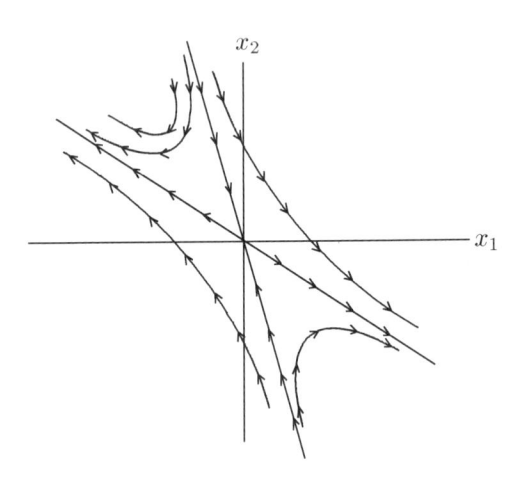

さて, 以上のことを整理しておくことにしよう. $\mathrm{Im}(\lambda_i) = 0$ $(i = 1, 2)$ となるケースで, 次の定義がなされる.

定義 1：

(1) 任意の $i \in \{1, 2\}$ に対して,

$$\mathrm{Re}(\lambda_i) < 0, \quad \mathrm{Im}(\lambda_i) = 0, \quad \mathrm{Re}(\lambda_1) \neq \mathrm{Re}(\lambda_2)$$

となっているとき, 平衡点 $(0, 0)$ は安定結節点 (stable node) といわれる.

(2) 任意の $i \in \{1, 2\}$ に対して,

$$\mathrm{Re}(\lambda_i) > 0, \quad \mathrm{Im}(\lambda_i) = 0, \quad \mathrm{Re}(\lambda_1) \neq \mathrm{Re}(\lambda_2)$$

となっているとき, 平衡点 $(0, 0)$ は不安定結節点 (unstable node) と呼ばれる.

(3) $i, i' \in \{1, 2\}$, $i \neq i'$ に対して,

$$\mathrm{Re}(\lambda_i) = \mathrm{Re}(\lambda_{i'}) < 0, \quad \mathrm{Im}(\lambda_i) = \mathrm{Im}(\lambda_{i'}) = 0$$

となっているとき, 平衡点 $(0, 0)$ は安定焦点あるいは安定退化結節点といわれる.

(4) $i, i' \in \{1, 2\}$, $i \neq i'$ に対して,

$$\mathrm{Re}(\lambda_i) = \mathrm{Re}(\lambda_{i'}) > 0, \quad \mathrm{Im}(\lambda_i) = \mathrm{Im}(\lambda_{i'}) = 0$$

となっているとき, 平衡点 $(0, 0)$ は不安定焦点あるいは不安定退化結節点といわれる.

6.4. 2次元空間における正規形の常微分方程式系

また, $\text{Im}(\lambda_i) \neq 0$ $(i = 1, 2)$ となるケースで, 次の定義がなされる. この場合, 当然, 固有値の実部は同一となる.

定義 2:

(1) 次のことが成立しているとき, 平衡点 $(0,0)$ は安定渦状点といわれる.

$$\text{Re}(\lambda_i) < 0, \quad \text{Im}(\lambda_i) \neq 0 \quad (i = 1, 2).$$

(2) 次のことが成立しているとき, 平衡点 $(0,0)$ は不安定渦状点といわれる.

$$\text{Re}(\lambda_i) > 0, \quad \text{Im}(\lambda_i) \neq 0 \quad (i = 1, 2).$$

(3) 次のことが成立しているとき, 平衡点 $(0,0)$ は渦心点 (center) と呼ばれる.

$$\text{Re}(\lambda_i) = 0, \quad \text{Im}(\lambda_i) \neq 0 \quad (i = 1, 2).$$

さて, 次に, 以上の平衡点の類別の図示を考えることにしよう. 次のような行列を考えることにしよう.

$$A = \begin{bmatrix} a_{11} & a_{12} \\ a_{21} & a_{22} \end{bmatrix}.$$

A の固有方程式は次のように与えられる.

$$\lambda^2 - (\text{tr } A)\lambda + \det A = 0.$$

したがって, A の固有値を λ_1, λ_2 とすると, 次のことが成立している.

$$\lambda_1 + \lambda_2 = \text{tr } A, \quad \lambda_1 \lambda_2 = \det A.$$

さらに,

(1) $\Delta = (\text{tr } A)^2 - 4 \det A > 0$, つまり $\det A < \frac{1}{4}(\text{tr } A)^2$ となるとき, A の固有値は異なる 2 つの実根である.

(2) $\Delta = 0$, つまり $\det A = \frac{1}{4}(\text{tr } A)^2$ となるとき, A の固有値は重根である.

(3) $\Delta < 0$, つまり $\det A > \frac{1}{4}(\text{tr } A)^2$ となるとき, A の固有値は複素根である.

さて, 図 6-35 には, $\text{tr } A$ が横軸で, $\det A$ が縦軸で表されている. また, $\det A = \frac{1}{4}(\text{tr } A)^2$ に対応する放物線が描かれている.

図 6-35

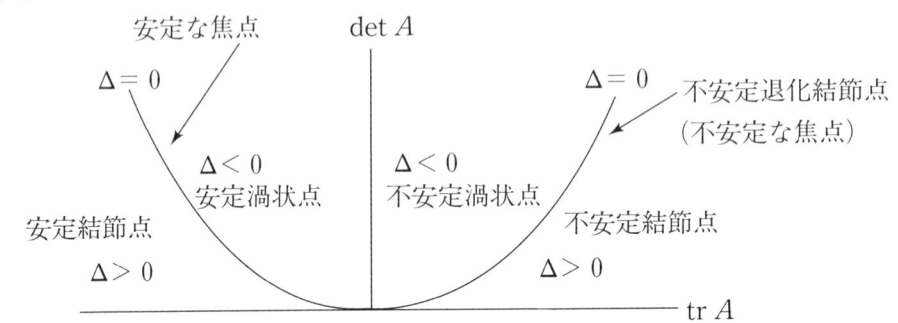

安定退化結節点あるいは
安定な焦点
$\Delta = 0$
$\Delta < 0$
安定渦状点
安定結節点
$\Delta > 0$

det A

$\Delta < 0$
不安定渦状点

$\Delta = 0$
不安定退化結節点
(不安定な焦点)
不安定結節点
$\Delta > 0$

tr A

(1) tr A と det A の組がこの放物線の下方の領域にある場合には, A の固有値は異なる 2 つの実根となる. さらに, $\lambda_1 \lambda_2 = \det A$ であるので, 次のことが成立する.

  (1-1) det $A > 0$ のケース

    2 つの固有値は同符号である. さらに, $\lambda_1 + \lambda_2 = $ tr A である.

    (1-1-1) tr $A > 0$ となるケース

      $\text{Re}(\lambda_i) > 0$ $(i = 1, 2)$ であるので, 平衡点は不安定結節点である.

    (1-1-2) tr $A < 0$ となるケース

      $\text{Re}(\lambda_i) < 0$ $(i = 1, 2)$ であるので, 平衡点は安定結節点である.

  (1-2) det $A < 0$ のケース

    この場合, 2 つの固有値は異符号である. したがって, 平衡点は鞍点である.

  (1-3) det $A = 0$ のケース

    この場合, 2 つの固有値のいずれかはゼロである.

(2) tr A と det A の組がこの放物線の上方にある場合には, A の固有値は複素根 λ_1, λ_2 を持っている. この場合, $\lambda_1 \lambda_2 = \det A > 0$ である. さらに, tr $A = \lambda_1 + \lambda_2 = 2\text{Re}(\lambda_1) = 2\text{Re}(\lambda_2)$ であるので, 次のことが成立する.

  (2-1) tr $A > 0$ のケース

    $\text{Re}(\lambda_i) > 0$ $(i = 1, 2)$ となり, 平衡点は不安定渦状点である.

  (2-2) tr $A < 0$ のケース

    $\text{Re}(\lambda_i) < 0$ $(i = 1, 2)$ となり, 平衡点は安定渦状点である.

6.4. 2次元空間における正規形の常微分方程式系

(2-3)　$\operatorname{tr} A = 0$ のケース

$\operatorname{Re}(\lambda_i) = 0 \quad (i = 1, 2)$ となり，平衡点は渦心点である．

(3) $\operatorname{tr} A$ と $\det A$ の組が放物線上に位置している場合には，A の固有値は重根 λ である．

(3-1)　$\operatorname{tr} A > 0$ のケース

$\operatorname{Re}(\lambda) > 0$ となり，平衡点は不安定な焦点あるいは不安定退化結節点になる．

(3-2)　$\operatorname{tr} A < 0$ のケース

$\operatorname{Re}(\lambda) < 0$ となり，平衡点は安定な焦点あるいは安定退化結節点になる．

以上のことをまとめることにしよう．平衡点に相軌道が近づいているかどうかという観点からみた場合，

$$\operatorname{Re}(\lambda_i) < 0 \quad (i = 1, 2)$$

というケースでは，すべての相軌道が平衡点に近づいているということができる．また，

$$\operatorname{Re}(\lambda_i) > 0 \quad (i = 1, 2)$$

というケースでは，すべての相軌道が平衡点から遠ざかっているということができる．さらに，固有値が異符号の実根の場合，安定多様体以外の点での相軌道は平衡点から遠ざかっていくということが知られている．以上のことを踏まえて，次に新たに概念を規定しておくことにしよう．

定義 3：

(1)　任意の $i \in \{1, 2\}$ に対して，

$$\operatorname{Re}(\lambda_i) < 0 \quad (i = 1, 2)$$

となっているとき，平衡点 $(0, 0)$ は沈点 (sink) と呼ばれる．

(2)　任意の $i \in \{1, 2\}$ に対して，

$$\operatorname{Re}(\lambda_i) > 0 \quad (i = 1, 2)$$

となっているとき，平衡点 $(0, 0)$ は源点 (source) と呼ばれる．

(3)　任意 $i \in \{1, 2\}$ に対して，

$$\operatorname{Re}(\lambda_i) \neq 0$$

となっているとき，平衡点 $(0, 0)$ は双曲型 (hyperbolic) といわれる．

(4)　$i, i' \in \{1, 2\} \quad i \neq i'$ に対して，

$$\{\operatorname{Re}(\lambda_i)\} \cdot \{\operatorname{Re}(\lambda'_i)\} < 0$$

となっているとき，平衡点 $(0, 0)$ は鞍点あるいは，鞍形点 (saddle point) と呼ばれる[6]．

---

[6] 2次元空間のケースでは，平衡点 $(0, 0)$ が鞍点であれば，$\operatorname{Im}(\lambda_i) = 0 \quad (i = 1, 2)$，すなわち，固有根が異符号の実数である場合に限定されるということは注意しなければならない．

図 6-36

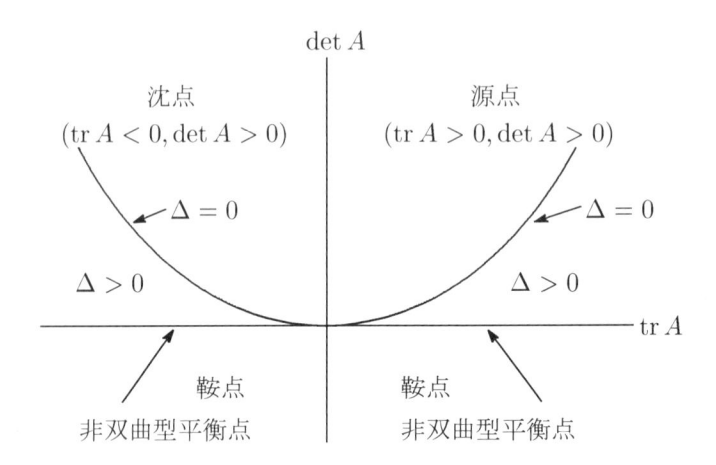

```
            det A
              │
   沈点       │      源点
(tr A < 0, det A > 0)  │  (tr A > 0, det A > 0)
      ← Δ = 0  │  Δ = 0 →
              │
    Δ > 0    │    Δ > 0
──────────────┼──────────────  tr A
              │
      ↑       │       ↑
    鞍点     │      鞍点
非双曲型平衡点  │ 非双曲型平衡点
```

これらの関係は図 6-36 に描かれているので参照. この図と図 6-35 は Hirsch and Smale [1974] (邦訳, p.102, 図 F) から引用されている.

6.4.4 非線形常微分方程式系

線形近似

次の一般的な微分方程式系を考察することにしよう.
$$\dot{x}_1 = f_1(x_1, x_2),$$
$$\dot{x}_2 = f_2(x_1, x_2), \qquad (x_1, x_2) \in U.$$

ここで, $U \subset R^2$ は開集合で, $f_i(x_1, x_2)(i=1,2)$ は U 上で連続微分可能である. いま, $(x_1^*, x_2^*) \in U$ が上記の常微分方程式系の平衡点であるとしよう. つまり,

$$f_1(x_1^*, x_2^*) = 0, \quad f_2(x_1^*, x_2^*) = 0$$

とする. さて, 平衡点の近傍で次のような変換を考えることにする.

$$z_1(t) = x_1(t) - x_1^*,$$
$$z_2(t) = x_2(t) - x_2^*.$$

(x_1^*, x_2^*) は変換後の (z_1, z_2) 平面での原点 $(0,0)$ に対応している.

$$\begin{bmatrix} \dot{z}_1(t) \\ \dot{z}_2(t) \end{bmatrix} = \begin{bmatrix} f_1(z_1(t) + x_1^*, \quad z_2(t) + x_2^*) \\ f_2(z_1(t) + x_1^*, \quad z_2(t) + x_2^*) \end{bmatrix}$$

6.4. 2次元空間における正規形の常微分方程式系

$$= \begin{bmatrix} \frac{\partial f_1^*}{\partial x_1} & \frac{\partial f_1^*}{\partial x_2} \\ \frac{\partial f_2^*}{\partial x_1} & \frac{\partial f_2^*}{\partial x_2} \end{bmatrix} \begin{bmatrix} z_1(t) \\ z_2(t) \end{bmatrix} + R(z_1(t), z_2(t)).$$

ここで, $|z_1(t)| + |z_2(t)| \to 0$ ならば $R(z_1(t), z_2(t)) \to 0$. また, $\partial f_i^*/\partial x_j^*$ ($i, j = 1, 2$) は平衡点 (x_1^*, x_2^*) で評価されている.

構造安定性に関する議論より, 上述の微分方程式系は次のような微分方程式系によって近似的に表される.

$$\begin{bmatrix} \dot{z}_1(t) \\ \dot{z}_2(t) \end{bmatrix} = \begin{bmatrix} \frac{\partial f_1^*}{\partial x_1} & \frac{\partial f_1^*}{\partial x_2} \\ \frac{\partial f_2^*}{\partial x_1} & \frac{\partial f_2^*}{\partial x_2} \end{bmatrix} \begin{bmatrix} z_1(t) \\ z_2(t) \end{bmatrix}.$$

(z_1, z_2) 平面の $(0, 0)$ の近傍における相軌道の挙動はこの微分方程式系の分析からある程度確認される. また, (z_1, z_2) 平面上の相軌道を (x_1, x_2) 平面上に写しかえても, 相軌道の基本的な特性は変わらない. したがって, オリジナルな常微分方程式系の平衡点の近傍での解の局所的な挙動は, 平衡点 (x_1^*, x_2^*) で評価された次の線形部分 (行列) の固有値の特性を吟味することによってかなりの程度明らかになる[7].

$$\begin{bmatrix} \frac{\partial f^1(x_1^*, x_2^*)}{\partial x_1} & \frac{\partial f^1(x_1^*, x_2^*)}{\partial x_2} \\ \frac{\partial f^2(x_1^*, x_2^*)}{\partial x_1} & \frac{\partial f^2(x_1^*, x_2^*)}{\partial x_2} \end{bmatrix}.$$

次のことが成立する.

定理 1 : 平衡点 (x_1^*, x_2^*) について, 次のことが成立する.

(1) 平衡点で評価された線形部分からなる行列のどの固有値の実部も負であるとき, 平衡点は局所的に漸近安定的である.

(2) 平衡点で評価された線形部分からなる行列のある固有値が正の実部を持っているとき, 不安定的である.

(3) 平衡点で評価された線形部分からなる行列の固有値が異符号の実根である場合, 平衡点は局所的に鞍点である.

相座標による分析

相座標が2次元のケースでは, 各点における変化の方向が分かると, 解の挙動がある程度判明することになる (ただし, これのみでは, 厳密な議論を構成することはないので, その点は注意しなければならない). 次の微分方程式系を考察しよう.

$$\dot{x}_1 = f_1(x_1, x_2),$$

---

[7] 特に, 沈点, 源点, 鞍点等は構造安定的であるので, 平衡点の近傍ではその特性が維持される. さらに, 注意すべき点は次の行列の固有値が複素数 $(\alpha + \beta i, \alpha - \beta i)$ であり, しかも, $\alpha = 0$, $\beta \neq 0$ のケースでは平衡点は渦心点であるが, システムの構造に変化があった場合, この特性は非常に脆弱であるということができる.

$$\dot{x}_2 = f_2(x_1, x_2).$$

ここで,定義域 U は開集合であり,$f_i (i=1,2)$ は 2 回連続微分可能とする.

さて,$f_i(x_1, x_2) = 0$ $(i=1,2)$ となる点 $(x_1, x_2) \in U$ 全体の集合を相平面 U 上に描いた曲線は $\dot{x}_i = 0$ 線と呼ばれる.$f_1(x_1, x_2) = 0$ に対応する $\dot{x}_1 = 0$ 線と $f_2(x_1, x_2) = 0$ に対応する $\dot{x}_2 = 0$ 線の交点は平衡点になる.$f_i(x_1, x_2)$ $(i=1,2)$ は U 上で連続関数であるので,領域 U は $\dot{x}_i = 0$ 線 $(i=1,2)$ によって,$f_i(x_1, x_2) > 0$ となる (U 上の) 領域と $f_i(x_1, x_2) < 0$ となる領域に分割される.したがって,結局,$\dot{x}_1 = 0$ 線と $\dot{x}_2 = 0$ 線によって相平面が幾らかの開集合の領域に分割される.これらの領域はアイソセクター (isosector) あるいは基礎領域 (basic region) と呼ばれている.次に具体例を検討してみることにしよう.

最適経済成長の例

さて,次のような常微分方程式系を使って,具体的な検討を行ってみることにする[8].

$$\begin{aligned}\dot{k} &= f_1(k,c) = f(k) - nk - c, \\ \dot{c} &= f_2(k,c) = -\frac{u'(c)}{u''(c)}\{f'(k) - (n+\rho)\}.\end{aligned}$$

ここで,$k = 1$ 人当たり資本ストック,$c = 1$ 人当たり消費,$n = $ 人口の増加率,$\rho = $ 社会的割引率とする.また,$f(k)$ は生産関数,$u(c)$ は効用関数であり,次の条件を満たしているものとする.

$$f'(k) > 0, \quad f''(k) < 0, \quad u'(c) > 0, \quad u''(c) < 0.$$

この微分方程式系の平衡点を (k^ρ, c^ρ) とする.以下のことが成立する.

$$\begin{aligned}\dot{k} > 0 &\iff c < f(k) - nk \\ \dot{k} < 0 &\iff c > f(k) - nk \\ \dot{c} > 0 &\iff f'(k) > n + \rho \\ \dot{c} < 0 &\iff f'(k) < n + \rho\end{aligned}$$

したがって,(k,c) 相平面の各基礎領域における方向ベクトルは図 6-37 のように描かれる.

---

[8] これはキャス=クープマンス・モデルにおける最適経済成長経路を規定する微分方程式系である.この微分方程式系の導出に関する議論は第 7 章で展開される.ここでは,簡単化のために資本減耗は無視されている.

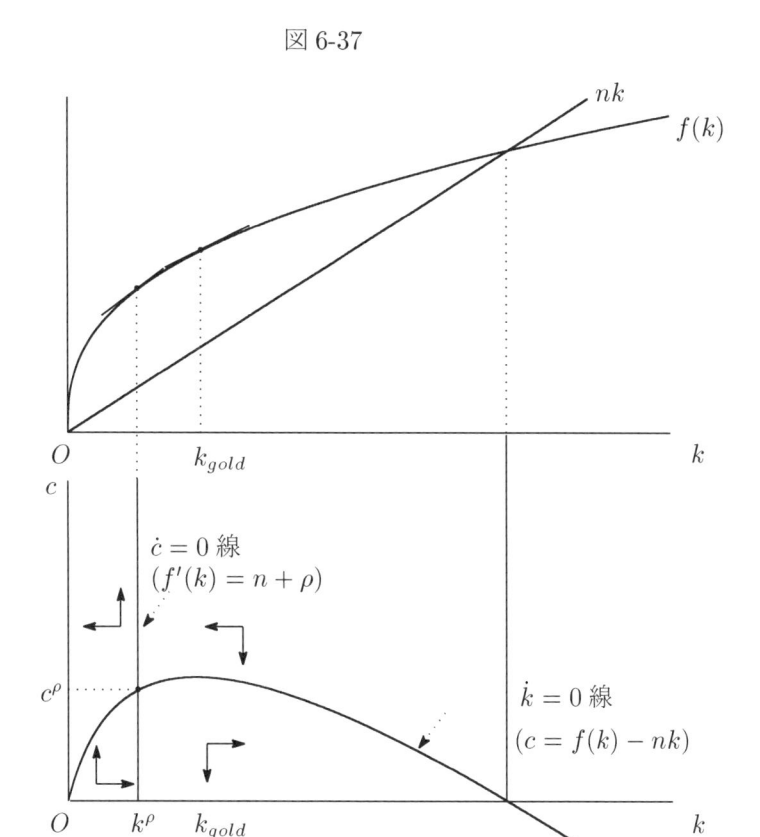

6.4. 2次元空間における正規形の常微分方程式系

図 6-37

次に,システムの線形近似を行って平衡点 (k^ρ, c^ρ) の近傍での解の動きを吟味することにしよう. さて,次のように与えられる.

$$\begin{bmatrix} \frac{\partial f_1(k,c)}{\partial k} & \frac{\partial f_1(k,c)}{\partial c} \\ \frac{\partial f_2(k,c)}{\partial k} & \frac{\partial f_2(k,c)}{\partial c} \end{bmatrix} = \begin{bmatrix} f'(k) - n & -1 \\ -\frac{u'(c)}{u''(c)} f''(k) & -\frac{d}{dc}\left(\frac{u'(c)}{u''(c)}\right)\{f'(k) - (n+\rho)\} \end{bmatrix}.$$

したがって,平衡点 (k^ρ, c^ρ) では,この行列は次のようになる.

$$A = \begin{bmatrix} f'(k^\rho) - n & -1 \\ -\frac{u'(c^\rho)}{u''(c^\rho)} f''(k^\rho) & 0 \end{bmatrix}.$$

よって,

$$\det A = -\frac{u'(c^\rho)}{u''(c^\rho)} f''(k^\rho) < 0.$$

したがって,平衡点 (k^ρ, c^ρ) はその近傍では鞍点になっているということができる.

追加的考察

さて, 以上の分析は平衡点での近傍に限定された局所的な分析に限られていた. 大域的な漸近安定性については, 次の Olech の定理が有益である.

定理 2：下記の条件を満足する次のような微分方程式系が与えられているものとしよう.

$$\dot{x}_1 = f_1(x_1, x_2), \qquad f_1(0,0) = 0,$$
$$\dot{x}_2 = f_2(x_1, x_2), \qquad f_2(0,0) = 0.$$

(1) $\forall (x_1, x_2) \in R^2 : f_i(x_1, x_2)$ は連続微分可能である $(i = 1, 2)$.

(2) $\forall (x_1, x_2) \in R^2 :$

$$\mathrm{tr} \begin{bmatrix} \frac{\partial f_1(x_1,x_2)}{\partial x_1} & \frac{\partial f_1(x_1,x_2)}{\partial x_2} \\ \frac{\partial f_2(x_1,x_2)}{\partial x_1} & \frac{\partial f_2(x_1,x_2)}{\partial x_2} \end{bmatrix} = \frac{\partial f_1(x_1,x_2)}{\partial x_1} + \frac{\partial f_2(x_1,x_2)}{\partial x_2} < 0,$$

$$\det \begin{bmatrix} \frac{\partial f_1(x_1,x_2)}{\partial x_1} & \frac{\partial f_1(x_1,x_2)}{\partial x_2} \\ \frac{\partial f_2(x_1,x_2)}{\partial x_1} & \frac{\partial f_2(x_1,x_2)}{\partial x_2} \end{bmatrix} > 0.$$

(3) $\forall (x_1, x_2) \in R^2 : \frac{\partial f_1(x_1,x_2)}{\partial x_1} \frac{\partial f_2(x_1,x_2)}{\partial x_2} \neq 0$ あるいは,
$\forall (x_1, x_2) \in R^2 : \frac{\partial f_1(x_1,x_2)}{\partial x_2} \frac{\partial f_2(x_1,x_2)}{\partial x_1} \neq 0$.
このとき, 平衡点は大域的に漸近安定的である[9].

Hopf のバイファーケーション

バイファーケーション (bifurcation) に関する簡単な議論を紹介しておくことにしよう. 次のような非線形の常微分方程式系を考えることにする.

$$\dot{x} = y - f_\mu(x) = y - x^3 + \mu x,$$
$$\dot{y} = -x.$$

ここで, $f_\mu(x) = x^3 - \mu x, \quad \mu \in (-1, 1)$. この常微分方程式の平衡点は $(0,0)$ である. また, 平衡点 $(0,0)$ で評価された線形部分は次のように与えられる.

$$\begin{bmatrix} \mu & 1 \\ -1 & 0 \end{bmatrix}.$$

この行列の固有方程式は次のように表される.

$$\det \begin{bmatrix} \lambda - \mu & -1 \\ 1 & \lambda \end{bmatrix} = \lambda^2 - \mu\lambda + 1 = 0.$$

---

[9] 条件 (2) は平衡点 $(0,0)$ が局所的に漸近安定的であるための十分条件である.

6.5. 動学的最適問題

固有根を λ_1, λ_2 とすると，次のように与えられる．
$$\lambda_1, \lambda_2 = \frac{\mu \pm \sqrt{\mu^2-4}}{2} = \frac{\mu \pm \sqrt{4-\mu^2}i}{2}.$$

(1) $-1 \leqq \mu < 0$ のとき，$\mathrm{Re}(\lambda_i) < 0$ であるので，平衡点は沈点である．

(2) $0 < \mu \leqq 1$ のとき，$\mathrm{Re}(\lambda_i) > 0$ であるので，平衡点は源点である．

このように，$-1 \leqq \mu < 0$ のケースでは平衡点 $(0,0)$ は沈点であり，すべての軌道がそれに近づいていくということができる．

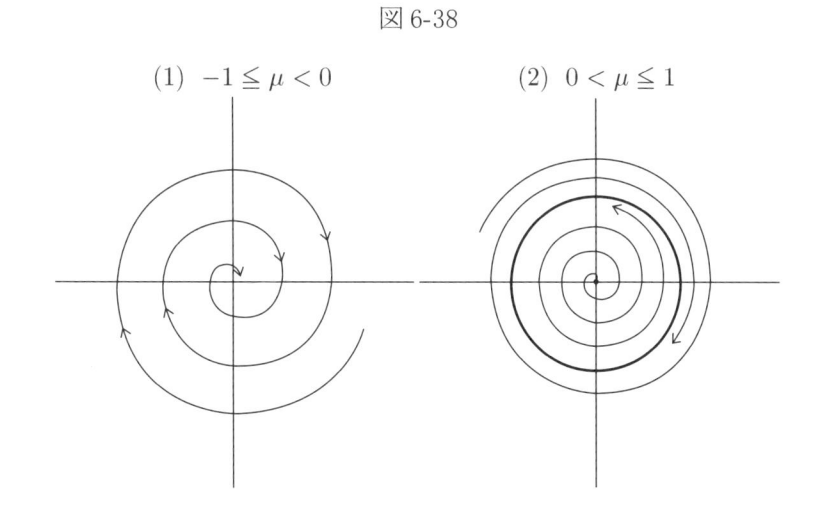

図 6-38

ところで，$0 < \mu \leqq 1$ のケースでは，平衡点 $(0,0)$ は源点である．実は，このケースでは，いわゆるリミット・サイクル (limit cycle) が存在している[10]．

6.5 動学的最適問題

本節では，許容可能な関数あるいは時間経路の範囲を明確に規定し，最適規準を導入して，そのもとでの最適な関数あるいは最適な時間経路を求める問題を考察する．本節でも，可能な限り直感的に理解できるように簡単なケースに限定して考察がなされる．

さて，動学的経済体系が前節で取り扱われているような連続時間の体系で規定されている場合には，問題の解は変分法におけるオイラー方程式あるいは最適制御理論における最大値原理を利用して求めることができる．以下，順に変分法および最適制御理論について，できるだけ平易な説明が試みられる．

---

[10] このリミット・サイクルの存在性については，Hirsch and Smale [1974](邦訳, pp.234-243) を参照せよ．

6.5.1 簡単な変分法

時刻 0 に a を出発し, 時刻 T に b に到達する許容関数の族のうちで, (各関数にそれぞれ実数値を対応づける) 汎関数 (functional) を最大にする問題を考察する. 以下, 次の性質を持っている関数 $x(t):[0,T] \to R$ を許容関数 (admissible function) と呼ぶことにする. 以下, $T \leqq +\infty$.

(1) $x(0) = x_0$.

(2) $x(t):[0,T] \to R$ は区分的に連続微分可能な連続関数である.

(3) $\dot{x}(t)$ の不連続点で, 有限な左極限と右極限が存在する.

ここで, 記号の便宜を考えて, $x(t):[0,T] \to R$ を $(x(t))_{t=0}^{T}$ と記すことにする. さて, 各許容関数 $(x(t))_{t=0}^{T}$ を評価する汎関数が次のように規定されているものとしよう.

$$J[(x(t))_{t=0}^{T}] = \int_0^T v[t, x(t), \dot{x}(t)]dt.$$

ここで, $v[t,x,z]:R_+^3 \to R$ は 2 回連続微分可能だと仮定する. 任意の許容関数 $(x'(t))_{t=0}^{T}$ に対して,

$$\int_0^T v[t, x(t), \dot{x}(t)]dt \geqq \int_0^T v[t, x'(t), \dot{x}'(t)]dt$$

となっている許容関数 $(x(t))_{t=0}^{T}$ は最適関数といわれる. 最適関数については次のことが成立する.

定理 3 : 最適関数 $(x(t))_{t=0}^{T}$ については, $\dot{x}(t)$ の不連続点を除く任意の区間の t に対して, 次のオイラー方程式が満たされている.

$$\frac{d}{dt}v_z[t, x(t), \dot{x}(t)] = v_x[t, x(t), \dot{x}(t)].$$

ここで, $T \leqq +\infty$.

定理 4 : 任意の (t,x,z) に対して,

$$v_{zz}[t,x,z] \neq 0$$

ということが成立している場合, $(x(t))_{t=0}^{T}$ が最適関数であれば, それは 2 回連続微分可能であり, 任意の $t \in [0,T]$ に対して次のことが成立する.

$$v_{zz}[t,x(t),\dot{x}(t)]\ddot{x}(t) + v_{zx}[t,x(t),\dot{x}(t)]\dot{x}(t) - v_x[t,x(t),\dot{x}(t)] + v_{zt}[t,x(t),\dot{x}(t)] = 0.$$

ここで, $T \leqq +\infty$.

6.5. 動学的最適問題

さらに, 条件つき変分問題に言及しておくことにしよう. 次の問題（等周問題）を考えることにする.

$$\int_0^T f[t, x(t), \dot{x}(t)]dt = 0$$

という条件を満足する許容関数 $(x(t))_{t=0}^T$ の範囲で, 次の式を最大にするような関数を求めよ.

$$\int_0^T v[t, x(t), \dot{x}(t)]dt.$$

この問題については, 次の定理が成立する.

定理 5：$(x(t))_{t=0}^T$ が上述の等周問題の解であれば, ある λ が存在して, 次式のオイラー方程式を満足する.

$$\int_0^T v[t, x(t), \dot{x}(t)] - \lambda f[t, x(t), \dot{x}(t)]dt.$$

6.5.2 最適制御と最大値原理

最適制御問題を設定するのに必要な諸概念の厳密な規定を行う前に, まず, 次のような具体的な例をとり上げておくことにしよう.

いま, ある地点 **a** からある他の地点 **b** に操縦士が飛行機を操縦していくというケースを想定しよう. 飛行機の各時点での状態は 3 次元の空間座標と 3 次元の速度成分によって表される. 操縦士はエンジンの出力, 方向舵, 昇降舵等々を種々の仕方で制御することによって, 各時点での位置と速度からなるさまざまな軌道を描いて, 地点 **a** から地点 **b** に飛行機を操縦していくことができる. その際, 操縦士は種々の制御の可能性のうちで何らかの規準 (たとえば, 最短推移時間あるいは最低燃費等) の意味での最適制御を選択しようとするであろう.

この例にあるような飛行機あるいは自動車のような制御の対象とされるもの (あるいは機構) は一般的に制御対象といわれる. 以下, ある制御対象を所与として, 幾らかの基本的な概念を定義しておくことにしよう.

制御対象の各時点での状態を定める座標は相座標と呼ばれ, 相座標において制御対象が動きうる領域は相空間といわれる. 以下, 相空間を M と表すことにする. M は開集合とする. また, 相空間に属する点を相点と呼ぶことにする. 制御対象の各時点での状態を表す相点が相空間内を移動する（次の条件を満たす）軌道 $x(t) : [0, T] \to M$ は相軌道といわれる.

(1) $x(t) : [0, T] \to M$ は連続関数である.

(2) $x(t) : [0, T] \to M$ は区分的に連続微分可能である.

次に, 上述の飛行機の操縦の例でのエンジンの出力, 方向舵, 昇降舵のような制御の状態をある座標を設定して量的に表現したものは制御パラメータと呼ばれる. 制御パラメータのとりうる範囲を制御領域と呼び, 以下 Ω と表す. Ω は閉集合とする.

さらに，制御パラメータの時間径路 $u(t):[0,T] \to U$ で，区分的連続なものは許容制御関数 (admissible control function) といわれる．以下，0 時点での相点が x_0 で与えられているものとする．

さて，以上のことを前提として，各 t での制御対象の相速度が t における相点と制御パラメータ u により，次の運動方程式のように規定されているものとしよう．

$$\dot{x} = f(t,x,u).$$

許容制御関数 $u(t):[0,T] \to \Omega$ を所与とすると，次のような非自励系の常微分方程式が与えられる．

$$\dot{x} = f(t,x,u(t)).$$

この微分方程式の $x(0) = x_0$ となる解を $(x(t))_{t=0}^{T}$ とする．以下，このような $(x(t))_0^T, (u(t))_{t=0}^T$ を実行可能な制御過程と呼ぶことにする．いま，たとえば，ある許容制御関数 $(u^1(t))_{t=0}^T$ が与えられたとしよう．そのとき，次のように，ある非自励系の常微分方程式が与えられる．

$$\dot{x} = f(t,x,u^1(t)).$$

これにより，$x(0) = x_0$ となる解 $(x^1(t))_{t=0}^T$ が定まる．このとき，1 つの実行可能な制御過程 $(x^1(t)),(u^1(t))$ が規定されることになる．さらに，別の許容制御関数 $(u^2(t))_{t=0}^T$ が与えられると，別の非自励系の常微分方程式が得られる．

$$\dot{x} = f(t,x,u^2(t)).$$

これにより，$x(0) = x_0$ を満たす解 $(x^2(t))_{t=0}^T$ が求まる．このとき，もう 1 つの実行可能な制御過程 $(x^2(t)),(u^2(t))$ が得られる．

このようにして実行可能な制御過程の族が与えられるが，各実行可能な制御過程 $(x(t))),(u(t))$ を評価する次のような汎関数が規定されているものとしよう．

$$J[(x(t)),(u(t))] = \int_0^T v[t,x(t),u(t)]dt.$$

たとえば，$J[(x^1(t)),(u^1(t))] = c$，$J[(x^2(t)),(u^2(t))] = d$ というように，各実行可能な制御過程に実数が対応づけられているものとしよう．

さて，問題をまとめておくことにしよう．

$$\dot{x} = f(t,x,u),$$

$$u(t) \in \Omega, \qquad (t \in [0,T]),$$

$$x(0) = x_0$$

6.5. 動学的最適問題

という条件のもとで, 次の汎関数を最大にする $(x(t)), (u(t))$ を求めよ[11].

$$\int_0^T e^{-\rho t} U(x(t), u(t)) dt.$$

ここで, ハミルトニアンを次のように定義する.

$$H(p, x, u, t) = e^{-\rho t} U(x, u) + pf(t, x, u).$$

次の定理が成立する.

定理 6 (最大値原理): $(x^*(t)), (u^*(t))$ が x_0 から出発する T までの最適過程であれば, 下記の条件 (1),(2) を満足する区分的連続微分可能な連続関数 $p(t) : [0, T] \to R$ が存在する.

(1) 不連続点を除くすべての $t \in [0, T]$ に対して,

$$\dot{p}(t) = -\frac{\partial H(p(t), x^*(t), u^*(t), t)}{\partial x}.$$

(2) 任意の $u \in \Omega$ と任意の $t \in [0, T]$ に対して,

$$H(p(t), x^*(t), u^*(t), t) \geqq H(p(t), x^*(t), u, t).$$

6.5.3　カレント・バリュー・ハミルトニアン

$q(t) = e^{\rho t} p(t)$, つまり $p(t) = e^{-\rho t} q(t)$ とおくと,

$$-\rho e^{-\rho t} q(t) + e^{-\rho t} \dot{q}(t) = -e^{-\rho t} q(t) \frac{\partial f(t, x^*(t), u^*(t))}{\partial x} - e^{-\rho t} \frac{\partial U(x^*(t), u^*(t))}{\partial x}.$$

したがって,

$$\dot{q}(t) = \rho q(t) - \left\{ q(t) \frac{\partial f(t, x^*(t), u^*(t))}{\partial x} + \frac{\partial U(x^*(t), u^*(t))}{\partial x} \right\}.$$

ここで, $\tilde{H}(q, x, u, t) = U(x, u) + qf(t, x, u)$ とすると, 上式は次のように表される.

(1)

$$\dot{q}(t) = \rho q(t) - \frac{\partial \tilde{H}(q(t), x^*(t), u^*(t), t)}{\partial x}.$$

さらに, 任意の $u \in \Omega$ に対して,

$$e^{-\rho t} U(x^*(t), u^*(t)) + p(t) f(t, x^*(t), u^*(t)) \geqq e^{-\rho t} U(x^*(t), u) + p(t) f(t, x^*(t), u).$$

したがって, 任意の $u \in \Omega$ に対して,

$$U(x^*(t), u^*(t)) + q(t) f(t, x^*(t), u^*(t)) \geqq U(x^*(t), u) + q(t) f(t, x^*(t), u).$$

---

[11] 以下, 任意の (x, u) に対して $\partial U(x, u)/\partial u \neq 0$ とする.

ゆえに, 任意の $u \in \Omega$ に対して,

(2)
$$\tilde{H}(q(t), x^*(t), u^*(t), t) \geq \tilde{H}(q(t), x^*(t), u, t).$$

さて, カレント・バリュー・ハミルトニアンを次のように定義する.

$$\tilde{H}(q, x, u, t) = U(x, u) + qf(t, x, u).$$

定理 7 : $(x^*(t)), (u^*(t))$ が x_0 から出発する T までの最適過程であれば, 下記の条件 (1), (2) を満足する区分的連続微分可能な連続関数 $q(t) : [0, T] \to R$ が存在する.

(1) 不連続点を除くすべての $t \in [0, T]$ に対して,

$$\dot{q}(t) = \rho q(t) - \frac{\tilde{H}(q(t), x^*(t), u^*(t), t)}{\partial x}.$$

(2) 任意の $u \in \Omega$ と任意の $t \in [0, T]$ に対して,

$$\tilde{H}(q(t), x^*(t), u^*(t), t) \geq \tilde{H}(q(t), x^*(t), u, t).$$

さらに, 最適過程であることを保証する十分条件として次のような横断性条件が上述の条件 (1), (2) に加えて, 通常設定される.

横断性条件 (transversality condition)
経済学で通常のケースである x が非負の領域にある場合には, 次のことが成立する.

(1) 有限時間視野 T の場合;$p(T)x^*(T) = 0$.
(2) 無限時間視野の場合;$\lim_{t \to \infty} p(t)x^*(t) = 0$. つまり,

$$\lim_{t \to \infty} e^{-\rho t} q(t) x^*(t) = 0.$$

6.5.4　2次元のケースの最大値原理

さらに, 次の問題を考えることにする. 以下, Ω は制御領域とする.

$$\dot{x}_1 = f_1(x_1, x_2, u_1, u_2, t),$$
$$\dot{x}_2 = f_2(x_1, x_2, u_1, u_2, t),$$
$$(u_1(t), u_2(t)) \in \Omega \quad (t \in [0, T]),$$
$$(x_1(0), x_2(0)) = (\bar{x}_1, \bar{x}_2)$$

6.5. 動学的最適問題

という条件のもとで，次の汎関数を最大にする最適過程を求めよ．

$$\int_0^T e^{-\rho t} U(x_1(t), x_2(t), u_1(t), u_2(t)) dt.$$

これについては次のことが成立する．

定理 8 (最大値原理)：$(x_1^*(t)), (x_2^*(t)), (u_1^*(t)), (u_2^*(t))$ が所与の初期資本ストック (x_1^0, x_2^0) から出発する $[0, T]$ のもとでの最適過程であれば，下記の条件 (1),(2) を満足する区分的連続微分可能な連続関数 $p_1(t): [0, T] \to R$, $p_2(t): [0, T] \to R$ が存在する．

まず，ハミルトニアンを次のように定義する．

$$H(p_1, p_2, x_1, x_2, u_1, u_2, t) = e^{-\rho t} U(x_1, x_2, u_1, u_2) + p_1 f_1(x_1, x_2, u_1, u_2, t) + p_2 f_2(x_1, x_2, u_1, u_2, t).$$

(1) 不連続点を除くすべての $t \in [0, T]$ に対して，

$$\dot{p}_1(t) = -\frac{\partial H(p_1(t), p_2(t), x_1^*(t), x_2^*(t), u_1^*(t), u_2^*(t), t)}{\partial x_1},$$

$$\dot{p}_2(t) = -\frac{\partial H(p_1(t), p_2(t), x_1^*(t), x_2^*(t), u_1^*(t), u_2^*(t), t)}{\partial x_2}.$$

(2) 任意の $(u_1, u_2) \in \Omega$ と任意の $t \in [0, T]$ に対して，

$$H(p_1(t), p_2(t), x_1^*(t), x_2^*(t), u_1^*(t), u_2^*(t), t) \geq H(p_1(t), p_2(t), x_1^*(t), x_2^*(t), u_1, u_2, t).$$

$T = +\infty$ のケースについてもこの定理は成立する．

さらに，カレント・バリュー・ハミルトニアンによる次の最大値原理が成立する．

定理 9：$(x_1^*(t)), (x_2^*(t)), (u_1^*(t)), (u_2^*(t))$ が $[0, T]$ のもとでの最適過程であれば，下記の条件 (1),(2) を満足する区分的連続微分可能な連続関数 $q_1(t): [0, T] \to R$, $q_2(t): [0, T] \to R$ が存在する．

まず，カレント・バリュー・ハミルトニアンを次のように定義する．

$$\hat{H}(q_1, q_2, x_1, x_2, u_1, u_2, t) = U(x_1, x_2, u_1, u_2) + q_1 f_1(x_1, x_2, u_1, u_2, t) + q_2 f_2(x_1, x_2, u_1, u_2, t).$$

(1) 不連続点を除くすべての $t \in [0, T]$ に対して，

$$\dot{q}_1(t) = \rho q_1(t) - \frac{\partial \hat{H}(q_1(t), q_2(t), x_1^*(t), x_2^*(t), u_1^*(t), u_2^*(t), t)}{\partial x_1},$$

$$\dot{q}_2(t) = \rho q_2(t) - \frac{\partial \hat{H}(q_1(t), q_2(t), x_1^*(t), x_2^*(t), u_1^*(t), u_2^*(t), t)}{\partial x_2}.$$

(2) 任意の $(u_1, u_2) \in \Omega$ と任意の $t \in [0, T]$ に対して，

$$\hat{H}(q_1(t), q_2(t), x_1^*(t), x_2^*(t), u_1^*(t), u_2^*(t), t) \geq \hat{H}(q_1(t), q_2(t), x_1^*(t), x_2^*(t), u_1, u_2, t).$$

6.5.5 無限時間視野のもとでの最大値原理

さらに，次の定理が成立する[12]．

定理 10 (無限時間視野のもとでの最大値原理) : $(x^*(t)), (u^*(t))$ が $[0, \infty)$ のもとでの最適過程であれば，下記の条件 (1),(2) を満足する区分的連続微分可能な連続関数 $p(t) : [0, T) \to R$ が存在する．まず，ハミルトニアンを次のように定義する．

$$H(p, x, u, t) = e^{-\rho t} U(x, u) + p f(x, u, t).$$

(1) 不連続点を除くすべての $t \in [0, \infty)$ に対して，

$$\dot{p}(t) = -\frac{\partial H(p(t), x^*(t), u^*(t), t)}{\partial x}$$

(2) 任意の $u \in \Omega$ と任意の $t \in [0, \infty)$ に対して，

$$H(p(t), x^*(t), u^*(t), t) \geqq H(p(t), x^*(t), u, t).$$

6.5.6 最大化ハミルトニアン

次に，ハミルトニアン・ダイナミックスの議論を展開する際に有益な最大化ハミルトニアンについて考察しておくことにする．以下，次のケースを考察する．

$$f(t, x, v) = T(x, v).$$

ここで，$U(x, v), T(x, v)$ が狭義の凹関数であれば，$U(x, v) + qT(x, v)$ も狭義の凹関数である．以下，x, q を所与として，$U_v(x, v) + qT_v(x, v) = 0$ の解を $v(q, x)$ と記すことにする．したがって，

$$U_v(x, v(q, x)) + qT_v(x, v(q, x)) = 0.$$

また，$H^0(q, x) = H(q, x, v(q, x)) = U(x, v(q, x)) + qT(x, v(q, x))$ と定義する．以下，記号の煩雑さを避けるため，独立変数の表示は省略する．

$$
\begin{aligned}
H^0_x(q, x) &= U_x + U_v \frac{\partial v}{\partial x} + qT_x + qT_v \frac{\partial v}{\partial x} \\
&= U_x + qT_x + \{U_v + qT_v\} \frac{\partial v}{\partial x} \\
&= U_x(x, v(q, x)) + qT_x(x, v(q, x)), \\
H^0_{xx}(q, x) &= U_{xx} + U_{xv} \frac{\partial v}{\partial x} + qT_{xx} + qT_{xv} \frac{\partial v}{\partial x} \\
&= U_{xx} + qT_{xx} + \frac{\partial v}{\partial x} \{U_{xv} + qT_{xv}\}
\end{aligned}
$$

---
[12] 直感的な証明については本章の補論 2 を参照せよ．

6.5. 動学的最適問題

$$\begin{aligned}
&= U_{xx} + qT_{xx} - \frac{U_{vx} + qT_{vx}}{U_{vv} + qT_{vv}}\{U_{xv} + qT_{xv}\} \\
&= \frac{\{U_{xx} + qT_{xx}\}\{U_{vv} + qT_{vv}\} - \{U_{vx} + qT_{vx}\}\{U_{xv} + qT_{xv}\}}{\{U_{vv} + qT_{vv}\}} \\
&= \frac{\det\begin{bmatrix} U_{xx} + qT_{xx} & U_{xv} + qT_{xv} \\ U_{vx} + qT_{vx} & U_{vv} + qT_{vv} \end{bmatrix}}{U_{vv} + qT_{vv}} > 0.
\end{aligned}$$

ここで, $U(x,v) + qT(x,v)$ は凹関数であるので,

$$\det\begin{bmatrix} U_{xx} + qT_{xx} & U_{xv} + qT_{xv} \\ U_{vx} + qT_{vx} & U_{vv} + qT_{vv} \end{bmatrix} \geqq 0, \qquad U_{vv} + qT_{vv} \leqq 0.$$

同様にして,

$$\begin{aligned}
H_q^0(q,x) &= U_v \frac{\partial v}{\partial q} + T + qT_v \frac{\partial v}{\partial q} \\
&= T(x, v(q,x)), \\
H_{qq}^0(q,x) &= T_v \frac{\partial v}{\partial q} \\
&= T_v \frac{T_v}{U_{vv} + qT_{vv}} \\
&= \frac{(T_v)^2}{U_{vv} + qT_{vv}} < 0.
\end{aligned}$$

さらに, 次のような定義を行うことにする.

$h(x)$ が α-凸関数である. $\iff$ $h_{xx}(x) \geqq \alpha$ $(\forall x)$.

ここで, α が 0 であるケース, つまり $h(x)$ が 0-凸関数であるということは通常の凸関数と同じである. さらに, $\alpha > 0$ について α-凸関数ならば, 狭義の凸関数であるということができる. 同様に, $-h(x)$ が α-凸関数である場合, 関数 $h(x)$ は α-凹関数といわれる.

次の重要な定理を証明なしに, 紹介しておくことにしよう.

定理 11:任意の $x \in U$ に対して,

$$\dot{W}(x) \leqq 0$$

となるような連続微分可能な関数 $W(x): U \to R$ が存在すれば, 有界な時間経路は平衡点に近づいていく.

この定理の成立を前提として, ハミルトニアン・ダイナミックスに関する有益な命題を導出しておくことにする.

$$\begin{aligned}
\dot{x} &= H_q^0(q,x), \\
\dot{q} &= \rho q - H_x^0(q,x).
\end{aligned}$$

$W(q,x) = -\dot{q}\dot{x} = -\{H_q^0(q,x)\}\{\rho q - H_x^0(q,x)\}$ とおく. そのとき,

$$\begin{aligned}
\dot{W} &= -\dot{q}\ddot{x} - \ddot{q}\dot{x} \\
&= -\dot{q}\{H_{qq}^0 \dot{q} + H_{qx}^0 \dot{x}\} - \{\rho\dot{q} - H_{xq}^0\dot{q} - H_{xx}^0\dot{x}\}\dot{x} \\
&= -\rho\dot{q}\dot{x} + \dot{x}H_{xx}^0\dot{x} - \dot{q}H_{qq}^0\dot{q} \\
&= -(\dot{q},\dot{x})\begin{bmatrix} H_{qq}^0 & \frac{\rho}{2} \\ \frac{\rho}{2} & -H_{xx}^0 \end{bmatrix}\begin{bmatrix} \dot{q} \\ \dot{x} \end{bmatrix}.
\end{aligned}$$

ここで, 次のように定義する.

$$B(q,x) = \begin{bmatrix} H_{qq}^0(q,x) & \frac{\rho}{2} \\ \frac{\rho}{2} & -H_{xx}^0(q,x) \end{bmatrix}.$$

次のことが成立する.

定理 12：$B(q,x)$ が上記の微分方程式系の解に沿って, 次の条件 (1),(2) が成立するならば, x_0 を出発する有界な最適成長経路は平衡点に漸近していく.

(1) $B(q,x)$ は正定値行列である[13].

(2) $H^0(q,x)$ が q に関して β-凸である. つまり, $H_{qq}^0(q,x) \geqq \beta$.

$-H^0(q,x)$ が x に関して α-凸である. つまり, $(-H_{qq}^0(q,x)) \geqq \alpha$.

$$\alpha > 0, \quad \beta > 0, \quad \alpha\beta > \frac{\rho^2}{4}.$$

---

[13] これは次のことと同値である.
$\det B(q,x) = H_{qq}^0(q,x)(-H_{xx}^0(q,x)) - \frac{\rho^2}{4} > 0,\ H_{qq}^0(q,x) < 0,\ -H_{xx}^0(q,x) < 0.$

6.6　補論 1：簡単な微分方程式の解法（求積法）

この補論では，いわゆる求積法による微分方程式の解法について解説する．

変数分離形

次のような微分方程式は変数分離形と呼ばれている．
$$\frac{dy}{dx} = \frac{f(x)}{g(y)}.$$
これは次のように表される．
$$g(y)\frac{dy}{dx} = f(x).$$
置換積分を適用することにより，次式の解を求めればよい．
$$\int g(y)dy = \int f(x)dx + C.$$
例として次の微分方程式を解いてみることにする．
$$\frac{dy}{dx} = \frac{x}{y}.$$
両辺に y を掛け，置換積分を適用すると，
$$\int y\,dy = \int x\,dx + C_1.$$
ここで，C_1 は任意定数である．
$$\frac{1}{2}y^2 = \frac{1}{2}x^2 + C_1.$$
任意定数を $C = -2C_1$ と置き換えると，次式が得られる．
$$x^2 - y^2 = C.$$

同次形

次のような形の微分方程式は同次形の微分方程式といわれる．
$$\frac{dy}{dx} = f\left(\frac{y}{x}\right).$$
$v = y/x$ とおくことにする．　$y = vx$ より，
$$\frac{dy}{dx} = v + x\frac{dv}{dx}.$$
以上のことより，
$$v + x\frac{dv}{dx} = f(v).$$

したがって，
$$x\frac{dv}{dx} = f(v) - v.$$
これは上述の変数分離形である．

1階の線形微分方程式

ここでは，次のような形の1階の線形微分方程式を考えることにしよう．
$$\frac{dy}{dx} + P(x)y = Q(x).$$
次のことが成立する．
$$\frac{dy}{dx}e^{\int P(x)dx} + P(x)e^{\int P(x)dx}y = Q(x)e^{\int P(x)dx}.$$
ところで，
$$\frac{d}{dx}(ye^{\int P(x)dx}) = \frac{dy}{dx}e^{\int P(x)dx} + y\frac{d}{dx}e^{\int P(x)dx} = \frac{dy}{dx}e^{\int P(x)dx} + ye^{\int P(x)dx}P(x).$$
ゆえに
$$\frac{d}{dx}(ye^{\int P(x)dx}) = Q(x)e^{\int P(x)dx}.$$
両辺について積分を行うと，次式が得られる．
$$ye^{\int P(x)dx} = \int Q(x)e^{\int P(x)dx}dx + C.$$
以上のことより，1階の線形微分方程式の解の公式が次のように求められる．
$$y(x) = e^{-\int P(x)dx}\left(\int Q(x)e^{\int P(x)dx}dx + C\right).$$

6.7　補論2：複素関数の微分

複素関数 $f(z)$ を
$$f(x+iy) = u(x,y) + iv(x,y)$$
とおくことにする．複素関数の $z_0 = x_0 + iy_0$ における微係数
$$\lim_{z \to z_0}\frac{f(z) - f(z_0)}{z - z_0}$$
の極限値が存在するとき，その極限値を $f'(z_0)$ と表すことにする．つまり，
$$f(z) = f(z_0) + \alpha(z - z_0) + \varepsilon(z, z_0).$$

6.7. 補論2：複素関数の微分

ここで,
$$z \to z_0 \Longrightarrow \frac{\varepsilon(z, z_0)}{|z - z_0|} \to 0.$$

いま,
$$\alpha = a + ib, \quad \varepsilon(z, z_0) = \varepsilon_1(x, y; x_0, y_0) + i\varepsilon_2(x, y; x_0, y_0)$$

とおくことにしよう. そのとき,

$$\begin{aligned} u(x,y) + iv(x,y) &= u(x_0, y_0) + iv(x_0, y_0) + (a+ib)(x+iy-(x_0+iy_0)) \\ &\quad + \varepsilon_1(x, y; x_0, y_0) + i\varepsilon_2(x, y; x_0, y_0). \end{aligned}$$

したがって,
$$u(x, y) = u(x_0, y_0) + a(x - x_0) - b(y - y_0) + \varepsilon_1,$$

$$v(x, y) = v(x_0, y_0) + b(x - x_0) + a(y - y_0) + \varepsilon_2.$$

ここで, $y \to y_0, x \to x_0$ ならば,

$$\frac{|\varepsilon_1(x, y; x_0, y_0)|}{\sqrt{(x-x_0)^2 + (y-y_0)^2}} \to 0, \quad \frac{|\varepsilon_2(x, y; x_0, y_0)|}{\sqrt{(x-x_0)^2 + (y-y_0)^2}} \to 0.$$

したがって, $u(x, y), v(x, y)$ は (x_0, y_0) で全微分可能である. それゆえ, 偏微分可能である.

$$a = \frac{\partial u(x_0, y_0)}{\partial x}, \quad -b = \frac{\partial u(x_0, y_0)}{\partial y},$$

$$b = \frac{\partial v(x_0, y_0)}{\partial x}, \quad a = \frac{\partial v(x_0, y_0)}{\partial y}.$$

一般的に, 次のことが成立する.

定理 13 : 次のような複素関数を考えることにしよう.

$$f(z) = u(x, y) + iv(x, y), \quad z = x + iy.$$

この複素関数が微分可能であるための必要十分条件は $u(x, y), v(x, y)$ がともに (x_0, y_0) で全微分可能で, 上の条件式が成立することである.

ここでは, 次のような複素関数を考えてみることにしよう.

$$f(x + iy) = e^x(\cos y + i\sin y) = e^x \cos y + ie^x \sin y \quad (z = x + iy).$$

ここで, $e^x \cos y$ と $e^x \sin y$ は全微分可能であり, 次のことが成立する.

$$\frac{\partial u(x, y)}{\partial x} = e^x \cos y = \frac{\partial v(x, y)}{\partial y},$$

$$\frac{\partial e^x \cos y}{\partial y} = -e^x \sin y = -\frac{\partial e^x \sin y}{\partial x}.$$

したがって, $f(z)$ は微分可能である.

6.8 補論3：最大値原理の直感的証明

本節では，直感的な含意を明確にする目的で，若干厳しい条件のもとで，最大値原理の証明を行うことにする．ここでは，次のような問題が考察される．

$$\dot{x} = f(x, u, t),$$

$$u(t) \in \Omega \qquad (t \in [0, T]),$$

$$x(0) = x_0$$

という条件のもとで，次の汎関数を最大にする最適過程を求めよ．

$$\int_0^T e^{-\rho t} U(x(t), u(t)) dt.$$

この問題の最適過程を $(x^*(t), u^*(t))_{t=0}^T$ と表すことにする．

また，一般的に，相空間上の任意の x と任意の時点 $t_0 < T$ に対して，次の問題の最適過程 $(\hat{x}(t; x, t_0), \hat{u}(t; x, t_0))$ は存在すると仮定する．

$$\dot{x} = f(x, u, t),$$

$$u(t) \in \Omega \qquad (t \in [t_0, T]),$$

$$x(\tau) = x$$

という条件のもとで，次の汎関数を最大にする最適過程を求めよ．

$$\int_{t_0}^T e^{-\rho t} U(x(t), u(t)) dt.$$

以下，相空間上の任意の x と任意の $t_0 < T$ に対して，次のように定義を行う．

$$W(x, t_0) = \int_{t_0}^T e^{-\rho t} U(\hat{x}(t; x, t_0), \hat{u}(t; x, t_0)) dt.$$

さらに，$W(x, t_0)$ は2回連続微分可能であると仮定する．$(x^*(t), u^*(t))_{t=0}^T$ については次のことが成立する．

$$W(x_0, 0) = \int_0^t e^{-\rho t} U(x^*(s), u^*(s)) ds + W(x^*(t), t).$$

したがって，

$$\frac{d}{dt} W(x^*(t), t) = -e^{-\rho t} U(x^*(t), u^*(t)).$$

ゆえに，

$$\frac{\partial W(x^*(t), t)}{\partial x} f(x^*(t), u^*(t), t) + \frac{\partial W(x^*(t), t)}{\partial t} = -e^{-\rho t} U(x^*(t), u^*(t)).$$

6.8. 補論 3：最大値原理の直感的証明

ここで, $\tau < \tau + \Delta t < T$, $v \in \Omega$. また, $x_v(t)$ $(t \in [\tau, \tau + \Delta t])$ を τ で x を出発する次の微分方程式の解とする.

$$\dot{x}(t) = f(x(t), v, t).$$

そのとき,

$$W(x_v(\tau), \tau) \geqq \int_\tau^{\tau+\Delta t} e^{-\rho s} U(x_v(s), v) ds + W(x_v(\tau+\Delta t), \tau+\Delta t).$$

したがって,

$$W(x_v(\tau+\Delta t), \tau+\Delta t) - W(x_v(\tau), \tau) \leqq -\int_\tau^{\tau+\Delta t} e^{-\rho s} U(x_v(s), v) ds.$$

よって,

$$\frac{W(x_v(\tau+\Delta t), \tau+\Delta t) - W(x_v(\tau), \tau)}{\Delta t} \leqq -\frac{1}{\Delta t}\int_\tau^{\tau+\Delta t} e^{-\rho s} U(x_v(s), v) ds.$$

$\int e^{-\rho s} U(x_v(s), v) ds = G(s)$ とおくと, 次のようになる.

$$\int_\tau^{\tau+\Delta t} e^{-\rho s} U(x_v(s), v) ds = G(\tau+\Delta t) - G(\tau).$$

したがって,

$$\frac{1}{\Delta t}\int_\tau^{\tau+\Delta t} e^{-\rho s} U(x_v(s), v) ds = \frac{1}{\Delta t}\{G(\tau+\Delta t) - G(\tau)\}.$$

ゆえに,

$$\frac{W(x_v(\tau+\Delta t), \tau+\Delta t) - W(x_v(\tau), \tau)}{\Delta t} \leqq -\frac{1}{\Delta t}\{G(\tau+\Delta t) - G(\tau)\}.$$

$\Delta t \to 0$ とすると,

$$\left.\frac{d}{dt}W(x_v(t), t)\right|_{t=\tau} \leqq -\left.\frac{d}{dt}G(t)\right|_{t=\tau} = -e^{-\rho\tau}U(x_v(\tau), v).$$

以上のことにより,

$$\frac{\partial W(x_v(\tau), \tau)}{\partial x}f(x_v(\tau), v, \tau) + \frac{\partial W(x_v(\tau), \tau)}{\partial t} \leqq -e^{-\rho t}U(x_v(\tau), v).$$

ここで, $x_v(\tau) = x$ であり, x と τ は任意であるので,

$$G(x, u, t) = \frac{\partial W}{\partial x}(x, t)f(x, u, t) + \frac{\partial W(x, t)}{\partial x} + e^{-\rho t}U(x, u)$$

とおくと, 次のことが成立する.

(1) $G(x, u, t) \leqq 0$ (任意の x, u, t に対して).

(2)　$G(x^*(t), u^*(t), t) = 0.$

(1),(2) により, 任意の $u \in \Omega$ と任意の $t \in [0, T)$ に対して, に対して,

$$G(x^*(t), u^*(t), t) \geqq G(x^*(t), u, t).$$

したがって,

$$p(t) = \frac{\partial W(x^*(t), t)}{\partial x}$$

とおくと,

$$p(t) f(x^*(t), u^*(t), t) + e^{-\rho t} U(x^*(t), u^*(t)) \geqq p(t) f(x^*(t), u, t) + e^{-\rho t} U(x^*(t), u).$$

さらに, (1) と (2) より, 相空間上の任意の x と任意の $t \in [0, T)$ に対して, に対して,

$$G(x^*(t), t, u^*(t)) \geqq G(x, t, u^*(t)).$$

したがって,

$$\left. \frac{\partial G(x, t, u^*(t))}{\partial x} \right|_{x = x^*(t)} = 0.$$

ゆえに,

$$\frac{\partial^2 W(x^*(t), t)}{\partial x^2} f(x^*(t), u^*(t), t) \quad + \quad \frac{\partial W(x^*(t), u)}{\partial x} \frac{\partial f(x^*(t), u^*(t), t)}{\partial x}$$
$$+ \quad \frac{\partial^2 W(x^*(t), t)}{\partial x \partial t} + e^{-\rho t} \frac{\partial U(x^*(t), u^*(t))}{\partial x} = 0.$$

ここで,

$$\dot{p}(t) = \frac{\partial^2 W(x^*(t), t)}{\partial x^2} f(x^*(t), u^*(t), t) + \frac{\partial^2 W(x^*(t), t)}{\partial t \partial x}.$$

仮定により, ヤングの定理が成立するので,

$$\dot{p}(t) = -p(t) \frac{\partial f(x^*(t), u^*(t), t)}{\partial x} - e^{-\rho t} \frac{\partial U(x^*(t), u^*(t))}{\partial x}.$$

したがって, 次の定理が成立する.

定理 14 (最大値原理): $(x^*(t), u^*(t))$ が $[0, t]$ のもとでの最適過程であれば, 下記の条件 (1),(2) を満足する区分的連続微分可能な連続関数 $p(t) : [0, T) \to R$ が存在する. まず, ハミルトニアンを次のように定義する.

$$H(p, x, u, t) = e^{-\rho t} U(x, u) + p f(x, u, t).$$

(1)　不連続点を除くすべての $t \in [0, T)$ に対して,

$$\dot{p}(t) = -\frac{\partial H(p(t), x^*(t), u^*(t), t)}{\partial x}.$$

(2)　任意の $u \in \Omega$ と任意の $t \in [0, T)$ に対して,

$$H(p(t), x^*(t), u^*(t), t) \geqq H(p(t), x^*(t), u, t).$$

第7章　物的資本の蓄積と経済成長

7.1　序

第6章の数理的準備を前提として，第7章から第9章では連続型の成長モデルが展開される．特に，本章では，物的資本の蓄積と経済成長の関連が考察される．最初に，7.2節では，キャス＝クープマンス・モデルに関する議論が展開される．その後，7.3節で，モデルの中に外部性，政府のメカニズム等を導入して内生的成長の可能性が考察される．

7.2　キャス＝クープマンス・モデル

7.2.1　均衡成長経路

家計の主体的均衡

本節では，家計と企業からなる分権的な市場経済が考察される．まず，家計の主体的均衡について考察する．第2章における仮定と同様に，各家計は n の率で増加するものとしよう．各家計は一定の予算制約のもとで通時的な効用を最大にするように消費計画を立てようとする．利子率 $r(t)$ と賃金率 $w(t)$ の系列を所与として国民経済における家計部門では次のことが成立する．

$$C(t) + \dot{A}(t) = r(t)A(t) + w(t)L(t). \tag{7.1}$$

ここで，$A(t)$ は t における総資産である．以下，$c(t) = C(t)/L(t), a(t) = A(t)/L(t)$ と定義する．上式の両辺を $L(t)$ で割ると，

$$c(t) + \frac{\dot{A}(t)}{L(t)} = r(t)a(t) + w(t).$$

ここで，$\dot{a}(t) = \dot{A}(t)/L(t) - na(t)$ であるので，

$$\dot{a}(t) = (r(t) - n)a(t) + w(t) - c(t). \tag{7.2}$$

利子率 $r(t)$ の系列と賃金率 $w(t)$ の系列および初期資産 $\bar{a}(0)$ を所与として，各家計は一定の予算の制約と NPG 条件（借金を残したままで終わることはないという条件）のもとで，将来にわたる最適な時間経路 $(c(t)),(a(t))$ を選択しようとする．つまり，次の問題の解を求めようとする．

$$\text{maximize} \quad \int_0^\infty e^{-(\rho-n)t} u(c(t)) dt$$

$$\text{subject to} \quad \dot{a}(t) = (r(t)-n)a(t) + w(t) - c(t),$$
$$a(0) = \bar{a}(0),$$
$$\lim_{t \to \infty} a(t) exp[-\int_0^t (r(\tau)-n)\, d\tau] \geq 0.$$

ここで，最後の条件は NPG 条件である．

上述の問題を解くために，利子率と賃金率の系列 $(r(t)), (w(t))$ を所与として，カレント・バリュー・ハミルトニアンを次のように設定しよう．

$$\tilde{H}(p,a,c,t) = u(c) + p\{r(t)a - na + w(t) - c\}. \tag{7.3}$$

$(a(t)), (c(t))$ が家計の主体的均衡であれば，ある $p(t): [0,\infty) \to R$ が存在して，次のことが成立する．

(1) $u_c(c(t)) = p(t)$ (任意の $t \in [0,\infty)$ に対して)．

(2) 任意の $t \in [0,\infty)$ に対して，

$$\begin{aligned}
\dot{p}(t) &= (\rho-n)p(t) - \frac{\partial \tilde{H}(p(t),a(t),c(t),t)}{\partial a} \\
&= (\rho-n)p(t) - p(t)(r(t)-n) \\
&= p(t)\{\rho - r(t)\}.
\end{aligned}$$

(3) $\lim_{t \to \infty} a(t) exp[-\int_0^t (r(\tau)-n)\, d\tau] = 0.$

さて, (2) より, 次のことが成立する．

$$p(t) = p(0) exp[\int_0^t (\rho - r(\tau))\, d\tau].$$

また, 次のことが成立する．

$$a(t)p(t)e^{-(\rho-n)t} = a(t)p(0) exp[-\int_0^t (r(\tau)-n)\, d\tau].$$

ゆえに, 条件 (3)(NPG 条件) は次のように表される．

$$\lim_{t \to \infty} a(t)p(t)e^{-(\rho-n)t} = 0. \tag{7.4}$$

7.2. キャス＝クープマンス・モデル

企業の主体的均衡

利子率と賃金の系列 $(r(t)),(w(t))$ を所与として，企業部門の主体的均衡について考察することにしよう．以下，最終財の価格を 1 に基準化する．企業部門の利潤は次のように表される．

$$\begin{aligned}\Pi &= F(K,L) - (r(t)+\delta)K - w(t)L \\ &= L\{f(k) - (r(t)+\delta)k - w(t)\}.\end{aligned}$$

ここで，$f(k) = F(k,1)$. $k(t)$ と $L_d(t)$ が企業の（生産がゼロでない）主体的均衡であれば，次のことが成立している．

$$r(t) = f'(k(t)) - \delta, \tag{7.5}$$
$$w(t) = f(k(t)) - (r(t)+\delta)k(t). \tag{7.6}$$

ただし，労働の需要量 $L_d(t)$ はゼロ以上の任意の実数値である．

市場均衡

資本市場では，任意の $t \in [0,\infty)$ に対して，次のことが成立する．

$$k(t) = a(t). \tag{7.7}$$

また，t における労働の供給は $L(t)$ であるので，労働市場では次のことが成立する．

$$L_d(t) = L(t). \tag{7.8}$$

以上のことにより，上述のモデルにおける均衡状態は次のように整理される．

(1) 家計の主体的均衡条件

$(r(t)),(w(t))$ を所与として，$(a(t)),(c(t))$ が家計の主体的均衡であれば，任意の $t \in [0,\infty)$ に対して，

$$\begin{aligned}u_c(c(t)) &= p(t), \\ \dot{p}(t) &= p(t)\{\rho - r(t)\}, \\ \dot{a}(t) &= \{r(t) - n\}a(t) + w(t) - c(t). \\ \lim_{t\to\infty} a(t)p(t)e^{-(\rho-n)t} &= 0.\end{aligned}$$

(2) 企業の主体的均衡条件

$(r(t)),(w(t))$ を所与として，任意の $t \in [0,\infty)$ に対して，

$$\begin{aligned}r(t) &= f'(k(t)) - \delta, \\ w(t) &= f(k(t)) - (r(t)+\delta)k(t).\end{aligned}$$

(3) 市場均衡

任意の $t \in [0, \infty)$ に対して,

$$k(t) = a(t), \quad L_d(t) = L(t).$$

均衡状態では, $k(t) = a(t), r(t) = f'(k(t)) - \delta, w(t) = f(k(t)) - f'(k(t))k(t)$ であるので,

$$\begin{aligned}
\dot{k}(t) + c(t) + nk(t) &= r(t)k(t) + w(t) \\
&= \{f'(k(t)) - \delta\}k(t) + f(k(t)) - f'(k(t))k(t) \\
&= f(k(t)) - \delta k(t).
\end{aligned}$$

以上のことより, 次の定義を行う.

定義 1：任意の $t \in [0, \infty)$ に対して, 次の方程式系を満足する $(k(t)), (c(t)), (p(t))$ は $\bar{k}(0)$ から出発する均衡成長経路といわれる.

$$\begin{aligned}
\dot{k}(t) &= f(k(t)) - (n + \delta)k(t) - c(t), \\
p(t) &= u_c(c(t)), \\
\dot{p}(t) &= p(t)\{(\rho + \delta) - f'(k(t))\}, \\
k(0) &= \bar{k}(0), \\
&\lim_{t \to \infty} k(t)p(t)e^{-(\rho - n)t} = 0.
\end{aligned}$$

7.2.2 最適成長経路

次に, 最適経済成長について考察しよう. 閉鎖経済のもとでは, 各 t において次式が成立している.

$$\dot{K}(t) + \delta K(t) = F(K(t), L(t)) - C(t). \tag{7.9}$$

以下, $k(t) = K(t)/L(t), c(t) = C(t)/L(t)$ と定義する. 上式の両辺を $L(t)$ で割ると,

$$\frac{\dot{K}(t)}{L(t)} + \delta k(t) = F(k(t), 1) - c(t).$$

ここで, $\dot{k}(t) = \dot{K}(t)/L(t) - nk(t)$ であるので, 各 t に対して, 次式が成立する.

$$\dot{k}(t) = f(k(t)) - (n + \delta)k(t) - c(t). \tag{7.10}$$

初期ストック $\bar{k}(0)$ を所与として, 最適経済成長経路 $(k(t)), (c(t))$ は次の問題の解として与えられる.

$$\text{maximize} \int_0^\infty e^{-(\rho - n)t} u(c(t)) dt$$

7.2. キャス＝クープマンス・モデル

$$\text{subject to} \quad \dot{k}(t) = f(k(t)) - (n+\delta)k(t) - c(t),$$
$$k(0) = \bar{k}(0).$$

まず，最初に，$c(t) = f(k(t)) - (n+\delta)k(t) - \dot{k}(t)$ を目的汎関数に代入して，変分法のオイラー方程式を利用して，議論することにしよう．その際，$(k(t))$ に付随して1人当たりの消費経路 $(c(t))$ が一意的に $c(t) = f(k(t)) - (n+\delta)k(t) - \dot{k}(t)$ と定まり，代表的個人の瞬時的効用関数は次のように表される．

$$\begin{aligned}u(c(t)) &= u(f(k(t)) - (n+\delta)k(t) - \dot{k}(t)) \\ &= V[k(t), \dot{k}(t)].\end{aligned}$$

さらに，経済成長経路と社会的厚生指標との関係を表すものとして，汎関数を次のように定義する：

$$\begin{aligned}W^T[(k(t))_{t=0}^\tau] &= \int_0^T e^{-\rho t} P(t) u(c(t)) dt \\ &= \bar{P}_0 \int_0^T e^{-(\rho-n)t} u(f(k(t)) - (n+\delta)k(t) - \dot{k}(t)) dt \\ &= \bar{P}_0 \int_0^T e^{-(\rho-n)t} V[k(t), \dot{k}(t)] dt.\end{aligned}$$

ここで，$\tau \geq T$．また，上記の評価汎関数 $W^T[(k(t))_{t=0}^\tau]$ に対して，第2章で定義された最適（選択）規準の定義が与えられているものとする．

命題 1：上述のモデルと $\bar{k}(0)$ を所与として，次のことが成立する．

(1) $T < +\infty$ の場合，$(k(t))_{t=0}^T, (c(t))_{t=0}^T$ が T までの最適経済成長経路であれば，任意の $t \in [0,T]$ に対して，

$$\dot{k}(t) = f(k(t)) - (n+\delta)k(t) - c(t), \tag{7.11}$$
$$\dot{c}(t) = -\frac{u_c(c(t))}{u_{cc}(c(t))}\{f'(k(t)) - (\rho+\delta)\}. \tag{7.12}$$

となる．

(2) $T = +\infty$ の場合，$(k(t)), (c(t))$ が追いつき原理の意味での最適経済成長経路であれば，$(k(t))$ および $(c(t))$ に対して，上記の常微分方程式が $[0,\infty)$ 上で成立する．

(3) $T = +\infty$ でしかも $\rho > n$ の場合，$(k(t)), (c(t))$ が上記の常微分方程式と横断性条件を満足するような経路であれば，追いつき原理の意味での最適成長経路である[1]．

---

[1] ここでは，この証明は行われない．たとえば，大住 [1986, pp.190-191] の証明を参照せよ．

証明：まず，
$$V[k,z] = u(f(k) - (n+\delta)k - z)$$
とおくことにしよう．そのとき，
$$V_k[k,z] = u_c(f(k) - (n+\delta)k - z) \cdot \{f'(k) - (n+\delta)\},$$
$$V_z[k,z] = u_c(f(k) - (n+\delta)k - z) \cdot (-1),$$
$$V_{zk}[k,z] = -u_{cc}(f(k) - (n+\delta)k - z) \cdot \{f'(k) - (n+\delta)\},$$
$$V_{zz}[k,z] = u_{cc}(f(k) - (n+\delta)k - z).$$

さて，$(k(t))_{t=0}^T, (c(t))_{t=0}^T$ は最適成長経路であるとしよう．そのとき，当然，任意の $t \in [0,T]$ に対して，
$$\dot{k}(t) = f(k(t)) - (n+\delta)k(t) - c(t).$$
ここで，次のことが成立する．
$$\frac{\partial}{\partial t}\{e^{-(\rho-n)t} V_z(k,z)\} = -(\rho-n)e^{-(\rho-n)t} V_z(k,z).$$
したがって，前章における変分法に関する定理より，次のことが成立する．
$$e^{-(\rho-n)t} V_{zz}(k(t), \dot{k}(t))\ddot{k}(t) + e^{-(\rho-n)t} V_{zk}(k(t), \dot{k}(t))\dot{k}(t)$$
$$-e^{-(\rho-n)t} V_k(k(t), \dot{k}(t)) - (\rho-n)e^{-(\rho-n)t} V_z(k(t), \dot{k}(t)) = 0.$$
ゆえに，任意の $t \in [0,T]$ に対して，
$$u_{cc}(c(t))\ddot{k}(t) - u_{cc}(c(t)) \cdot \{f'(k(t)) - (n+\delta)\}\dot{k}(t) -$$
$$\{-(\rho-n)u_c(c(t)) + u_c(c(t)) \cdot (f'(k(t)) - (n+\delta))\} = 0.$$
したがって，任意の $t \in [0,T]$ に対して，
$$u_{cc}(c(t))\{\ddot{k}(t) - f'(k(t))k(t) + (n+\delta)\dot{k}(t)\} - u_c(c(t))\{f'(k(t)) - (\delta+\rho)\} = 0.$$
代表的個人の効用関数の規定より，任意の $t \in [0,T]$ に対して，$u_{cc}(c(t)) < 0$ であるので，次のことが成立する．
$$\dot{c}(t) = -\frac{u_c(c(t))}{u_{cc}(c(t))}\{f'(k(t)) - (\rho+\delta)\} \quad (t \in [0,T] \text{ に対して}).$$

また，(2) $T = +\infty$ のケースも同様に証明される．

Q.E.D.

7.2. キャス＝クープマンス・モデル

さらに，問題を次のように変形して議論してみることにしよう．

$$\dot{k}(t) = z(t). \tag{7.13}$$

そのとき，目的汎関数は次のように与えられる．

$$\int_0^\infty e^{-(\rho-n)t} u[f(k(t)) - (n+\delta)k(t) - z(t)] dt. \tag{7.14}$$

ここで，$z(t)$ を制御変数，$k(t)$ を状態変数として，最大値原理を利用して議論することにしよう．このとき，カレント・バリュー・ハミルトニアンは次のように規定される．

$$\tilde{H}(k,z) = u(f(k) - (n+\delta)k - z) + pz. \tag{7.15}$$

次のことが成立する．

命題 2 : 上述のキャス＝クープマンス・モデルと $\bar{k}(0)$ を所与として，次のことが成立する．

(1) $T < +\infty$ の場合，$(k(t))_{t=0}^T, (c(t))_{t=0}^T$ が T までの最適経済成長経路であれば，下記の条件 (a), (b), (c) を満足する連続でかつ区分的連続微分可能な経路 $(p(t))_{t=0}^T$, $p(t) > 0$ (すべての $t \in [0,T]$ に対して) が存在する．

(a) すべての $t \in [0,T]$ に対して，

$$\dot{k}(t) = f(k(t)) - (n+\delta)k(t) - c(t).$$

(b) ほとんどすべての $t \in [0,T]$ に対して，

$$\dot{p}(t) = p(t)\{(\rho+\delta) - f'(k(t))\}.$$

(c) すべての $t \in [0,T]$ に対して，

$$u_c(c(t)) = p(t).$$

(2) $T = +\infty$ の場合，$(k(t))$ が追いつき原理の意味での最適経済成長経路であり，$(c(t))$ がそれに付随する 1 人当たりの消費経路であれば，$(k(t))$ および，$(c(t))$ に対して，上記の条件 (a), (b), (c) を $t \in [0,\infty)$ に対して満足する連続で区分的連続微分可能な時間経路 $(p(t))$, $p(t) > 0$ $(t \in [0,T]$ に対して $)$ が存在する．

証明 : $(k(t)), (c(t))$ は ($\bar{k}(0)$ から出発する) 1 人当たりの最適成長経路であるとしよう．そのとき，次の条件を満足する区分的連続微分可能な連続関数 $p(t) : [0,T] \to R$ が存在する．

(1) ほとんどすべての $t \in [0,T]$ に対して，

$$\dot{p}(t) = (\rho-n)p(t) - u_c(c(t)) \cdot \{f'(k(t)) - (n+\delta)\}.$$

(2) 任意 $t \in [0,T]$ に対して,

$$u(f(k(t)) - (n+\delta)k(t) - \dot{k}(t)) + p(t)\dot{k}(t) \geqq u(f(k(t)) - (n+\delta)k(t) - z) + p(t)z.$$

(任意の z に対して).

さて,代表的個人の効用関数についての定義の条件を考慮すると,

$$u_c(c(t)) = p(t).$$

条件 (1) より,ほとんどすべての $t \in [0,T]$ に対して,

$$\begin{aligned}\dot{p}(t) &= (\rho - n)p(t) - u_c(c(t)) \cdot \{f'(k(t)) - (n+\delta)\} \\ &= p(t)\{(\rho + \delta) - f'(k(t))\}.\end{aligned}$$

Q.E.D.

さて,次のことが定義される.

定義 2:$0 < k < \bar{k}$ でしかも,

$$f'(k) = \rho + \delta$$

を満足している k に対して,持続的成長経路 $(k(t))$, $k(t) = k, (t \geqq 0)$ は時間選好率 ρ のもとでの準最適持続的成長経路と呼ばれる.ここで,$f(\bar{k}) = (n+\delta)\bar{k}$. また,時間選好率 ρ のもとでの準最適持続的成長経路を明示的に (k^ρ) と表すことにする.

$f(k^\rho) - (n+\delta)k^\rho = c^\rho$ とすると,$c(t) = c^\rho$ $(t \geqq 0)$ となる不変な経路 $(c(t))$ は (k^ρ) に付随する 1 人当たりの消費経路である.また,$u_c(c^\rho) = p^\rho$ とすると,$p(t) = p^\rho$ $(t \geqq 0)$ となる不変な経路 $(p(t))$ は (k^ρ) に付随する価格経路である.

ここで,図 7-1 から明らかなように,

$$f'(\bar{k}) < \rho + \delta$$

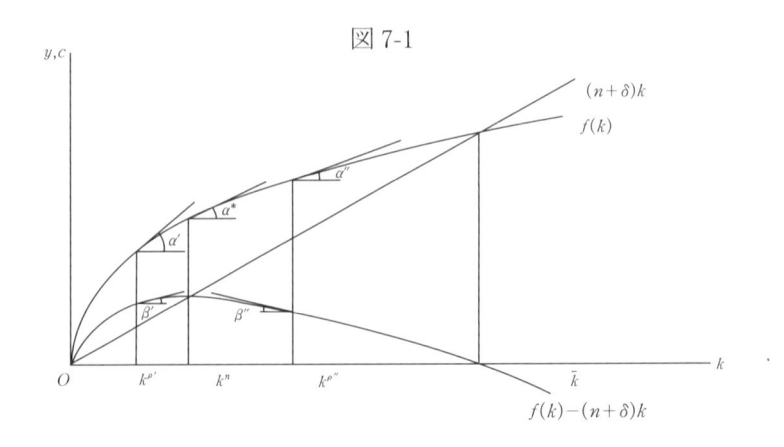

図 7-1

7.2. キャス＝クープマンス・モデル

を満足する ρ の範囲で，準最適持続的成長経路が存在する．

さて，いま，時間選好率が $\rho' > n$ で与えられているとしよう．ここで， $\tan \alpha' = \rho' + \delta$, $\tan \beta' = \rho' - n$. そのとき，ρ' のもとでの準最適持続的成長経路は，図 7-1 で，$k(t) = k^{\rho'}$ $(t \geq 0)$ となる経路 $(k(t))$ である．また，時間選好率として，$\rho'' < n$ となる ρ'' が採用されたとすると，ρ'' のもとでの準最適持続的成長経路は，$k(t) = k^{\rho''}$ $(t \geq 0)$ となる経路 $(k(t))$ で与えられる．ここで， $\tan \alpha'' = \rho'' + \delta$.

7.2.3 均衡成長経路と最適成長経路の分析

さて，以上の準備を前提として，以下では，位相図 (phase diagram) を利用することによって，均衡成長経路と最適成長経路の分析が試みられる．

(1) (k, c) 位相図では，均衡成長経路と最適成長経路の挙動は次の常微分方程式系によって描かれる．

$$\begin{aligned} \dot{k} &= f(k) - (n + \delta)k - c, \\ \dot{c} &= -\frac{u_c(c)}{u_{cc}(c)}\{f'(k) - (\delta + \rho)\}. \end{aligned}$$

(2) (k, p) 位相図では，均衡成長経路と最適成長経路の挙動は次の常微分方程式系によって描かれる．

$$\begin{aligned} \dot{k} &= f(k) - (n + \delta)k - u_c^{-1}(p), \\ \dot{p} &= p\{\rho + \delta - f'(k)\}. \end{aligned}$$

まず，最初に，時間選好率が人口の成長率より大となっているケースが検討される．

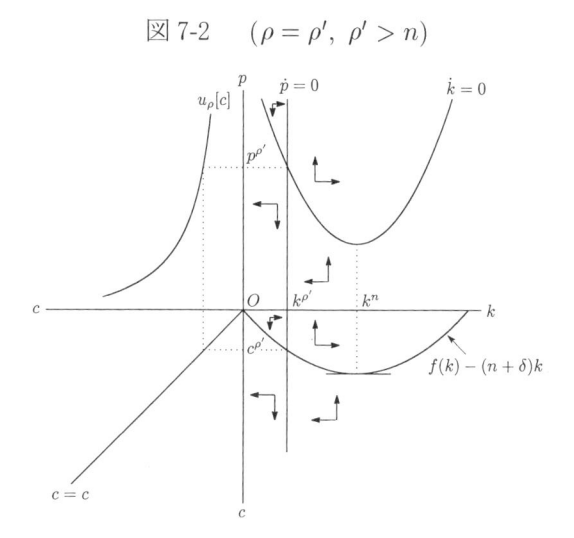

図 7-2 $(\rho = \rho', \rho' > n)$

(a) $\rho > n$ となるケース

いま,時間選好率として,$\rho' > n$ となる ρ' が採用されているものとしよう.そのときの (k, c) 位相図は,図 7-2 の第 4 象限のように描かれる.また,(k, p) 位相図は図 7-2 の第 1 象限に描かれる.

次に,$\rho = \rho'$ に対する位相図を利用して,均衡成長経路および最適成長経路の性質および存在性について検討してみることにしよう.いま,現在時点での(1 人当たりの)資本ストックが $\bar{k}(0)$ で与えられているとする.また,T', $0 < T' < +\infty$,という時間視野が採用されているものとしよう.そのとき,$\bar{k}(0)$ から出発する T' までの最適成長経路 $(k^{T'}(t))_{t=0}^{T'}$ およびそれに付随する(1 人当たりの)消費経路,価格経路は $A'A'$ の軌道で描かれている.次に,$T'' > T'$, $T'' < +\infty$,という時間視野が採用されたとしよう.そのとき,$\bar{k}(0)$ から出発する T'' までの最適成長経路 $(k^{T''}(t))_{t=0}^{T''}$ およびそれに付随する(1 人当たりの)消費経路,価格経路に対応する軌道は $A''A''$ のように描かれる.以下,順次,繰り返すと,(k, c) 相空間図から直ちに理解されるように,無限軌道 BB は内部的な無感応的成長経路[2]に対応している.さらに,上述のことを,有限時間視野のもとでの最適成長経路と準最適成長経路との関係で考察してみると,時間視野が長くなるにつれて,準最適持続的成長経路の近傍で過ごす期間が長くなっている[3].

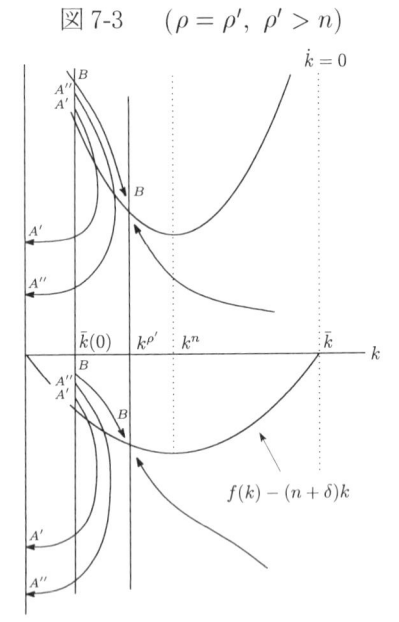

図 7-3 ($\rho = \rho'$, $\rho' > n$)

---

[2] $(k^H(t))_{t=0}^H \in F(\bar{k}(0), H)$ を $\bar{k}(0)$ から出発する H までの最適成長経路とし,$(c^H(t))_{t=0}^H$ をそれに付随する(1 人当たりの)消費経路としよう.任意の $T > 0$ に対して,

$$H \to \infty (H > T) \implies (k^H(t))_{t=0}^H|T \to (\hat{k}(t))|T,$$
$$(c^H(t))_{t=0}^H|T \to (\hat{c}(t))|T$$

となっている実行可能な経路 $(\hat{k}(t))_{t=0}^\infty$ は無感応的な (insensitive) 成長経路と呼ばれる.ここで,$(\hat{c}(t))$ は $(\hat{k}(t))$ に付随する(1 人当たりの)消費経路である.一般的に,$(x(t))_{t=0}^H|T$ は時間経路 $(x(t))_{t=0}^H$ の T までの部分経路である.さらに,無感応性に関しては,Brock [1971] を参照せよ.

[3] この現象は L. W. McKenzie 教授によって中期ターンパイク (middle turnpike) と呼ばれている.

7.2. キャス=クープマンス・モデル

さて，次に，時間選好率が人口の成長率より小となっているケースが吟味される．

(b) $\rho < n$ となるケース

$\rho'' < n$ となる時間選好率 ρ'' が採用されているとしよう．

$\rho'' < n$ となる時間選好率 ρ'' が採用されているとしよう．そのとき，(k, c) 相空間図と (k, p) 相空間図は図7-4のように描かれる．いま，現在時点での（1人当たりの）資本ストックが $\bar{k}(0)$ で与えられているとする．また，前のケースと同様に $0 < T' < T'' < +\infty$ という2つの時間視野，T', T'' に対応する（$\bar{k}(0)$ から出発する）最適成長経路は，それぞれ，$B'B'$, $B''B''$ という軌道で描かれている．したがって，前のケースと同じ論拠により，無限軌道 PP は $\bar{k}(0)$ から出発する無感応的成長経路である[4]．さらに，有限時間視野のもとでの最適成長経路と準最適持続的成長経路との関係でいえば，前のケースと同様に時間視野が長くなるにつれて，最適成長経路が準最適持続成長経路の近傍に留まる期間が長くなっており，いわゆる中期ターンパイクという現象が生じている．また，$f(\bar{k}) < \rho < n$ を満足する ρ が採用されている場合には，追いつき原理の意味での最適成長経路が存在しないということはよく知られた事実である[5]．

さて，次に，位相図を利用して得られた帰結を命題として整理しておくことにしよう．

命題 3：連続型のキャス=クープマンス・モデルと（現在時点での資本ストック）$\bar{k}(0)$ を所与として，次のことが成立する．

図7-4 $(\rho = \rho'', f(\bar{k}) < \rho'' < n)$

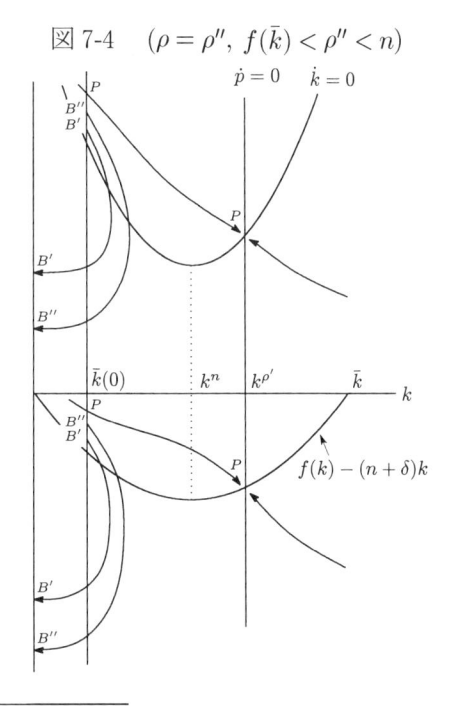

[4] さらに，この経路はアグリーアブル・プランでもある．これについては，Hammond and Mirrlees[1973], Heal[1973], Osumi[1986], 大住 [1985] 等を参照せよ．

[5] Arrow and Kurz[1970, p.71] に非常に興味深い指摘があるので，参照せよ．

次式を満足するような時間選好率 ρ が採用されているとしよう．

$$f'(\bar{k}) - \delta < \rho.$$

そのとき，次のことが成立する．

(a)　唯一の準最適持続的成長経路が存在する．

(b)　$\bar{k}(0)$ から出発する唯一の無感応的成長経路が存在する．

(c)　$\bar{k}(0)$ から出発する無感応的成長経路は準最適持続的成長経路 (k^ρ) に漸近していく．

(d)　時間視野が長くなるにつれて，$\bar{k}(0)$ から出発する有限期の最適成長経路が準最適持続成長経路の近傍に，途中，留まる期間が長くなる．すなわち，マッケンジー教授の定義の意味での中期ターンパイクという現象が生じている．

さらに，無限時間視野のもとで次のことが成立する．

(1)　時間選好率として，

$$\rho > n$$

となる ρ が採用されている場合には，$\bar{k}(0)$ から出発する均衡成長経路は追いつき原理の意味での最適成長経路になる．さらに，このケースでは，準最適持続的成長経路は持続的均衡経路あるいは持続的最適成長経路でもある．

(2)　時間選好率として，

$$f'(\bar{k}) - \delta < \rho < n$$

となる ρ が採用されている場合には，$\bar{k}(0)$ から出発する追いつき原理の意味での最適成長経路は存在しない．

以上のことに関連して，若干の付言を行っておくことにしよう．$\rho > n$ のケースでは，$\bar{k}(0)$ を所与として，(NPG を満たす追いつき原理の意味での) 均衡成長経路は次の方程式系を満足し，しかも，NPG 条件により，横断性条件を満足するので，追いつき原理の意味での最適成長経路であるということもできる．

$$\begin{aligned}\dot{k}(t) &= f(k(t)) - (n+\delta)k(t) - c(t), \\ \dot{p}(t) &= p(t)\{\delta + \rho - f'(k(t)).\}\end{aligned}$$

このことは市場均衡はパレート最適であるという厚生経済学の第一基本定理の動学的システムへの拡張である．

また，$\rho < n$ のケースでは，いわゆる ゲールのケーキ・イーティングの例示のように延期問題[6]が発生し，追いつき原理の意味での最適成長経路は存在しなくなる．

---

[6]　ゲールのケーキ・イーティングの例示および延期問題については，Heal[1993] で丁寧な議論がなされている．

7.3 外生的技術進歩,外部性および政府のメカニズム

本節では,家計の状況は前節と同様だと仮定して,市場均衡の問題を考察する.外生的技術進歩と外部性を考慮して,資本の蓄積方程式が次のように与えられているものとしよう[7].以下,$X(t)$ は外部性を表し,x は外生的技術進歩率とする.

$$\dot{k}(t) = Ae^{xt}f(k(t))X(t) - (\delta+n)k(t) - c(t). \tag{7.16}$$

このケースでは,次のことが成立する.

定理 1:$((k(t)),(c(t))$ が均衡成長経路であれば,下記の条件を満足する区分的連続微分可能な連続関数 $p(t):[0,\infty)\to R$ が存在する.

(1) $u_c(c(t)) = p(t)$.

(2) $\dot{p}(t) = p(t)\{(\rho+\delta) - Ae^{xt}f'(k(t))X(t)\}$.

(3) $\lim_{t\to\infty} k(t)p(t)e^{-(\rho-n)t} = 0$.

さて,以下では,議論の簡単化のために,次のようなケースが考察される.

$$\begin{aligned}F(K,L) &= K^\alpha L^{1-\alpha},\ (0<\alpha\leq 1),\\ u(c) &= \frac{c^{1-\sigma}-1}{1-\sigma}.\end{aligned}$$

したがって,次のことが成立する.

$$f(k(t)) = k(t)^\alpha.$$

以上のことより,均衡成長経路 $((k(t)),(c(t)))$ 上では,次の微分方程式系が成立している.

$$\dot{k}(t) = Ae^{xt}k(t)^\alpha X(t) - c(t) - (\delta+n)k(t), \tag{7.17}$$

$$\frac{\dot{c}(t)}{c(t)} = \sigma^{-1}\left\{Ae^{xt}\alpha k(t)^{\alpha-1}X(t) - (\rho+\delta)\right\}. \tag{7.18}$$

さて,定義により,持続的成長経路上では,すべての変数が一定の率で成長しているので,$\dot{k}(t)/k(t) = G_k = const.$ とおくことにすると,次のことが成立する.

$$G_k = Ae^{xt}k(t)^{\alpha-1}X(t) - c(t)/k(t) - (\delta+n).$$

さらに,$\dot{c}(t)/c(t) = G_c = const.$ とおくと,次の式が得られる.

$$G_c\sigma + (\rho+\delta) = Ae^{xt}\alpha k(t)^{\alpha-1}X(t).$$

したがって,

$$Ae^{xt}k(t)^{\alpha-1}X(t) = \frac{1}{\alpha}[G_c\sigma + (\rho+\delta)].$$

---

[7] 本節の議論は Barro [1990] あるいは Sala-i-Martin [1990] で議論されているトピックスを本章の文脈に適合するように展開したものである.さらに,Barro and Sala-i-Martin [1995] も参照せよ.

ゆえに, $c(t)/k(t) = const.$ ということが成立する. よって,

$$\frac{\dot{c}(t)}{c(t)} = \frac{\dot{k}(t)}{k(t)}.$$

さらに, 次のことが成立する.

$$x + (\alpha - 1)G_k + \frac{\dot{X}(t)}{X(t)} = 0. \tag{7.19}$$

さて, 政府の活動が組み込まれていない状況のもとで次のような有益な帰結を得ることができる.

定理 2: 外部性が存在していないケース, つまり, $X(t) = 1$ というケースでは, 次のことが成立する.

(1) $0 < \alpha < 1$ という（新古典派的）キャス=クープマンス的状況のもとで, $x = 0$ となる場合, 持続的均衡成長経路上での1人当たりの消費の成長率 $G_c = G_k$ がプラスになることは不可能である (このことにより, G_c がプラスになるような現状を説明するための新たな理論的展開が必要になる).

(2) $0 < \alpha < 1$ というケースで, 他の要因がない場合, 持続的均衡成長経路上での1人当たりの消費の成長率 G_c がプラスということが成立するのは $x > 0$ という場合に限られる. このケースはプラスの外生的技術進歩率の導入によって, $G_c > 0$ という現実を説明しようとする立場である.

7.3.1 レベロのAKモデル

本節では外部性が存在しない状況（つまり $X(t) = 1$）のもとで議論が展開される. 外生的技術進歩率がゼロで, つまり, $x = 0$ で, $\alpha = 1$ というケースである AK モデルに言及していくことにしよう. このケースでは, $G_c > 0$ という可能性が存在している. 以下, パラメータに関して次のことを仮定しよう.

$$A - \delta - n > 0, (\sigma^{-1} - 1)(A - \delta) - \sigma^{-1}\rho + n < 0.$$

さて, このケースでは, 次のことが成立している.

$$\dot{k}(t) = Ak(t) - c(t) - (\delta + n)k(t), \tag{7.20}$$

$$\frac{\dot{c}(t)}{c(t)} = \sigma^{-1}\{A - (\rho + \delta)\}. \tag{7.21}$$

さらに, このケースでは, $y(t) = Ak(t)$ ということが成立しているので,

$$\frac{\dot{y}(t)}{y(t)} = \frac{\dot{k}(t)}{k(t)}.$$

7.3. 外生的技術進歩,外部性および政府のメカニズム

したがって,AK モデルのもとで,均衡成長経路上であれば,$y(t), k(t), c(t)$ の成長率は一定で,しかも,同一であるが,さらに,次のことが成立する[8].

定理 3: AK モデルのもとで,持続的均衡成長経路上では,$y(t), k(t), c(t)$ の成長率は一定で,しかも,同一である.したがって,歴史的に所与とされる $k(0)$ に対して,そこから出発する均衡成長経路は持続的経路に限られる.したがって,移行動学 (transitional dynamics) は存在しないということができる.さらに,$c(t)$ の初期状態は次のように与えられる.

$$c(0) = (A - \delta - n - G_c)k(0).$$

証明: 最初に,前半の証明を行うことにしよう.次のことが成立する.

$$c(t) = c(0)e^{\sigma^{-1}(A-\rho-\delta)t}.$$

したがって,次の微分方程式が得られる.

$$\dot{k}(t) = (A - \delta - n)k(t) - c(0)e^{\sigma^{-1}(A-\rho-\delta)t}.$$

議論の簡単化のために,$A - \delta - n = B, \sigma^{-1}(A - \rho - \delta) = D$ とおくことにする.上の微分方程式の両辺に e^{-Bt} を掛けると,次の式が得られる.

$$e^{-Bt}\dot{k}(t) = Be^{-Bt}k(t) - c(0)e^{(D-B)t}.$$

ゆえに,

$$k(t)e^{-Bt} = -\frac{c(0)}{D - B}e^{(D-B)t} + C.$$

ここで,C は任意定数である.上述のパラメータに関する前提により,$B > 0, D - B < 0$.また,横断性条件により,次のことが成立する.

$$\lim_{t \to \infty} k(t)e^{-Bt} = 0.$$

したがって,任意定数 C はゼロである.ゆえに,次のことが成立する.

$$k(t) = \frac{c(t)}{B - D}.$$

したがって,持続的均衡成長経路上では,$y(t), k(t), c(t)$ の成長率は一定で,しかも,同一である.

後半の証明は簡単である.持続的均衡成長経路上では,$\dot{k}(t)/k(t) = G_c = const.$ であるので,

$$c(t) = Ak(t) - \dot{k}(t) - (\delta + n)k(t) = \{A - G_c - (\delta + n)\}k(t).$$

したがって,$c(0) = \{A - G_c - (\delta + n)\}k(0)$.

---

[8] Barro [1990], Sala-i-Martin [1990], Barro and Sala-i-Martin [1995] を参照.

7.3.2 外部性が存在しているケース

さて，外生的技術進歩率 x がゼロで，さらに，次のように外部性が規定されている状況を考察することにしよう．

$$X(t) = k(t)^\eta. \tag{7.22}$$

このケースでは，次のように表される．

$$(\alpha - 1)G_k + \eta \frac{\dot{k}(t)}{k(t)} = 0.$$

したがって，次のケースでは，持続的均衡成長経路上では，プラスの1人当たりの消費の成長率が可能である．

$$\alpha - 1 + \eta = 0. \tag{7.23}$$

以下，このケースを考察していくことにしよう．このケースでは，次のことが成立している．

$$\dot{k}(t) = Ak(t) - c(t) - (\delta + n)k(t), \tag{7.24}$$

$$\frac{\dot{c}(t)}{c(t)} = \sigma^{-1}\left\{\alpha A - (\rho + \delta)\right\}. \tag{7.25}$$

このケースでは，直ちに理解されるように，AK モデルの帰結が適用可能である．したがって，外部性が存在し，しかも，

$$\alpha - 1 + \eta = 0$$

というように規定されている状況のもとでは，歴史的に所与とされた任意の $k(0)$ に対して，そこから出発する均衡成長経路は常に持続的な経路である．したがって，このケースでも，移行動学は存在しないということができる．

次に，$X(t) = k(t)^\eta$ という外部性に関する情報を完全にキャッチしている全知全能の計画当局が存在しているという理想的な状況を考察してみることにしよう．その場合，蓄積方程式は次のように与えられる．

$$\dot{k}(t) = Ak(t) - c(t) - (\delta + n)k(t).$$

これは AK モデルと同じ状況なので次のことが成立する．

$$\frac{\dot{c}(t)}{c(t)} = \sigma^{-1}\left\{A - (\rho + \delta)\right\}. \tag{7.26}$$

したがって，全知全能の計画当局によってもたらされる成長率のほうが当然のことながら均衡成長経路のケースの成長率よりも大となっているということができる．この場合，$k(0)$ を所与とすると，そこから出発する最適成長経路上では，$k(t), c(t), y(t)$ の成長率はすべて同一で，上記の $\dot{c}(t)/c(t) = const.$ に一致している．

7.3.3 政府のメカニズムが組み込まれているケース

Barro [1990], Barro and Sala-i-Martin [1992] による政府のメカニズム $(g(t),\tau)$ が導入されているケースを考察することにしよう. ここで, $g(t),\tau$ はそれぞれ政府の支出と所得税率である. 一般的な規定で, $X(t)=g(t)^{\omega}$, 外生的技術進歩率 $x=0$ とする. さらに, 所得税率が τ であるので, 事後的な 1 人当たりの資本の蓄積方程式は次のように与えられる.

$$\dot{k}(t) = (1-\tau)Ak(t)^{\alpha}g(t)^{\omega} - c(t) - (\delta+n)k(t). \tag{7.27}$$

まず, 持続的均衡経路について考察していくことにしよう. $(g(t),\tau)$ を所与として, 事後的に, 次の追加的な条件を適用することによって持続的均衡経路が規定される.

$$\tau y(t) = g(t). \tag{7.28}$$

さて, $\tau = g(t)/y(t)$ であるので, 次のことが成立する.

$$\frac{\dot{g}(t)}{g(t)} = \frac{\dot{y}(t)}{y(t)}.$$

さらに,

$$\frac{\dot{y}(t)}{y(t)} = \alpha G_k + \omega \frac{\dot{g}(t)}{g(t)}.$$

したがって, 次のことが成立する.

$$(1-\omega)\frac{\dot{g}(t)}{g(t)} = \alpha G_k.$$

以下, 次のようなケースを考察することにしよう.

$$\alpha + \omega = 1. \tag{7.29}$$

このケースでは, 次のことが成立する.

$$\dot{k}(t) = (1-\tau)Ak(t)^{\alpha}g(t)^{1-\alpha} - c(t) - (\delta+n)k(t), \tag{7.30}$$

$$\frac{\dot{c}(t)}{c(t)} = \sigma^{-1}\left\{(1-\tau)A\alpha\left(g(t)/k(t)\right)^{1-\alpha} - (\rho+\delta)\right\}. \tag{7.31}$$

さて, 事後的に政府の収支の均衡条件により, 均衡成長経路上では, $\tau = g(t)/y(t)$ となることが必要である. このことを考慮に入れて, $g(t)/k(t)$ について考察しておくことにする.

$$y(t) = Ak(t)^{\alpha}g(t)^{1-\alpha}$$

ということが成立しているので,

$$\frac{y(t)}{g(t)} = A\left(\frac{k(t)}{g(t)}\right)^{\alpha}.$$

したがって, 次のことが成立する.
$$\tau A = \left(\frac{g(t)}{k(t)}\right)^{\alpha}.$$

つまり,
$$\left(\frac{g(t)}{k(t)}\right)^{1-\alpha} = (\tau A)^{\frac{1-\alpha}{\alpha}}.$$

したがって, 上記の微分方程式系は次のように表される.

$$\dot{k}(t) = (1-\tau)Ak(t)(\tau A)^{\frac{1-\alpha}{\alpha}} - c(t) - (\delta+n)k(t), \tag{7.32}$$
$$\frac{\dot{c}(t)}{c(t)} = \sigma^{-1}\left\{(1-\tau)A\alpha(\tau A)^{\frac{1-\alpha}{\alpha}} - (\rho+\delta)\right\}. \tag{7.33}$$

この式は AK モデルの場合と基本的に同じ式である. ゆえに, 均衡成長経路上では, $k(t), c(t), y(t)$ の成長率は一定で, しかも同一であるという帰結が得られる.

次に, 全知全能の計画当局が存在しているケースを考察することにしよう. 計画当局は事前に $\tau = g(t)/y(t)$ ということと上記の関係式に関する情報を入手していると考えられる. したがって, 次のことが成立している.

$$\dot{k}(t) = (1-\tau)Ak(t)(\tau A)^{\frac{1-\alpha}{\alpha}} - c(t) - (\delta+n)k(t), \tag{7.34}$$
$$\frac{\dot{c}(t)}{c(t)} = \sigma^{-1}\left\{(1-\tau)A(\tau A)^{\frac{1-\alpha}{\alpha}} - (\rho+\delta)\right\}. \tag{7.35}$$

このケースでも, 最適成長経路上では, $k(t), c(t), y(t)$ の成長率は一定で, しかも, 同一である. ここで, Barro [1990] に従って, G_c を最大にするような τ の水準を求めてみることにしよう.

$$\frac{d(1-\tau)\tau^{\frac{1-\alpha}{\alpha}}}{d\tau} = 0 \tag{7.36}$$

となる τ を求めることにする. $0 < \tau < 1$ とすると, $\tau = 1-\alpha$ と求められる. つまり, 政府が所得税率を $1-\alpha$ に一致するように決めるときに, 成長率は最大になるということができる.

さて, 上記の帰結[9]の1つの解釈を行っておくことにしよう.

(1) 比例税を財源として, 政府が公共投資を行う場合, (政府のメカニズムに関する情報を必ずしも充分に把握していない経済主体によって) 分権的に経済運営がなされている場合には, 低い成長率に甘んじなければならないという意味で市場の失敗が生じる可能性がある.

(2) 政府が適切に税率を決定する余地はあるが, $\tau = 1-\alpha$ ということを見いだすことに失敗するかもしれない. すなわち, 政府の失敗の可能性も存在している.

---

[9] 上述の議論では, Barro [1990] の議論が中心として検討されたが, Barro and Sala-i-Martin [1992], [1995] では, 上述の議論は公共的に提供される私的財 (publicly-provided private goods) のケースとして位置づけられている. そのほかに, (1) 公共的に提供される公共財のケース, (2) 公共的に提供されるが, 混雑をもたらすような財のケースも考察されている.

7.4 補論：キャス＝クープマンス・モデルにおける均衡経路の大域的安定性

修正されたハミルトニアンは次のように定義される．

$$\begin{aligned} H^*(k,p) &= v[k, z^*(k,p)] + pz^*(k,p) \\ &= u[f(k) - (n+\delta)k - z^*(k,p)] + pz^*(k,p) \\ &= u(u_c^{-1}(p)) + p \cdot \{f(k) - (n+\delta)k - u_c^{-1}(p)\}. \end{aligned}$$

ここで，(k,p) を所与として，$z^*(k,p)$ は $v[k,z] + p \cdot z$ を最大にするような z の値である．

(1) 下記の条件 (a), (b) を満足する唯一の (k^*, p^*) が存在する．

(a) $H_k^*(k^*, p^*) = 0, \quad H_p^*(k^*, p^*) = 0.$

(b) $\det \begin{bmatrix} H_{kk}^*(k^*,p^*) & H_{kp}^*(k^*,p^*) \\ H_{pk}^*(k^*,p^*) & H_{pp}^*(k^*,p^*) \end{bmatrix} < 0.$

証明：任意の (k,p) に対して，

$$\begin{aligned} H_k^*(k,p) &= p \cdot \{f'(k) - (n+\delta)\}, \\ H_{kk}^*(k,p) &= p \cdot f''(k), \\ H_p^*(k,p) &= f(k) - (n+\delta)k - u_c^{-1}[p], \\ H_{pp}^*(k,p) &= -\frac{1}{u_{cc}(u_c^{-1}(p))}, \\ H_{kp}^*(k,p) &= f'(k) - (n+\delta) = H_{pk}^*(k,p). \end{aligned}$$

ところで，$\rho = n$ のもとでの準最適持続的成長経路 (k^n) に対しては，

$$\begin{aligned} c^n &= f(k^n) - (n+\delta)k^n, \\ p^n &= u_c(c^n), \\ (k^n, p^n) &= (k^n, u_c(c^n)). \end{aligned}$$

さらに，

(c) $H_k^*(k^n, p^n) = p^n\{f'(k^n) - (n+\delta)\} = 0,$
 $H_p^*(k^n, p^n) = f(k^n) - (n+\delta)k^n - u_c^{-1}[p^n] = 0,$

(d) $\det \begin{bmatrix} H_{kk}^*(k^n,p^n) & H_{kp}^*(k^n,p^n) \\ H_{pk}^*(k^n,p^n) & H_{pp}^*(k^n,p^n) \end{bmatrix}$

$= H_{kk}^*(k^n,p^n) \cdot H_{pp}^*(k^n,p^n) - \{H_{kp}^*(k^n,p^n)\}^2$

$= -\dfrac{p^n f''(k^n)}{u_{cc}(u_c^{-1}(p^n))} - \{f'(k^n) - (n+\delta)\}^2 < 0.$

さて，次の性質は (1) の証明から自明である．

(2) 任意の (k,p) に対して，
$-H_{kp}^*(k,p), -H_{pp}^*(k,p)$ は正値である．

さらに，任意の (k,p) に対して，修正されたハミルトニアン $H^*(k,p)$ によって生成されたカーヴァチュアー・マトリックス $Q(k,p)$ が次のように定義される．

$$Q(k,p) = \begin{bmatrix} -H_{kk}^*(k,p) & \frac{\rho-n}{2} \\ \frac{\rho-n}{2} & H_{pp}^*(k,p) \end{bmatrix}$$
$$= \begin{bmatrix} -pf''(k) & \frac{\rho-n}{2} \\ \frac{\rho-n}{2} & -\frac{1}{u_{cc}(u_c^{-1}(p))} \end{bmatrix}.$$

この $Q(k,p)$ に対して次のことが成立する．

(3) $\det Q(k,p) = \dfrac{p \cdot f''(k)}{u_{cc}(u_c^{-1}(p))} - \dfrac{(\rho-n)^2}{4}$. さらに，$\rho = n$ のケースでは，任意の (k,p) に対して，

$$\det Q(k,p) > 0$$

となり，$Q(k,p)$ は正値行列である．また，任意の (k,p) に対して，

$$\frac{p \cdot f''(k)}{u_{cc}(u^{-1}(p))} > 0$$

であるが，任意の (k,p) に対して，

$$\frac{p \cdot f''(k)}{u_{cc}(u^{-1}(p))} \leq \alpha$$

となる $\alpha > 0$ が存在するケースでは，n に充分近い時間選好率 ρ のもとでは，大域的漸近性が示される．

第8章 人的資本と内生的経済成長

8.1 序

　新古典派の経済成長理論 (技術進歩が存在しないソロー＝スワン・成長モデルおよびキャス＝クープマンス・成長モデル) では，持続的成長の可能性とその特性の研究が中心として行われてきたが，持続的成長に付随する1人当たりの国民所得の成長率はゼロになるという厳しすぎる帰結がもたらされた．実証分析では，1人当たりの国民所得の成長率あるいは生産性の成長率は必ずしもゼロではないということが明らかにされている．このような事実を理論に反映させるような理論的改善が当初から切望されていた．第3章でも議論されたが，まず，最初に，外生的な技術進歩を導入したモデルによる説明が試みられた．外生的な技術進歩の導入は一種の生産関数のシフトを外生的にモデルに組み込むことを意味している．さらに，外部性あるいは政府のメカニズムを導入した議論も紹介されたが，それらの試みによっても技術進歩がなぜ生じるのかの説明が動学的モデルの枠内で充分展開されておらず，それゆえ，充分説得的な試みではないということができる．

　さて，最近の内生的成長モデルでは，分権的な市場均衡論的発想を前提として，生産性の成長率がプラスになるような帰結を充分意味のあるモデルの内部で自己完結的に，つまりそのモデル自体で満足のいく議論を展開することを意図している．具体的には、最近の議論では，イノベーションと教育（人的資本の蓄積）が経済成長の中心に位置するようなモデルが展開されている．イノベーションと内生的成長の関連についての議論は既に離散型のモデルのもとで紹介しておいた (第4章を参照). さて，本章では人的資本の蓄積と内生的成長の関連が考察される[1]．特に，ここでは，人的資本と物的資本の蓄積メカニズムを持っている2部門体系のもとで，別個に展開されている種々の議論を統一して厳密な論理体系として構築しなおし，均衡成長経路が満たすべき一般的な関係式が導出される．そのうえで，種々の文献の帰結の位置づけを明確にし，併せて今後の理論の発展の可能性および方向を検討してみることにする．

---

[1] 人的資本と物的資本を含む体系のもとで内生的経済成長を説明しようという試みとしては，Lucas [1988], [1990], Rebelo [1991], King and Rebelo [1992], Mulligan and Sala-i-Martin [1991], [1993], Chamley [1993], Mitra [1993], Caballe and Santos [1994], Barro and Sala-i-Martin [1995] 等などの文献が存在している．

8.2 モデルの設定

8.2.1 前提と記号

説明の便宜のために, まず, 以下で使用される主な記号を規定しておくことにしよう.

$Y(t) = t$ における国民所得
$K(t) = t$ における物的資本ストックの量
$P(t) = t$ における総人口
$C(t) = t$ における消費
$H(t) = t$ における国民経済の知識の蓄積の程度
$u(t) = t$ における代表的個人によって生産活動に費やされる時間数
$v(t) = t$ における代表的個人によって知識・技能の修得のために費やされる時間数
$y(t) = Y(t)/P(t), k(t) = K(t)/P(t), c(t) = C(t)/P(t), h(t) = H(t)/P(t)$.

次に, 以下の議論における基礎的な前提について述べることにしよう.

(G.1) 家計は初期時点において, P_0 だけ存在しており, それぞれ一定の外生的な率 n で成長する. したがって, t における総人口を $P(t)$ とすると, 次のように表される.

$$P(t) = P_0 e^{nt}. \tag{8.1}$$

(G.2) すべての家計は何らかの形で, 生産活動を行っているものとする[2]. さらに, 各家計は選好の点でも生産活動に関する能力の点でも同一であるとする. また, 各家計には利用可能な1単位の時間と経済活動に必要な (エネルギー等の) 資源が賦与されているものとする. 以上のことを考慮して, 以下では, 代表的家計を前提として, 議論を行うことにする. 代表的家計の効用関数を $u = u(c)$ と表すことにする. $u = u(c)$ は次の性質を持っているものとする.

(1) $u(c)$ は2回連続微分可能である.

(2) 任意の $c > 0$ に対して,
$$u_c(c) > 0, \ u_{cc}(c) < 0.$$

ここで, $u_c(c) = du(c)/dc, u_{cc}(c) = du^2(c)/dc$. 本章の後半では次のような CRRA 効用関数が使用される.

$$u(c) = \frac{c^{1-\sigma} - 1}{1 - \sigma}.$$

また, 各家計は1人当たりの消費にのみ関心があるものとし, 将来にわたる消費の系列 $(c(t))$ が与えられた場合, 各 T について, 次のような効用の積分値を基礎に評価を行うものとする.

$$\int_0^T e^{-(\rho-n)\,t} u(c(t)) dt. \tag{8.2}$$

---
[2] ここでは, 家計生産者 (household producer) が仮定されている.

8.2. モデルの設定

ここで，ρ は時間選好率である．

さらに，各家計によって最終財の生産と人的資本の再生産に振り向けられる時間の割合をそれぞれ $u(t), 1-u(t)$ とする．同様に，各家計によって最終財の生産と人的資本の再生産に振り向けられる資源の割合をそれぞれ $v(t), 1-v(t)$ とする．各 t における $h(t)$ および $k(t)$ を所与として，（それらから，最終財の生産および人的資本の再生産に必要な要素を作るための）時点技術が次のように与えられているものとする．

$$
\begin{align}
k_1(t) &= v(t)^{\epsilon_1} k(t), \tag{8.3}\\
e_1(t) &= u(t)^{\epsilon_2} h(t), \tag{8.4}\\
k_2(t) &= [1-v(t)]^{\epsilon_3} k(t), \tag{8.5}\\
e_2(t) &= [1-u(t)]^{\epsilon_4} h(t). \tag{8.6}
\end{align}
$$

さて，国民経済において，最終財の生産プロセスと人的資本の再生産プロセスが存在するものとし，これらについて規定していくことにしよう．以下，$K_i(t) = k_i(t)P(t), E_i(t) = e_i(t)P(t)(i=1,2)$ と記すことにする．

(G.3) マクロ的生産の状況は次のように表されているものとする．

$$Y(t) = F(K_1(t), E_1(t)) X_1(t). \tag{8.7}$$

ここで，$F(K_1, E_1)$ は適切な性質を持っている生産関数とする．また，$X_1(t)$ は外部性を表しているものとする．

(G.4) 教育産業等の活動を通して，人的資本の再生産の状況は次のように規定されているものとする．

$$\dot{H}(t) = G(K_2(t), E_2(t)) X_2(t). \tag{8.8}$$

ここで，関数 $G(K_2, E_2)$ は適切な性質を持っているものとする．上と同様に，一般的に，外部性を表す要素をまとめて，$X_2(t)$ と表すことにする．

さて，δ_k, δ_h をそれぞれ物的資本と人的資本の減耗率とすると，以上のように規定された体系のもとでは，次のことが成立する．

$$
\begin{align*}
\dot{K}(t) + \delta_k K(t) + C(t) &= F(K_1(t), E_1(t)) X_1(t),\\
\dot{H}(t) &= G(K_2(t), E_2(t)) X_2(t) - \delta_h H(t).
\end{align*}
$$

さらに，次のことが成立している．

$$
\begin{align}
F(K_1(t), E_1(t)) &= F(v(t)^{\epsilon_1} k(t) P(t), u(t)^{\epsilon_2} h(t) P(t)) \tag{8.9}\\
&= u(t)^{\epsilon_2} H(t) F\left(\frac{v(t)^{\epsilon_1} K(t)}{u(t)^{\epsilon_2} H(t)}, 1\right). \tag{8.10}\\
G(K_2(t), E_2(T)) &= G((1-v(t))^{\epsilon_3} K(t), (1-u(t))^{\epsilon_4} H(t)) \tag{8.11}\\
&= (1-u(t))^{\epsilon_4} H(t) G\left(\frac{(1-v(t))^{\epsilon_3} K(t)}{(1-u(t))^{\epsilon_4} H(t)}, 1\right). \tag{8.12}
\end{align}
$$

したがって，1人当たりの蓄積方程式は次のように表せる．

$$\dot{k}(t) = u(t)^{\epsilon_2} h(t) f(\cdot) X_1(t) - (\delta_k + n) k(t) - c(t), \quad (8.13)$$

$$\dot{h}(t) = (1 - u(t))^{\epsilon_4} h(t) g(\cdot) X_2(t) - (\delta_h + n) h(t). \quad (8.14)$$

ここで，

$$f(\cdot) = F\left(\frac{v(t)^{\epsilon_1} k(t)}{u(t)^{\epsilon_2} h(t)}, 1\right), \quad g(\cdot) = G\left(\frac{(1 - v(t))^{\epsilon_3} k(t)}{(1 - u(t))^{\epsilon_4} h(t)}, 1\right).$$

8.2.2 実行可能経路と均衡成長経路

さて，以上のことを前提として，実行可能経路と均衡成長経路の定義を行うことにしよう．以下，1人当たりの初期ストックは歴史的に所与の水準 k_0, h_0 で与えられているものとする．また，一般的に，経済変数 x の時間経路 $x(t):[0,\infty) \longrightarrow R_+$ を $(x(t))$ と記すことにする．まず，外部性が存在していないケース（つまり，$X_1(t) = 1, X_2(t) = 1$ というケース）で厳密な定義を行うことにしよう．

定義 1：外部性が存在していない状況のもとで，次の諸条件を満足している時間経路の組 $((k(t)), (h(t)), (c(t)), (u(t)), (v(t)))$ は (k_0, h_0) から出発する実行可能な経済発展経路といわれる．

(1) $(c(t)), (u(t)), (v(t))$ は区分的連続関数である．

(2) $(k(t)), (h(t))$ は区分的連続微分可能な連続関数である．

(3) ほとんどすべての $t \in R_+$ に対して，次のことが成立している．

$$\dot{k}(t) = u(t)^{\epsilon_2} h(t) f(\cdot) - (\delta_k + n) k(t) - c(t),$$
$$\dot{h}(t) = (1 - u(t))^{\epsilon_4} h(t) g(\cdot) - (\delta_h + n) h(t).$$

(4) $k(0) = k_0, h(0) = h_0$.

以下，(k_0, h_0) から出発する実行可能な経済成長経路全体の集合を $S(k_0, h_0)$ と記すことにする．

定義 2：

(1) 次の条件を満足する $((\hat{k}(t)), (\hat{h}(t)), (\hat{c}(t)), (\hat{u}(t)), (\hat{v}(t))) \in S(k_0, h_0)$ は (k_0, h_0) から出発する均衡成長経路と言われる．

$$\forall ((k(t)), (c(t)), (h(t)), (u(t)), (v(t))) \in S(k_0, h_0), \forall \epsilon > 0, \exists T_1, \forall T \geq T_1:$$
$$\int_0^T e^{-(\rho - n) t} u(\hat{c}(t)) dt \geq \int_0^T e^{-(\rho - n) t} u(c(t)) dt - \epsilon. \quad (8.15)$$

8.2. モデルの設定

(2) 下記の条件を満足し，しかも，すべての経済変数の成長率が一定であるような実行可能経路 $((\hat{k}(t)), (\hat{c}(t)), (\hat{h}(t)), (\hat{u}(t)), (\hat{v}(t))) \in S(k_0, h_0)$ は持続的均衡成長経路といわれる．

$$\forall ((k(t)),(c(t)),(h(t)),(u(t)),(v(t))) \in S(k_0,h_0), \forall \epsilon > 0, \exists T_1, \forall T \geq T_1 :$$
$$\int_0^T e^{-(\rho-n)t} u(\hat{c}(t))dt \geq \int_0^T e^{-(\rho-n)t} u(c(t))dt - \epsilon. \tag{8.16}$$

(3) 下記の条件を満足するような持続的均衡成長経路が存在するようなモデルは内生的成長モデルといわれる．

$$\dot{u}(t)/u(t) = 0, \dot{v}(t)/v(t) = 0, \dot{k}(t)/k(t) > 0, \dot{h}(t)/h(t) > 0, \dot{c}(t)/c(t) > 0. \tag{8.17}$$

さて，次に，外部性が存在しているケースについて定義を行うことにしよう．以下，t における変数 $x(t)$ の外部性を表すものを $x_a(t)$ と表すことにする．

定義 3：

(1) 外部性を表す変数が次のように与えられているものとする．

$$X_1(t) = k_a(t)^{\eta_1} h_a(t)^{\eta_2}, \tag{8.18}$$
$$X_2(t) = k_a(t)^{\eta_3} h_a(t)^{\eta_4}. \tag{8.19}$$

(2) $(k_a(t)), (h_a(t))$ を所与として次の条件を満足する経路 $((k(t)),(h(t)),(c(t)),(u(t)),(v(t)))$ は (k_0, h_0) から出発する実行可能な成長経路とよばれる．

  (a) $(c(t)),(u(t)),(v(t))$ は区分的連続関数である．

  (b) $(k(t)),(h(t))$ は区分的連続微分可能な連続関数である．

  (c) ほとんどすべての $t \in R_+$ に対して，次のことが成立している．

$$\dot{k}(t) = u(t)^{\epsilon_2} h(t) f(\cdot) k_a(t)^{\eta_1} h_a(t)^{\eta_2} - (\delta_k + n)k(t) - c(t), \tag{8.20}$$
$$\dot{h}(t) = (1-u(t))^{\epsilon_4} h(t) g(\cdot) k_a(t)^{\eta_3} h_a(t)^{\eta_4}$$
$$- (\delta_h + n)h(t). \tag{8.21}$$

  (d) $k(0) = k_0, h(0) = h_0$.

以下，$(k_a(t)),(h_a(t))$ を所与として (k_0, h_0) から出発する実行可能な経済成長経路全体の集合を $S(k_0, h_0; (k_a(t)), (h_a(t)))$ と記すことにする．

(3) 次の条件を満足する実行可能な経済成長経路 $((\hat{k}(t)), (\hat{h}(t)), (\hat{c}(t)), (\hat{u}(t)), (\hat{v}(t)))$ は (k_0, h_0) から出発する均衡成長経路といわれる．

$$\forall ((k(t)),(h(t)),(c(t)),(u(t)),(v(t))) \in S(k_0, h_0; (\hat{k}(t)), (\hat{h}(t))),$$
$$\forall \epsilon > 0, \exists T_1, \forall T \geq T_1 :$$
$$\int_0^T e^{-(\rho-n)t} u(\hat{c}(t))dt \geq \int_0^T e^{-(\rho-n)t} u(c(t))dt - \epsilon \tag{8.22}$$

(4) $(\hat{k}(t)), (\hat{h}(t)), (\hat{c}(t)), (\hat{u}(t)), (\hat{v}(t)) \in S(k_0, h_0; (\hat{k}(t)), (\hat{h}(t)))$ は次の条件を満足し，しかもすべての経済変数の成長率が一定であるとき，持続的均衡成長経路といわれる．

$$\forall((k(t)), (h(t)), (c(t)), (u(t)), (v(t))) \in S(k_0, h_0; (\hat{k}(t)), (\hat{h}(t))),$$
$$\forall \epsilon > 0, \exists T_1, \forall T \geqq T_1:$$
$$\int_0^T e^{-(\rho-n)t} u(\hat{c}(t))dt \geq \int_0^T e^{-(\rho-n)t} u(c(t))dt - \epsilon. \quad (8.23)$$

(5) 下記の条件を満足するような持続的均衡成長経路が存在するようなモデルは内生的成長モデルといわれる．

$$\dot{u}(t)/u(t) = 0, \dot{v}(t)/v(t) = 0, \dot{k}(t)/k(t) > 0, \dot{h}(t)/h(t) > 0, \dot{c}(t)/c(t) > 0. \quad (8.24)$$

8.3 一般的なモデルにおける均衡成長経路

本節では，均衡成長経路が満たす条件について考察していくことにしよう．一般的なモデルのもとでは，個人にとっての蓄積方程式は次のように与えられる．

$$\dot{k}(t) = u(t)^{\epsilon_2} h(t) f(\cdot) k_a(t)^{\eta_1} h_a(t)^{\eta_2} - (\delta_k + n)k(t) - c(t), \quad (8.25)$$
$$\dot{h}(t) = (1-u(t))^{\epsilon_4} h(t) g(\cdot) k_a(t)^{\eta_3} h_a(t)^{\eta_4} - (\delta_h + n)h(t). \quad (8.26)$$

さて，前章で規定されたように，$(k_a(t))$, $(h_a(t))$ を所与として，それらが（そのもとでの）最適成長経路に付随する時間経路に一致するとき，その経済成長経路は均衡成長経路と呼ばれる．したがって，$(k_a(t))$, $(h_a(t))$ を所与として，条件付き最適問題を解き，その後に一致条件を考慮することによって，均衡成長経路に関する条件を導出することができる．

外部性を表す項 $X_1(t), X_2(t)$ を所与として，ψ_0, ψ_1, ψ_2 を導入して，ハミルトニアンは次のように表される．

$$H(\psi_0, \psi_1, \psi_2, k, h, c, u, v, t)$$
$$= \psi_0 e^{-(\rho-n)t} u(c) + \psi_1 \left\{ u^{\epsilon_2} h f\left(\frac{v^{\epsilon_1} k}{u^{\epsilon_2} h}\right) X_1(t) - (\delta_k + n)k - c \right\}$$
$$+ \psi_2 \left\{ (1-u)^{\epsilon_4} h g\left(\frac{(1-v)^{\epsilon_3} k}{(1-u)^{\epsilon_4} h}\right) X_2(t) - (\delta_h + n)h \right\}. \quad (8.27)$$

さて，次の定理[3]が成立する．

定理1: $((\hat{k}(t)), (\hat{k}(t)), (\hat{c}(t)), (\hat{u}(t)), (\hat{v}(t)))$ が均衡成長経路であれば，下記の条件を満足する定数 ψ_0 と区分的連続微分可能な連続関数 $\psi_1(t): [0, \infty) \to R$, $\psi_2(t): [0, \infty) \to R$ が存在して，次のことが成立している．

---
[3] 証明については拙稿 [1985, pp.341-343] を参照せよ．ただし，最後の条件（横断性条件）に関しては，必要条件でないケースがあるので注意が必要である．この点については，Arrow and Kurz [1970] の反例を参照せよ．ここで考察中のモデルでは，$\psi_0 = 0$ となるときには，$\psi_1(t) = 0$ となってしまう．以下では，$\psi_0 \neq 0$ というケースに限定して議論を展開する．

8.3. 一般的なモデルにおける均衡成長経路

(1) $(\psi_0, \psi_1(0), \psi_2(0)) \neq (0, 0, 0)$.

(2) $\dot{\psi}_1(t) = -\dfrac{\partial H(\psi_0, \psi_1(t), \psi_2(t), \hat{k}(t), \hat{h}(t)), \hat{c}(t), \hat{u}(t), \hat{v}(t), t)}{\partial k}$,

$\dot{\psi}_2(t) = -\dfrac{\partial H(\psi_0, \psi_1(t), \psi_2(t), \hat{k}(t), \hat{h}(t)), \hat{c}(t), \hat{u}(t), \hat{v}(t), t)}{\partial h}$

(ほとんどすべての $t \in [0, \infty)$ に対して).

(3) $H(\psi_0, \psi_1(t), \psi_2(t), \hat{k}(t), \hat{h}(t), \hat{c}(t), \hat{u}(t), \hat{v}(t), t)$
$= \max H(\psi_0, \psi_1(t), \psi_2(t), \hat{k}(t), \hat{h}(t), c, u, v, t)\ over\{(c, u, v) \mid c \in R_+, u \in [0,1], v \in [0,1]\}$
(任意の $t \in [0, \infty)$ に対して).

(4) $\lim_{t\to\infty} \psi_1(t)k(t) = 0$, $\lim_{t\to\infty} \psi_2(t)h(t) = 0$.

さて,議論の単純化のために,$\theta_1 = \psi_0^{-1}\psi_1 e^{(\rho-n)t}, \theta_2 = \psi_0^{-1}\psi_2 e^{(\rho-n)t}$ と変数変換しておくことにする.

$$H(\psi_0, \theta_1\psi_0 e^{-(\rho-n)t}, \theta_2\psi_0 e^{-(\rho-n)t}, k, h, c, u, v, t)$$
$$= \left[u(c) + \theta_1\left\{u^{\epsilon_2}hf\left(\frac{v^{\epsilon_1}k}{u^{\epsilon_2}h}\right)X_1(t) - (\delta_k+n)k - c\right\}\right.$$
$$\left. + \theta_2\left\{(1-u)^{\epsilon_4}hg\left(\frac{(1-v)^{\epsilon_3}k}{(1-u)^{\epsilon_4}h}\right)X_2(t) - (\delta_h+n)h\right\}\right]\psi_0 e^{-(\rho-n)t}. \quad (8.28)$$

定理 2 : $((k(t)), (h(t)), (c(t)), (u(t)), (v(t)))$ が内部的な均衡成長経路であれば,下記の条件を満足する区分的連続微分可能な連続関数 $\theta_1(t) : [0, \infty) \to R$, $\theta_2(t) : [0, \infty) \to R$ が存在する.

(1) $u_c(c(t)) = \theta_1(t)$.

(2) $\theta_1(t)\epsilon_2 u(t)^{\epsilon_2-1} h(t) \left\{f(\cdot) - \dfrac{v(t)^{\epsilon_1}k(t)}{u(t)^{\epsilon_2}h(t)}f'(\cdot)\right\} X_1(t)$
$= \theta_2(t)\epsilon_4 (1-u(t))^{\epsilon_4-1} h(t) \left\{g(\cdot) - \dfrac{(1-v(t))^{\epsilon_3}k(t)}{(1-u(t))^{\epsilon_4}h(t)}g'(\cdot)\right\} X_2(t)$.

(3) $\epsilon_1\theta_1(t)v(t)^{\epsilon_1-1}k(t)f'(\cdot)X_1(t) = \epsilon_3\theta_2(t)(1-v(t))^{\epsilon_3-1}k(t)g'(\cdot)X_2(t)$.

(4) $\dot{\theta}_1(t) = \theta_1(t)\{(\rho+\delta_k) - v(t)^{\epsilon_1}f'(\cdot)X_1(t)\} - \theta_2(t)(1-v(t))^{\epsilon_3}g'(\cdot)X_2(t)$.

(5) $\dot{\theta}_2(t) = (\rho+\delta_h)\theta_2(t) - \theta_1(t)\left\{u(t)^{\epsilon_2}f(\cdot) - v(t)^{\epsilon_1}k(t)h(t)^{-1}f'(\cdot)\right\}X_1(t)$
$-\theta_2(t)\left\{(1-u(t))^{\epsilon_4}g(\cdot) - (1-v(t))^{\epsilon_3}k(t)h(t)^{-1}g'(\cdot)\right\}X_2(t)$.

(6) $\dot{k}(t) = u(t)^{\epsilon_2}h(t)f(\cdot)X_1(t) - (\delta_k+n)k(t) - c(t)$,
$\dot{h}(t) = (1-u(t))^{\epsilon_4}h(t)g(\cdot)X_2(t) - (\delta_h+n)h(t)$.

(7) $X_1(t) = k(t)^{\eta_1}h(t)^{\eta_2}, X_2(t) = k(t)^{\eta_3}h(t)^{\eta_4}$.

証明：前の定理 1 の条件 (4) より，次のことが成立する．

$$\frac{\partial H(\cdot)}{\partial c} = 0.$$

したがって，

$$u_c(c(t)) - \theta_1(t) = 0.$$

同様に，次のことが成立する．

$$\frac{\partial H(\cdot)}{\partial u} = 0.$$

このことより，

$$\theta_1(t)\{\epsilon_2 u(t)^{\epsilon_2-1}h(t)f(\cdot) - \epsilon_2 u(t)^{-1}v(t)^{\epsilon_1}k(t)f'(\cdot)\}X_1(t)$$
$$-\theta_2(t)\{\epsilon_4(1-u(t))^{\epsilon_4-1}h(t)g(\cdot) - \epsilon_4(1-u(t))^{-1}(1-v(t))^{\epsilon_3}k(t)g'(\cdot)\}X_2(t) = 0.$$

これを整理すると，次の式が得られる．

$$\theta_1(t)\epsilon_2 u(t)^{\epsilon_2-1}h(t)\left\{f(\cdot) - \frac{v(t)^{\epsilon_1}k(t)}{u(t)^{\epsilon_2}h(t)}f'(\cdot)\right\}X_1(t)$$
$$= \theta_2(t)\epsilon_4(1-u(t))^{\epsilon_4-1}h(t)\{g(\cdot) - \frac{(1-v(t))^{\epsilon_3}k(t)}{(1-u(t))^{\epsilon_4}h(t)}g'(\cdot)\}X_2(t).$$

さらに，定理 1 の条件 (4) より，次のことが成立する．

$$\frac{\partial H(\cdot)}{\partial v} = 0.$$

したがって，

$$\epsilon_1\theta_1(t)v(t)^{\epsilon_1-1}k(t)f'(\cdot)X_1(t) - \epsilon_3\theta_2(t)(1-v(t))^{\epsilon_3-1}k(t)g'(\cdot)X_2(t) = 0.$$

この式を整理すると，定理 2 の条件 (3) が得られる．

次に，定理 1 の条件 (2) より次のことが成立する．

$$\frac{d}{dt}(\psi_0 e^{-(\rho-n)t}\theta_1(t)) = -\frac{\partial H(\cdot)}{\partial k}.$$

ここで，

$$\frac{d}{dt}(e^{-(\rho-n)t}\theta_1(t)) = \dot{\theta}_1(t)e^{-(\rho-n)t} - (\rho-n)e^{-(\rho-n)t}\theta_1(t).$$

したがって，次のことが成立する．

$$\dot{\theta}_1(t) = (\rho-n)\theta_1(t) - \theta_1(t)\{v(t)^{\epsilon_1}f'(\cdot)X_1(t) - (\delta_k+n)\} - \theta_2(t)(1-v(t))^{\epsilon_3}g'(\cdot)X_2(t)$$
$$= \theta_1(t)\{(\rho+\delta_k) - v(t)^{\epsilon_1}f'(\cdot)X_1(t)\} - \theta_2(t)(1-v(t))^{\epsilon_3}g'(\cdot)X_2(t).$$

これで定理の条件 (4) が得られた．同様にして，

$$\frac{d}{dt}(\psi_0 e^{-(\rho-n)t}\theta_2(t)) = -\frac{\partial H(\cdot)}{\partial h}.$$

8.3. 一般的なモデルにおける均衡成長経路

したがって,

$$\dot{\theta}_2(t) = (\rho - n)\theta_2(t) - \theta_1(t)\left\{u(t)^{\epsilon_2}f(\cdot) - v(t)^{\epsilon_1}k(t)h(t)^{-1}f'(\cdot)\right\}X_1(t)$$
$$- \theta_2(t)\left\{(1-u(t))^{\epsilon_4}g(\cdot) - (1-v(t))^{\epsilon_3}k(t)h(t)^{-1}g'(\cdot)\right\}X_2(t) + (\delta_h + n)\theta_2(t).$$

この式を整理すると,定理2の(5)が得られる.

Q.E.D.

さらに,次の定理が成立する.

定理3:$((k(t)), (h(t)), (c(t)), (u(t)), (v(t)))$ が均衡成長経路であれば,下記の条件を満足する区分的連続微分可能な連続関数 $\theta_1(t): [0, \infty) \to R$, $\theta_2(t): [0, \infty) \to R$ が存在して,次のことが成立している.

(1) $\quad \dot{\theta}_1(t) = \theta_1(t)\left[(\rho + \delta_k) - v(t)^{\epsilon_1 - 1}\left\{v(t) + (1 - v(t))\epsilon_1\epsilon_3^{-1}\right\}f'(\cdot)X_1(t)\right].$

(2) $\quad \dot{\theta}_2(t) = \theta_2(t)[(\rho + \delta_h) - (1-u(t))^{\epsilon_4-1}\{\epsilon_4\epsilon_2^{-2}u(t) + (1-u(t))\}$
$$\{g(\cdot) - \frac{(1-v(t))^{\epsilon_3}k(t)}{(1-u(t))^{\epsilon_4}h(t)}g'(\cdot)t\}X_2(t)].$$

(3) $\quad \dot{c}(t) = (u_c(c(t))/u_{cc}(c(t)))\left[(\rho + \delta_k) - v(t)^{\epsilon_1-1}\left\{v(t) + (1-v(t))\epsilon_1\epsilon_3^{-1}\right\}f'(\cdot)X_1(t)\right].$

(4) $\quad \dfrac{\epsilon_2 v(t)}{\epsilon_1 u(t)}\left[\dfrac{f(\cdot) - \frac{v(t)^{\epsilon_1}k(t)}{u(t)^{\epsilon_2}h(t)}f'(\cdot)}{\frac{v(t)^{\epsilon_1}k(t)}{u(t)^{\epsilon_2}h(t)}f'(\cdot)}\right]$
$$= \dfrac{\epsilon_4(1-v(t))}{\epsilon_3(1-u(t))}\left[\dfrac{g(\cdot) - \frac{(1-v(t))^{\epsilon_3}k(t)}{(1-u(t))^{\epsilon_4}h(t)}g'(\cdot)}{\frac{(1-v(t))^{\epsilon_3}k(t)}{(1-u(t))^{\epsilon_4}h(t)}g'(\cdot)}\right].$$

証明: 定理2の(3)の両辺に $(1-v(t))\epsilon_3^{-1}$ を掛けると,次の式が得られる.

$$\epsilon_1\epsilon_3^{-1}\theta_1(t)(1-v(t))v(t)^{\epsilon_1-1}k(t)f'(\cdot)X_1(t) = \theta_2(t)(1-v(t))^{\epsilon_3}k(t)g'(\cdot)X_2(t).$$

この式を定理2の(4)に代入すると,

$$\dot{\theta}_1(t) = \theta_1(t)\left\{(\rho + \delta_k) - v(t)^{\epsilon_1}f'(\cdot)X_1(t)\right\} - \theta_1(t)\epsilon_1\epsilon_3^{-1}(1-v(t))v(t)^{\epsilon_1-1}f'(\cdot)X_1(t)$$
$$= \theta_1(t)\left[(\rho + \delta_k) - v(t)^{\epsilon_1-1}\left\{v(t) + (1-v(t))\epsilon_1\epsilon_3^{-1}\right\}f'(\cdot)X_1(t)\right].$$

次に,定理2の(2)の両辺に $\epsilon_2^{-1}u(t)h(t)^{-1}$ を乗じると,次の式が得られる.

$$\theta_1(t)\{u(t)^{\epsilon_2}f(\cdot) - v(t)^{\epsilon_1}k(t)h(t)^{-1}f'(\cdot)\}X_1(t)$$
$$= \theta_2(t)\{\epsilon_4\epsilon_2^{-1}u(t)(1-u(t))^{\epsilon_4-1}g(\cdot)$$
$$- \epsilon_4\epsilon_2^{-1}u(t)(1-u(t))^{-1}(1-v(t))^{\epsilon_3}k(t)h(t)^{-1}g'(\cdot)\}X_2(t).$$

この式を定理 2 の (5) に代入すると，次のようになる．

$$\begin{aligned}\dot{\theta}_2(t) &= (\rho + \delta_h)\theta_2(t) \\ &\quad - \theta_2(t)\{\epsilon_4\epsilon_2^{-1}u(t)(1-u(t))^{\epsilon_4-1}g(\cdot) \\ &\quad - \epsilon_4\epsilon_2^{-1}u(t)(1-u(t))^{-1}(1-v(t))^{\epsilon_3}k(t)h(t)^{-1}g'(\cdot)\}X_2(t) \\ &\quad - \theta_2(t)\{(1-u(t))^{\epsilon_4}g(\cdot) - (1-v(t))^{\epsilon_3}k(t)h(t)^{-1}g'(\cdot)\}X_2(t).\end{aligned}$$

この式を整理すると，定理 3 の (2) が得られる．

次に，定理 2 の (1) の両辺の対数をとり，t で微分すると次の式が得られる．

$$\frac{u_{cc}(c(t))}{u_c(c(t))}\dot{c}(t) = \frac{\dot{\theta}_1(t)}{\theta_1(t)}.$$

このことから，次のことが成立する．

$$\begin{aligned}\dot{c}(t) &= (u_c(c(t))/u_{cc}(c(t)))\frac{\dot{\theta}_1(t)}{\theta_1(t)} \\ &= (u_c(c(t))/u_{cc}(c(t))) \\ &\quad \times [(\rho + \delta_k) - v(t)^{\epsilon_1-1}\{v(t) + (1-v(t))\epsilon_1\epsilon_3^{-1}\}f'(\cdot)X_1(t)].\end{aligned}$$

最後に，定理 3 の (4) は定理 2 の (2) と (3) によって，求められる．

Q.E.D.

8.4 コブ＝ダグラス型生産関数と CRRA 型効用関数のケース

8.4.1 均衡成長経路

さて，次のようなコブ＝ダグラス型生産関数と CRRA 型効用関数のケースについて言及しておくことにする[4].

$$\begin{aligned}F(K_1, E_1) &= K_1^\alpha E_1^{1-\alpha}, \ (0 < \alpha < 1), & (8.29) \\ G(K_2, E_2) &= K_2^\beta E_2^{1-\beta}, \ (0 < \beta < 1), & (8.30) \\ u(c) &= \frac{c^{1-\sigma} - 1}{1-\sigma}. & (8.31)\end{aligned}$$

前節との関連で，次のように表される．

$$\begin{aligned}f(\cdot) &= \left\{\frac{v^{\epsilon_1}k}{u^{\epsilon_2}h}\right\}^\alpha, \\ g(\cdot) &= \left\{\frac{(1-v)^{\epsilon_3}k}{(1-u)^{\epsilon_4}h}\right\}^\beta.\end{aligned}$$

---

[4] Mulligan and Sala-i-Martin [1993] のシステムがほぼこのケースに該当する．

8.5. 外部性が存在していない体系

したがって, 次のことが成立する.

$$f'(\cdot) = \alpha \left\{ \frac{v^{\epsilon_1}k}{u^{\epsilon_2}h} \right\}^{\alpha-1},$$

$$g'(\cdot) = \beta \left\{ \frac{(1-v)^{\epsilon_3}k}{(1-u)^{\epsilon_4}h} \right\}^{\beta-1}.$$

さらに, $u_c(c) = c^{-\sigma}, u_{cc}(c) = -\sigma c^{-\sigma-1}$ であるので, $u_c(c)/u_{cc}(c) = -c/\sigma$.
以上のことより, 次の定理が成立する.

定理 4: 各生産関数がコブ＝ダグラス型であり, 効用関数が CRRA 型で与えられている状況のもとで, $((k(t)),(h(t)),(c(t)),(u(t)),(v(t)))$ が均衡成長経路であれば, 下記の条件を満足する区分的連続微分可能な連続関数 $\theta_1(t):[0,\infty) \to R, \theta_2(t):[0,\infty) \to R$ が存在して, 次のことが成立している.

(1) $\dot{\theta}_1(t)/\theta_1(t)$
$= (\rho+\delta_k) - v(t)^{\epsilon_1-1}\left\{v(t)+(1-v(t))\epsilon_1\epsilon_3^{-1}\right\}\alpha\left\{\frac{v(t)^{\epsilon_1}k(t)}{u(t)^{\epsilon_2}h(t)}\right\}^{\alpha-1}k(t)^{\eta_1}h(t)^{\eta_2},$

(2) $\dot{\theta}_2(t)/\theta_2(t)$
$= (\rho+\delta_h) - (1-u(t))^{\epsilon_4-1}\left\{\epsilon_4\epsilon_2^{-2}u(t)+(1-u(t))\right\}(1-\beta)\left\{\frac{(1-v(t))^{\epsilon_3}k(t)}{(1-u(t))^{\epsilon_4}h(t)}\right\}^{\beta}k(t)^{\eta_3}h(t)^{\eta_4},$

(3) $\dot{c}(t)/c(t)$
$= -\sigma^{-1}\left[(\rho+\delta_k) - v(t)^{\epsilon_1-1}\left\{v(t)+(1-v(t))\epsilon_1\epsilon_3^{-1}\right\}\alpha\left\{\frac{v(t)^{\epsilon_1}k(t)}{u(t)^{\epsilon_2}h(t)}\right\}^{\alpha-1}k(t)^{\eta_1}h(t)^{\eta_2}\right],$

(4) $\dfrac{\epsilon_2(1-\alpha)v(t)}{\epsilon_1\alpha u(t)} = \dfrac{\epsilon_4(1-\beta)(1-v(t))}{\epsilon_3\beta(1-u(t))}.$

8.5 外部性が存在していない体系

8.5.1 一般的な生産関数と効用関数のケース

本節では, 外部性が存在していない状況を考察しておくことにしよう. つまり, 本節では,

$$\eta_1 = \eta_2 = \eta_3 = \eta_4 = 0 \tag{8.32}$$

という条件が成立し, しかも

$$\epsilon_1 = \epsilon_2 = \epsilon_3 = \epsilon_4 = 1 \tag{8.33}$$

というケースを考察する. このケースでは, 蓄積方程式は次のように表される.

$$\dot{k}(t) = u(t)h(t)f\left(\frac{v(t)k(t)}{u(t)h(t)}\right) - (\delta_k+n)k(t) - c(t), \tag{8.34}$$

$$\dot{h}(t) = (1-u(t))h(t)g\left(\frac{(1-v(t))k(t)}{(1-u(t))h(t)}\right) - (\delta_h+n)h(t). \tag{8.35}$$

外部性が存在していない状況のもとでの均衡成長経路の定義から明らかなように, 定理2と定理3で, $\eta_1 = \eta_2 = \eta_3 = \eta_4 = 0$, および $\epsilon_1 = \epsilon_2 = \epsilon_3 = \epsilon_4 = 1$ を代入した帰結が当然のことながら本節のケースでも成立する.

定理5: $((k(t)),(h(t)),(c(t)),(u(t)),(v(t)))$ が均衡成長経路であれば, 下記の条件を満足する区分的連続微分可能な連続関数 $\theta_1(t) : [0, \infty) \to R, \theta_2(t) : [0, \infty) \to R$ が存在して, 次のことが成立している.

(1) $\dot{\theta}_1(t) = \theta_1(t)\left[(\rho + \delta_k) - f'(\cdot)\right].$

(2) $\dot{\theta}_2(t) = \theta_2(t)\left[(\rho + \delta_h) - \left\{g(\cdot) - \frac{(1-v(t))k(t)}{(1-u(t))h(t)}g'(\cdot)\right\}\right].$

(3) $\dot{c}(t) = u_c(t)/u_{cc}(t)\left[(\rho + \delta_k) - f'(\cdot)\right].$

(4) $\dfrac{f(\cdot) - \frac{v(t)k(t)}{u(t)h(t)}f'(\cdot)}{f'(\cdot)} = \dfrac{g(\cdot) - \frac{(1-v(t))k(t)}{(1-u(t))h(t)}g'(\cdot)}{g'(\cdot)}.$

この最後の帰結は最終財生産の限界代替率と人的資本再生産の限界代替率が一致しているということを意味している.

さて, 持続的均衡成長経路について考察することにしよう. 人的資本の蓄積方程式は次のように与えられている.

$$\dot{h}(t) = (1-u(t))h(t)g\left(\frac{(1-v(t))k(t)}{(1-u(t))h(t)}\right) - (\delta_h + n)h(t). \tag{8.36}$$

この式の両辺を $h(t)$ で除すと, 次のようになる.

$$\frac{\dot{h}(t)}{h(t)} = (1-u(t))g\left(\frac{(1-v(t))k(t)}{(1-u(t))h(t)}\right) - (\delta_h + n). \tag{8.37}$$

持続的均衡成長経路上では, $\dot{h}(t)/h(t) = const., u(t) = const., v(t) = const.$ ということが成立しているので, $k(t)/h(t) = const.$ でなければならない.
さらに, 定理2の (3) より, 次のことが成立している.

$$\theta_1(t)f'(\cdot) = \theta_2(t)g'(\cdot).$$

したがって, 次のことが成立する.

$$\frac{\theta_2(t)}{\theta_1(t)} = \frac{f'(\cdot)}{g'(\cdot)} = const.$$

ゆえに,

$$\frac{\dot{\theta}_1(t)}{\theta_1(t)} = \frac{\dot{\theta}_2(t)}{\theta_2(t)}.$$

8.5. 外部性が存在していない体系   227

したがって,
$$f'(\cdot) - \delta_k = g(\cdot) - \frac{(1-v(t))k(t)}{(1-u(t))h(t)}g'(\cdot) - \delta_h. \tag{8.38}$$

8.5.2 コブ＝ダグラス型生産関数と CRRA 型効用関数のケース

次に, 財の生産と人的資本の再生産の関数がコブ＝ダグラス型で, しかも代表的個人の効用関数が CRRA 型で与えられているケースを考察することにしよう. 本節では, 次のようなケースが考察される.

$$F(K_1, E_1) = AK_1^\alpha E_1^{1-\alpha}, \ (0 < \alpha < 1) \tag{8.39}$$
$$G(K_2, E_2) = BK_2^\beta E_2^{1-\beta}, \ (0 < \beta < 1) \tag{8.40}$$
$$u(c) = \frac{c^{1-\sigma}-1}{1-\sigma}, \delta_k = \delta_h. \tag{8.41}$$

さて, 前節との関連で, 次のように表される.

$$f(\cdot) = A\left\{\frac{v(t)k(t)}{u(t)h(t)}\right\}^\alpha,$$
$$g(\cdot) = B\left\{\frac{(1-v(t))k(t)}{(1-u(t))h(t)}\right\}^\beta.$$

したがって, 次のことが成立する.

$$f'(\cdot) = \alpha A\left\{\frac{v(t)k(t)}{u(t)h(t)}\right\}^{\alpha-1},$$
$$g'(\cdot) = \beta B\left\{\frac{(1-v(t))k(t)}{(1-u(t))h(t)}\right\}^{\beta-1}.$$

均衡成長経路上では, 次のことが成立している.

$$\frac{(1-\alpha)}{\alpha}\left\{\frac{v(t)k(t)}{u(t)h(t)}\right\} = \frac{(1-\beta)}{\beta}\left\{\frac{(1-v(t))k(t)}{(1-u(t))h(t)}\right\}.$$

さらに, 持続的均衡成長経路上では次のことが成立する.

$$\alpha A\left\{\frac{v(t)k(t)}{u(t)h(t)}\right\}^{\alpha-1} = (1-\beta)B\left\{\frac{(1-v(t))k(t)}{(1-u(t))h(t)}\right\}^\beta.$$

ここで, 議論の簡単化のために, 次のようにおくことにする.

$$X = \frac{v(t)k(t)}{u(t)h(t)}, Y = \frac{(1-v(t))k(t)}{(1-u(t))h(t)}.$$

したがって,
$$Y = \frac{\beta(1-\alpha)}{\alpha(1-\beta)}X.$$

ゆえに, 次のことが成立する.

$$\alpha A X^{\alpha-1} = (1-\beta) B \left\{ \frac{\beta(1-\alpha)}{\alpha(1-\beta)} X \right\}^{\beta}.$$

したがって,

$$X^{1-\alpha+\beta} = AB^{-1}\alpha(1-\beta)^{-1} \left\{ \frac{\beta(1-\alpha)}{\alpha(1-\beta)} \right\}^{-\beta}.$$

ゆえに, 次のことが成立する.

$$X = \left[AB^{-1}\alpha(1-\beta)^{-1} \left\{ \frac{\beta(1-\alpha)}{\alpha(1-\beta)} \right\}^{-\beta} \right]^{1/(1-\alpha+\beta)}.$$

したがって, 1人当たりの消費の成長率は次のように表すことができる.

$$\frac{\dot{c}(t)}{c(t)} = \sigma^{-1} \left[\alpha A X^{\alpha-1} - (\rho + \delta_k) \right].$$

以上のことより, 持続的均衡成長経路に付随する1人当たりの消費の成長率[5]に関する次のような経済学的帰結を得ることができる.

(1)　σ, ρ, δ_k が小であるほど, 1人当たりの消費の成長率は高くなる.

(2)　教育の技術水準 B が高いほど, 1人当たりの消費の成長率は高くなる.

---

[5] Rebelo [1991] における均衡成長経路に関する議論は直感的に展開されており, 成長率を求めることは容易ではない. 本節では, 均衡成長経路に関する厳密な議論が展開された.

8.6 補論：外部性の存在と不決定性

8.6.1 モデルの基本的構造

本節では，外部性が存在し，しかも下記のことが成立するようなケースが考察される[6]．

$$F(K_1, E_1) = AK_1^\alpha E_1^{1-\alpha} \quad (0 < \alpha < 1),$$
$$G(K_2, E_2) = BK_2^\beta E_2^{1-\beta} \quad (\beta = 0)$$
$$= BE_2,$$

$$\delta_k = \delta_h = 0, n = 0,$$

$$\varepsilon_1 = 0, \varepsilon_2 = 1, \varepsilon_3 = 0, \varepsilon_4 = 1,$$

$$\eta_1 = \eta_3 = \eta_4 = 0, \eta_2 = \gamma > 0,$$

$$u(c) = \frac{c^{1-\alpha} - 1}{1 - \sigma}.$$

8.6.2 均衡成長経路

本節では，均衡成長経路に関する微分方程式が導出される．

定理 6：上で規定されたように最終財の生産部門に外部性が存在する状況のもとで，$((k(t), (h(t)), (c(t)), (u(t)), (v(t)))$ が均衡成長経路であれば，次の条件を満足するような連続微分可能な連続関数 $\theta_1(t) : [0, \infty) \to R, \theta_2(t) : [0, \infty) \to R$ が存在する．

1. $\dfrac{\dot{\theta}_1(t)}{\theta_1(t)} = \rho - \alpha A \left\{ \dfrac{k(t)}{u(t)h(t)} \right\}^{\alpha-1} h(t)^\gamma.$
2. $\dfrac{\dot{\theta}_2(t)}{\theta_2(t)} = \rho - B = B(\gamma - \alpha)(1 - u(t)) - \alpha \dfrac{c(t)}{k(t)} + \rho - \alpha \dfrac{\dot{u}(t)}{u(t)}.$
3. $\dfrac{\dot{c}(t)}{c(t)} = -\dfrac{1}{\sigma}[\rho - \alpha A \left\{ \dfrac{k(t)}{u(t)h(t)} \right\}^{\alpha-1} h(t)^\gamma].$
4. $\dot{k}(t) = Ak(t)^\alpha h(t)^{1-\alpha+\gamma} u(t)^{1-\alpha} - c(t).$
5. $\dot{h}(t) = Bh(t)(1 - u(t)).$

証明：定理 4 によって，次のことが成立する．

$$\frac{\dot{\theta}_1(t)}{\theta_1(t)} = \rho - \alpha A \left\{ \frac{k(t)}{u(t)h(t)} \right\}^{\alpha-1} h(t)^\gamma,$$

$$\frac{\dot{\theta}_2(t)}{\theta_2(t)} = \rho - B.$$

---

[6] 外部性が存在しているケースでは，均衡経路の不決定性が生じる可能性がある．ここでは，本章の文脈のもとに，Benhabib and Perli [1994] の所論を位置づけ，簡単に不決定性の意味を説明する．さらに，不決定性については，Benhabib and Nishimura [1998], [1999], Mino [1999] 等の文献を参照せよ．

さらに,
$$\frac{\dot{c}(t)}{c(t)} = -\frac{1}{\sigma}\left[\rho - \alpha A\left\{\frac{k(t)}{u(t)h(t)}\right\}^{\alpha-1}h(t)^{\gamma}\right].$$

また, 定理 2 の (2) により,

$$\theta_1(t)h(t)A(1-\alpha)\left\{\frac{k(t)}{u(t)h(t)}\right\}^{\alpha}h(t)^{\gamma}$$
$$= \theta_2(t)h(t)B(1-\beta)\left\{\frac{k(t)}{(1-u(t))h(t)}\right\}^{\beta}$$
$$= \theta_2(t)h(t)B.$$

ここで, 仮定より, $\beta = 0$. したがって,

$$\begin{aligned}\theta_2(t) &= \frac{A(1-\alpha)}{B}\theta_1(t)k(t)^{\alpha}h(t)^{-\alpha+\gamma}u(t)^{-\alpha}\\ &= \frac{A(1-\alpha)}{B}c(t)^{-\sigma}k(t)^{\alpha}h(t)^{-\alpha+\gamma}u(t)^{-\alpha}.\end{aligned}$$

ゆえに,

$$\begin{aligned}\frac{\dot{\theta}_2}{\theta_2} &= \alpha\frac{\dot{k}(t)}{k(t)} + (\gamma-\alpha)\frac{\dot{h}(t)}{h(t)} - \sigma\frac{\dot{c}(t)}{c(t)} - \alpha\frac{\dot{u}(t)}{u(t)}\\ &= \alpha\left\{Ak(t)^{\alpha-1}u(t)^{1-\alpha}h(t)^{1-\alpha+\gamma} - \frac{c(t)}{k(t)}\right\}\\ &\quad +(\gamma-\alpha)B(1-u(t))\\ &\quad -\sigma\left\{\frac{\alpha A}{\sigma}k(t)^{\alpha-1}u(t)^{1-\alpha}h(t)^{1-\alpha+\gamma} - \frac{\rho}{\sigma}\right\} - \alpha\frac{\dot{u}(t)}{u(t)}\\ &= B(\gamma-\alpha)(1-u(t)) - \alpha\frac{c(t)}{k(t)} + \rho - \alpha\frac{\dot{u}(t)}{u(t)}.\end{aligned}$$

Q.E.D.

8.6.3 縮約型のシステム

さて, 均衡成長経路 $((k(t)),(h(t)),(c(t)),(u(t)))$ に対して, 次のように新たな変数 $x(t), q(t)$ を定義する.

$$\begin{aligned}x(t) &= k(t)h(t)^{\frac{1-\alpha+\gamma}{\alpha-1}},\\ q(t) &= \frac{c(t)}{k(t)}.\end{aligned}$$

8.6. 補論：外部性の存在と不決定性

さらに，次のことが成立する．

$$\begin{aligned}
\frac{\dot{x}(t)}{x(t)} &= \frac{\dot{k}(t)}{k(t)} + \frac{1-\alpha+\gamma}{\alpha-1}\frac{\dot{h}(t)}{h(t)} \\
&= \left\{Ak(t)^{\alpha-1}h(t)^{1-\alpha+\gamma}u(t)^{1-\alpha} - \frac{c(t)}{k(t)}\right\} + \frac{1-\alpha+\gamma}{\alpha-1}\frac{\dot{h}(t)}{h(t)} \\
&= A\left\{k(t)h(t)^{\frac{1-\alpha+\gamma}{\alpha-1}}\right\}^{\alpha-1}u(t)^{1-\alpha} - \frac{c(t)}{k(t)} + \frac{1-\alpha+\gamma}{\alpha-1}\frac{\dot{h}(t)}{h(t)} \\
&= Ax(t)^{\alpha-1}u(t)^{1-\alpha} + \frac{1-\alpha+\gamma}{\alpha-1}B(1-u(t)) - q(t). \quad (8.42)
\end{aligned}$$

$$\begin{aligned}
\frac{\dot{q}(t)}{q(t)} &= \frac{\dot{c}(t)}{c(t)} - \frac{\dot{k}(t)}{k(t)} \\
&= \frac{A\alpha}{\sigma}k(t)^{\alpha-1}h(t)^{1-\alpha+\gamma}u(t)^{1-\alpha} - \frac{\rho}{\sigma} - \left\{Ax(t)^{\alpha-1}u(t)^{1-\alpha} - q\right\} \\
&= q + A\left\{\frac{\alpha}{\sigma} - 1\right\}x(t)^{\alpha-1}u(t)^{1-\alpha} - \frac{\rho}{\sigma}. \quad (8.43)
\end{aligned}$$

$$\dot{u}(t) = \frac{B(\alpha-\gamma)}{\alpha}u(t)^2 + \frac{B(1-\alpha+\gamma)}{\alpha}u(t) - q(t)u(t). \quad (8.44)$$

さて，$((k(t)),(h(t)),(c(t)),(u(t)))$ が持続的均衡成長経路であれば，次のことが成立する．

$$\frac{\dot{h}(t)}{h(t)} = B(1-u(t)) = const., u(t) = const..$$

さらに，$\dot{h}(t)/h(t) = \mu_h, \dot{k}(t)/k(t) = \mu_k$ と書くことにしよう．そのとき，

$$Ak(t)^{\alpha-1}h(t)^{1-\alpha+\gamma}u(t)^{1-\alpha} = \mu_k + \frac{c(t)}{k(t)} = const..$$

ゆえに，

$$(\alpha-1)\mu_k + (1-\alpha+\gamma)\mu_h = 0.$$

したがって，

$$\mu_k = \frac{1-\alpha+\gamma}{1-\alpha}\mu_h.$$

この式によって，均衡成長経路にそって，次のことが成立する．

$$k(t) = k_0 e^{\frac{1-\alpha+\gamma}{1-\alpha}\mu_h t}, h(t) = h_0 e^{\mu_h t}.$$

したがって，均衡成長経路にそって，

$$\begin{aligned}
x(t) &= k(t)h(t)^{\frac{1-\alpha+\gamma}{\alpha-1}} \\
&= k_0 e^{\frac{1-\alpha+\gamma}{1-\alpha}\mu_h t}\left\{h_0 e^{\mu_h t}\right\}^{\frac{1-\alpha+\gamma}{\alpha-1}} \\
&= k_0 h_0^{\frac{1-\alpha+\gamma}{\alpha-1}} = const..
\end{aligned}$$

8.6.4 縮約型システムにおける定常状態

本項では,縮約型システムにおける定常状態に関する分析がなされる.いま,(x^*, q^*, u^*) が縮約型システムの定常状態であるとしよう.そのとき,

$$\frac{B(\alpha-\gamma)}{\alpha}u^* + \frac{B(1-\alpha+\gamma)}{\alpha} = q^*. \tag{8.45}$$

また,次のことが成立する.

$$q^* + A\left\{\frac{\alpha}{\sigma}-1\right\}x^{*\alpha-1}u^{*1-\alpha} - \frac{\rho}{\sigma} = 0.$$

したがって,

$$A\left\{\frac{\alpha}{\sigma}-1\right\}x^{*\alpha-1}u^{*1-\alpha} = \frac{\rho}{\sigma} - \frac{B(\alpha-\gamma)}{\alpha}u^* - \frac{B(1-\alpha+\gamma)}{\alpha}).$$

ゆえに,$\sigma \neq \alpha$ となるケースでは,

$$\left(\frac{x^*}{u^*}\right)^{\alpha-1} = \left\{\frac{\frac{\rho}{\sigma}\alpha - B(\alpha-\gamma)u^* - B(1-\alpha+\gamma)}{A(\frac{\alpha}{\sigma}-1)\alpha}\right\}.$$

したがって,

$$x^* = \left[\frac{\frac{\rho}{\sigma}\alpha - B(1-\alpha+\gamma) - B(\alpha-\gamma)u^*}{A(\frac{\alpha}{\sigma}-1)\alpha}\right]^{\frac{1}{\alpha-1}} u^*. \tag{8.46}$$

また,次のことが成立する.

$$A\left[\frac{\frac{\rho}{\sigma}\alpha - B(1-\alpha+\gamma) - B(\alpha-\gamma)u^*}{A(\frac{\alpha}{\sigma}-1)\alpha}\right]u^{*\alpha-1}u^{*1-\alpha}$$
$$+ \frac{1-\alpha+\gamma}{\alpha-1}B(1-u^*) - \frac{B(\alpha-\gamma)}{\alpha}u^* - \frac{B(1-\alpha+\gamma)}{\alpha} = 0.$$

したがって,

$$\left[\frac{B(\alpha-\gamma)}{(\frac{\alpha}{\sigma}-1)\alpha} + \frac{(1-\alpha+\gamma)B}{\alpha-1} + \frac{B(\alpha-\gamma)}{\alpha}\right]u^*$$
$$= \frac{\frac{\rho}{\sigma}\alpha - B(1-\alpha+\gamma)}{(\frac{\alpha}{\sigma}-1)\alpha} + \frac{B(1-\alpha+\gamma)}{\alpha-1} - \frac{B(1-\alpha+\gamma)}{\alpha}.$$

ゆえに,次のことが成立する.

$$B\{\gamma - \sigma(1-\alpha+\gamma)\}(1-u^*) = (1-\alpha)(\rho-B). \tag{8.47}$$

さて,$\sigma \neq \dfrac{\gamma}{1-\alpha+\gamma}$ としよう.そのとき,u^* は次のように一意に決定される.

$$u^* = 1 - \frac{(1-\alpha)(\rho-B)}{B\{\gamma-\sigma(1-\alpha+\gamma)\}}. \tag{8.48}$$

以上のことより,次のことが成立する.

8.6. 補論：外部性の存在と不決定性

定理7：

(1) $\rho = B, \sigma = \dfrac{\gamma}{1-\alpha+\gamma}$ となるケースでは，任意の u^*，$0 \leq u^* \leq 1$ とそれに対応する x^*, g^* は縮約型システムの定常状態である．

(2-1) $0 < \rho < B, \sigma > 1 + \dfrac{(\alpha-1)B\rho}{1-\alpha+\gamma}$ となるケース，あるいは

(2-2) $B < \rho < \left(\dfrac{1-\alpha+\gamma}{1-\alpha}\right)B, \sigma < 1 + \dfrac{(\alpha-1)B\rho}{1-\alpha+\gamma}$ となるケースでは，
定常状態値 $u^*, 0 < u^* < 1$ は一意に決定される．

さらに，次のことが成立する．

(a) $\sigma \neq \rho$ となるケースでは，x^* も一意に決定される．

(b) $\sigma = \rho$ となるケースで，しかも，次のことが成立するケースでは，

$$\frac{\rho}{\sigma}\alpha - B(1-\alpha+\gamma) = B(\alpha-\gamma)\left[1 - \frac{(1-\alpha)(\rho-B)}{B\{\gamma - \sigma(1-\alpha+\gamma)\}}\right],$$

x^* は一意に決定される．

条件 (2-1) と $\sigma \neq \rho$ が成立する場合，(x^*, q^*, u^*) の近傍では，一意の均衡成長経路が存在する．

(c) (2-2) でしかも $\sigma \neq \rho$ となるケースでは，初期資本ストックを所与として，$\gamma > \alpha$ となるケースでは，均衡経路の不決定性（indeterminacy of equilibrium growth path）が生じる[7]．

(d) $0 < \gamma \leq \alpha$ のケースでは，均衡経路の非決定性あるいはリミットサイクルが生じる可能性がある．

この定理では，均衡成長経路の非決定性に関する帰結が紹介されたが，その意味について簡単に言及しておくことにしよう．図8-2で示されているように，(c) のケースでは，安定多様体は平面で与えられているので，歴史的に所与とされる物的資本ストックと人的資本ストックを所与として，そこから出発する均衡経路は無数に存在し，したがって均衡経路は確定することがないということができる．

---

[7] この部分の証明については，Benhabib and Perli [1994, pp.137-141] の議論を参照せよ．さらに，不決定性に関しては，西村和雄教授（京都大学）と三野和雄教授（神戸大学）の先端的な研究をはじめとして多数の文献が存在する．

234　　第 8 章　人的資本と内生的経済成長

図 8-1

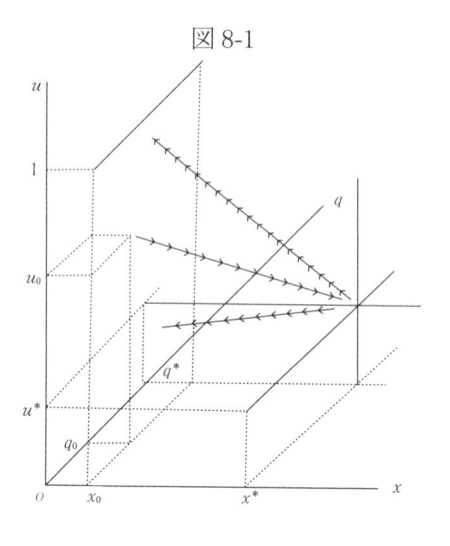

図 8-2

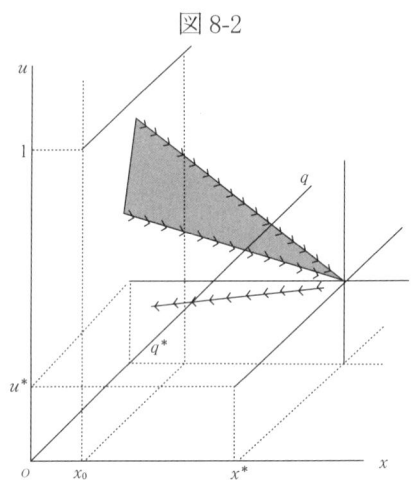

図 8-3

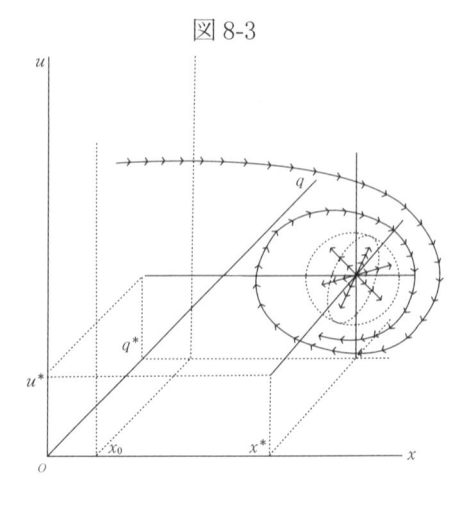

第9章 イノベーション，人的資本，および経済成長

9.1 序

　最近の内生的成長論では，一国の経済成長を促進するための主要因として，イノベーションと人的資本の役割が重視されている．イノベーションと内生的経済成長に関しては，第4章において離散型のモデルのもとで既に議論された[1]．人的資本と内生的経済成長に関しては前章で詳細な分析が展開された．ただし，これらの章では，経済成長との関連でイノベーションと人的資本の役割はそれぞれ別個に分析がなされていた．本章では，イノベーションと人的資本の蓄積過程をともに内生化したフレームワークの構築を試みる[2]．

　本章の構成は次の通りである．まず，9.2節では，経済の各部門における主体的均衡の分析がなされる．ついで，9.3節では，持続的均衡成長経路を中心に議論が展開され，分析結果が要約される．

9.2 均衡成長経路

9.2.1 最終財部門

　ここでは，最終財生産部門における企業の主体的均衡が考察される．最終財生産企業は人的資本と種々の中間財の組を生産要素として使用し，同質的な財を生産する．ただし，各中間財は非耐久財であると仮定する．最終財生産における生産関数は次式で与えられる．

$$Y(t) = A_Y K(t)^\beta D(t)^\eta H_F(t)^{1-\beta-\eta}. \tag{9.1}$$

ここで，A_Y は一定の生産性指標，$Y(t)$ は最終財，$K(t)$ は物的資本，$D(t)$ は中間財，$H_F(t)$ はこの部門において用いられる人的資本を表している．また，各パラメータについては，それぞれ，$\beta > 0$, $\eta > 0$, $0 < \beta + \eta < 1$ と仮定されている．

　さて，最終財をニュメレールとして，その価格を1とおくと，最終財生産部門における利潤

---

[1] Romer [1990], Grossman and Helpman [1991], Aghion and Howitt [1992], Jones [1995] 等の代表的文献を参照せよ．
[2] 本章は大住・片桐・野田「イノベーション，人的資本，および経済成長」日本経済学会報告論文（2002年6月）に加筆・修整したものである．

は次式で与えられる．

$$\Pi = A_Y K(t)^\beta D(t)^\eta H_F(t)^{1-\beta-\eta} - p_K(t)K(t) - p_D(t)D(t) - w(t)H_F(t).$$

ここで，$p_K(t)$ は物的資本の賃料率，$p_D(t)$ は中間財の価格，$w(t)$ は賃金率を表している．各時点 t で，最終財生産企業は $(p_K(t), p_D(t), w(t))$ を所与として，この利潤を最大にするような生産要素投入量を選択する．利潤最大化の 1 階の条件は以下のように与えられる．

$$H_F(t) = (1-\beta-\eta)\frac{Y(t)}{w(t)}, \tag{9.2}$$

$$K(t) = \frac{\beta Y(t)}{p_K(t)}, \tag{9.3}$$

$$D(t) = \frac{\eta Y(t)}{p_D(t)}. \tag{9.4}$$

9.2.2 中間財製造者

本節では，中間財を組み立ててそれを最終財生産者に提供する主体について考える．この主体を中間財製造者と呼ぶことにしよう．$M(t)$ を時点 t におけるバラエティーの個数 (測度)，$x_i(t)$ を t における第 i 中間財の量とする．さて，時点 t において，中間財の生産関数が次のように与えられているものとする．

$$D = \Big[\int_0^{M(t)} x_i(t)^\alpha di\Big]^{\frac{1}{\alpha}}.$$

ここで，$0 < \alpha < 1$ である．また，記号の簡単化のために，以下では $M(t) = M, x_i(t) = x_i$ と記すことにする．

本章では，$x_i : [0, M] \to R_+$ が連続関数であるとき，$x_i : [0, M] \to R_+$ は実行可能であると呼ぶことにする．また，記号の簡単化のために，以下，$x_i : [0, M] \to R_+$ を (x_i) と記すことにする．さらに，実行可能な (x_i) 全体の集合を F と定義しよう．つまり，

$$F = \{(x_i) | (x_i) \text{ は連続関数である }\}.$$

さて，時点 t において，この部門における財の価格の系列 $p_i(t) : [0, M] \to R_+$ を所与として，$\hat{x}_i : [0, M] \to R_+$ が中間財製造者による第 i 中間財の需要の主体的均衡水準であるとしよう．そのとき，当然のことながら，$(\hat{x}_i)$ は次の問題の解になっているはずである．

$$\text{minimize} \int_0^M p_i x_i di$$
$$\text{subject to} \int_0^M x_i{}^\alpha di = \hat{D}^\alpha. \tag{9.5}$$

ここで，$\hat{D} \equiv \Big[\int_0^M \hat{x}_i^\alpha di\Big]^{\frac{1}{\alpha}}$．これは変分法における等周問題である．そこで，ある $\lambda \in R$ に対してラグランジュ関数を次のように設定する．

$$\mathcal{L} = \int_0^M p_i x_i di - \lambda\Big[\int_0^M x_i{}^\alpha di - \hat{D}^\alpha\Big]$$

9.2. 均衡成長経路

$$= \int_0^M [p_i x_i - \lambda x_i{}^\alpha]di + \lambda \hat{D}^\alpha.$$

この問題のオイラー方程式により,

$$p_i = \lambda \alpha \hat{x}_i^{\alpha-1}.$$

したがって,

$$\hat{x}_i = \left(\frac{p_i}{\lambda \alpha}\right)^{\frac{1}{\alpha-1}}. \tag{9.6}$$

(9.6) を (9.5) に代入すると,

$$\int_0^M \left(\frac{p_i}{\lambda \alpha}\right)^{\frac{\alpha}{\alpha-1}} di = \hat{D}^\alpha.$$

これを変形すると,

$$\frac{1}{\lambda \alpha} = \frac{\hat{D}^{\alpha-1}}{\left[\int_0^M p_{i'}{}^{\frac{\alpha}{\alpha-1}} di'\right]^{\frac{\alpha-1}{\alpha}}}. \tag{9.7}$$

したがって, (9.7) を (9.6) に代入して整理すると次式が得られる.

$$\begin{aligned}\hat{x}_i &= \left[\frac{\hat{D}^{\alpha-1}}{\left[\int_0^M p_{i'}{}^{\frac{\alpha}{\alpha-1}} di'\right]^{\frac{\alpha-1}{\alpha}}} \cdot p_i\right]^{\frac{1}{\alpha-1}} \\ &= \frac{\hat{D} p_i^{\frac{1}{\alpha-1}}}{\left[\int_0^M p_{i'}{}^{\frac{\alpha}{\alpha-1}} di'\right]^{\frac{1}{\alpha}}}. \end{aligned} \tag{9.8}$$

次に, 中間財製造者の主体的均衡状態では, 利潤がゼロになっているということ (ゼロ利潤条件) を確認しておくことにしよう. $p_i : [0, M] \to R_+$ と p_D を所与として, (x_i) に付随する利潤を $\pi((x_i))$ と記すことにする. つまり,

$$\pi((x_i)) = p_D \left[\int_0^M x_i{}^\alpha di\right]^{\frac{1}{\alpha}} - \int_0^M p_i x_i di.$$

$p_i : [0, M] \to R_+$ を所与として, 中間財製造者の主体的均衡に付随する投入量を $(\hat{x}_i)$ と記すことにする. このとき, 主体的均衡条件の定義により, 次のことが成立している.

(1) $(\hat{x}_i) \in F$.

(2) 任意の $(x_i) \in F$ に対して, $\pi((\hat{x}_i)) \geqq \pi((x_i))$.

いま、任意の $i \in [0, M]$ に対して、$x_i = 0$ となる経路を (x_i^0) とすると、$\pi((x_i^0)) = 0$ となる。したがって、$\pi((\hat{x}_i)) < 0$ ということはありえない。いま、$\pi((\hat{x}_i)) > 0$ としよう。さらに、$\tilde{x}_i = t\hat{x}_i, t > 1$ という経路を考えることにしよう。そのとき、$(\tilde{x}_i) \in F$ に対して、

$$\pi((\tilde{x}_i)) = p_D \Big[\int_0^M (t\hat{x}_i)^\alpha dj\Big]^{\frac{1}{\alpha}} - \int_0^M p_i t\hat{x}_i di = t\pi((\hat{x}_i)) > \pi((\hat{x}_i)).$$

ゆえに、$(\hat{x}_i) \in F$ が均衡だということに矛盾する。したがって、$\pi((\hat{x}_i)) = 0$ が成り立つ。上述のゼロ利潤条件より、

$$\pi((\hat{x}_i)) = p_D \hat{D} - \int_0^M p_i \hat{x}_i di = 0$$

となるので、次のことが成立する。

$$p_D = \frac{\int_0^M p_i \hat{x}_i di}{\hat{D}}. \tag{9.9}$$

したがって、(9.8) を (9.9) に代入すれば、p_D が次のように求められる。

$$\begin{aligned} p_D &= \int_0^M p_i^{\frac{-\alpha}{1-\alpha}} \Big(\int_0^M p_{i'}^{\frac{-\alpha}{1-\alpha}} di'\Big)^{-\frac{1}{\alpha}} di \\ &= \int_0^M p_i^{\frac{-\alpha}{1-\alpha}} di \cdot \Big(\int_0^M p_{i'}^{\frac{-\alpha}{1-\alpha}} di'\Big)^{-\frac{1}{\alpha}} \\ &= \Big(\int_0^M p_i^{\frac{-\alpha}{1-\alpha}} di\Big)^{\frac{\alpha-1}{\alpha}}. \end{aligned} \tag{9.10}$$

9.2.3 独占的競争下における中間財生産者の行動

中間財生産部門は差別化された中間財を中間財製造部門に販売する多数の独占的競争企業より構成されているものとする。さらに、各中間財生産者は 1 単位の中間財を生産するのに γ 単位の最終財を必要とするものとする。そのとき、各中間財を生産する企業の利潤は次式で与えられる。

$$q_i(x_i) = [p_i(x_i) - \gamma]x_i.$$

この利潤を最大にするような中間財の生産量を $\hat{x}_i$ とすると、次式が成立する。

$$\frac{d\,q_i(x_i)}{dx_i}\bigg|_{x_i=\hat{x}_i} = 0.$$

したがって、

$$p_i'(\hat{x}_i)\hat{x}_i + p_i(\hat{x}_i) - \gamma = 0.$$

ここで、(9.6) を考慮すれば

9.2. 均衡成長経路

$$p_i{'}(\hat{x}_i)\hat{x}_i = p_i(\hat{x}_i) \cdot (\alpha - 1)$$

となる．よって，t における第 j 中間財の価格は次のように与えられる．

$$p_i(\hat{x}_i(t)) = \frac{\gamma}{\alpha} \equiv p(t). \tag{9.11}$$

また，各中間財生産企業における財の生産量は次のようにして求められる．まず，(9.11) を (9.10) に代入すると，

$$p_D(t) = \left(\frac{\gamma}{\alpha}\right) M(t)^{\frac{\alpha-1}{\alpha}}.$$

さらに，この式を (9.4) に代入すると，

$$D(t) = \frac{\eta Y(t)}{\left(\frac{\gamma}{\alpha}\right) M(t)^{\frac{\alpha-1}{\alpha}}}. \tag{9.12}$$

したがって，(9.11) と (9.12) を (9.8) に代入して整理すれば，次式が導かれる．

$$x_i(t) = \eta \frac{Y(t)}{M(t)} \frac{\alpha}{\gamma} \equiv x(t). \tag{9.13}$$

よって，各中間財生産企業の利潤は次のように表される．

$$q_i(t) = \eta(1-\alpha) \frac{Y(t)}{M(t)} \equiv q(t).$$

9.2.4 R & D 部門

本節では，各中間財の生産者はその財のデザインの発明者でもあると仮定する[3]．すなわち，中間財の研究開発と生産は同一の企業で行われているものとする．また，各企業は自企業内で開発された中間財デザインの利用に関して永続的な独占権を持つものと仮定する．以下では，企業の研究開発の側面に焦点を当てるため，R & D 部門と呼んで議論を展開する．R & D 部門は次式に従って新たな中間財のデザインを発明するものとしよう[4]．

$$\dot{M}(t) = \zeta H_R(t). \tag{9.14}$$

ここで，$\zeta(>0)$ は研究開発における生産性パラメータ，$H_R(t)$ は研究開発において用いられる人的資本を表している．また，財を 1 単位発明することによる収益の割引現在価値を次のように表すことにする．

$$Q(t) = \int_t^\infty e^{-\int_t^\tau r(s)ds} q(\tau) d\tau.$$

---

[3] これは Barro and Sala-i-Martin [1995, 第 6 章] と同様の仮定である．
[4] Blackburn, Hung and Pozzolo [2000] では，中間財の発明において不確実性が導入されている．しかし，彼らのモデルでは，そのような不確実性がモデルの帰結に対して何ら影響を及ぼすことはない．

そのとき，R & D 部門の利潤は次のように表される．

$$V = \left[Q(t) - \frac{w(t)}{\zeta}\right]\dot{M}(t).$$

いま，$\dot{M}(t) > 0$ となる主体的均衡について考えるならば，このような均衡が成り立つための条件は次式で与えられる．

$$Q(t) = \frac{w(t)}{\zeta}.$$

9.2.5　家計部門

本章において考察される家計は無限生存家計であり，各家計は選好や労働能力の点で同質的であるとする．したがって，以下では各家計を代表的家計として取り扱う．また，本章では総人口を 1 と仮定する[5]．

いま，任意の時点における代表的家計の時間賦存量を 1 に基準化する．代表的家計はそのうち $u(t)$ の割合を労働時間として使って賃金率 $w(t)$ を稼得する．他方，$1 - u(t)$ の割合を教育のために使い，人的資本の蓄積を行う．ここで，家計の資産を $A(t)$ で表し，次のように定義しよう．

$$A(t) = \int_0^t \left(\int_0^{M(\tau)} \gamma x_i(\tau)di\right)d\tau + K(t).$$

そのとき，家計の予算制約は次のように定式化される．

$$\dot{A}(t) = w(t)u(t)H(t) + r(t)A(t) - C(t). \tag{9.15}$$

ここで，$H(t)$ は家計によって蓄積される人的資本を表している．人的資本の生産性パラメータを ϕ，人的資本の減耗率を δ_h で表し，人的資本は次式に従って蓄積されるものとする．

$$\dot{H}(t) = \phi[1 - u(t)]H(t) - \delta_h H(t). \tag{9.16}$$

さて，代表的家計の目的関数については次のように設定される．

$$U = \int_0^\infty \left[\frac{C(t)^{1-\sigma} - 1}{1 - \sigma}\right]e^{-\rho t}\,dt.$$

ただし，ρ は時間選好率，σ は相対的リスク回避度を表すパラメータであり，$\rho > 0$，$0 < \sigma < 1$ と仮定している．そこで，代表的家計は $(r(t)),(w(t))$ の時間経路を所与として，次の問題を解くことになる．

$$\text{maximize} \int_0^\infty \left[\frac{C(t)^{1-\sigma} - 1}{1 - \sigma}\right]e^{-\rho t}\,dt,$$

subject to
$$\dot{A}(t) = w(t)u(t)H(t) + r(t)A(t) - C(t),$$

---

[5] 総人口は通時的に一定と仮定しても結果は同じである．議論の煩雑さを回避するために，このような単純化を行うことにする．

9.3. 持続的均衡成長経路

$$\dot{H}(t) = \phi[1-u(t)]H(t) - \delta_h H(t),$$

$$A(0) = A_0 > 0,$$

$$H(0) = H_0 > 0.$$

代表的家計の最適化問題を解くために,次のようなカレント・バリュー・ハミルトニアンを設定しよう.

$$\begin{aligned} J(C, u, A, H, \psi_1, \psi_2, t) &= \frac{C^{1-\sigma}-1}{1-\sigma} + \psi_1[w(t)uH + r(t)A - C] \\ &\quad + \psi_2[(\phi(1-u)H - \delta_h H]. \end{aligned}$$

そのとき,最大化のための必要条件として以下の式が得られる.

$$\frac{1}{C(t)^\sigma} = \psi_1(t), \tag{9.17}$$

$$w(t)\psi_1(t) = \phi\psi_2(t), \tag{9.18}$$

$$\dot{\psi}_1(t) = [\rho - r(t)]\psi_1(t), \tag{9.19}$$

$$\dot{\psi}_2(t) = \{\rho + \delta_h - \phi[1-u(t)]\}\psi_2(t) - w(t)u(t)\psi_1(t), \tag{9.20}$$

$$\lim_{t\to\infty} e^{-\rho t}\psi_1(t)A(t) = 0, \tag{9.21}$$

$$\lim_{t\to\infty} e^{-\rho t}\psi_2(t)H(t) = 0. \tag{9.22}$$

(9.21) と (9.22) は横断性条件である.ここで,(9.17) と (9.19) より消費の成長率を表す次式が得られる.

$$\frac{\dot{C}(t)}{C(t)} = \frac{1}{\sigma}[r(t) - \rho]. \tag{9.23}$$

9.3 持続的均衡成長経路

本節では,これまでに得られた結果に基づいて,持続的均衡成長経路における議論がなされる.ここで持続的均衡成長経路とは,一般均衡が成立しており,かつ,すべての経済変数が一定の率で成長する経路と定義される.以下では,持続的均衡成長経路の存在を前提としたうえで,その経路において成り立つ各経済変数の成長率に関する相互関係についてみていくことにする.その際,持続的均衡成長経路における成長率は,例えば z という経済変数に対して g_z というように表記する.

まず，人的資本に付随する関係式についてみていくことにしよう．(9.16) より人的資本の成長率は次のように表される．

$$\frac{\dot{H}(t)}{H(t)} = \phi[1 - u(t)] - \delta_h.$$

したがって，持続的均衡成長経路上では，労働への時間の配分割合 $u(t)$ は一定になる．よって，以下では $u(t) = u$ と表すことにしよう．ところで，各時点で生産活動に関わる人的資本の総量は $uH(t) = H_F(t) + H_R(t)$ であるが，この関係から次式が得られる．

$$\begin{aligned}
ug_H &= g_{H_F}\frac{H_F(t)}{H(t)} + g_{H_R}\frac{H_R(t)}{H(t)} \\
&= g_{H_F}\frac{H_F(t)}{H(t)} + g_{H_R}\Big[u - \frac{H_F(t)}{H(t)}\Big] \\
&= (g_{H_F} - g_{H_R})\frac{H_F(t)}{H(t)} + ug_{H_R}.
\end{aligned}$$

したがって，持続的均衡成長経路において $H_F(t)/H(t)$ は一定となり，次のことが成立する．

$$g_H = g_{H_F}. \tag{9.24}$$

さらに，

$$\frac{H_R(t)}{H(t)} = u - \frac{H_F(t)}{H(t)}.$$

したがって，$H_R(t)/H(t)$ も一定となる．ゆえに，

$$g_H = g_{H_R}. \tag{9.25}$$

他方，イノベーション率については，(9.14) より，次式が成立する．

$$g_M = \zeta\Big[\frac{H_R(t)}{M(t)}\Big].$$

ここで，g_M が一定であるためには $H_R(t)/M(t)$ が一定でなければならない．したがって，このとき次式が得られる．

$$g_M = g_{H_R}. \tag{9.26}$$

したがって，(9.24),(9.25) および (9.26) より次の関係が成立する．

$$g_H = g_{H_F} = g_{H_R} = g_M. \tag{9.27}$$

さて，議論の焦点を最終財部門の生産関数に移そう．いま，(9.1) と (9.12) より次のことが成り立つ．

$$Y(t)^{1-\eta} = \Big[A_Y \eta^\eta \Big(\frac{\alpha}{\gamma}\Big)^\eta\Big] K(t)^\beta M(t)^{\eta(\frac{1-\alpha}{\alpha})} H_F(t)^{1-\beta-\eta}. \tag{9.28}$$

9.3. 持続的均衡成長経路

したがって，上式の両辺の対数をとり，時間 t で微分すると次式が得られる．

$$(1-\eta)g_Y = \beta g_K + \eta\Big(\frac{1-\alpha}{\alpha}\Big)g_M + (1-\beta-\eta)g_{H_F}. \tag{9.29}$$

ここで，持続的均衡成長経路では (9.23) より $r(t)$ が一定となり，裁定の帰結として $p_K(t) = r(t)$ が成立していることを考慮すると，(9.3) より次式が得られる．

$$g_K = g_Y. \tag{9.30}$$

したがって，(9.27), (9.29), および (9.30) より，経済成長率とイノベーション率に関する次式が導かれる．

$$g_Y = \frac{1}{(1-\beta-\eta)}\Big[(1-\beta-\eta) + \eta\Big(\frac{1-\alpha}{\alpha}\Big)\Big]g_M. \tag{9.31}$$

ところで，持続的均衡成長経路上では，以下で示されるような経済の資源制約が満たされている．

$$Y(t) = C(t) + \gamma M(t)x(t) + \dot{K}(t) + \delta_k K(t). \tag{9.32}$$

(9.32) において，$\dot{K}(t) + \delta_K K(t)$ は物的資本ストックへの粗投資部分であり，δ_k は一定の減耗率を表している．(9.32) の両辺を $K(t)$ で割ると，

$$\frac{Y(t)}{K(t)} = \frac{C(t)}{K(t)} + \frac{\gamma M(t)x(t)}{K(t)} + \frac{\dot{K}(t)}{K(t)} + \delta_k. \tag{9.33}$$

ここで，(9.13) より $\gamma M(t)x(t) = \alpha\eta Y(t)$ が成り立つので，(9.33) は次のように書き換えられる．

$$(1-\alpha\eta)\frac{Y(t)}{K(t)} = \frac{C(t)}{K(t)} + \frac{\dot{K}(t)}{K(t)} + \delta_k. \tag{9.34}$$

また，持続的均衡成長経路上では $\dot{K}(t)/K(t)$ が一定であり，(9.30) より，$Y(t)/K(t)$ も一定である．したがって，(9.34) より $C(t)/K(t)$ が一定ということになり，次の関係式が導かれる．

$$g_C = g_K = g_Y. \tag{9.35}$$

さて，(9.2) より次式が得られる．

$$g_w = g_Y - g_{H_F}. \tag{9.36}$$

したがって，(9.31) における g_M の係数を μ とおくと，(9.27) と (9.31) より，(9.36) は次のように書き換えられる．

$$g_w = (\mu - 1)g_M. \tag{9.37}$$

また，(9.17) と (9.18) より，それぞれ次式が得られる.

$$\sigma \frac{\dot{C}(t)}{C(t)} = -\frac{\dot{\psi}_1(t)}{\psi_1(t)}, \tag{9.38}$$

$$\frac{\dot{w}(t)}{w(t)} + \frac{\dot{\psi}_1(t)}{\psi_1(t)} = \frac{\dot{\psi}_2(t)}{\psi_2(t)}. \tag{9.39}$$

さらに，(9.18) と (9.20) を利用すれば，次式が導かれる.

$$\frac{\dot{\psi}_2(t)}{\psi_2(t)} = \rho + \delta_h - \phi. \tag{9.40}$$

したがって，(9.39) に (9.38) と (9.40) を代入して整理すると，持続的均衡成長経路において次の関係が成立する.

$$g_w - \sigma g_C = \rho + \delta_H - \phi. \tag{9.41}$$

そこで，(9.27),(9.31),(9.35),(9.37), および (9.41) の関係を考慮すると，イノベーション率は次式で与えられる.

$$g_M = \frac{\phi - \rho - \delta_H}{\sigma - \eta\left(\frac{1-\alpha}{\alpha}\right)\left(\frac{1-\sigma}{1-\beta-\eta}\right)}. \tag{9.42}$$

　以上の分析では，イノベーションと人的資本の蓄積過程をともに内生化した統一的なフレームワークのもとで，長期的な成長経路に関する理論分析が行われた．

　まず，9.2 節では，最終財部門，中間財部門，R & D 部門，家計部門について，それぞれ主体的均衡の分析がなされた．9.3 節では，持続的均衡成長経路に焦点を当てた議論が展開された．このような理論分析から最終財部門と中間財部門における人的資本と中間財のバラエティーの数が同率で成長し，イノベーション率 (あるいは経済成長率) の大きさは人的資本の生産性，人的資本の減耗率，家計の相対的リスク回避度，時間選好率を表すパラメータの大きさによって規定されるという帰結が導かれた．具体的には，家計の相対的リスク回避度が 1/2 より大という条件のもとで，人的資本の生産性が大であるほど，そして，相対的リスク回避度，時間選好率，人的資本の減耗率が小であるほどイノベーション率 (あるいは経済成長率) は大となることが示された．

第10章 積分と確率

10.1 序

以上の章では，経済成長の理論分析とその数理的基礎を中心に議論が展開された．本章と次章では経済成長の実証分析に必要な数理的・計量的基礎が展開される．本章では，経済成長分析に必要な範囲で確率論および数理統計学の基礎が平易に解説される．

10.2 定積分

リーマン積分

本章では，体積およびその拡張である重積分について規定することにしよう．その前に再度積分について復習しておくことにする．いま，閉区間 $[a, b]$ を次のような小区間に分割する．

$$[a,\ x_1], [x_1,\ x_2], \cdots, [x_{n-1},\ b].$$

ここで，$x_0 = a, x_n = b$ とし，次のような定義を行うことにする．ここで，区間 $[x_{i-1}, x_i]$ における $f(x)$ の最小値を m_i，最大値を M_i とする．

$$不足和 = \sum_{i=1}^{n} m_i(x_i - x_{i-1}),$$

$$過剰和 = \sum_{i=1}^{n} M_i(x_i - x_{i-1}).$$

任意の分割に対する不足和の集合の上限と過剰和の集合の下限をそれぞれ下積分，上積分と呼ぶことにする．下積分と上積分が一致するとき，$[a, b]$ で $f(x)$ はリーマン積分可能であるといわれ，それを次のように表し，$[a, b]$ における $f(x)$ のリーマン積分と呼ぶ．

$$\int_a^b f(x)\,dx.$$

閉区間 $A = [a_1, a_2; b_1, b_2]$ 上の有界関数 $f(x_1, x_2)$ の重積分

集合 A は図10-1のような閉区間 $A = [a_1, a_2; b_1, b_2]$ であるとする．

図 10-1

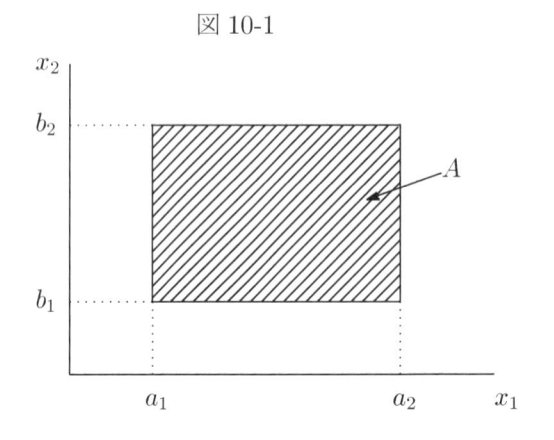

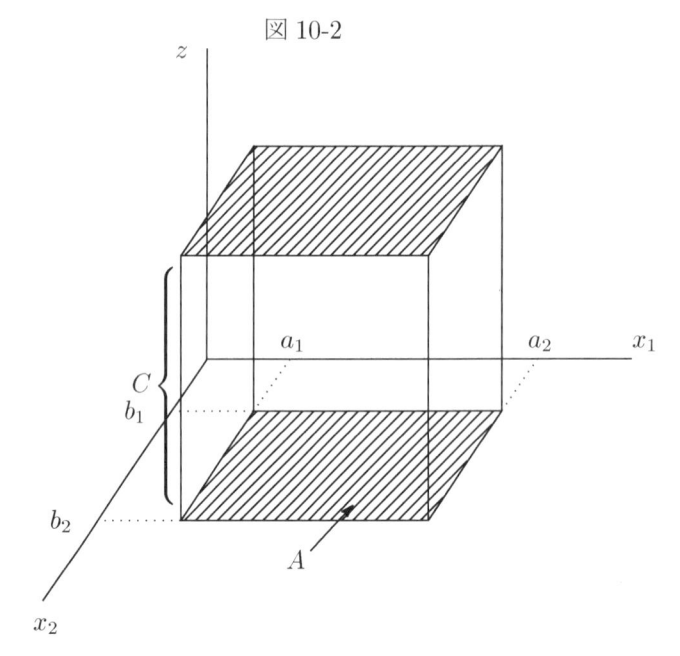

図 10-2

図 10-2 のような A 上の高さ C を持つ長方体の体積は次のように与えられる.

$$(a_2 - a_1)(b_2 - b_1) \cdot C.$$

一般的に,A 上の関数 $f(x_1, x_2) \geqq 0$ によってできる体積を以下考察していくことにする.この体積は通常次のような記号で表される.

$$\iint_A f(x_1, x_2)\, dx_1\, dx_2.$$

以下,$f(x_1, x_2)$ が非負でないケースをも含んで一般的に,体積の概念を拡張して,重積分の定義を行うことにする.

10.2. 定積分

面積を持つ点集合上での重積分

まず，閉区間の領域における二重積分の定義を行うことにしよう．閉区間 $A = [a_1, a_2; b_1, b_2]$ を次のような（境界以外では交わらない）n 個の小区間 $A_i(i = 1, 2, ..., n)$ に分割する．

$$A = \bigcup_{i=1}^{n} A_i.$$
$$M_i = \sup_{(x_1, x_2) \in A_i} f(x_1, x_2)$$
$$m_i = \inf_{(x_1, x_2) \in A_i} f(x_1, x_2) \quad (i = 1, 2, \cdots, n)$$

と定義し，次のように規定する．

$$S = \sum_{i=1}^{n} M_i \mu(A_i), s = \sum_{i=1}^{n} m_i \mu(A_i).$$

ここで，A_i は小閉区間であり，$\mu(A_i)$ は A_i の面積である．A のあらゆる小閉区間への分割に対する S の下限と s の上限は $f(x_1, x_2)$ の A 上の上積分，下積分といわれ，次のように表される．

$$\overline{\iint_A} f(x_1, x_2)\, dx_1\, dx_2, \quad \underline{\iint_A} f(x_1, x_2)\, dx_1\, dx_2.$$

両者が一致するとき，$f(x_1, x_2)$ はリーマン積分可能だといわれ，次のように記される．

$$\iint_A f(x_1, x_2)\, dx_1\, dx_2.$$

定義 1 : 有界な点集合 E は，E を含む閉区間 $A = [a_1, a_2; b_1, b_2] \supset E$ に対して，次の $x_E(x_1, x_2)$ が A で積分可能であれば面積を持っているといわれる．ここで，

$$x_E = \begin{cases} \chi_E(x_1, x_2) = 1\ (x \in E), \\ \chi_E(x_1, x_2) = 0\ (x \notin E). \end{cases}$$

定義 2 : $f(x_1, x_2)$ が面積を持っている点集合 E で定義された関数とする．そのとき，E における $f(x_1, x_2)$ の二重積分は次のように定義される．

$$\iint_E f(x_1, x_2)\, dx_1\, dx_2 = \iint_A \chi_E(x_1, x_2) f(x_1, x_2)\, dx_1\, dx_2.$$

次の公式が一般的に成立する．

(1) $\iint_A f(x_1, x_2) + g(x_1, x_2)\, dx_1\, dx_2 = \iint_A f(x_1, x_2)\, dx_1\, dx_2 + \iint_A g(x_1, x_2)\, dx_1\, dx_2.$

(2) $\iint_A \alpha f(x_1, x_2)\, dx_1\, dx_2 = \alpha \iint_A f(x_1, x_2)\, dx_1\, dx_2.$

重積分と累次積分

$f(x_1, x_2)$ は $M = \{(x_1, x_2) \mid a \leq x_1 \leq b, c \leq x_2 \leq d\}$ 上で有界でしかも積分可能な関数とする.任意の $x_2 \in (c, d)$ に対して,$F(x_2) = \int_a^b f(x_1, x_2) \, dx_1$ という積分が存在する場合,$F(x_2)$ は積分可能で,しかも,次のことが成立する.

$$\iint_M f(x_1, x_2) \, dx_1 \, dx_2 = \int_c^d F(x_2) \, dx_2 = \int_c^d \left\{ \int_a^b f(x_1, x_2) \, dx_1 \right\} dx_2.$$

ここで,$\int_a^b f(x_1, x_2') \, dx_2$ は,図 10-3 のような斜線の面積になっている.直感的には,上記の重積分はこのような面積 $\int_a^b f(x_1, x_2') \, dx_1$ を x_2' について c から d まで移動させてできる体積になっているというように解釈することができる.

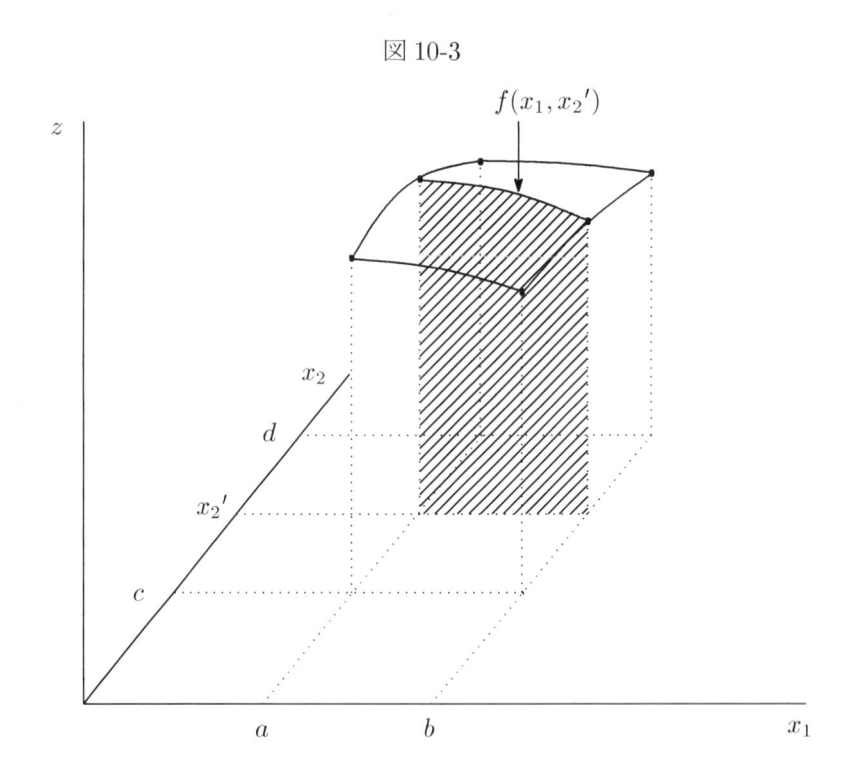

図 10-3

10.3 確率変数と確率分布の基礎

概念実験を行ったときに,生起しうる結果は標本点と呼ばれる.標本点すべての集合を標本空間という.また,標本空間の部分空間を事象と呼ぶことにする.標本空間はたかだか可算の

10.3. 確率変数と確率分布の基礎

濃度の集合からなっているとき，離散型標本空間と呼ばれ，連続の濃度の集合からなっているとき，連続型標本空間と呼ばれる．

さて，S を標本空間とし，次の定義を行うことにする．

定義 3：次の条件を満足する $P(A)$ は S 上の確率関数 (probability function) といわれる．

(1) 任意の $A \subset S$ に対して，
$$P(A) \geqq 0.$$

(2) $P(S) = 1.$

(3) $(A_i)_{i \in \Lambda}$ が S における事象の系列であり，$A_i \cap A_j = \phi\ (i, j = 1, 2, \cdots)$ であれば，
$$P(A_1 \cup A_2 \cup \cdots) = P(A_1) + P(A_2) + \cdots.$$

ここで，Λ は任意の濃度の集合とする．

S を確率関数 $P(A)$ が定義されている標本空間とする．標本空間の各点に実数を対応づけた写像 X を1変量の確率変数 (random variable) と呼ぶことにする[1]．また，写像 X の像がたかだか可算の濃度の集合からなっている場合，X は離散確率変数 (discrete random variable) といわれる．写像 X の像が連続の濃度からなっている場合，X は連続確率変数 (continuous random variable) と呼ばれる．さらに，標本空間の各点に R^2 上の点を対応づけた写像 X, Y は2変量の確率変数と呼ばれる．

10.3.1 離散確率変数と離散型確率分布

1 変量分布

最初に，例としてサイコロをふって出る番号の度数分布に言及しておくことにしよう．いま，i という番号が出る確率変数の値を x_i と記すことにする．そのとき，x_i が生じる確率を $f(x_i)$ と表すことにする．次のことが成立する．

(1) 任意の i に対して，
$$f(x_i) = \frac{1}{6}.$$

(2) 各番号の度数分布の和は 1 である．すなわち，
$$\sum_{i \in \{1, 2, \cdots, 6\}} f(x_i) = 1.$$

---

[1] 慣用的には確率変数は大文字で表され，実現値は小文字で表されている．本書では必ずしもこの慣用法に従っていない．

x	1	2	3	4	5	6
度数分布	1/6	1/6	1/6	1/6	1/6	1/6

さて，以上のことを踏まえて，一般的な規定を行うことにしよう．

(1) 確率変数 x の像がたかだか可算の濃度の集合 $\{x_1, x_2, \cdots\}$ で表されているとする．次の条件が満たされているとき，$f(x)$ は離散的密度 (discrete density) といわれる．

(a) $f(x_i) \geqq 0 \quad (i = 1, 2, \cdots)$.

(b) $\sum_i f(x_i) = 1$.

事象 A が生起する確率 $P(A)$ は次のように定義される．

$$P(A) = \sum_{x_i \in A} f(x_i).$$

累積分布関数は次のように定義される．

$$F(x) = \sum_{x_i \leqq x} f(x_i).$$

たとえばサイコロの例では，次のようになる．

$$F(3) = \sum_{x_i \leqq 3} f(x_i) = \frac{1}{2}.$$

(2) 期待値あるいは平均値

期待値 (expected value) あるいは平均値 (mean value) は次のように定義される．

$$E(x) = \sum_{x_i} x_i f(x_i).$$

サイコロの例では，次のようになる．

$$\begin{aligned} E(x) &= \sum_{x=1}^{6} x f(x) = 1 \times \frac{1}{6} + 2 \times \frac{1}{6} + 3 \times \frac{1}{6} + 4 \times \frac{1}{6} + 5 \times \frac{1}{6} + 6 \times \frac{1}{6} \\ &= \frac{1}{6}\{1 + 2 + 3 + 4 + 5 + 6\} \\ &= \frac{21}{6} = \frac{7}{2}. \end{aligned}$$

(3) 確率変数 x の関数の期待値

x を密度関数 $f(x)$ の確率変数とする．確率変数 x の関数 $u(x)$ の期待値を次のように定義する．

10.3. 確率変数と確率分布の基礎

$$E(u(x)) = \sum_x u(x)f(x).$$

たとえば，サイコロの例で，$u(x) = x^2$ としよう．そのとき，

$$E(u(x)) = E(x^2) = \sum_{x=1}^{6} x^2 f(x) = \frac{1}{6}\sum_{x=1}^{6} x^2.$$

(4) 分散と標準偏差

分散 (variance) と標準偏差 (standard deviation) は次のように規定される．

分散　$\sigma^2 = E((x - E(x))^2) = \sum (x - E(x))^2 f(x),$

標準偏差　$\sigma.$

2 変量分布 (bivariate distribution)

まず，サイコロの例を考えることにしよう．サイコロを 2 回振り，1 回目のサイコロの番号を i とし，2 回目のサイコロの番号を j とする．第 1 回目の試行で番号 i, 2 回目の試行で番号 j がでる度数分布を n_{ij} としよう．そのとき，度数分布が図に描かれている．ここで，$n_{ij} = 1/36$ $(i, j = 1, 2, \cdots, 6)$.

$i \setminus j$	1	2	3	4	5	6	$f_1(i)$
1	n_{11}	n_{12}	n_{13}	n_{14}	n_{15}	n_{16}	$f_1(1) = 1/6$
2	n_{21}	n_{22}	n_{23}	n_{24}	n_{25}	n_{26}	$f_1(2) = 1/6$
3	n_{31}	n_{32}	n_{33}	n_{34}	n_{35}	n_{36}	$f_1(3) = 1/6$
4	n_{41}	n_{42}	n_{43}	n_{44}	n_{45}	n_{46}	$f_1(4) = 1/6$
5	n_{51}	n_{52}	n_{53}	n_{54}	n_{55}	n_{56}	$f_1(5) = 1/6$
6	n_{61}	n_{62}	n_{63}	n_{64}	n_{65}	n_{66}	$f_1(6) = 1/6$
$f_2(j)$	$f_2(1)$	$f_2(2)$	$f_3(3)$	$f_4(4)$	$f_5(5)$	$f_6(6)$	
	1/6	1/6	1/6	1/6	1/6	1/6	

上の例を参考にして，幾つかの定義を行うことにしよう．

(1) 結合密度

確率変数 x, y に対して次のことが成立するとき，$f(x, y)$ は結合密度と呼ばれる．

(a)　$f(x, y) \geq 0,$

(b)　$\sum_y \sum_x f(x, y) = 1.$

また，$A \times B$ に落ちる確率は次のように与えられる．

$$P(A \times B) = \sum_{y \in B} \sum_{x \in A} f(x, y).$$

(2) 周辺密度

x の周辺密度は次のように定義される．

$$f_1(x) = \sum_y f(x, y),$$

同様に，y の周辺密度は次のように定義される．

$$f_2(y) = \sum_x f(x, y).$$

(3) 条件つき分布と条件つき期待値

y が既知のとき，x の条件つき密度関数は次のように定義される．

$$f(x|y) = \frac{f(x, y)}{f_2(y)}.$$

同様に，x が既知のとき，y の条件つき密度関数は次のように定義される．

$$f(y|x) = \frac{f(x, y)}{f_1(x)}.$$

$f(x, y) = f_1(x) \cdot f_2(y)$ と表されるときに限って，確率変数 x と y は独立であるといわれる．また，x が与えられているとして，条件つき期待値は次のように定義される．

$$E(y|x) = \sum_y y f(y|x) = \sum_y y \frac{f(x, y)}{f_1(x)}.$$

(4) 関数 $u(x, y)$ の期待値

1 変量のケースと同様に，$u(x, y)$ の期待値は次のように定義される．

$$E(u(x, y)) = \sum_x \sum_y u(x, y) f(x, y).$$

(5) x の期待値と y の期待値

x の期待値は次のように定義される．

$$E(x) = \sum_x \sum_y x f(x, y).$$

y の期待値は次のように定義される．

$$E(y) = \sum_x \sum_y y f(x, y).$$

10.3. 確率変数と確率分布の基礎

(6) x の分散, y の分散, x と y の共分散

x の分散, y の分散, x と y の共分散 (covariance) は順に次のように定義される.

$$\text{Var}(x) = \sum_x \sum_y (x - E(x))^2 f(x, y),$$

$$\text{Var}(y) = \sum_x \sum_y (y - E(y))^2 f(x, y),$$

$$\text{Cov}(x, y) = \sum_x \sum_y (x - E(x))(y - E(y)) f(x, y).$$

10.3.2 連続確率変数と密度関数

1 変量分布

(1) 累積分布関数

ここで, $P(A)$ は R 上の確率関数とする. 任意の c, d $(c < d)$ に対して,

$$P([c, d]) = \int_c^d f(x) dx$$

となるような関数 $f(x)$ が存在するとき, x は連続確率変数 (continuous random variable) といわれる. そのとき, 次のことが成立する.

  (a) 任意の x に対して,
$$f(x) \geq 0.$$

  (b)
$$\int_{-\infty}^{\infty} f(x) dx = 1.$$

次の $F(x)$ は確率変数 x の累積分布関数 (cumulative distribution function) と呼ばれる.

$$F(x) = \int_{-\infty}^x f(t) dt.$$

(2) 期待値あるいは平均値

連続的確率変数 x の期待値 $E(x)$ は次のように定義される.

$$E(x) = \int_{-\infty}^{\infty} x f(x) dx.$$

(3) 確率変数の関数の期待値

確率変数の関数の期待値 $E(u(x))$ は次のように表される.

$$E(u(x)) = \int_{-\infty}^{\infty} u(x) f(x) dx.$$

ここで，次のことが成立する．

$$E(c) = \int_{-\infty}^{\infty} cf(x)dx = c\int_{-\infty}^{\infty} f(x)dx = c,$$

$$E(cu(x)) = \int_{-\infty}^{\infty} cu(x)f(x)dx = c\int_{-\infty}^{\infty} u(x)f(x)dx = cE(u(x)),$$

$$E(u(x) + v(x)) = \int_{-\infty}^{\infty} (u(x) + v(x))f(x)dx = E(u(x)) + E(v(x)).$$

(4) r 次の積率（モーメント）

r 次の積率 (moment) は次のように定義される．

$$\mu_r' = E(x^r) = \int_{-\infty}^{\infty} x^r f(x)dx.$$

したがって，次に示されているように，1 次の積率 μ_1' は確率変数 x の期待値あるいは平均値に他ならない．

$$\mu_1' = E(x) = \int_{-\infty}^{\infty} xf(x)dx.$$

次に，平均値のまわりの r 次の積率，1 次の積率，および 2 次の積率が次のように与えられる．

$$\mu_r = E[(x - \mu_1')^r] = \int_{-\infty}^{\infty} (x - \mu_1')^r f(x)dx.$$

$$\mu_1 = E[(x - \mu_1')] = \int_{-\infty}^{\infty} xf(x)dx - \mu_1' \int_{-\infty}^{\infty} f(x)dx = 0,$$

$$\mu_2 = \int_{-\infty}^{\infty} \{x^2 - 2\mu_1' x + (\mu_1')^2\}f(x)dx$$
$$= \mu_2' - (\mu_1')^2.$$

したがって，平均値のまわりの 2 次の積率 μ_2 は x の分散 σ^2 に他ならないということができる．このことより，標準偏差（standard deviation）は次のように定義される．

$$\sigma = \sqrt{\mu_2}.$$

(5) 正規分布

平均値 μ，分散 σ^2 の正規分布 (normal distribution) は次のように定義される．以下，これを $N(\mu, \sigma^2)$ と記すことにする．

$$f(x) = \frac{1}{\sqrt{2\pi}\sigma} e^{-\frac{(x-\mu)^2}{2\sigma^2}}, \qquad -\infty < x < \infty.$$

正規分布の累積分布関数は次のように表される．

$$F(x) = \int_{-\infty}^{x} \frac{1}{\sqrt{2\pi}\sigma} e^{-\frac{1}{2}\left(\frac{\xi-\mu}{\sigma}\right)^2} d\xi.$$

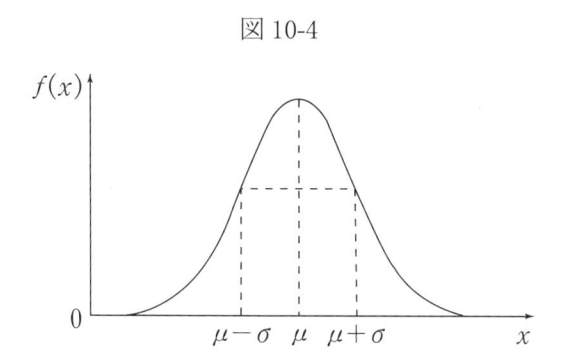

10.3. 確率変数と確率分布の基礎

図 10-4

2 変量のケース

(1) 結合密度

次の条件を満足するとき, $f(x,y)$ は確率変数 x, y の結合密度 (joint density) といわれる.

$$f(x,y) \geqq 0 \quad (x \in (-\infty, \infty), y \in (-\infty, \infty)),$$

$$\int_{-\infty}^{\infty}\int_{-\infty}^{\infty} f(x,y) dy\, dx = 1.$$

$A = \{(x,y)|\, a \leqq x \leqq b,\, c \leqq y \leqq d\}$ とする. (x,y) が A 中に落ちる確率は次のように定義される.

$$P(A) = \int_a^b \int_c^d f(x,y) dy\, dx.$$

(2) 周辺分布

$a < x < b$ という帯状の領域に落ちる確率は次のように定義される.

$$P(a < x < b) = \int_a^b \int_{-\infty}^{\infty} f(x,y) dy\, dx.$$

離散型のケースと同様に, x の周辺分布 (marginal distribution) と y の周辺分布が次のように与えられる.

$$\begin{aligned} f_1(x) &= \int_{-\infty}^{\infty} f(x,y) dy, \\ f_2(y) &= \int_{-\infty}^{\infty} f(x,y) dx. \end{aligned}$$

(3) 条件つき分布と条件付き期待値

y が既知のとき，y の条件つき密度関数は次のように定義される．

$$f(x|y) = \frac{f(x,y)}{f_2(y)} \qquad (f_2(y) > 0 \text{ のとき}).$$

x が既知のときの y の密度関数も次のように定義される．

$$f(y|x) = \frac{f(x,y)}{f_1(x)} \quad (f_1(x) > 0 \text{ のとき}).$$

$f(x,y) = f_1(x)f_2(y)$ と表されるときに限って，確率変数 x と y は独立といわれる．

x を所与として，条件つき期待値は次のように定義される。

$$E(y|x) = \int_{-\infty}^{\infty} y f(y|x)\, dy = \int_{-\infty}^{\infty} y \frac{f(x,y)}{f_1(x)} dy.$$

(4) x の期待値と y の期待値

x の期待値と y の期待値が次のように定義される．

$$E(x) = \int_{-\infty}^{\infty}\int_{-\infty}^{\infty} x f(x,y) dx dy,$$

$$E(y) = \int_{-\infty}^{\infty}\int_{-\infty}^{\infty} y f(x,y) dy dx.$$

(5) x の分散と y の分散，x と y の共分散

x, y の分散，および x と y の共分散が次のように定義される．

$$\mathrm{Var}(x) = \int_{-\infty}^{\infty}\int_{-\infty}^{\infty} (x - E(x))^2 f(x,y) dx dy,$$

$$\mathrm{Var}(y) = \int_{-\infty}^{\infty}\int_{-\infty}^{\infty} (y - E(y))^2 f(x,y) dy dx,$$

$$\mathrm{Cov}(x,y) = \int_{-\infty}^{\infty}\int_{-\infty}^{\infty} (x - E(x))(y - E(y)) f(x,y) dx dy.$$

10.4　1変量の正規分布に関連する分布

上述されたように，平均値 μ，分散 σ^2 の1変量の正規分布は次のように定義される．

$$f(x) = \frac{1}{\sqrt{2\pi}\sigma} e^{-\frac{(x-\mu)^2}{2\sigma^2}}, \qquad -\infty < x < \infty.$$

経済の数量分析で利用される正規分布の派生分布を順に紹介することにしよう．

10.4. 1 変量の正規分布に関連する分布

χ^2 分布 (カイ 2 乗分布)

$x_i(i=1,2,\cdots,m)$ は平均値 μ, 分散 σ^2 の正規分布に従うものとする. つまり,

$$x_i \sim N(\mu,\sigma^2)$$

とする. $\chi^2 = \sum_{i=1}^{m}\left(\frac{x_i-\mu}{\sigma}\right)^2$ は自由度 m の χ^2 分布に従う. $m>100$ となるとき, χ^2 分布は $N(m,2m)$ に従う. 自由度 m の χ^2 分布の意味で, α に対して, 次のように $\chi_\alpha^2(m)$ が規定される.

$$P(\chi^2 \geqq \chi_\alpha^2(m)) = \int_{\chi_\alpha^2(m)}^{\infty} f(\chi^2)\,d\chi^2 = \alpha.$$

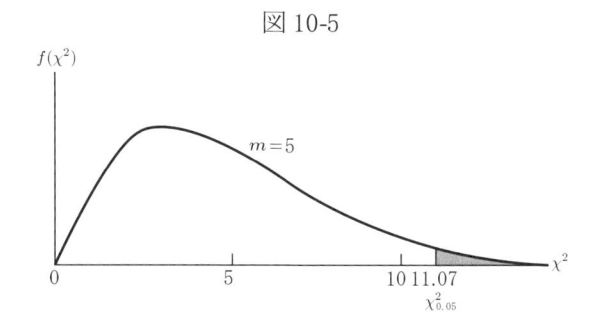

図 10-5

t 分布

x は $N(0,1)$ に従い, y は自由度 m の χ^2 分布に従うものとしよう. そのとき, 次の t は自由度 m の t 分布に従う.

$$t = \frac{x}{\sqrt{y/m}}.$$

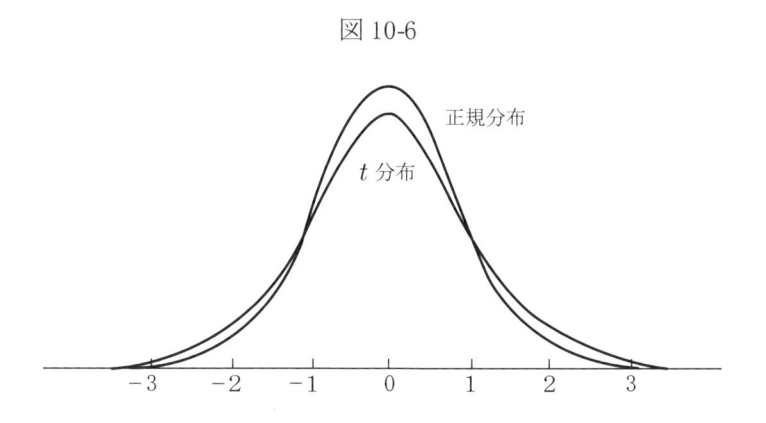

図 10-6

F 分布

さて，x_1 と x_2 は次のような確率変数とする．

(1) x_i は自由度 m_i の χ^2 分布に従う．

(2) x_1 と x_2 は統計的に独立である．

そのとき，
$$F = \frac{x_1/m_1}{x_2/m_2}$$
とすると，F は自由度 m_1, m_2 の F 分布に従うことが確認されている．

10.5 補論: ライプニッツのルール

$f(x, \alpha)$ は $R = \{(x, \alpha) \mid a \leq x \leq b, \alpha_1 \leq \alpha \leq \alpha_2\}$ で連続であるとする.

(1) $F(\alpha) = \displaystyle\int_a^b f(x, \alpha)\, dx$ は $\alpha_1 \leq \alpha \leq \alpha_2$ で連続である.

(2) $\displaystyle\int_{\alpha_1}^{\alpha_2} F(\alpha)\, d\alpha = \int_a^b \left(\int_{\alpha_1}^{\alpha_2} f(x, \alpha)\, d\alpha \right) dx.$

(3) $\dfrac{\partial}{\partial \alpha} f(x, \alpha)$ が R で連続である.

以上の条件のもとでは, 次のことが成立する.

$$F'(\alpha) = \int_a^b \frac{\partial}{\partial \alpha} f(x, \alpha)\, dx.$$

上記のことを示すために, 次のことを定義しよう.

$$G(\alpha) = \int_a^b \frac{\partial}{\partial \alpha} f(x, \alpha)\, dx.$$

そのとき,

$$\begin{aligned}
\int_{\alpha_0}^{\alpha} G(\tau)\, d\tau &= \int_{\alpha_0}^{\alpha} \left(\int_a^b \frac{\partial}{\partial \tau} f(x, \tau)\, dx \right) d\tau \\
&= \int_a^b \left(\int_{\alpha_0}^{\alpha} \frac{\partial}{\partial \tau} f(x, \tau)\, d\tau \right) dx \\
&= \int_a^b \{ f(x, \alpha) - f(x, \alpha_0) \}\, dx \\
&= F(\alpha) - F(\alpha_0).
\end{aligned}$$

したがって,

$$G(\alpha) = F'(\alpha).$$

第11章　経済成長の計量分析

11.1　序

　第9章までの諸章では,経済成長の理論分析に必要な数理的基礎と内生的成長理論を中心に議論が展開された.最近の内生的成長論では実証分析の結果との関連を重視して実証科学としての方向性が指向されている.「理論なき実証」も無意味なように「実証なき理論」もやはり意味がないと思われる.本章では,経済成長の実証を行うための計量分析の基礎理論を中心に,経済成長の実証分析に必要な概念と種々の分析ツールが紹介される.

11.2　標準的回帰分析

11.2.1　基本的構造

　本章では,計量分析の理論を簡単に説明した後に,その知識を前提として経済成長に関する実証分析に言及する.次のような線型の回帰モデルを考えることにしよう.

$$y_i = \beta_0 + \beta_1 x_{i1} + \beta_2 x_{i2} + \cdots + \beta_p x_{ip} + u_i \ (i = 1, 2, \cdots, n). \tag{11.1}$$

ここで,y_i は従属変数 (被説明変数),x_{ij} ($j = 1, 2, \cdots, p$) は独立変数 (説明変数) と呼ばれる.また,u_i ($i = 1, 2, \cdots, n$) は攪乱項 (random disturbance),β_j ($j = 1, 2, \cdots, p$) は回帰係数 (regression coefficient),β_0 は定数項 (constant term) といわれる.$p = 1$ のとき単回帰,$p > 1$ のとき重回帰といわれる.

　以下の回帰分析では,特に断りのない限り,基本的に次のことが仮定される.

仮定 1:　x_i は確率変数ではなく,外部から指定される変数,つまり,指定変数 (fixed variable) である.

仮定 2:　$E(u_i) = 0$　　$(i = 1, 2, \cdots, n)$.

仮定 3:　$E(u_i^2) = \sigma^2$　　$(i = 1, 2, \cdots, n)$.（均一分散）

仮定 4:　$\text{Cov}(u_i, u_j) = E(u_i u_j) = 0$　　(すべての $i \neq j$ に対して).

仮定 5:　u_i は正規分布 $N(0, \sigma^2)$ に従う (このことを $u_i \sim N(0, \sigma^2)$ と記す).

11.2.2 単純回帰分析

まず，単回帰のモデルを考えることにしよう．記号の便宜のため，$\alpha = \beta_0, x_i = x_{i1}$ とおき，次のように表す．

$$y_i = \alpha + \beta x_i + u_i. \tag{11.2}$$

(x_i, y_i) $(i = 1, 2, \cdots, n)$ は n 個の観測値とする．α と β の推定値を得るために，データ解析上，最小 2 乗法 (ordinary least squares method : OLS) が最もよく利用される．最小 2 乗法は文字通り，誤差の 2 乗の和を最小にするように α と β の推定値を選択する方法である．

次式の S を最小にするような α と β をそれぞれ $\hat{\alpha}, \hat{\beta}$ と記し，最小 2 乗推定値と呼ぶことにする．

$$S = \sum_{i=1}^{n} u_i^2 = \sum_{i=1}^{n} \{y_i - \alpha - \beta x_i\}^2.$$

$\hat{\alpha}, \hat{\beta}$ が最小 2 乗推定値であれば，次式が成立している．

$$\frac{\partial S}{\partial \alpha} = -2 \sum_{i=1}^{n} \{y_i - \hat{\alpha} - \hat{\beta} x_i\} = 0,$$

$$\frac{\partial S}{\partial \beta} = -2 \sum_{i=1}^{n} \{y_i - \hat{\alpha} - \hat{\beta} x_i\} x_i = 0.$$

したがって，次式が成立する．

$$n\hat{\alpha} + \hat{\beta} \sum_{i=1}^{n} x_i = \sum_{i=1}^{n} y_i, \tag{11.3}$$

$$\sum_{i=1}^{n} \hat{\alpha} x_i + \sum_{i=1}^{n} \hat{\beta} x_i^2 = \sum_{i=1}^{n} x_i y_i. \tag{11.4}$$

ここで，この式は正規方程式 (normal equation) と呼ばれる．(11.3) と (11.4) は次のように表される．

$$\hat{\alpha} \sum_{i=1}^{n} x_i + \left(\sum_{i=1}^{n} x_i^2\right) \hat{\beta} = \sum_{i=1}^{n} x_i y_i, \tag{11.5}$$

$$\hat{\alpha} \sum_{i=1}^{n} x_i + \frac{1}{n} \hat{\beta} \left(\sum_{i=1}^{n} x_i\right)^2 = \frac{1}{n} \left(\sum_{i=1}^{n} y_i\right) \left(\sum_{i=1}^{n} x_i\right). \tag{11.6}$$

このことより，(11.5) から (11.6) を引くと，

$$\left\{\sum_{i=1}^{n} x_i^2 - \frac{1}{n}\left(\sum_{i=1}^{n} x_i\right)^2\right\} \hat{\beta} = \sum_{i=1}^{n} x_i y_i - \frac{1}{n}\left(\sum_{i=1}^{n} x_i\right)\left(\sum_{i=1}^{n} y_i\right).$$

11.2. 標準的回帰分析

したがって,

$$\begin{aligned}\hat{\beta} &= \frac{\sum x_i y_i - \frac{1}{n}(\sum x_i)(\sum y_i)}{\sum x_i^2 - \frac{1}{n}(\sum x_i)^2} \\ &= \frac{\sum x_i y_i - n\bar{x}\bar{y}}{\sum x_i^2 - n(\bar{x})^2} \\ &= \frac{\sum(x_i - \bar{x})(y_i - \bar{y})}{\sum(x_i - \bar{x})^2}.\end{aligned}$$

ここで, $\bar{x} = (\sum x_i)/n$, $\bar{y} = (\sum y_i)/n$. また, (11.3) より,

$$\hat{\alpha} + \bar{x}\hat{\beta} = \bar{y}.$$

以下, 記号の簡略化のために, 次のように記す.

$$\begin{aligned}m_{xy} &= \sum(x_i - \bar{x})(y_i - \bar{y}) = \sum x_i y_i - n\bar{x}\bar{y}, \\ m_{xx} &= \sum(x_i - \bar{x})^2 = \sum x_i^2 - n\bar{x}^2, \\ m_{yy} &= \sum(y_i - \bar{y})^2 = \sum y_i^2 - n\bar{y}^2.\end{aligned}$$

以上のことより, 最小2乗推定値は次のように与えられる.

$$\begin{aligned}\hat{\beta} &= \frac{\sum(x_i - \bar{x})(y_i - \bar{y})}{\sum(x_i - \bar{x})^2} = \frac{m_{xy}}{m_{xx}}, \\ \hat{\alpha} &= \bar{y} - \hat{\beta}\bar{x}.\end{aligned}$$

さて, $\hat{\alpha}, \hat{\beta}$ を使って次のように表す.

$$\hat{y}_i = \hat{\alpha} + \hat{\beta}x_i \quad (i = 1, 2, \cdots, n).$$

このとき, $\hat{y}_i$ は推定値 (estimated value) と呼ばれ, この式は推定回帰式 (estimated regression equation) といわれる.

最小2乗法による推定値の期待値と分散

最小2乗法による推定値に関する結果のみを次にまとめておくことにする (詳細については本章の補論1で議論されている).

(1) $\hat{\alpha}$ と $\hat{\beta}$ の期待値最小2乗推定値の期待値は次のように表される.

$$E(\hat{\alpha}) = \alpha, \quad E(\hat{\beta}) = \beta.$$

(2) $\hat{\alpha}$ と $\hat{\beta}$ の分散と共分散

$$\sigma_{\hat{\alpha}}^2 = E(\hat{\alpha}-\alpha)^2 = \left\{\frac{1}{n} + \frac{\bar{x}^2}{\sum_i (x_i-\bar{x})^2}\right\}\sigma^2,$$

$$\sigma_{\hat{\beta}}^2 = E(\hat{\beta}-\beta)^2 = \frac{1}{\sum_i (x_i-\bar{x})^2}\sigma^2,$$

$$\mathrm{Cov}(\hat{\alpha},\hat{\beta}) = E((\hat{\alpha}-\alpha)(\hat{\beta}-\beta)) = \frac{-\bar{x}}{\sum_i (x_i-\bar{x})}\sigma^2.$$

回帰の残差，残差平方和，回帰の標準誤差

y_i の計測値と推定値の差を回帰の残差 (residual of regression) と呼び，$\hat{u}_i$ と記す．回帰の残差は次のように表される．

$$\hat{u}_i = y_i - \hat{y}_i = y_i - \hat{\alpha} - \hat{\beta}x_i = y_i - \bar{y} - \hat{\beta}(x_i - \bar{x}).$$

回帰の残差については次のことが成立する．

$$\sum_{i=1}^n (y_i - \hat{\alpha} - \hat{\beta}x_i) = \sum_{i=1}^n \hat{u}_i = 0,$$

$$\sum_{i=1}^n x_i(y_i - \hat{\alpha} - \hat{\beta}x_i) = \sum_{i=1}^n x_i\hat{u}_i = 0.$$

さらに，残差平方和 (RSS) は次のように表される．

$$\begin{aligned}RSS &= \sum_{i=1}^n \hat{u}_i^2 \\ &= \sum_i \{(y_i-\bar{y})^2 - 2\hat{\beta}(x_i-\bar{x})(y_i-\bar{y}) + \hat{\beta}^2(x_i-\bar{x})^2\} \\ &= m_{yy} - 2\hat{\beta}m_{xy} + \hat{\beta}^2 m_{xx} \\ &= m_{yy} - \hat{\beta}m_{xy}.\end{aligned}$$

また，次のように定義する．

$$\hat{\sigma}^2 = \frac{RSS}{n-2} = \frac{\sum \hat{u}_i^2}{n-2}.$$

この平方根 $\hat{\sigma}$ は回帰の標準誤差と呼ばれ，SEE(あるいは $s.e.e$) と記されている．後で確認されるが，$\hat{\sigma}^2$ については次のことが成立する (本章の補論1を参照)．

$$E(\hat{\sigma}^2) = E\left(\frac{RSS}{n-2}\right) = \sigma^2.$$

したがって，$\hat{\sigma}^2$ は σ^2 の不偏推定量[1]である．

---

[1] 推定量の期待値が母集団の値に一致するとき，それは不偏推定量といわれる．

11.2. 標準的回帰分析

決定係数

回帰直線の当てはまりの尺度を表す決定係数 (coefficient of determination) は次のように定義される[2].

$$R^2 = \frac{\sum(\hat{y}_i - \bar{y})^2}{\sum(y_i - \bar{y})^2} = 1 - \frac{\sum \hat{u}_i^2}{\sum(y_i - \bar{y})^2}.$$

$\hat{\alpha}, \hat{\beta}$ の分散と共分散の不偏推定量

$\hat{\sigma}^2$ が σ^2 の不偏推定量であるということが確認されたので, $\hat{\alpha}, \hat{\beta}$ の分散と共分散の不偏推定量は次のように求められる (本章の補論1を参照).

$$\hat{\sigma}_{\hat{\alpha}}^2 = \left(\frac{1}{n} + \frac{\bar{x}^2}{\sum(x_i - \bar{x})^2}\right)\hat{\sigma}^2,$$
$$\hat{\sigma}_{\hat{\beta}}^2 = \frac{1}{\sum(x_i - \bar{x})^2}\hat{\sigma}^2,$$
$$\text{Cov}(\hat{\alpha}, \hat{\beta}) = \frac{-\bar{x}}{\sum(x_i - \bar{x})^2}\hat{\sigma}^2.$$

$\hat{\sigma}_{\hat{\alpha}}, \hat{\sigma}_{\hat{\beta}}$ は, 通常, 標準誤差 (standard error) と呼ばれている.

次の重要な定理を証明なしに, 示しておく.

定理 1:

(1) $\dfrac{\hat{\alpha} - \alpha}{\sigma_{\hat{\alpha}}} \sim N(0,1).$

(2) $\dfrac{\hat{\beta} - \beta}{\sigma_{\hat{\beta}}} \sim N(0,1).$

(3) $\sum \hat{u}_i^2 / \sigma^2 \sim$ 自由度 $n-2$ の χ^2 分布.

(4) $\hat{\alpha}, \hat{\beta}$ は $\sum \hat{u}_i^2$ と独立に分布する.

定理 2: v, w は下記の条件 (1),(2),(3) を満たしているものとしよう.

(1) $v \sim N(0,1).$

(2) $w \sim$ 自由度 m の χ^2 分布.

(3) v, w は相互に独立に分布する.

---

[2] $\sum(y_i - \bar{y})^2 = \sum\{(y_i - \hat{y}_i) + (\hat{y}_i - \bar{y})\}^2 = \sum\{\hat{u}_i^2 + 2\hat{u}_i(\hat{y}_i - \bar{y}) + (\hat{y}_i - \bar{y})^2\}$,
$\sum \hat{u}_i(\hat{y}_i - \bar{y}) = \sum \hat{u}_i\{\hat{\alpha} + \hat{\beta}x_i - \hat{\alpha} - \hat{\beta}\bar{x}\} = \hat{\beta}\sum \hat{u}_i x_i - \hat{\beta}\bar{x}\sum \hat{u}_i = 0.$

そのとき，$t = v/\sqrt{w/m}$ は自由度 m の t 分布に従う．

以上の2つの定理により次のことが成立する．これは t 検定の議論で非常に重要な役割を果たしている．

命題 1：下記のものは自由度 $n-2$ の t 分布に従う．

$$t_\alpha = \frac{\hat{\alpha} - \alpha}{\hat{\sigma}_{\hat{\alpha}}}, \quad t_\beta = \frac{\hat{\beta} - \beta}{\hat{\sigma}_{\hat{\beta}}}.$$

確認：次のようにおくことにしよう．

$$v = \frac{\hat{\alpha} - \alpha}{\sigma_{\hat{\alpha}}}, \qquad w = \frac{\sum \hat{u}_i^2}{\sigma^2}.$$

そのとき，次のことが成立する．

$$\begin{aligned} t_\alpha &= \frac{v}{\sqrt{w/(n-2)}} \\ &= \frac{(\hat{\alpha} - \alpha)/\sigma_{\hat{\alpha}}}{\sqrt{\hat{\sigma}^2}/\sigma} \\ &= \frac{(\hat{\alpha} - \alpha)\sigma}{\hat{\sigma} \sigma_{\hat{\alpha}}} \\ &= \frac{(\hat{\alpha} - \alpha)\sigma}{\hat{\sigma} \left\{ \sqrt{\frac{1}{n} + \frac{\bar{x}^2}{\sum (x_i - \bar{x})^2}} \right\} \sigma} \\ &= \frac{\hat{\alpha} - \alpha}{\hat{\sigma}_{\hat{\alpha}}}. \end{aligned}$$

$t_\beta = \dfrac{\hat{\beta} - \beta}{\hat{\sigma}_{\hat{\beta}}}$ が自由度 $n-2$ の t 分布に従うことも同様にして確認できる．

有意性検定

さて，検定される仮説 H_0 は帰無仮説 (null hypothesis) と呼ばれる．棄却したい仮説が帰無仮説として設定されることが多い．H_0 を帰無仮説とし，α を有意水準 (significance level)，A を α のもとでの棄却域とする．

$\bar{x} \in A$ であれば H_0 は有意水準 $\alpha \times 100$ ％ で棄却される．そのとき，有意水準 α で $\bar{x}$ と仮説値との差は統計的有意 (statistically significant) であるといわれる．

回帰係数の t 検定

次のように帰無仮説と対立仮説を設定しよう．

$$\begin{aligned} H_0 &: \quad \beta = 0 \quad \text{(帰無仮説)} \\ H_1 &: \quad \beta \neq 0 \quad \text{(対立仮説)} \end{aligned}$$

11.2. 標準的回帰分析

さて，次のような定義を行うことにしよう．

$$P\left(|t| \geq t_{n-2,\alpha/2}\right) = \alpha.$$

ここで，$P(\ )$ は確率を表している．したがって，単回帰の場合，$t_{n-2,\alpha/2}$ は自由度 $n-2$ の t 分布において，両端領域の確率がちょうど α となるような t の値を表しているということができる．

帰結：

$t = (\hat{\beta} - \beta)/\hat{\sigma}_{\hat{\beta}}$ に対して，帰無仮説を考慮して $\beta = 0$ を代入する．そのとき，次のことが成立する．

$\left|\dfrac{\hat{\beta}}{\hat{\sigma}_{\hat{\beta}}}\right| \geq t_{n-2,\alpha/2}$ $\Rightarrow$ 帰無仮説 H_0 は有意水準 $\alpha \times 100$ ％で棄却される．

(推定回帰係数 $\hat{\beta}$ は有意水準 $\alpha \times 100$ ％で有意である)

$\left|\dfrac{\hat{\beta}}{\hat{\sigma}_{\hat{\beta}}}\right| < t_{n-2,\alpha/2}$ $\Rightarrow$ 帰無仮説 H_0 は有意水準 $\alpha \times 100$ ％で採択される．

通常，$\hat{\beta}/\hat{\sigma}_{\hat{\beta}}$ は t 値 (t value) といわれる．ここで，標本数 n が大きい場合（つまり，大標本である場合），t 分布は標準正規分布に収束するので，5 ％の有意水準では，近似的に $t_{n-2,0.025} = 1.96 \fallingdotseq 2$ を使用する．

11.2.3　重回帰モデル

次の線形の重回帰モデルを考えることにしよう．

$$y_i = \beta_0 + \beta_1 x_{i1} + \beta_2 x_{i2} + u_i \qquad (i = 1, 2, \cdots, n).$$

ここで，$u_i\ (i = 1, 2, \cdots, n)$ は確率変数であり，単回帰のケースと同じ条件を満足しているものとする．

以下では，次のような n 組の観測値が与えられているものとする．

$$\begin{pmatrix} y_1 \\ x_{11} \\ x_{21} \end{pmatrix}, \begin{pmatrix} y_2 \\ x_{12} \\ x_{22} \end{pmatrix}, \begin{matrix} \cdots \\ \cdots \\ \cdots \end{matrix}, \begin{pmatrix} y_n \\ x_{1n} \\ x_{2n} \end{pmatrix}.$$

最小 2 乗推定値

次式を最小にするような $(\hat{\beta}_0, \hat{\beta}_1, \hat{\beta}_2)$ の組を最小 2 乗推定値と呼び，$\hat{\beta}_0, \hat{\beta}_1, \hat{\beta}_2$ と記すことにしよう．

$$S = \sum_{i=1}^n u_i^2 = \sum_{i=1}^n \{y_i - \beta_0 - \beta_1 x_{i1} - \beta_2 x_{i2}\}^2.$$

そのとき，次のことが成立する．

$$\frac{\partial S}{\partial \beta_0} = -2\sum_{i=1}^{n}(y_i - \hat{\beta}_0 - \hat{\beta}_1 x_{i1} - \hat{\beta}_2 x_{i2}) = 0,$$

$$\frac{\partial S}{\partial \beta_1} = -2\sum_{i=1}^{n} x_{i1}(y_i - \hat{\beta}_0 - \hat{\beta}_1 x_{i1} - \hat{\beta}_2 x_{i2}) = 0,$$

$$\frac{\partial S}{\partial \beta_2} = -2\sum_{i=1}^{n} x_{i2}(y_i - \hat{\beta}_0 - \hat{\beta}_1 x_{i1} - \hat{\beta}_2 x_{i2}) = 0.$$

したがって, 次のことが成立する.

$$n\hat{\beta}_0 + (\sum x_{i1})\hat{\beta}_1 + (\sum x_{i2})\hat{\beta}_2 = \sum y_i, \tag{11.7}$$

$$(\sum x_{i1})\hat{\beta}_0 + (\sum x_{i1}x_{i1})\hat{\beta}_1 + (\sum x_{i1}x_{i2})\hat{\beta}_2 = (\sum x_{i1}y_i), \tag{11.8}$$

$$(\sum x_{i2})\hat{\beta}_0 + (\sum x_{i2}x_{i1})\hat{\beta}_1 + (\sum x_{i2}x_{i2})\hat{\beta}_2 = (\sum x_{i2}y_i). \tag{11.9}$$

以上のことから, 次の式が成立する.

$$\sum x_{i1}^2 \hat{\beta}_1 - \frac{1}{n}\left\{\sum x_{i1}\right\}^2 \hat{\beta}_1 + (\sum x_{i1}x_{i2})\hat{\beta}_2 - \frac{1}{n}(\sum x_{i1})(\sum x_{i2})\hat{\beta}_2$$

$$= (\sum x_{i1}y_i) - \frac{1}{n}(\sum x_{i1})(\sum y_i).$$

同様に, 次の式が成立する.

$$\left\{\sum(x_{2i}x_{1i})\right\}\hat{\beta}_1 - \frac{1}{n}(\sum x_{i1})(\sum x_{i2})\hat{\beta}_1 + (\sum(x_{i2})^2)\hat{\beta}_2 - \frac{1}{n}(\sum x_{i2})^2 \hat{\beta}_2$$

$$= (\sum x_{i2}y_i) - \frac{1}{n}(\sum x_{i2})(\sum y_i).$$

ここで, 平均からの偏差の積和を次のように定義する[3].

$$m_{jk} = \sum_i (x_{ij} - \bar{x}_j)(x_{ik} - \bar{x}_k) \qquad (j, k = 1, 2)$$

$$= \sum_i x_{ij}x_{ik} - n\bar{x}_j\bar{x}_k$$

$$= \sum_i x_{ij}x_{ik} - n\frac{\sum x_{ij}}{n}\frac{\sum x_{ik}}{n}$$

$$= \sum_i x_{ij}x_{ik} - \frac{1}{n}(\sum_i x_{ij})(\sum_i x_{ik}),$$

$$m_{jy} = \sum_i (x_{ij} - \bar{x}_j)(y_i - \bar{y}).$$

---

[3] 以下では, バーを付けて平均値を表している.

11.2. 標準的回帰分析

以上のことより，次のように表される．

$$m_{11}\hat{\beta}_1 + m_{12}\hat{\beta}_2 = m_{1y},$$
$$m_{21}\hat{\beta}_1 + m_{22}\hat{\beta}_2 = m_{2y}.$$

クラーメルの公式を使用して，$\hat{\beta}_1, \hat{\beta}_2$ は次式より求められる．

$$\begin{bmatrix} m_{11} & m_{12} \\ m_{21} & m_{22} \end{bmatrix} \begin{bmatrix} \hat{\beta}_1 \\ \hat{\beta}_2 \end{bmatrix} = \begin{bmatrix} m_{1y} \\ m_{2y} \end{bmatrix}.$$

さらに，$\hat{\beta}_0$ は次のように求められる．

$$\hat{\beta}_0 = \bar{y} - \hat{\beta}_1 \bar{x}_1 - \hat{\beta}_2 \bar{x}_2.$$

推定回帰式

次式は推定回帰式と呼ばれる．

$$\hat{y}_i = \hat{\beta}_0 + \hat{\beta}_1 x_{i1} + \hat{\beta}_2 x_{i2} \quad (i = 1, 2, \cdots, n).$$

ここで，$\hat{y}_1, \cdots, \hat{y}_n$ は推定値といわれる．

最小 2 乗法による推定値の期待値，分散，共分散

次のことが成立する (詳細については本章の補論 2 で議論されている)．

$$E(\hat{\beta}_0) = \beta_0, \quad E(\hat{\beta}_1) = \beta_1, \quad E(\hat{\beta}_2) = \beta_2,$$
$$\sigma^2_{\hat{\beta}_0} = \sigma^2 \left\{ \frac{1}{n} + \frac{\bar{x}_1^2 m_{22} + \bar{x}_2^2 m_{11} - 2\bar{x}_1 \bar{x}_2 m_{12}}{m_{11} m_{22} - m_{12}^2} \right\},$$
$$\sigma^2_{\hat{\beta}_1} = \sigma^2 \left\{ \frac{m_{22}}{m_{11} m_{22} - m_{12}^2} \right\},$$
$$\sigma^2_{\hat{\beta}_2} = \sigma^2 \left\{ \frac{m_{11}}{m_{11} m_{22} - m_{12}^2} \right\},$$
$$\mathrm{Cov}(\hat{\beta}_1, \hat{\beta}_2) = -\sigma^2 \left\{ \frac{m_{12}}{m_{11} m_{22} - m_{12}^2} \right\}.$$

回帰の残差

次のように，回帰の残差を定義する．

$$\hat{u}_i = y_i - \hat{y}_i = y_i - \hat{\beta}_0 - \hat{\beta}_1 x_{i1} - \hat{\beta}_2 x_{i2} \quad (i = 1, 2, \cdots, n).$$

次のことが成立する.
$$\sum_i \hat{u}_i = 0,$$
$$\sum_i x_{ik}\hat{u}_i = 0 \quad (k=1,2).$$

決定係数 R^2

回帰の当てはまりの尺度を表す決定係数の規定を行うことにする.まず,以下のことが成立する.
$$\hat{y}_i - \bar{y} = \hat{\beta}_0 + \hat{\beta}_1 x_{i1} + \hat{\beta}_2 x_{i2} - \{\bar{\beta}_0 + \hat{\beta}_1 \bar{x}_1 + \hat{\beta}_2 \bar{x}_2\} = \sum_j \hat{\beta}_j (x_{ij} - \bar{x}_j),$$

$$\begin{aligned}
\sum_i \hat{u}_i \sum_j \hat{\beta}_j(x_{ij}-\bar{x}_j) &= \sum_j \hat{\beta}_j \sum_i \hat{u}_i(x_{ij}-\bar{x}_j) \\
&= \sum_j \hat{\beta}_j(\hat{u}_1(x_{1j}-\bar{x}_j)+\cdots+\hat{u}_n(x_{nj}-\bar{x}_j)) \\
&= \sum_j \hat{\beta}_j(\sum_i \hat{u}_i x_{ij} - (\sum_i \hat{u}_i)\bar{x}_j)) = 0.
\end{aligned}$$

$$\begin{aligned}
\sum(y_i-\bar{y})^2 - \sum \hat{u}_i^2 &= \sum(y_i-\bar{y}-\hat{u}_i)(y_i-\bar{y}+\hat{u}_i) \\
&= \sum(\hat{y}_i-\bar{y})(y_i-\bar{y}+\hat{u}_i) \quad (\because \hat{u}_i = y_i - \hat{y}_i) \\
&= \sum(y_i-\bar{y}+\hat{u}_i)(\hat{y}_i-\bar{y}) \\
&= \sum_i(y_i-\bar{y}+\hat{u}_i)\sum_j \hat{\beta}_j(x_{ij}-\bar{x}_j) \\
&= \sum_j \hat{\beta}_j \sum_i (y_i-\bar{y})(x_{ij}-\bar{x}_j) \\
&= \sum_j \hat{\beta}_j m_{jy}.
\end{aligned}$$

以上のことより,決定係数は次のように規定される.
$$\begin{aligned}
R^2 &= 1 - \frac{\sum \hat{u}_i^2}{\sum(y_i-\bar{y})^2} = \frac{\sum(\hat{y}_i-\bar{y})^2}{\sum(y_i-\bar{y})^2} \\
&= \frac{\hat{\beta}_1 m_{1y} + \hat{\beta}_2 m_{2y}}{m_{yy}}.
\end{aligned}$$

撹乱項の不偏推定量

上述のことより,次のことが成立する.
$$\sum \hat{u}_i^2 = \sum(y_i-\bar{y})^2(1-R^2),$$

11.2. 標準的回帰分析

攪乱項の不偏推定量は次のように与えられる.

$$\hat{\sigma}^2 = \frac{1}{n-3}\sum_i \hat{u}_i^2.$$

自由度修正済み決定係数

説明変数の個数を増加させると, $\sum \hat{u}_i^2$ が減少し, 決定係数が上昇する傾向がある. これを修正するために, 通常, 自由度で修正した次のような自由度修正済み決定係数が使用されている.

$$\bar{R}^2 = 1 - \frac{\sum \hat{u}_i^2/(n-3)}{\sum(y_i-\bar{y})^2/(n-1)}.$$

ここで, $\sum(\hat{u}_i^2/(n-3))$ は σ^2 の不偏推定量である.

F 検定

一般的な重回帰分析においては幾つかの係数を同時に検定するということが生じる. ここでは, 一般的な重回帰分析における F 検定を紹介しておくことにしよう. 次のような一般的な重回帰モデルを考えることにしよう.

$$y_i = \beta_0 + \beta_1 x_{i1} + \beta_2 x_{i2} + \cdots + \beta_p x_{ip} + u_i \quad (i=1,2,\cdots,n).$$

次のような仮説を設定する.

$$H_0 \text{ (帰無仮説)} : \beta_1 = \cdots = \beta_p = 0 \quad (p \text{ 個の制約}),$$
$$H_1 \text{ (対立仮説)} : H_0 \text{ではない}.$$

H_0 のもとでは, 特に攪乱項を v_i と表すことにする. $y_i = \beta_0 + v_i$ として 次式を最小にするように β_0 を選択する.

$$\sum_{i=1}^n v_i^2 = \sum(y_i-\beta_0)^2.$$

この推定値は $\hat{\beta}_0 = \bar{y}$ で与えられる. また, $\hat{v}_i = y_i - \bar{y}$ とする.

以上の準備のもとで, F 値が次のように定義される.

$$F = \frac{(\sum \hat{v}_i^2 - \sum \hat{u}_i^2)/k}{\sum \hat{u}_i^2/(n-p-1)}.$$

ここで, $\hat{u}_i$ は次の重回帰モデルにおける残差平方和である.

$$y_i = \beta_0 + \beta_1 x_{i1} + \beta_2 x_{i2} + \cdots + \beta_p x_{ip} + u_i \quad (i=1,2,\cdots,n).$$

この F 値は自由度 p, $n-p-1$ の F 分布に従うことが確認されており, そのことを利用して F 検定がなされている.

11.3　経済成長分析に必要な計量経済手法

11.3.1　標準的仮定が成立しないケースの計量分析

以上の議論では，u_i が一定の標準的な仮定を満足するとして回帰分析の標準的な説明がなされた．本節では[4]，順に次のようなケースを検討してみることにしよう．

(1)　攪乱項の不均一分散のケース

(2)　攪乱項に系列相関があるケース

(3)　説明変数が確率的であるケース

攪乱項の不均一分散のケース (仮定3が成立しないケース)

ここでは，分散均一性に関する検定方法を簡単に紹介し，分散不均一性が存在するケースの処理方法について例を用いて言及し，議論の一端を紹介することにしよう．

(1)　分散不均一性 (heteroskedasticity) が成立するかどうかの検定
ある変数 w_i に対して，
$$\text{Var}(u_i) = \sigma f(w_i)$$
ということが成立するという前提のもとで，次のような検定が行われている[5]．

(a)　ホワイト (White) の検定

(b)　アンスコム・ラムゼイ (Anscombe-Ramsey) の Reset 検定 (Ramsey 検定)

(2)　分散不均一性のケースの処理方法
分散不均一性が確認された場合，どのように処理すればよいかについて，1つの処理方法を紹介しておくことにしよう[6]．ここでは議論の簡単化のために，次のような単回帰モデルのもとで処理方法が紹介される．
$$y_i = \alpha + \beta x_i + u_i. \quad (i = 1, 2, \cdots, n)$$

---

[4] 前節の議論では標準的な回帰分析が紹介された．本節では，経済成長の実証分析に関する文献を通読するのに最小限必要な基本的概念および計量分析のツールが平易に解説される．本節の議論では，山本 [1997], Maddala [1997], Goldberger [1997] 等の基本的文献を参考にしている．ただし，本節では，あくまでも必要最小限のものが紹介されているのみであり，より厳密な展開に関しては，たとえば Greene [2000] 等の文献を通読し，充分な知識を修得することを勧める．

[5] さらに，尤度比検定 (LR)，ゴールドフェルト＝クォント (Goldfeld and Quandt) の検定，ブルーシュ＝ペーガン (Breusch and Pagan) の検定も行われている．

[6] 分散不均一性が存在するケースにおける解決法として対数線形式を推定することが考えられている．通常の線形と対数線形のいずれが妥当であるかについては次の検定が使用されている．

(1)　ボックス＝コックス (Box and Cox) の検定

(2)　BM 検定 (ベラ＝マッカルー)(Bera and McAleer)

11.3. 経済成長分析に必要な計量経済手法

$$E(u_i^2) = \sigma_i^2, \sigma_i = \sigma z_i \quad (i = 1, 2, \cdots, n).$$

このケースでは,両辺を z_i で割り,次のように変形する.

$$\frac{y_i}{z_i} = \alpha \frac{1}{z_i} + \beta \frac{x_i}{z_i} + \frac{u_i}{z_i} \quad (i = 1, 2, \cdots, n).$$

ここで, $\frac{y_i}{z_i} = y'_i, \frac{1}{z_i} = z'_i, \frac{x_i}{z_i} = x'_i, \frac{u_i}{z_i} = u'_i$ とおくと,次のように表される.

$$y'_i = \alpha z'_i + \beta x'_i + u'_i \quad (i = 1, 2, \cdots, n).$$

ところで,次のことが成立する.

$$\mathrm{Var}\left(\frac{u_i}{z_i}\right) = \frac{\sigma_i^2}{z_i^2} = \sigma^2.$$

したがって,分散不均一性が解消されている.これは定数項を持たない2変量のモデルであり,これに通常の最小2乗推定法を適用すればよい[7].

攪乱項に系列相関があるケース

次の単回帰モデルを考察しよう.

$$y_i = \alpha + \beta x_i + u_i. \quad (i = 1, 2, \cdots, n)$$

次のケースが検討される.

仮定 4′: $\mathrm{Cov}(u_i, u_j) = E(u_i u_j) \neq 0 \quad (i \neq j).$

このことが生じることを系列相関 (serial correlation) が存在するといわれる.通常,時系列データでこのことが生じることが多い.

AR(1) モデル (1 階の自己回帰モデル)
ここでは,次のような1階の自己回帰モデル (Autoregressive model) を中心に考察する.

$$\left.\begin{array}{l} y_i = \alpha + \beta x_i + u_i \\ u_i = \rho u_{i-1} + e_i, \quad |\rho| < 1 \end{array}\right\} \quad (i = 1, 2, \cdots, n).$$

ここで, e_i は標準的な攪乱項に関する仮定を満足するものとする.

(1) ρ が既知であるケース

---

[7] このケースでは,結果的に,次のものを最小化する加重最小2乗法 (weighted least squares method: WLS) に従っていることになる.
$$J' = \sum \frac{1}{\sigma^2 z_i^2}(y_i - \alpha - \beta x_i)^2.$$

ρ が既知であるケースでは処理が比較的容易である. 次式を考えることにする.

$$y_i = \alpha + \beta x_i + u_i \quad (i=1,2,\cdots,n), \tag{11.10}$$

$$u_i = \rho u_{i-1} + e_i. \tag{11.11}$$

このことにより,

$$y_{i-1} = \alpha + \beta x_{i-1} + u_{i-1} \quad (i=2,\cdots,n).$$

したがって,

$$y_i - \rho y_{i-1} = \alpha(1-\rho) + \beta\{x_i - \rho x_{i-1}\} + u_i - \rho u_{i-1} \quad (i=2,\cdots,n).$$

以上のことより, $y'_i = y_i - \rho y_{i-1}, x'_i = x_i - \rho x_{i-1}, \alpha' = \alpha(1-\rho)$ とおくと,

$$y'_i = \alpha' + \beta x'_i + e_i \quad (i=2,\cdots,n).$$

この式について最小2乗推定法により推定する. この推定値を $\hat{\alpha}', \hat{\beta}$ としよう. そのとき, $\alpha(1-\rho) = \hat{\alpha}'$ ということより,

$$\hat{\alpha} = \frac{1}{1-\rho}\hat{\alpha}'$$

というように推定値 $\hat{\alpha}$ が求められる.

(2) ρ に関する推定とダービン＝ワトソン統計量

さて, (1) のように ρ が既知であることは稀である. いま, 次のモデルを考察することにしよう.

$$y_i = \alpha + \beta x_i + u_i,$$

$$u_i = \rho u_{i-1} + e_i, \quad |\rho| < 1 \quad (i=2,3,\cdots,n),$$

このケースで, 系列相関の有無 (つまり ρ がゼロであるか否か) を検定する問題を考えることにしよう. まず, 上の関係式を利用して ρ を推定するということが考えられるであろう. $\hat{u}_i$ を最初の式の最小2乗法によって求められたものとすると, $\hat{\rho}$ は次のように求められる.

$$\hat{\rho} = \frac{\sum_{i=2}^{n} \hat{u}_i \hat{u}_{i-1}}{\sum_{i=2}^{n} \hat{u}_{i-1}^2}.$$

実際には, ρ について検定する代わりに以下で述べるダービン＝ワトソン統計量 (DW) が検定に使用されている. $\hat{u}_i$ を最初の式の最小2乗法によって求められたものとすると, DW は次のように定義される.

$$DW = \frac{\sum_{i=2}^{n}(\hat{u}_i - \hat{u}_{i-1})^2}{\sum_{i=1}^{n}\hat{u}_i^2}.$$

したがって,

$$\begin{aligned} DW &= \frac{\sum_{i=2}^{n}\hat{u}_i^2 - 2\sum_{i=2}^{n}\hat{u}_i\hat{u}_{i-1} + \sum_{i=2}^{n}\hat{u}_{i-1}^2}{\sum \hat{u}_i^2} \\ &\fallingdotseq 2 - 2\hat{\rho} = 2(1-\hat{\rho}). \end{aligned}$$

11.3. 経済成長分析に必要な計量経済手法

さて, $\hat{\rho}=0$ に対しては近似的に $DW=2$ が対応しており, $\hat{\rho}$ の値によって帰無仮説 $(\rho=0)$ の棄却領域が確定する.

(3) コクラン＝オーカット法（Cochrane=Orcutt）

通常, 次の手順で係数推定値が求められている.

(a) 最初の式に対して，最小2乗法により, 最小2乗推定値 $\hat{\alpha},\hat{\beta}$ を求める.

(b) $\hat{\alpha},\hat{\beta}$ をもとに, $\hat{y}_i = \hat{\alpha}+\hat{\beta}x_i$ により，残差 $\hat{u}_i$ を求める.

(c) 次のように,
$$\hat{u}_i = \rho\hat{u}_{i-1} + e_i \quad (i=2,\cdots,n)$$
により，定数項が存在しないケースの回帰式に対して最小2乗法により, 推定値 $\hat{\rho}$ を求める.
$$\hat{\rho} = \frac{\sum \hat{u}_i \hat{u}_{i-1}}{\sum \hat{u}_{i-1}^2}.$$

(d) 上述の ρ が既知のケースの議論を適用して, 推定値 $\hat{\alpha},\hat{\beta}$ を求める.

確率的な説明変数のケース

以下では, 議論の簡単化のために下記の単回帰モデルを考察することにしよう.

$$y_i = \alpha + \beta x_i + u_i.$$

ここでは, x_i は確率変数であり, 説明変数 x_i が u_i と相関があるとしよう. そのとき, 通常, 操作変数法 (IV 法)(instrumental variable method：IV method) によって処理がなされている. 操作変数法の手順は次のことから構成される.

(1) 誤差項とは相関を持たないが, 説明変数 x_i とは相関を持っているような変数 (操作変数) を求める. いま, これが z_i で与えられたとしよう.

(2) 操作変数 z_i を利用して, 操作変数法による推定値を次のように求める.

$$\tilde{\beta} = \frac{\sum(\hat{z}_i-\bar{z})(y_i-\bar{y})}{\sum(\hat{z}_i-\bar{z})(x_i-\bar{x})}, \tag{11.12}$$

$$\tilde{\alpha} = \bar{y} - \tilde{\beta}\bar{x}. \tag{11.13}$$

11.3.2 その他の問題

多重共線性

標準的な議論では，説明変数の間に相関が存在しないという前提で処理がなされた．一般的に，説明変数が相関を持っている場合，多重共線性 (multicollinearity) が存在するといわれる．ここでは特殊なケースを取り上げてみることにする．次の回帰式を考えることにしよう．

$$y_i = \beta_0 + \beta_1 x_{i1} + \beta_2 x_{i2} + u_i \quad (i = 1, 2, \cdots, n).$$

上式において，次のことが成立するとしよう．

$$x_{i1} = k x_{i2} \quad (i = 1, 2, \cdots, n).$$

このように，説明変数の間に厳密な多重共線性が存在するケースでは，次のことが成立する．

$$\begin{aligned}
n\hat{\beta}_0 + (\sum x_{i1})\hat{\beta}_1 + (\sum x_{i2})\hat{\beta}_2 &= \sum y_i, \\
k(\sum x_{i2})\hat{\beta}_0 + k^2(\sum x_{i2}^2)\hat{\beta}_1 + (k\sum x_{i2}^2)\hat{\beta}_2 &= k\sum x_{i2} y_i, \\
(\sum x_{i2})\hat{\beta}_0 + k(\sum x_{i2}^2)\hat{\beta}_1 + (\sum x_{i2}^2)\hat{\beta}_2 &= \sum x_{i2} y_i.
\end{aligned}$$

上式の2番目の式は3番目の式のk倍になっており，$\hat{\beta}_0, \hat{\beta}_1, \hat{\beta}_2$は一意に確定することはない．

ダミー変数

ダミー変数 (dummy variable) について簡単に言及しておくことにしよう．ここでは，定数項ダミーについて簡単に紹介しておく．データの構造上2つのタイプに類別され，傾向は同じであるが，水準が異なるということが判明している場合，たとえば，次のようにダミー変数を定義する．

$$D_i = \begin{cases} 0 & (i = 1, \cdots, n') \\ 1 & (i = n'+1, \cdots, n) \end{cases}$$

そのとき，次式を推定する．

$$y_i = \alpha + \beta_1 x_{i1} + \beta_2 D_i + u_i.$$

以上のことより，結果的に次のような式が得られる．

$$\begin{aligned}
y_i &= \alpha + \beta_1 x_{1i}, \quad (i = 1, \cdots, n'), \\
y_j &= \alpha' + \beta_1 x_{1j}, \quad (j = n'+1, \cdots, n).
\end{aligned}$$

上記のもの以外でも，通常，季節ダミーあるいは係数ダミーが考えられている．

代理変数とトレンド変数

変数の観測可能なデータが入手できないとき，その代用をなす代理変数（proxy）が使用される．さらに，一定のトレンドを時間の関数を用いて表したトレンド変数 (trend variable) も使用されている．

11.3.3 同時方程式モデルにおける推定

構造型と誘導型

次のように，各変数が互いに影響し合っているということは経済学ではよく生じることである．このようなシステムを同時方程式モデル (simultaneous equation model) と呼ぶ．

$$y_{1i} = \alpha_1 + \beta_1 y_{2i} + \gamma_1 x_{1i} + u_{1i}, \tag{11.14}$$

$$y_{2i} = \alpha_2 + \beta_2 y_{1i} + \gamma_2 x_{2i} + u_{2i}. \tag{11.15}$$

この式で，x_{1i}, x_{2i} は外生変数 (exogenous variable)，y_{1i}, y_{2i} は内生変数 (endogenous variable) といわれる．この方程式は構造型 (structural form) といわれる．それに対して，上の式を解いた方程式は誘導型 (reduced form) といわれている．この誘導方程式のパラメータから構造方程式のパラメータが一意に求められるとき正確に識別されるといわれ，複数のパラメータが求められるとき過剰識別といわれ，さらに，求められないとき，識別不能といわれる．

ここでは，識別可能な構造方程式のケースに限定して考察することにしよう．構造方程式は内生変数を含んでいるので，これをそのまま最小2乗法（OLS）で推定することは適切ではない．このため，通常，2段階最小2乗法 (two-stage least squares method : 2SLS) が使用されている．これは次のステップで推定される．

(1) 誘導方程式の内生変数の推定値を求める．

(2) (1) で求められた推定値を説明変数として利用して，構造方程式において最小2乗法により係数の推定を行う．

以上では，ステップ (1) では，外生変数と内生変数の区別がなされ，さらに，外生変数と誤差項とは相関がないとして，議論が展開された．通常，変数と誤差項の間の相関をチェックするものとして，外生性の検定 (exogeneity test) が行われている．

SUR 法

さて，上述の議論では，誤差項の間の相関が考慮されていなかった．たとえば，次のような状況 ($\mathrm{Cov}(u_{1i}, u_{2i}) = \sigma_{12}, \beta_1 = \beta_2 = 0$) を考えてみることにしよう．この状況は，各方程式の右辺に内生変数が生じていないので，見かけ上無関係な方程式のようにみえる．このようなものは見かけ上無関係な推計 (seemingly unrelated regression: SUR) とよばれる．しかし，上記の

仮定に拘束されているので, 別個の方程式として推定するよりもより好ましい結果を得ることができる. SUR 推定では, 統合したシステムに対して一般化最小 2 乗法を適用して, 推定が行なわれる.

11.3.4 時系列分析

本節では, 時系列分析を中心に議論する. X_t を確率変数, (X_t) を X_t の時系列とする. 通常, (X_t) は確率過程と呼ばれている. 確率過程のタイプは確率変数 X_t の結合分布 (同時分布) ではなく, 通常, 次のように規定されている.

(a) $E(X_t) = \mu_t$.

(b) $\text{Var}(X_t) = \sigma_t^2$.

(c) $\text{Cov}(X_{t_1}, X_{t_2})$.

ここで, μ_t は t における平均, σ_t^2 は t における分散を表している. 次に, 確率過程 (X_t) の定常性の規定を行うことにしよう.

(1) 次のことが成立するとき, 確率過程 (X_t) は弱定常過程 (weakly stationary stochastic process) であるといわれる.

   (a) $\forall t : E(X_t) = \mu_t$.
   (b) $\forall t : \text{Var}(X_t) = \sigma^2$.
   (c) $\forall t : \text{Cov}(X_t, X_{t-k}) = \gamma(k)$.

(2) 確率過程 (X_t) は弱定常過程であり, さらに, 次式を満足するとき, ホワイト・ノイズ (white noise) と呼ばれる.

   (c′) $\forall t : \text{Cov}(X_t, X_{t-k}) = 0$ (ただし, $k \neq 0$).

(3) 確率過程 (X_t) はホワイト・ノイズであり, さらに, すべての t に対して, X_t が独立の分布になっているとき, $i.i.d$ (independently and identically distributed) であるといわれる.

(4) AR 過程 (Autoregressive stochastic process)

   次の確率過程 (X_t) は AR(p) 過程といわれる.

$$X_t = \beta_1 X_{t-1} + \beta_2 X_{t-2} + \cdots + \beta_p X_{t-p} + \varepsilon_t.$$

   ここで, (ε_t) は平均 μ, 分散 σ^2 のホワイト・ノイズであるとする.

11.3. 経済成長分析に必要な計量経済手法

(5) 次のように規定される確率過程 (X_t) はランダム・ウォーク (random walk) といわれる.

$$X_t = X_{t-1} + \varepsilon_t.$$

ここで, (ε_t) は平均 μ, 分散 σ^2 のホワイト・ノイズであるとする. 確率過程 (X_t) がランダム・ウォークであれば、$X_0 = 0$ とすると, 次のことが成立する.

$$X_t = \sum_{i=1}^{t} \varepsilon_i.$$

したがって, $E(X_t) = t\mu$, $\text{Var}(X_t) = t\sigma^2$. ここで, ランダム・ウォークは $\beta_1 = 1$ となる AR(1) 過程に他ならないということができる.

さて, 次のように規定される確率過程 (X_t) のタイプを考えることにしよう.

$$X_t = \alpha + \beta X_{t-1} + \gamma_t + \varepsilon_t.$$

ここで, ε_t はホワイト・ノイズであるとする. 次のように識別がなされている.

(1) $\beta = 1$, $\gamma_t = 0$ である場合, (X_t) は階差定常過程 (difference-stationary process : DSP) と呼ばれる.

(2) $\beta = 0$ の場合, (X_t) はトレンド定常過程 (trend-stationary process : TSP) と呼ばれる.

さて, 次の単純なモデルを考えることにしよう.

$$X_t = \beta X_{t-1} + \varepsilon_t.$$

ここで, (ε_t) は平均 0 の弱定常過程とする.

さて, ディッキー＝フラー検定 (Dickey and Fuller の検定:DF 検定) では, (ε_t) がホワイト・ノイズであるという仮定のもとで, $\beta = 1$ の仮説の単位根検定が行われている. さらに, (ε_t) が必ずしもホワイト・ノイズではないケースのもとでは, 単位根検定について, 拡張されたディッキー＝フラー検定 (ADF) が行われている.

次に, (X_t) と (Y_t) のいずれかで単位根が存在するという仮説が棄却されない場合, (X_t) と (Y_t) のいずれかで DSP である可能性が大である. いま, (X_t), (Y_t) のいずれかが DSP であるとしよう. そのとき, 次式は見せかけの回帰 (spurious regression) となる可能性がある.

$$Y_t = \alpha + \beta X_t + u_t.$$

そのようなケースでは, (X_t), (Y_t) の共和分検定 (cointegration test) が行われている. 次のことが成立するとき, (X_t) と (Y_t) は共和分であるといわれる.

$$\exists \beta : Y_t - \beta X_t \sim I(0) \text{ (定常時系列)}.$$

換言すると，
$$Y_t = \beta X_t + u_t$$
において，Y_t と X_t が遠くにドリフトしない，つまり，それらの間に長期的均衡関係が存在すると考えられるとき，(X_t) と (Y_t) は共和分であるといわれる．

11.4 経済成長の計量分析

11.4.1 経済成長の実証分析

さて以上では，計量分析の手法を中心に解説された．次に，経済成長の実証分析を行うには，ソフトウェア・パッケージと種々の経済統計量に関する知識が必要である．

(1) 実際に計量分析を行うには，種々のソフトウェア・パッケージが利用可能である．たとえば，EViews のマニュアルあるいは松浦・マッケンジー [2001] を読んで，EViews の取り扱いを学習し，Maddala [1997] のテキストの例あるいは練習問題で実践的なトレーニングを積むことも一案であろう．

(2) 以上の準備のもとに，実際に経済成長の計量分析を行うために，Barro and Sala-i-Martin [1995] の第 10 章から第 12 章を検討し，さらに，Barro[1997] を通読し，データに関する知識を修得する必要がある．国民経済計算に関する知識が不足している場合には，武野 [2001] あるいは金丸 [1999] 等の基本的な文献を学習することによって，1993 SNA のシステムと種々の概念を修得する必要がある．

(3) さらに数理統計学と計量経済学に関する知識を充実させる必要がある．経済分析に必要な一応の統計学の知識を学習するには，岩田 [1992] を薦める．計量経済学については，山本 [1997], Maddala [1992], Goldberger [2001] 等の入門書を通読し，さらに，Greene [1997] を精読することを薦める．

11.4.2 ソロー・スワン成長モデルの実証分析

計量経済学的手法に依拠して，経済成長に関する種々の実証分析が行われている．ここでは，基本的な分析例を紹介しておくことにしよう[8]．

$$\begin{cases} S_t = sY_t & \cdots (1) \\ Y_t = K_t{}^\alpha (A_t L_t)^{1-\alpha} & \cdots (2) \quad (0 < \alpha < 1) \\ A_t = A_0(1+x)^t & \cdots (3) \end{cases}$$

$$\begin{cases} I_t = K_{t+1} - K_t + \delta K_t, \\ sY_t = I_t. \end{cases}$$

---
[8] 本書の第 3 章で展開されたソロー＝スワン・成長モデルに関連する実証例を紹介しておく．この例は Mankiw, Romer, and Weil [1992] における連続型の例を離散型に修整したものである．

11.4. 経済成長の計量分析

$$sK_t^{\alpha}(A_tL_t)^{1-\alpha} = K_{t+1} - K_t + \delta K_t.$$

両辺を A_tL_t で割り, $z_t = K_t/(A_tL_t)$ とおくと,

$$sz_t^{\alpha} = (1+n+x)z_{t+1} - (1-\delta)z_t.$$

ここで, 近似的に $(1+n)(1+g) = 1+g+n$ となる. 持続的均衡成長経路における z_t を z^* とすると, 次式が成立する.

$$sz^{*\alpha} = (1+n+x)z^* - (1-\delta)z^* = (n+x+\delta)z^*.$$

したがって,

$$z_t = z^* = \left(\frac{s}{n+x+\delta}\right)^{\frac{1}{1-\alpha}}.$$

これを (2) 式に代入すると, 持続的均衡成長経路上では, 次のように表される.

$$\begin{aligned}
\frac{Y_t}{L_t} &= A_t\left(\frac{K_t}{A_tL_t}\right)^{\alpha} \\
&= A_t z_t^{\alpha} \\
&= A_t\left(\frac{s}{n+x+\delta}\right)^{\frac{\alpha}{1-\alpha}} \\
&= A_0(1+x)^t\left(\frac{s}{n+x+\delta}\right)^{\frac{\alpha}{1-\alpha}}.
\end{aligned}$$

したがって, 次の式が成立する.

$$\log\frac{Y_t}{L_t} = \log A_0 + t\log(1+x) + \frac{\alpha}{1-\alpha}\log s - \frac{\alpha}{1-\alpha}\log(n+x+\delta).$$

x と δ を国家間で一定だとして, n, s と Y_t/L_t の関係を最小2乗推定法で推定する. そのために, 次のようにおくことにする.

$$\log A_0 = a + \varepsilon.$$

ここで, a は一定, ε はそれぞれの国固有のショックとし, 次の式に基づいて回帰分析を行う.

$$\log\frac{Y_t}{L_t} = \beta_0 + \beta_1\log s + \beta_2\log(n+x+\delta) + \varepsilon.$$

11.4.3 技術進歩率の計測方法

成長会計と全要素生産性

本節では, Barro and Sala-i-Martin [1995], Barro [1999], Griliches [1996] の所論に依拠して, 成長会計について解説する. いま, 次のような生産関数によってマクロ的生産状況が表現されるとしよう.

$$Y(t) = F(A(t), K(t), L(t)) = A(t)\hat{F}(K(t), L(t)).$$

そのとき, 時間 t で微分し整理すると, 次のように表される.

$$\frac{\dot{Y}(t)}{Y(t)} = \frac{\dot{A}(t)}{A(t)} + \frac{F_K K(t)}{Y(t)}(\dot{K}(t)/K(t)) + \frac{F_L L(t)}{Y(t)}(\dot{L}(t)/L(t)). \tag{11.16}$$

この式より技術進歩率は次のように求められる.

$$\frac{\dot{A}(t)}{A(t)} = \frac{\dot{Y}(t)}{Y(t)} - \frac{F_K K(t)}{Y(t)}(\dot{K}(t)/K(t)) - \frac{F_L L(t)}{Y(t)}(\dot{L}(t)/L(t)). \tag{11.17}$$

ここで, 技術進歩率の推計方法として次のことが考えられる.

(1) 完全競争を前提として, 要素価格が限界生産性に一致するということを考慮して, 資本の分配率 s_K と労働の分配率 s_L をもとに次のように技術進歩率を計測する.

$$\frac{\dot{A}(t)}{A(t)} = \frac{\dot{Y}(t)}{Y(t)} - s_K(\dot{K}(t)/K(t)) - s_L(\dot{L}(t)/L(t)). \tag{11.18}$$

上記の推定値は全要素生産性 (total factor productivity : TFP) と呼ばれている.

(2) 上の式について, $\dot{Y}/Y$ を K の成長率と L の成長率に回帰する. その結果, 定数項の推定値を求め, 技術進歩率の推定値とする.

この (2) の手法には, 外生性に関連する問題が存在している. したがって, 通常, 成長会計の手法が使用されている. 成長会計を行うためには, 次のことを処理する必要がある.

(1) 資本ストック K を求める必要がある. 通常, 次のような継続棚卸法が使用されている.

$$K(t+1) = K(t) + I(t) - \delta K(t).$$

基準年次における社外株式を所与として, $I(t)$ に関する既存のデータを使用して, 上式に基づいて $K(t)$ の系列を計算する. 資本ストックの質を考慮するには, 各種の資本財の賃料率を計算して, それをベースに資本の指標を作成する.

(2) 労働 L については, 労働力人口および労働力参加率を考慮して計測する必要がある. さらに, 労働力人口の質を考慮するには, 学校教育, 教育訓練等を考慮した指標を作成する必要がある.

イノベーションと全要素生産性

第 4 章の議論では, 最終財の生産は次のように求められた.

$$Y = AL^{1-\alpha}N^{1-\alpha}(NX)^{\alpha}.$$

以下, $NX = M$ とおく. 競争状態のもとでは, 次のことが成立する.

$$w = (1-\alpha)Y/L.$$

11.4. 経済成長の計量分析

さらに, 競争均衡のもとでは中間財の限界生産性は中間財の価格に一致するので,

$$\alpha(Y/M) = 1/\alpha.$$

以上のことより, 労働の分配率 s_L と中間財に対する分配率 s_M は次のように表される.

$$s_L = 1 - \alpha, \ s_M = \alpha.$$

したがって,

$$\frac{\dot{Y}(t)}{Y(t)} = \frac{\dot{A}(t)}{A(t)} + (1-\alpha)(\dot{N}(t)/N(t)) + s_L(\dot{L}(t)/L(t)) + s_M(\dot{M}(t)/M(t)). \tag{11.19}$$

したがって, 次のように TFP 成長率は次のように求められる.

$$\frac{\dot{Y}(t)}{Y(t)} - (s_L(\dot{L}(t)/L(t)) + s_M(\dot{M}(t)/M(t))) = \frac{\dot{A}(t)}{A(t)} + (1-\alpha)(\dot{N}(t)/N(t)). \tag{11.20}$$

11.4.4 人的資本, イノベーション, および内生的成長

本書では, イノベーションと人的資本に関するマクロ動学分析が主として試みられた. モデル分析を前提として計量分析の 1 つの方向を示唆しておくことにする. さて, 第 9 章ではイノベーションと人的資本に関するマクロ動学分析が試みられ, 最終財の生産関数は次のように規定された.

$$Y(t) = A_Y K(t)^\beta D(t)^\eta H_F(t)^{1-\beta-\eta}.$$

第 9 章の (9.12) を考慮すると, この式は次のように表される.

$$Y(t) = A_Y \left(\frac{\alpha\eta}{\gamma}\right) K(t)^\beta Y(t)^\eta M(t)^{\frac{(1-\alpha)\eta}{\alpha}} H_F(t)^{1-\beta-\eta}.$$

したがって, 次の式が成立する.

$$Y(t)^{1-\eta} = A_Y \left(\frac{\alpha\eta}{\gamma}\right) K(t)^\beta M(t)^{\frac{(1-\alpha)\eta}{\alpha}} H_F(t)^{1-\beta-\eta}.$$

ゆえに,

$$\frac{\dot{Y}}{Y} = \frac{\beta}{1-\eta}\frac{\dot{K}}{K} + \frac{(1-\alpha)\eta}{\alpha(1-\eta)}\frac{\dot{M}}{M} + \frac{1-\beta-\eta}{1-\eta}\frac{\dot{H_F}}{H_F}. \tag{11.21}$$

Barro[1999] の示唆に従って, $\dot{M}/M$ の項を定数とみなして, 次の回帰式を推計して係数を求めることにしよう.

$$\frac{\dot{Y}}{Y} = a_0 + a_1\frac{\dot{K}}{K} + a_2\frac{\dot{H_F}}{H_F} + e. \tag{11.22}$$

ただし, $a_1 = \beta/(1-\eta), a_2 = (1-\beta-\eta)/(1-\eta)$, e は攪乱項である. この回帰分析の結果, 上の回帰式の係数推定値より, β と η を求めて, α を確定し, イノベーション率を求める. 具体的には, 次の手順でイノベーション率を求めイノベーションに関する要因分析を行う.

(1) $Y(t), K(t), H_F(t)$ に関するデータを収集する.

(2) 各時系列データの定常性のチェックを行うために, ADF 検定によって単位根検定を行う. 単位根検定の結果, データの定常性が確認されない場合, 共和分検定を行う.

(3) 上の式により, β と η を求める.

(4) 第 9 章の関係式 (9.42) を基礎として, 適当な α を所与として, イノベーション率と種々のパラメータの間の回帰分析を行う.

(5) さらに, Barro and Sala-i-Martin [1995], Barro [1997] で企図されているような種々の制度的変数とイノベーションに関する回帰分析を行う.

11.5 補論１：最小２乗法による係数推定値の期待値と分散

議論の便宜のために,
$$a_i = \frac{x_i - \bar{x}}{\sum(x_i - \bar{x})^2} = \frac{x_i - \bar{x}}{m_{xx}}$$
とおく．そのとき，次のことが成立する．

(1)
$$\sum a_i = \frac{1}{m_{xx}}\left\{\sum x_i - n\bar{x}_1\right\} = 0.$$

(2)
$$\begin{aligned}\sum a_i x_i &= \frac{1}{m_{xx}}\sum(x_i - \bar{x})x_i \\ &= \frac{1}{m_{xx}}\sum(x_i - \bar{x})^2 \\ &= 1.\end{aligned}$$

$\hat{\alpha}$ と $\hat{\beta}$ の期待値

次のことが成立する[9].
$$\begin{aligned}\hat{\beta} &= \frac{\sum(x_i - \bar{x})(y_i - \bar{y})}{\sum(x_i - \bar{x})^2} \\ &= \frac{\sum(x_i - \bar{x})[\beta(x_i - \bar{x}) + (u_i - \bar{u})]}{\sum(x_i - \bar{x})^2} \\ &= \beta + \frac{\sum(x_i - \bar{x})(u_i - \bar{u})}{\sum(x_i - \bar{x})^2} \\ &= \beta + \frac{\sum(x_i - \bar{x})u_i}{\sum(x_i - \bar{x})^2} \\ &= \beta + \sum a_i u_i.\end{aligned}$$

したがって，次のことが成立する．
$$\begin{aligned}E(\hat{\beta}) &= \beta + \sum a_i E(u_i) = \beta, \\ E(\hat{\alpha}) &= E(\bar{y} - \hat{\beta}\bar{x}) \\ &= E(\bar{y}) - E(\hat{\beta})\bar{x} \\ &= E(\alpha + \beta\bar{x} + \bar{u}) - \beta\bar{x} \\ &= \alpha + \beta\bar{x} + E(\bar{u}) - \beta\bar{x} \\ &= \alpha.\end{aligned}$$

ここで, $E(\bar{u}) = \frac{1}{n}E(u_1 + u_2 + \cdots + u_n) = 0$.

---
[9] $y_i = \alpha + \beta x_i + u_i$ $(i = 1, 2, \cdots, n)$ であるので, $\sum y_i = n\alpha + \beta\sum x_i + \sum u_i$. したがって, $\bar{y} = \alpha + \beta\bar{x} + \bar{u}$. さらに, $\sum(x_i - \bar{x})(u_i - \bar{u}) = \sum(x_i - \bar{x})u_i - \bar{u}\sum(x_i - \bar{x}) = \sum(x_i - \bar{x})u_i$.

$\hat{\alpha}$ と $\hat{\beta}$ の分散

次のことが成立する[10].

$$\begin{aligned}
\sigma_{\hat{\beta}}^2 &= E(\hat{\beta} - \beta)^2 \\
&= E(\sum a_i u_i)^2 \\
&= E(\sum_i \sum_j a_i a_j u_i u_j) \\
&= \sum_i \sum_j a_i a_j E(u_i u_j) \\
&= \sum_i a_i^2 \sigma^2 \\
&= \sigma^2 \sum_i \left\{ \frac{(x_i - \bar{x})^2}{(\sum(x_i - \bar{x})^2)^2} \right\} \\
&= \frac{\sigma^2}{\sum(x_i - \bar{x})^2}.
\end{aligned}$$

ここで，次のことが成立する.

$$\begin{aligned}
E(\hat{\beta} - \beta)\bar{u} &= E(\sum a_i u_i)\frac{1}{n}(\sum u_i) \\
&= \frac{1}{n} E \sum (a_1 u_1 + a_2 u_2 + \cdots + a_n u_n)(u_1 + u_2 + \cdots + u_n) \\
&= \frac{1}{n} \sigma^2 E(\sum a_i) \\
&= 0.
\end{aligned}$$

したがって，

$$\begin{aligned}
\sigma_{\hat{\alpha}}^2 &= E(\hat{\alpha} - \alpha)^2 \\
&= E(\bar{y} - \hat{\beta}\bar{x} - \alpha)^2 \\
&= E(\beta\bar{x} + \bar{u} - \hat{\beta}\bar{x})^2 \\
&= E(\beta - \hat{\beta})^2 \bar{x}^2 - 2E(\hat{\beta} - \beta)\bar{x}\bar{u} + E(\bar{u}^2) \\
&= \frac{\sigma^2 \bar{x}^2}{\sum(x_i - \bar{x})^2} + \frac{\sigma^2}{n}
\end{aligned}$$

---

[10] 以下の議論で次のことを参照せよ. たとえば，

$$\sum_{i=1}^2 \sum_{j=1}^2 a_i a_j u_i u_j = a_1 a_2 u_1 u_2 + a_2 a_1 u_2 u_1 + a_1 a_1 u_1 u_1 + a_2 a_2 u_2 u_2.$$

したがって，

$$E\left(\sum_{i=1}^2 \sum_{j=1}^2 a_i a_j u_i u_j\right) = a_1^2 E(u_1^2) + a_2^2 E(u_2^2) = a_1^2 \sigma^2 + a_2^2 \sigma^2.$$

11.5. 補論 1：最小 2 乗法による係数推定値の期待値と分散

$$= \left\{\frac{1}{n} + \frac{\bar{x}^2}{\sum(x_i - \bar{x})^2}\right\}\sigma^2.$$

$\hat{\alpha}$ と $\hat{\beta}$ の共分散

ここで，次のことが成立している．

$$\hat{\alpha} = \bar{y} - \hat{\beta}\bar{x},$$

$$\bar{y} = \alpha + \beta\bar{x} + \bar{u},$$

$$E(\hat{\beta} - \beta)\bar{u} = \frac{1}{n}E(\sum a_i u_i)(\sum u_i) = 0.$$

したがって，

$$\begin{aligned}
\mathrm{Cov}(\hat{\alpha}, \hat{\beta}) &= E[(\hat{\alpha} - \alpha)(\hat{\beta} - \beta)] \\
&= E[((\beta - \hat{\beta})\bar{x} + \bar{u})(\hat{\beta} - \beta)] \\
&= -E(\hat{\beta} - \beta)^2 \bar{x} + E(\hat{\beta} - \beta)\bar{u} \\
&= -\bar{x}\sigma_{\hat{\beta}}^2 \\
&= -\frac{\bar{x}}{\sum(x_i - \bar{x})^2}\sigma^2.
\end{aligned}$$

標準誤差

$$\hat{\sigma}^2 = \frac{\sum \hat{u}_i^2}{n-2} = \frac{RSS}{n-2}.$$

$$\begin{aligned}
\sum \hat{u}_i^2 &= \sum \hat{u}_i(y_i - \hat{y}_i) \\
&= \sum \hat{u}_i(\alpha + \beta x_i + u_i - \hat{\alpha} - \hat{\beta}x_i) \\
&= \sum \hat{u}_i\{(\alpha - \hat{\alpha}) + (\beta - \hat{\beta})x_i + u_i\} \\
&= \sum \hat{u}_i u_i \quad (\because \sum \hat{u}_i = 0, \quad \sum x_i \hat{u}_i = 0) \\
&= \sum \{-(\hat{\alpha} - \alpha) - (\hat{\beta} - \beta)x_i + u_i\}u_i \\
&= -(\hat{\alpha} - \alpha)\sum u_i - (\hat{\beta} - \beta)\sum x_i u_i + \sum u_i^2.
\end{aligned}$$

以下，次のようにおくことにする．

$$\begin{aligned}
A &= -(\hat{\alpha} - \alpha)\sum u_i, \\
B &= -(\hat{\beta} - \beta)\sum x_i u_i.
\end{aligned}$$

$$\begin{aligned}
A &= -(\hat{\alpha}-\alpha)\sum u_i \\
&= \{(\beta-\beta)\bar{x}-\bar{u}\}\sum u_i \\
&\quad (\because \hat{\alpha}-\alpha = \bar{y}-\hat{\beta}\bar{x}-\alpha = \alpha+\beta\bar{x}+\bar{u}-\hat{\beta}\bar{x}-\alpha = -(\hat{\beta}-\beta)\bar{x}+\bar{u}) \\
&= \bar{x}\{\sum a_i u_i\}(\sum u_i) - \frac{1}{n}\left(\sum u_i\right)^2.
\end{aligned}$$

したがって,
$$E(A) = \bar{x}\sum a_i \sigma^2 - \frac{1}{n}\sum E(u_i^2) = -\sigma^2.$$

$$B = -(\hat{\beta}-\beta)\sum x_i u_i = -\sum_i(\sum_j a_j u_j)x_i u_i.$$

ゆえに,
$$E(B) = -\sum a_i x_i \sigma^2 = -\sigma^2 \frac{\sum(x_i-\bar{x})x_i}{\sum(x_i-\bar{x})^2} = -\sigma^2.$$

したがって,
$$E(\sum \hat{u}_i^2) = -\sigma^2 - \sigma^2 + n\sigma^2 = (n-2)\sigma^2.$$

以上のことより,
$$E\left(\frac{\sum \hat{u}_i^2}{n-2}\right) = E(\hat{\sigma}^2) = \sigma^2.$$

11.6 補論2：多変量分布と回帰分析

1変量の正規分布

1変量の正規分布の密度関数は次のように表される.

$$f(x) = \frac{1}{\sqrt{2\pi}\sigma}e^{-\frac{(x-\mu)^2}{2\sigma^2}}, \quad -\infty < x < \infty.$$

ここで, μ は確率分布の平均値であり, σ は標準偏差である.

2変量のケースの正規分布

さらに, 2変量の正規分布の結合密度関数は次のように表される.

$$f(x_1,x_2) = \frac{1}{2\pi\sigma_x\sigma_y\sqrt{1-\rho^2}}e^{-\frac{1}{2(1-\rho^2)}\left[\left(\frac{x-\mu_x}{\sigma_x}\right)^2 - 2\rho\frac{(x-\mu_x)}{\sigma_x}\frac{(x-\mu_y)}{\sigma_y} + \left(\frac{y-\mu_y}{\sigma_y}\right)^2\right]}.$$

11.6. 補論2：多変量分布と回帰分析

多変量のケースの正規分布

以上のことより，一般的に多変量の密度関数は次のように表される．

$$f(x_1, x_2, \cdots, x_p) = (2\pi)^{-\frac{p}{2}} |\textstyle\sum|^{-\frac{1}{2}} \exp\left\{-\frac{1}{2}(\mathbf{x}-\mu)' \textstyle\sum^{-1}(\mathbf{x}-\mu)\right\}.$$

ただし，次のことが満たされているものとする．ここで，σ_{ij} は x_i と x_j の共分散とする．

(1) $\quad f(x_1, x_2, \cdots, x_p) \geq 0.$

(2) $\quad \displaystyle\int_\infty^\infty \int_\infty^\infty \cdots \int_\infty^\infty f(x_1, x_2, \cdots, x_p) dx_1, dx_2, \cdots, dx_p = 1.$

(3) $\quad E(x) = \mu.$

(4) $\quad E[(\mathbf{x}-\mu)(\mathbf{x}-\mu)'] = \textstyle\sum = [\sigma_{ij}].$

ここで，

$$\begin{aligned}
(\mathbf{x}-\mu)(\mathbf{x}-\mu)' &= \begin{bmatrix} x_1 - \mu_1 \\ \vdots \\ x_p - \mu_p \end{bmatrix} [x_1 - \mu_1, \cdots, x_p - \mu_p] \\
&= \begin{bmatrix} (x-\mu_1)^2 & \cdots & (x-\mu_1)(x_p-\mu_p) \\ \vdots & \ddots & \vdots \\ (x_p-\mu_p)(x_1-\mu_1) & \cdots & (x_p-\mu_p)^2 \end{bmatrix}.
\end{aligned}$$

回帰分析

次の重回帰モデルについて検討することにしよう．

$$\begin{aligned}
y_1 &= \beta_0 + \beta_1 x_{11} + \cdots + \beta_p x_{1p} + u_1, \\
y_2 &= \beta_0 + \beta_1 x_{21} + \cdots + \beta_p x_{2p} + u_2, \\
&\vdots \qquad \vdots \\
y_n &= \beta_0 + \beta_1 x_{n1} + \cdots + \beta_p x_{np} + u_n.
\end{aligned}$$

次のようにベクトルと行列を定義する．

$$\mathbf{y} = [y_1, \cdots, y_n]',$$

$$\mathbf{X} = \begin{bmatrix} 1 & x_{11} & \cdots & x_{1p} \\ 1 & x_{21} & \cdots & x_{2p} \\ \vdots & \vdots & \vdots & \\ 1 & x_{n1} & \cdots & x_{np} \end{bmatrix},$$

$$\mathcal{B} = [\beta_0, \beta_1, \cdots, \beta_p]',$$
$$\mathbf{u} = [u_1, u_2, \cdots, u_n]'.$$

そのとき，上の式は次のように表される．

$$\mathbf{y} = \mathbf{X}\mathcal{B} + \mathbf{u}.$$

ここで，次のような標準的仮定が満たされているものとしよう．

$$E(\mathbf{u}) = \mathbf{0},$$
$$E(\mathbf{uu'}) = \sigma^2 I.$$

まず，次式を最小にするような最小2乗推定ベクトル $\hat{\mathcal{B}}$ を求めることにしよう．

$$\begin{aligned} U &= \sum_{i=1}^n u_i^2 \\ &= \mathbf{u'u} \\ &= (\mathbf{y} - \mathbf{X}\mathcal{B})'(\mathbf{y} - \mathbf{X}\mathcal{B}). \end{aligned}$$

$\hat{\mathcal{B}}$ が最小2乗推定ベクトルであれば，次のことが成立する．

$$\Big[\frac{\partial U}{\partial \beta_1}, \cdots, \frac{\partial U}{\partial \beta_p}\Big]' = -2\mathbf{X}'(\mathbf{y} - \mathbf{X}\hat{\mathcal{B}}) = \mathbf{0}.$$

したがって，

$$\mathbf{X}'\mathbf{X}\hat{\mathcal{B}} = \mathbf{X}'\mathbf{y}.$$

ここで，$(\mathbf{X}'\mathbf{X})^{-1}$ が存在すると仮定しよう．そのとき，

$$\hat{\mathcal{B}} = (\mathbf{X}'\mathbf{X})^{-1}\mathbf{X}'\mathbf{y}.$$

次のように $\mathbf{y}$ の推定値 $\hat{\mathbf{y}}$ が求められる．

$$\hat{\mathbf{y}} = \mathbf{X}\hat{\mathcal{B}}.$$

さらに，残差ベクトルは次のように求められる．

$$\hat{\mathbf{u}} = \mathbf{y} - \hat{\mathbf{y}} = \mathbf{y} - \mathbf{X}\hat{\mathcal{B}}.$$

上式により，

$$\mathbf{X}'\hat{\mathbf{u}} = \mathbf{0}.$$

11.6. 補論 2：多変量分布と回帰分析

次に，残差平方和を求めることにしよう．

$$\begin{aligned}
\sum \hat{u}_i^2 &= \hat{\mathbf{u}}'\hat{\mathbf{u}} \\
&= (\mathbf{y} - \mathbf{X}\hat{\mathcal{B}})'(\mathbf{y} - \mathbf{X}\hat{\mathcal{B}}) \\
&= (\mathbf{y}' - \hat{\mathcal{B}}'\mathbf{X}')(\mathbf{y} - \mathbf{X}\hat{\mathcal{B}}) \\
&= \mathbf{y}'\mathbf{y} - \mathbf{y}'\mathbf{X}\hat{\mathcal{B}} - \hat{\mathcal{B}}'\mathbf{X}'\mathbf{y} + \hat{\mathcal{B}}'\mathbf{X}'\mathbf{X}\hat{\mathcal{B}} \\
&= \mathbf{y}'\mathbf{y} - 2\hat{\mathcal{B}}'\mathbf{X}'\mathbf{y} + \hat{\mathcal{B}}'\mathbf{X}'\mathbf{y} \\
&= \mathbf{y}'\mathbf{y} - \hat{\mathcal{B}}\mathbf{X}'\mathbf{y}.
\end{aligned}$$

ところで，次のことが成立する．

$$\begin{aligned}
\hat{\mathbf{y}}'\hat{\mathbf{y}} &= (\mathbf{X}\hat{\mathcal{B}})'(\mathbf{X}\hat{\mathcal{B}}) \\
&= \hat{\mathcal{B}}'\mathbf{X}'\mathbf{X}\hat{\mathcal{B}} \\
&= \hat{\mathcal{B}}'\mathbf{X}'\mathbf{y}.
\end{aligned}$$

以上のことにより，

$$\mathbf{y}'\mathbf{y} = \hat{\mathbf{y}}'\hat{\mathbf{y}} + \hat{\mathbf{u}}'\hat{\mathbf{u}}.$$

ここで，$\sum y_i = \sum \hat{y}_i$ であるので，次のことが成立する[11]．

$$\mathbf{y}'\mathbf{y} - n\bar{y}^2 = \hat{\mathbf{y}}'\hat{\mathbf{y}} - n\bar{\hat{y}}^2 + \hat{\mathbf{u}}'\hat{\mathbf{u}}.$$

したがって，

$$\sum (y_i - \bar{y})^2 = \sum (\hat{y}_i - \bar{\hat{y}})^2 + \sum \hat{u}_i^2.$$

決定係数 R^2 は次のように定義される．

$$R^2 = \frac{\sum (\hat{y}_i - \bar{y})^2}{\sum (y_i - \bar{y})^2} = 1 - \frac{\sum \hat{u}_i^2}{\sum (y_i - \bar{y})^2}.$$

あるいは，

$$R^2 = \frac{\hat{\mathbf{y}}'\hat{\mathbf{y}} - \frac{1}{n}(\hat{y}_1 + \cdots + \hat{y}_n)^2}{\mathbf{y}'\mathbf{y} - \frac{1}{n}(y_1 + \cdots + y_n)^2} = 1 - \frac{\hat{\mathbf{u}}'\hat{\mathbf{u}}}{\mathbf{y}'\mathbf{y} - \frac{1}{n}(y_1 + \cdots + y_n)^2}.$$

11.6.1 σ^2 の不偏推定量

$$\begin{aligned}
\hat{\mathbf{u}} &= \mathbf{y} - \mathbf{X}\hat{\mathcal{B}} \\
&= \mathbf{y} - \mathbf{X}(\mathbf{X}'\mathbf{X})^{-1}\mathbf{X}'\mathbf{y} \\
&= (I - \mathbf{X}(\mathbf{X}'\mathbf{X})^{-1}\mathbf{X}')\mathbf{y} \\
&= (I - \mathbf{X}(\mathbf{X}'\mathbf{X})^{-1}\mathbf{X}')(\mathbf{X}\mathcal{B} + \mathbf{u}) \\
&= (I - \mathbf{X}(\mathbf{X}'\mathbf{X})^{-1}\mathbf{X}')\mathbf{u}.
\end{aligned}$$

---

[11] $\mathbf{X}\hat{\mathbf{u}} = 0$ であるので，このことが成立する．

$S = I - \mathbf{X}(\mathbf{X}'\mathbf{X})^{-1}\mathbf{X}' = (s_{ij})$ とすると,次のことが成立する.

$$\begin{aligned} S' &= I' - \mathbf{X}(\mathbf{X}'\mathbf{X})'^{-1}\mathbf{X}' \\ &= I' - \mathbf{X}(\mathbf{X}'\mathbf{X})^{-1}\mathbf{X}' \\ &= S. \end{aligned}$$

さらに,次のことが成立する.

$$\begin{aligned} S^2 &= [I - \mathbf{X}(\mathbf{X}'\mathbf{X})'^{-1}\mathbf{X}'][I - \mathbf{X}(\mathbf{X}'\mathbf{X})^{-1}\mathbf{X}'] \\ &= I - 2\mathbf{X}(\mathbf{X}'\mathbf{X})'^{-1}\mathbf{X}' + \mathbf{X}(\mathbf{X}'\mathbf{X})^{-1}\mathbf{X}'\mathbf{X}(\mathbf{X}'\mathbf{X})^{-1}\mathbf{X}' \\ &= I - 2\mathbf{X}(\mathbf{X}'\mathbf{X})'^{-1}\mathbf{X}' + \mathbf{X}(\mathbf{X}'\mathbf{X})^{-1}\mathbf{X}' \\ &= I - \mathbf{X}(\mathbf{X}'\mathbf{X})^{-1}\mathbf{X}' \\ &= S. \end{aligned}$$

したがって,

$$\begin{aligned} \hat{\mathbf{u}}'\hat{\mathbf{u}} &= \mathbf{u}'S'S\mathbf{u} \\ &= \mathbf{u}'S^2\mathbf{u} \\ &= \mathbf{u}'S\mathbf{u} \\ &= \sum_{i=1}^{n}\sum_{j=1}^{n} u_i s_{ij} u_j. \end{aligned}$$

以上のことより[12],

$$\begin{aligned} E(\hat{\mathbf{u}}'\hat{\mathbf{u}}) &= \sum_i \sum_j s_{ij} E(u_i u_j) \\ &= s_{11} E(u_1 u_1) + \cdots + s_{nn} E(u_n u_n) \\ &= \text{tr}(S)\sigma^2, \end{aligned}$$

$$\begin{aligned} \text{tr}(S) &= \text{tr}[I_n - \mathbf{X}(\mathbf{X}'\mathbf{X})^{-1}\mathbf{X}'] \\ &= \text{tr}(I_n) - \text{tr}(\mathbf{X}(\mathbf{X}'\mathbf{X})^{-1}\mathbf{X}') \\ &= n - \text{tr}(I_{p+1}) = n - (p+1). \end{aligned}$$

したがって,

$$E(\hat{\mathbf{u}}'\hat{\mathbf{u}}) = (n - p - 1)\sigma^2.$$

---

[12] 一般的に,行列 A, B に対して $\text{tr}(AB) = \text{tr}(BA)$ ということが成立する.

11.6. 補論 2：多変量分布と回帰分析

ゆえに,
$$E\left(\frac{\hat{\mathbf{u}}'\hat{\mathbf{u}}}{n-p-1}\right) = \sigma^2.$$

以上のことにより, 次のように定義される $\hat{\sigma}^2$ は σ^2 の不偏推定量である.

$$\hat{\sigma}^2 = \frac{\hat{\mathbf{u}}'\hat{\mathbf{u}}}{n-p-1}.$$

さらに, 次のことが成立する.

$$
\begin{array}{rcl}
((\mathbf{X}'\mathbf{X})^{-1}\mathbf{X}'\mathbf{y} - \beta)((\mathbf{X}'\mathbf{X})^{-1}\mathbf{X}'\mathbf{y} - \beta) & = & ((\mathbf{X}'\mathbf{X})^{-1}\mathbf{X}')(\mathbf{X}\mathcal{B}+\mathbf{u}))((\mathbf{X}'\mathbf{X})^{-1}\mathbf{X}')(\mathbf{X}\mathcal{B}+\mathbf{u})) \\
& = & ((\mathbf{X}'\mathbf{X})^{-1}\mathbf{X}'\mathbf{u} - \beta))((\mathbf{X}'\mathbf{X})^{-1}\mathbf{X}'\mathbf{u} - \beta) \\
& = & (\mathbf{X}'\mathbf{X})^{-1}\mathbf{X}'\mathbf{u}\mathbf{u}'((\mathbf{X}'\mathbf{X})^{-1}\mathbf{X}'\mathbf{u}).
\end{array}
$$

したがって,

$$
\begin{array}{rcl}
E[(\hat{\beta}-\beta)(\hat{\beta}-\beta)] & = & E[((\mathbf{X}'\mathbf{X})^{-1}\mathbf{X}'\mathbf{y} - \beta)((\mathbf{X}'\mathbf{X})^{-1}\mathbf{X}'\mathbf{y} - \beta)] \\
& = & (\mathbf{X}'\mathbf{X})^{-1}\mathbf{X}E[\mathbf{u}\mathbf{u}']((\mathbf{X}'\mathbf{X})^{-1}\mathbf{X})' \\
& = & \sigma^2(\mathbf{X}'\mathbf{X})^{-1}.
\end{array}
$$

単回帰分析の結果

次に, $p=1$ のケースで, $\beta_0 = \alpha, \beta_1 = \beta$ として, 次式を求めることにしよう.

$$\begin{bmatrix} \mathrm{Var}(\hat{\alpha}) & \mathrm{Cov}(\hat{\alpha},\hat{\beta}) \\ \mathrm{Cov}(\hat{\beta},\hat{\alpha}) & \mathrm{Var}(\hat{\beta}) \end{bmatrix}.$$

次のことが成立する.

$$
\begin{array}{rcl}
\sigma^2\left[\begin{bmatrix} 1 & 1 & \cdots & 1 \\ x_1 & x_2 & \cdots & x_n \end{bmatrix} \begin{bmatrix} 1 & x_1 \\ 1 & x_2 \\ \vdots & \vdots \\ 1 & x_n \end{bmatrix}\right]^{-1} & = & \sigma^2 \begin{bmatrix} n & x_1+x_2\cdots+x_n \\ x_1+x_2\cdots+x_n & x_1^2+x_2^2\cdots+x_n^2 \end{bmatrix}^{-1} \\
& = & \sigma^2 \begin{bmatrix} n & n\bar{x} \\ n\bar{x} & \sum x_i^2 \end{bmatrix}^{-1} \\
& = & \dfrac{\sigma^2 \begin{bmatrix} \sum x_i^2 & -n\bar{x} \\ -n\bar{x} & n \end{bmatrix}}{n\sum x_i^2 - n^2\bar{x}^2},
\end{array}
$$

$$\mathrm{Var}(\hat{\alpha}) = \sigma^2 \frac{\sum x_i^2}{n(\sum x_i^2 - n\bar{x}^2)}$$

$$
\begin{aligned}
&= \sigma^2 \left\{ \frac{1}{n} + \frac{\bar{x}^2}{\sum x_i^2 - n\bar{x}^2} \right\} \\
&= \sigma^2 \left\{ \frac{1}{n} + \frac{\bar{x}^2}{m_{xx}} \right\}, \\
\mathrm{Var}(\hat{\beta}) &= \frac{n}{n(\sum x_i^2 - n\bar{x}^2)} \sigma^2 \\
&= \frac{1}{m_{xx}} \sigma^2, \\
\mathrm{Cov}(\hat{\alpha}, \hat{\beta}) &= \frac{-n\bar{x}\sigma^2}{nm_{xx}} \\
&= \sigma^2 \frac{-\bar{x}}{m_{xx}}.
\end{aligned}
$$

2変量の重回帰分析の結果

$p=2$ のケースを考察することにしよう.

$$
\begin{aligned}
\hat{\mathbf{y}}'\hat{\mathbf{y}} &= [\hat{\beta}_0, \hat{\beta}_1, \hat{\beta}_2] \begin{bmatrix} 1 & 1 & \cdots & 1 \\ x_{11} & x_{21} & \cdots & x_{n1} \\ x_{12} & x_{22} & \cdots & x_{n2} \end{bmatrix} \begin{bmatrix} y_1 \\ \vdots \\ y_n \end{bmatrix} \\
&= [\hat{\beta}_0, \hat{\beta}_1, \hat{\beta}_2] \begin{bmatrix} y_1 + y_2 + \cdots + y_n \\ x_{11}y_1 + x_{21}y_2 + \cdots + x_{n1}y_n \\ x_{12}y_1 + x_{22}y_2 + \cdots + x_{n2}y_n \end{bmatrix} \\
&= \hat{\beta}_0(y_1 + y_2 + \cdots + y_n) + \hat{\beta}_1(x_{11}y_1 + x_{21}y_2 + \cdots + x_{n1}) + \hat{\beta}_2(x_{12}y_1 + \cdots + x_{n2}) \\
&= \hat{\beta}_0(n\bar{y}) + \hat{\beta}_1(m_{1y} + n\bar{x}\bar{y}_1) + \hat{\beta}_1(m_{2y} + n\bar{x}_2\bar{y}) \\
&= \hat{\beta}_0(n\bar{y}) + \hat{\beta}_1 n\bar{x}_1\bar{y} + \hat{\beta}_2 n\bar{x}_2\bar{y} + \hat{\beta}_1 m_{1y} + \hat{\beta}_1 m_{2y} \\
&= n\bar{y}(\hat{\beta}_0 + \hat{\beta}_1\bar{x}_1 + \hat{\beta}_2\bar{x}_2) + \hat{\beta}_1 m_{1y} + \hat{\beta}_2 m_{2y} \\
&= n\bar{y}^2 + \hat{\beta}_1 m_{1y} + \hat{\beta}_2 m_{2y}.
\end{aligned}
$$

$$\mathbf{y}'\mathbf{y} = \hat{\mathbf{y}}'\hat{\mathbf{y}} + \hat{\mathbf{u}}'\hat{\mathbf{u}},$$

$$\mathbf{y}'\mathbf{y} - n\bar{y}^2 = \hat{\mathbf{y}}'\hat{\mathbf{y}} - n\bar{\hat{y}}^2 + \hat{\mathbf{u}}'\hat{\mathbf{u}},$$

$$m_{yy} = \mathbf{y}'\mathbf{y} - n\bar{y}^2, \quad \hat{\beta}_1 m_{1y} + \hat{\beta}_2 m_{2y} = \hat{\mathbf{y}}'\hat{\mathbf{y}} - n\bar{\hat{y}}^2.$$

$p=2$ のケースでは, 次のように求められる.

11.7. 補論 3：他の推定方法

$$\sum_{\hat{\beta},\hat{\beta}} = \begin{bmatrix} \mathrm{Var}(\hat{\beta}_0) & \mathrm{Cov}(\hat{\beta}_0,\hat{\beta}_1) & \mathrm{Cov}(\hat{\beta}_0,\hat{\beta}_2) \\ \mathrm{Cov}(\hat{\beta}_0,\hat{\beta}_1) & \mathrm{Var}(\hat{\beta}_1) & \mathrm{Cov}(\hat{\beta}_1,\hat{\beta}_2) \\ \mathrm{Cov}(\hat{\beta}_2,\hat{\beta}_0) & \mathrm{Cov}(\hat{\beta}_2,\hat{\beta}_1) & \mathrm{Var}(\hat{\beta}_2) \end{bmatrix}$$

$$= \left[\begin{bmatrix} 1 & 1 & \cdots & 1 \\ x_{11} & x_{21} & \cdots & x_{n1} \\ x_{12} & x_{22} & \cdots & x_{n2} \end{bmatrix} \begin{bmatrix} 1 & x_{11} & x_{12} \\ 1 & x_{21} & x_{22} \\ \vdots & \vdots & \vdots \\ 1 & x_{21} & x_{22} \end{bmatrix} \right]^{-1}.$$

以上の計算を実行すると，次のことが成立する．

$$\begin{aligned}
\mathrm{Var}(\hat{\beta}_0) &= \frac{\sigma^2}{n} + \bar{x}_1^2 \mathrm{Var}(\hat{\beta}_1) + 2\bar{x}_1\bar{x}_2 \mathrm{Cov}(\hat{\beta}_1,\hat{\beta}_2) + \bar{x}_2^2 \mathrm{Var}(\hat{\beta}_2), \\
\mathrm{Cov}(\hat{\beta}_0,\hat{\beta}_1) &= -\{\bar{x}_1 \mathrm{Var}(\hat{\beta}_1) + \bar{x}_2 \mathrm{Cov}(\hat{\beta}_1,\hat{\beta}_2)\}, \\
\mathrm{Cov}(\hat{\beta}_0,\hat{\beta}_2) &= -\{\bar{x}_1 \mathrm{Cov}(\hat{\beta}_1,\hat{\beta}_2) + \bar{x}_2 \mathrm{Var}(\hat{\beta}_2)\}, \\
\mathrm{Var}(\hat{\beta}_1) &= \frac{\sigma^2}{m_{11}(1-R_{12}^2)}, \\
\mathrm{Cov}(\hat{\beta}_1,\hat{\beta}_2) &= \frac{-\sigma^2 R_{12}}{m_{11}(1-R_{12}^2)}, \\
\mathrm{Var}(\hat{\beta}_2) &= \frac{\sigma^2}{m_{22}(1-R_{12}^2)}.
\end{aligned}$$

ここで，$R_{12} = m_{12}^2/(m_{11}m_{22})$ である．

11.7 補論 3：他の推定方法

操作変数法

補論 3 では，推定法の補足を行なっておくことにしよう[13]．まず，操作変数法について説明する．次の条件を満足する変数 z_i は操作変数と呼ばれる[14]．

(1) $\mathrm{plim}\, \frac{\sum(z_i-\bar{z})(u_i-\bar{u})}{n} = 0.$

(2) $\mathrm{plim}\, \frac{\sum(z_i-\bar{z})(x_i-\bar{x})}{n} \neq 0.$

(3) $\mathrm{plim}\, \frac{\sum(z_i-\bar{z})(z_i-\bar{z})}{n} > 0.$

---

[13] 本節での議論は山本 [1997] と Maddala[1996] を参考にしている．
[14] 以下で，plim は確率極限の意味で使用されている．

ただし，上の式でバーが付されたものは平均値を表すものとする．変数 z_i を使って，下記のように規定される $\tilde{\alpha}, \tilde{\beta}$ は IV 法で求められた推定値と呼ばれる．

$$\tilde{\beta} = \frac{\sum(\hat{z}_i - \bar{z})(y_i - \bar{y})}{\sum(\hat{z}_i - \bar{z})(x_i - \bar{x})},$$

$$\tilde{\alpha} = \bar{y} - \tilde{\beta}\bar{x}.$$

ところで，

$$\bar{y} = \alpha + \beta\bar{x} + \bar{u}$$

ということが成立しているので，

$$y_i - \bar{y} = \beta(x_i - \bar{x}) + (u_i - \bar{u}).$$

したがって，次のことが成立する．

$$\begin{aligned}
\tilde{\beta} &= \frac{\sum(z_i - \bar{z})\{\beta(x_i - \bar{x}) + (u_i - \bar{u})\}}{\sum(z_i - \bar{z})(x_i - \bar{x})} \\
&= \beta + \frac{\sum(z_i - \bar{z})(u_i - \bar{u})}{\sum(z_i - \bar{z})(x_i - \bar{x})} \\
&= \beta + \frac{\sum(z_i - \bar{z})(u_i - \bar{u})/n}{\sum(z_i - \bar{z})(x_i - \bar{x})/n}.
\end{aligned}$$

$$\operatorname{plim}\tilde{\beta} = \beta,$$

$$E(\tilde{\beta}) = \beta + E\left(\frac{\sum(z_i - \bar{z})(u_i - \bar{u})}{\sum(z_i - \bar{z})(x_i - \bar{x})}\right).$$

この右辺の第 2 項は必ずしも 0 にはならない．したがって，$\tilde{\alpha}, \tilde{\beta}$ は必ずしも不偏性は持つわけではない．

さて，通常，次のような 2 段階最小 2 乗法 (two-stage least squares method : 2SLS) が使用されている．

(1)

$$x_i = \gamma_0 + \gamma_1 x_{i-1} + \gamma_2 x_{i-2} + \gamma_3 M_i + v_i \quad (i = 1, 2, \cdots, n).$$

最小 2 乗推定値 $\gamma_0, \gamma_1, \gamma_2, \gamma_3$ を求める．ここで，x_{i-1}, x_{i-2}, M_i は操作変数の候補である．

$$\hat{x}_i = \hat{\gamma}_0 + \hat{\gamma}_1 x_{i-1} + \hat{\gamma}_2 x_{i-2} + \hat{\gamma}_3 M_i \quad (i = 1, 2, \cdots, n).$$

(2) 操作変数 $\hat{x}_i$ が選択されたとして，IV 推定値は次のように求められる．

$$\begin{aligned}
\tilde{\beta} &= \frac{\sum(\hat{x}_i - \bar{x})(y_i - \bar{y})}{\sum(\hat{x}_i - \bar{x})(x_i - \bar{x})} \\
&= \frac{\sum(\hat{x}_i - \bar{x})(y_i - \bar{y})}{\sum(\hat{x}_i - \bar{x})(\hat{x}_i + \hat{v}_i - \bar{x})} \\
&= \frac{\sum(\hat{x}_i - \bar{x})(y_i - \bar{y})}{\sum(\hat{x}_i - \bar{x})(\hat{x}_i - \bar{x}) + \sum(\hat{x}_i - \bar{x})\hat{v}_i} \\
&= \frac{\sum(\hat{x}_i - \bar{x})(y_i - \bar{y})}{\sum(\hat{x}_i - \bar{x})^2}.
\end{aligned}$$

11.7. 補論3：他の推定方法

($\because \sum \hat{v}_i = 0, \sum \hat{x}_i \hat{v}_i = 0.$)

ML 法に基づく推定法

本節では最尤法に基づく推定法について説明する．

$$y_i = \alpha + \beta x_i + u_i, \quad u_i \sim \text{IN}(0, \sigma^2).$$

結合密度関数をベースに定義される次の関数は尤度関数 (likelihood function) といわれる．

$$L = L(\alpha, \beta, \sigma^2) = \prod_{i=1}^{n} \left(\frac{1}{2\pi\sigma^2}\right)^{\frac{1}{2}} \exp\left[-\frac{1}{2\sigma^2}(y_i - \alpha - \beta x_i)^2\right].$$

L を最大にするような α, β, σ^2 は最尤推定値 (maximum likelihood estimated value) といわれる．これらを $\hat{\alpha}$, $\hat{\beta}$, $\hat{\sigma}^2$ と記すことにする．$\hat{\alpha}$, $\hat{\beta}$, $\hat{\sigma}^2$ が x_1, x_2, $\cdots$, x_n の関数の形で与えられるとき，それらを最尤推定量 (maximum likelihood estimator) という．

$$
\begin{aligned}
\log L &= \sum_{i=1}^{n}\left[-\frac{1}{2}\log(2\pi\sigma^2) - \frac{1}{2\sigma^2}(y_i - \alpha - \beta x_i)^2\right] \\
&= -\frac{n}{2}\log 2\pi - \frac{n}{2}\log \sigma^2 - \frac{1}{2\sigma^2}\sum_{i=1}^{n}(y_i - \alpha - \beta x_i)^2.
\end{aligned}
$$

α, β は σ とは独立に選択可能であり，しかも，OLS による推定値と同じになる．したがって，

$$\log L(\hat{\alpha}, \hat{\beta}, \sigma) = -\frac{n}{2}\log 2\pi - \frac{n}{2}\log \sigma^2 - \frac{1}{2\sigma^2}\sum_{i=1}^{n}(y_i - \hat{\alpha} - \hat{\beta} x_i)^2.$$

ここで，$L(\hat{\alpha}, \hat{\beta}, \sigma)$ を最大にする σ と $\log L(\hat{\alpha}, \hat{\beta}, \sigma)$ を最大にする σ は同じであるので，$\hat{\sigma}$ が $L(\hat{\alpha}, \hat{\beta}, \sigma)$ を最大にする点であれば，次のことが成立する．

$$\left.\frac{d\log L(\hat{\alpha}, \hat{\beta}, \sigma)}{d\sigma}\right|_{\sigma=\hat{\sigma}} = -\frac{n}{\sigma} + \frac{RSS}{\sigma^3} = 0.$$

ゆえに，

$$\hat{\sigma}^2 = \frac{RSS}{n}.$$

以上のことより，

$$
\begin{aligned}
\log L(\hat{\alpha}, \hat{\beta}, \hat{\sigma}) &= -\frac{n}{2}\log 2\pi - \frac{n}{2}\log\left(\frac{RSS}{n}\right) - \frac{1}{2\hat{\sigma}^2}RSS \\
&= -\frac{n}{2}\log 2\pi - \frac{n}{2}\log RSS + \frac{n}{2}\log n - \frac{n}{2RSS}RSS \\
&= \left(-\frac{n}{2}\log 2\pi - \frac{n}{2} + \frac{n}{2}\log n\right) - \frac{n}{2}\log RSS \\
&= C + \log RSS^{-\frac{n}{2}}. \quad (\text{ここで，} C \text{は定数})
\end{aligned}
$$

したがって,

$$\begin{aligned} \log L(\hat{\alpha}, \hat{\beta}, \hat{\sigma}) &= \log e^c + \log RSS^{-\frac{n}{2}} \\ &= \log(e^c \cdot RSS^{-\frac{n}{2}}). \end{aligned}$$

ゆえに,

$$L(\hat{\alpha}, \hat{\beta}, \hat{\sigma}) = e^c \cdot RSS^{-\frac{n}{2}}.$$

11.8 補論4：ML法に基づく検定法

尤度比検定

$L(\Omega)$ をパラメータ全体に関する尤度関数の最大値とし,$L(\omega)$ を $\omega \subset \Omega$ における尤度関数の最大値とする.尤度比 (likelihood-ratio) は次のように定義される.

$$LR = \frac{L(\omega)}{L(\Omega)}.$$

いま,$\beta = 0$ を検定するとしよう.そのとき,残差平方和は m_{yy} となる.制約がないときの残差平方和は $m_{yy}(1-r^2)$ になる.したがって,

$$n = \left[\frac{m_{yy}}{m_{yy}(1-R^2)} \right]^{-\frac{n}{2}}.$$

ゆえに,

$$\begin{aligned} -2\log LR &= n[\log m_{yy} - \log m_{yy}(1-R^2)] \\ &= n \log \left(\frac{1}{1-R^2} \right). \end{aligned}$$

これが自由度1の χ^2 分布に従うことが知られている.これを使って検定が行われている.この検定は尤度比検定 (likelihood-ratio test) と言われている.

ワルド検定

$\hat{\beta}$ の分散は σ^2/m_{xx} で与えられた.以前では σ^2 の不偏推定量として,$RSS/(n-2)$ が使用されたが,ワルド検定 (Wald test) では,ML法で導出された RSS/n が使用される.

$$W = \frac{\hat{\beta}^2}{\text{var}(\hat{\beta})}$$

11.8. 補論 4：ML 法に基づく検定法

$$\begin{aligned}
&= \left(\frac{m_{xy}}{m_{xx}}\right)^2 \cdot \left[\frac{\left(\frac{RSS}{n}\right)}{m_{xx}}\right]^{-1} \\
&= \left(\frac{m_{xy}}{m_{xx}}\right)^2 \cdot \left[\frac{m_{yy}(1-r^2)}{nm_{xx}}\right]^{-1} \\
&= \left(\frac{m_{xy}}{m_{xx}}\right)^2 \cdot \frac{nm_{xx}}{m_{yy}(1-R^2)} \\
&= \frac{nR^2}{1-R^2}.
\end{aligned}$$

ラグランジュ乗数検定 (Lagrange Multiplier test：LM 検定)

LM は次のように定義される．

$$\begin{aligned}
LM &= \hat{\beta}^2 \cdot \left(\frac{1}{m_{xx}}\frac{m_{yy}}{n}\right)^{-1} \\
&= \left(\frac{m_{xy}}{m_{xx}}\right)^2 \cdot \frac{nm_{xx}}{m_{yy}} \\
&= \frac{m_{xy}^2 \cdot n}{m_{xx}m_{yy}} \\
&= nR^2.
\end{aligned}$$

次のことが成立する．

$$W \geqq LR \geqq LM.$$

あとがき

　最近の経済成長に関する分析は，理論および実証の両面からの検討が要請されている．本書は，経済成長についての理論分析と計量分析に関する基礎がシステマティックに順次展開されている．この最後の章では，本書で充分に議論できなかった論点あるいはトピックスに関する文献を紹介し，さらに興味深いと思われるテーマを紹介しておくことにする．

(1)　内生的成長論以前の成長論に関する概略的知識を得るには，Jones [1980], Hahn and Matthews [1964] を勧めておく．また，新古典派の成長論についての詳細な議論については，Blanchard and Fischer [1989] が推奨できる．

(2)　最近の内生的成長論の概略的解説については，Barro and Sala-i-Martin [1995] は必読の文献である．また，Grossman and Helpman [1991] はそれよりも若干高度であるが，内生的成長論の代表的な文献の1つである．これらの著書には若干の内容の重複は見られるが，相互に強い補完性がみられるので，精読すると内生的成長論の骨子とロジックをほぼ把握・修得できるであろう．さらに内生的成長論に関する種々の興味深い議論は Aghion and Howitt [1998] によって提示されている．ただし，議論の厳密性という点で，この著書は難点を抱えていると思われる．内生的成長論の入門書としては Jones [1998] のテキストが推奨できる．

(3)　イノベーションと人的資本に関する議論が最近の成長論の主要なトピックスである．イノベーションに関しては，本書の第4章と第9章に展開されている．人的資本と経済成長に関しては第8章で議論されている．しかし本書ではイノベーションに関するクオリティ・ラダーの問題については言及されていない．この問題については，Barro and Sala-i-Martin [1995] の第7章, Grossman and Helpman [1991] の第4章等を参照されたい．

(5)　成長論と国際貿易論との統合に関しては，Grossman and Helpman [1991] の後半部の章が推奨される．また最近，直接投資と経済成長の関連性も活発に議論されている．

(6)　オーヴァーラッピング・ゼネレーション・モデルについては，McCandless and Wallace [1991], Azariadis [1993] が推奨できる．

以上の議論はマクロ動学のフレームワークのもとでの展開に関するものであるが，計量分析との関連で多部門モデルとの統合の可能性も次のように模索されている．

(1) 従来の集計的な内生的成長モデルのコンテクストのもとでは多数の産業のイノベーションに関する議論は不可能である.最近,動的レオンティエフ体系のもとでイノベーションの議論を組み込む理論的試みがなされている.これについては,Dietzenbacher [2000], Los [2001] を参照せよ.

(2) さらに上述のことと関連して,イノベーション・マトリックスに関する議論は今後の発展が期待される領域であろう (Sengupta [1998], DeBresson [1996] を参照せよ).1993SNAとの関連でこの問題は重要な意味を持っているように思われる.

(3) 人的資本を動的レオンティエフ体系に組み込んで展開するという試みもなされている (Aulin [1992, pp.195-203] を参照せよ).

さて,本書では経済成長の理論分析と計量分析を試みるための基礎が展開された.イノベーションと人的資本の蓄積(教育)が経済成長にいかなる影響を及ぼすかということに関してどの程度認識が高まったであろうか.経済成長という現象の背後にあるロジックを整合性を持った体系として捉える思考はデカルトの言説にあったように必要なことである.筆者が若い頃に志した武道に『型に入って型を出よ』という格言がある.この格言は学問においても1つの真理を含んでいるように思われる.本書および Barro and Sala-i-Martin[1995], Grossman and Helpman [1991] の標準的な議論を修得し,さらにその上にたって型にとらわれることなく,創造的破壊によるイノヴェイティブな理論を構築することを期待する.

参考文献

[1] Aghion, P. and P. Howitt, *Endogenous Growth Theory,* MIT Press, 1998.

[2] Aghion, P. and P. Howitt, "A Model of Growth through Creative Destruction," *Econometrica,* 60(1992), 323-351.

[3] Allen, R. G. D., *Macro-economic Theory: A Mathematical Treatment,* Macmillan & Co., Ltd., 1967; 新開陽一・渡部恒彦訳『現代経済学―マクロ分析の理論』上・下, 東洋経済新報社, 1968.

[4] Antinolfi, G., Keister, T., and K. Shell, "Growth Dynamics and Returns to Scale : Bifurcation Analysis," *Journal of Economic Theory,* 96(2001), 70-96.

[5] Araujo, A. and J. A. Scheinkman, "Smoothness, Comparative Dynamics, and the Turnpike Property," *Econometrica,* 45(1977), 601-620.

[6] Arnold, L., "Stability of the Market Equilibrium in Romer's Model of Endogenous Technological Change: A Complete Characterization," *Journal of Macroeconomics,* 22(2000), 69-84

[7] Arrow, K. J., "The Economic Implications of Learning by Doing," *Review of Economic Studies,* 29(1962), 155-173.

[8] Arrow, K.J. and M. Kurz, *Public Investment, the Rate of Return, and Optimal Fiscal Policy,* John Hopkins, 1970.

[9] Arrow, K. J., "Rawls's Principle of Just Saving," *Swedish Journal of Economics,* 75(1973), 323-335.

[10] Arrow, K. J., *Social Choice and Individual Values,* Yale University Press, 1963; 長名寛明『社会的選択と個人的評価』日本経済新聞社, 1977.

[11] Asimakopulos, A., "Biological Interest Rate and the Social Utility Function," *American Economic Review,* 57(1967), 185-189.

[12] Asimakopulos, A., "Optimal Economic Growth and Distribution and the Social Utility Function," *Canadian Journal of Economics,* 1(1968), 540-550.

[13] Atsumi, H., "Neoclassical Growth and Efficient Program of Capital Accumulation," *Review of Economic Studies,* 32(1965), 127-136; 森嶋通夫・伊藤史郎編『リーディングス 経済成長論』創文社, 1970, 所収.

[14] Azariadis,C., *Intertemporal Macroeconomics,* Blackwell, 1993.

[15] Azariadis, C. and A. Drazen, "Threshold Externalities in Economic Development," *Quarterly Journal of Economics,* 105(1990), 501-526.

[16] Barro, R. J., "Are Government Bonds Net Wealth?," *Journal of Political Economy,* 82 (1974), 1094-1117; reprinted in *Money, Expectations, and Business Cycles,* ed. by R. Barro, Academic Press, 1981.

[17] Barro, R. J., "Government Spending in a Simple Model of Endogenous Growth," *Journal of Political Economy,* 98 (1990), S103-25.

[18] Barro, R. J., *Determinants of Economic Growth: A Cross-country Empirical Study,* MIT Press, 1997; 大住圭介・大坂仁訳『経済成長の決定要因』九州大学出版会, 2001.

[19] Barro, R. J., "Notes of Growth Accounting," *Journal of Economic Growth,* 4(1999), 119-137.

[20] Barro, R. J. and J. Lee, "International Comparisons of Educational Attainment," *Journal of Monetary Economics,* 32(1993), 363-394.

[21] Barro, R. J. and X. Sala-i-Martin, "Public Finance in Models of Economic Growth," *Review of Economic Studies,* 59(1992), 645-661.

[22] Barro, R. J. and X. Sala-i-Martin, *Economic Growth,* MIT Press, 1995; 大住圭介訳『内生的経済成長論』Ⅰ・Ⅱ, 九州大学出版会, 1997, 1998.

[23] Blackburn,K., Hung, V. T. Y., and A. F. Pozzolo, "Research, Development and Human Capital Accumulation," *Journal of Macroeconomics,* 22(2000), 189-206.

[24] Benhabib, J. and R.E. Farmer, "Indeterminacy and Sunspots in Macroeconomics," in *Handbook of Macroeconomics,* Vol.1A, ed. by J.B. Taylor and M.Woodford, 1999, North-Holland, 387-448.

[25] Benhabib, J. and K. Nishimura, "On the Uniqueness of Steady States in an Economy with Heterogeneous Capital Goods," *Internatinal Economic Review,* 20(1979a), 59-82.

[26] Benhabib, J.and K. Nishimura, "The Hopf Bifurcation and the Existence and Stability of Closed Orbits in Multisector Models of Optimal Economic Growth," *Journal of Economic Theory,* 21(1979b), 421-444.

[27] Benhabib, J. and K. Nishimura, "Indeterminacy and Sunspots with Constant Returns," *Journal of Economic Theory* 81 (1998), 58-96.

[28] Benhabib,J. and K.Nishimura, "Indeterminacy Arising in Multisector Economies," *Japanese Economic Review*, 50(1999), 485-506.

[29] Benhabib, J. and R. Perli, "Uniqueness and Indeterminacy : Transitional Dynamics in a Model of Endogenous Growth," *Journal of Economic Theory*, 63(1994), 113-142.

[30] Bennett, R. L. and R. E. Farmer, "Indeterminacy with Nonseparable Utility," *Journal of Economic Theory*, 93(2000), 118-143.

[31] Blanchard, O. J. and S. Fischer, *Lectures on Macroeconomics*, MIT Press, 1992.

[32] Boldrin, M., Nishimura, K., Shigoka, T., and M. Yano, "Chaotic Equilibrium Dynamics in Endogenous Growth Models," *Journal of Economic Theory*, 96(2001), 97-132.

[33] Bond, E.,Wang, P. and C. K. Yip, "A General Two-Sector Model of Endogenous Growth with Physical and Human Capital," *Journal of Economic Theory*, 68(1996), 49-173.

[34] Brock, W. A., "An Axiomatic Basis for the Ramsey-Weizsäcker Overtaking Criterion," *Econometrica*, 38(1970), 927-929.

[35] Brock, W. A., "Sensitivity of Optimal Growth Paths with Respect to a Change in Target Stocks," in *Contribution to the von Neumann Growth Model*, ed. by G. Bruckmann and W. Weder, Springer-Verlag, 1971.

[36] Brock, W. A. and A. Haurie, "On Existence of Overtaking Optimal Trajectories over an Infinite Time Horizon," *Mathematics of Operations Research*, 1(1976), 337-346.

[37] Brock,W. A. and A. G. Malliaris, *Differential Equations, Stability and Chaos in Dynamic Economics*, North-Holland, 1989.

[38] Brock, W. A. and J. A. Scheinkman, "Some Results on Global Asymptotic Stability of Difference Equations," *Journal of Economic Theory*, 10(1975), 265-268.

[39] Brock, W. A. and J. A. Scheinkman, "Global Asymptotic Stability of Optimal Control Systems with Applications to the Theory of Economic Growth," *Journal of Economic Theory*, 12(1976), 164-190.; reprinted in *The Hamiltonian Approach to Dynamic Economics*, ed. by D. Cass and K. Shell, New York : Academic Press, 1976.

[40] Burmeister, E. and A. R. Dobell, *Mathematical Theories of Economic Growth*, Macmillan, 1970; 大住栄治・佐藤隆三訳『現代経済成長理論』勁草書房, 1976.

[41] Caballe, J. and M. S. Santos, "On Endogenous Growth with Physical and Human Capital," *Journal of Political Economy*, 101(1993), 1042-1067.

[42] Cass, D., "Optimum Growth in an Aggregative Model of Capital Accumulation," *Review of Economic Studies*, 32(1965), 233-240.

[43] Cass, D., "Optimum Growth in an Aggregative Model of Capital Accumulation: A Turnpike Theorem," *Econometrica,* 34(1966), 490-507; reprinted in *Selected Readings in Macroeconomics and Capital Theory from Econometrica,* ed. by D. Cass and L. W. McKenzie, MIT Press, 1974.

[44] Cass, D., "On Capital Overaccumulation in the Aggregative Neoclassical Model of Economic Growth: A Complete Characterization," *Journal of Economic Theory,* 4(1972), 200-223.

[45] Cass, D. and K. Shell, "The Structure and Stability of Competitive Dynamical Systems," *Journal of Economic Theory,* 12(1976), 31-70; reprinted in *The Hamiltonian Approach to Dynamic Economics,* ed. by D. Cass and K. Shell, New York: Academic Press, 1976.

[46] Chamley, C., "Externalities and Dynamics in Models of Learnig or Doing," *International of Economic Review,* 34(1993), 583-609.

[47] Chichilnisky, G., "Existence and Characterization of Optimal Growth Paths Including Models with Non-Convexities in Utilities and Technologies," *Review of Economic Studies,* 48(1981), 51-61.

[48] Ciccone, A. and K. Matsuyama, "Start-up Costs and Pecuniary Externalities as Barriers to Economic Development," *Journal of Development Economics,* 49(1996), 33-59.

[49] Ciccone, A. and K. Matsuyama, "Efficiency and Equilibrium with Dynamic Increasing Aggregate Returns Due to Demand Complementarities," *Econometrica,* 67(1999), 499-525.

[50] Coe, D. T. and E. Helpman, "International R&D Spillovers," *European Economic Review,* 39(1995), 859-887.

[51] Collins, S.M. and B. P. Bosworth, "Economic Growth in East Asia: Accumulation versus Assimilation," *Brooking Papers on Economic Activity,* 2(1996), 135-203.

[52] DeBresson, C., *Economic Interdependence and Innovative Activity : An Input-Output Analysis,* Edward Elgar,1996.

[53] Dechert, W. D. and K. Nishimura, "A Complete Characterization of Optimal Growth Paths in an Aggregated Model with a Non-Concave Production Function," *Journal of Economic Theory,* 31(1993), 332-354.

[54] Descartes, *Regulae ad Directionem Ingenii*,1701; 野田又夫訳『精神指導の規則』岩波書店, 1950.

[55] Devaney, R. L., *An Introduction to Chaotic Dynamical Systems,* Addison-Wesley, 1989; 後藤憲一訳『カオス力学系入門』共立出版株式会社, 1992.

参考文献

[56] Diamond, P. A., "National Debt in a Neoclassical Growth Model," *American Economic Review*, 55(1965), 1126-1150.

[57] Dietzenbacher, E., "Spillovers of Innovation Effects," *Journal of Policy Modeling*, 22(2000), 27-42.

[58] Domar, E. D., "Expansion and Employment", *American Economic Review*, XXXVII(1947), 34-55; reprinted in *Essays in the Theory of Economic Growth*, Oxford University Press, 1957; 宇野健吾訳『経済成長の理論』東洋経済新報社, 1959, 所収.

[59] Domar, E. D., "Capital Expansion, Rate of Growth and Employment," *Econometrica*, 14(1946), 137-147; 同上書, 所収.

[60] Futagami, K. and K. Mino, "Public Capital and Patterns of Growth," *Journal of Economics*, 61(1993), 123-146.

[61] Felipe, J., "Total Factor Productivity in East Asia : A Critical Survey," *Journal of Development Economics*, 35(1999), 1-41.

[62] Gale, D., "On Optimal Development in a Multi-Sector Economy," *Review of Economic Studies*, 34(1967), 1-18.

[63] Gale, D., "Correction to 'On Optimal Development in a Multi-Sector Economy'," *Review of Economic Studies*, 38(1971), 384.

[64] Gantmacher, F. R., *The Theory of Matrices* (Volume 1), New York: Chelsea Publishing Company, 1959.

[65] Glass, A. J. and K. Saggi, "International Technology Transfer and Technology Gap," *Journal of Development Economics*, 55(1998), 369-398.

[66] Goldberger, A. S., *Introductory Econometrics*, Harvard University Press, 1998.

[67] Greene, W. H., *Econometric Analysis*, Prentice Hall, 2000.

[68] Greiner, A. and W. Semmler, "Multiple Steady States, Indeterminancy, and Cycles in a Basic Model of Endogenous Growth," *Journal of Economics*, 63(1993), 79-99.

[69] Griliches, Z., "The Discovery of the Residual: A HIstorical Note," *Journal of Economic Literature*, XXX IV (1996), 1324-1330.

[70] Grossman, G. M. and Helpman, E., "Product Development and International Trade," *Journal of Political Economy*, 97(1989), 1261-1283.

[71] Grossman, G. M. and E. Helpman, *Innovation and Growth in the Global Economy*, MIT Press, 1991; 大住圭介監訳『イノベーションと内生的成長 : グローバル経済における理論分析』創文社, 1998.

[72] Guckenheimer, J. and P. Holmes (1991), *Nonlinear Oscillations, Dynamical Systems, and Bifurcations of Vector Fields*, Springer-Verlag, 1993.

[73] Hahn, F. H. and R. C. O. Matthews, "The Theory of Economic Growth: A Survey," *Economic Journal*, 74(1964): reprinted in *Surveys of Economic Theory, Vol.2: Growth and Development* (The American Economic Association and the Royal Economic Society), Macmillan & Co., Ltd., 1965; 神戸大学経済理論研究会訳『現代経済理論の展望II』ダイヤモンド社, 1972.

[74] Hammond, P. J.and J. A. Mirrlees, "Agreeable Plans," in *Models of Economic Growth*, ed. by J. A. Mirrlees and N. H. Stern, Macmillan, 1973.

[75] Harrod, R. F., "An Essay in Dynamic Theory," *Economic Journal*, XLIX (1939), 14-33.

[76] Harrod, R. F., *Economic Dynamics*, Macmillan, 1973; 宮崎義一『経済動学』丸善, 1976.

[77] Heal, G. M., *The Theory of Economic Plannning*, Amsterdam: North-Holland, 1973; 大住圭介訳『経済計画の理論』九州大学出版会, 1995.

[78] Helpman, E., "Endogenous Macroeconomic Growth Theory," *European Economic Review*, 36(1992), 237-267.

[79] Helpman, E.,*General Purpose Technologies and Economic Growth*, MIT Press, 1998.

[80] Helpman, E. and A. Rangel, "Adjusting to a New Technology: Experience and Training," *Journal of Economic Growth*, 4(1999), 359-383.

[81] Hirsch, M. W. and Smale, S., *Differential Equations, Dynamical Systems,and Linear Algebra*, Academic Press, 1974; 田村一郎・水谷忠良・新井紀久子訳『力学系入門』岩波書店, 1979.

[82] Jones, H. G., *An Introduction to Modern Theories of Economic Growth*, Thomas Nelson,1975; 松下勝弘訳『現代経済成長理論』マグロウヒル好学社, 1980.

[83] Jones, C. I., *Introduction to Economic Growth*, W. W. Norton, 1998; 香西泰監訳『経済成長理論入門』日本経済新報社, 1998.

[84] Jones, C. I., "R & D Based Models of Economic Growth," *Journal of Political Economy*, 103(1995), 759-784.

[85] Jones, L. E. and R. E. Manuelli, "A Convex Model of Equilibrium Growth: Theory and Policy Implications," *Journal of Political Economy*, 98(1990), 1008-1038.

[86] Jones, L. E. and R. E. Manuelli, "Finite Lifetimes and Growth," *Journal of Economic Theory*, 58(1992), 171-197.

[87] Jones, L. E., Manuelli, R. E. and P. E. Rossi, "Optimal Taxation in Models of Endogenous Growth," *Journal of Political Economy*, 101(1993), 485-517.

[88] Kaldor, N., "Capital Accumulation and Economic Growth," in *Proceedings of a Conference Held by the International Economic Association*, ed. by F.A. Lutz and D.C. Hague, Macmillan 1963.

[89] Kamihigashi, T., "Externalities and Nonlinear Discounting: Indeterminacy," forthcoming in *Journal of Economic Dynamics and Control*, 1997.

[90] Keynes, J. M., *Essays in Biography* (The Collected Writings of John Maynard Keynes, vol.X), Macmillan, 1972; 大野忠男訳『ケインズ全集 (第10巻) 人物評伝』東洋経済新報社, 1980.

[91] Kim, J. and L. J. Lau, "The Sources of Economic Grwoth of East Asian Newly Industrialized Countries," *Journal of The Japanese and International Economies*, 8(1992), 235-271.

[92] King, R. and S. Rebelo, "Public Policy and Economic Growth: Developing Neoclassical Implications," *Journal of Political Economy*, 98(1992), S126-150.

[93] Koopmans, T. C., "On the Concept of Optimal Economic Growth," in *The Econometric Approach to Development Planning*, Chicago: Rand McNally, 1965.

[94] Koopmans, T. C., "Objectives, Constraints and Outcomes in Optimal Growth Models," *Econometrica*, 35(1967 a), 1-15.

[95] Koopmans, T. C., "Intertemporal Distribution and Optimal Aggregate Economic Growth," in *Ten Economic Studies in the Tradition of Irving Fisher*, New York: John Wiley & Sons, 1967 b.

[96] Krugman, P., "The Myth of Asia's Miracle," *Foreign Affairs*, 73(1994), 62-73; 山岡洋一訳「幻の東アジア経済」『クルーグマンの良い経済学悪い経済学』日本経済新聞社, 1997年.

[97] Kurz, M., "Optimal Economic Growth and Wealth Effects," *International Economic Review*, 9(1968), 348-357.

[98] Lerner, A. P., "Consumpiton-Loan and Interest," *Journal of Political Economy*, 67(1959a), 512-517.

[99] Lerner, A. P., "Rejoinder," *Journal of Political Economy*, 67(1959b), 523-525.

[100] Los, B., "Endogenous Growth and Structural Change in a Dynamic Input-Output Model," *Economic Systems Research*, 13 (2001), 3-34.

[101] Lucas, R. E. Jr., "On the Mechanics of Economic Development," *Journal of Monetary Economics*, 22 (1988), 3-42.

[102] Lucas, R. E. Jr., "Supply Side Economics: An Analytical Review," *Oxford Economic Papers,* 42(1990), 293-316.

[103] Lucas, R. E. Jr., "Making a Miracle," *Econometrica,* 61(1993), 251-272.

[104] Maddala. G. S., *Introduction to Econometrics,* Prentice-Hall, 1992; 和合肇訳『計量経済分析の方法』シーエービー出版株式会社, 1996.

[105] Magill, M. J. P., "Infinite Horizon Programs," *Econometrica,* 49(1981), 679-711.

[106] Mankiw, N., Romer, D.and D.Weil, "A Contribution to the Empirics of Economic Growth," *Quarterly Journal of Economics,* CVII (1992), 407-438.

[107] Martin, P. and G. I. P. Ottaviano, "Growth and Agglomeration," *International Economic Review,* 42(2001), 947-968.

[108] McCandless, G. T. and N. Wallace, *Introduction to Dynamic Macroeconomic Theory,* Harvard University Press, 1991; 川又邦雄・国府田桂一・酒井良清・前多康男訳『動学マクロ経済学』創文社, 1994.

[109] Mino, K.,"Analysis of a Two-Sector Model of Endogenous Growth with Capital Income Taxation," *International Economic Review,* 37(1996), 227-251.

[110] Mino, K., "Indeterminacy and Endogenous Growth with Social Constant Returns," forthcoming in *Journal of Economic Theory,* 1999.

[111] Mulligan, C. B. and X. Sala-i-Martin, "A Note on the Time-Elimination Method for Solving Recursive Dynamic Economic Models," *NBER Technical Working Paper,* No.116, 1991.

[112] Mulligan, C. B. and X. Sala-i-Martin, "Transitional Dynamics in Two-Sector Models of Endogenous Growth," *Quarterly Journal of Economics,* (1993), 739-773.

[113] Osumi. K. , *Economic Planning and Agreeability : An Investigation of Agreeable Plans in a General Class of Dynamic Economic Models,* Kyushu University Press, 1986.

[114] Pearce, I. F., "The End of the Golden Age in Solovia: A Further Fable for Growthmen Hoping to be One-up on Oiko," *American Economic Review,* LII(1962), 1088-1097.

[115] Phelps, E. S., "The Golden Rule of Accumulation: A Fable for Growthmen," *American Economic Review,* 51(1961), 638-643.

[116] Phelps, E. S., "The End of Golden Age in Solovia: Comment," *American Economic Review,* 52(1962), 1097-1099.

[117] Phelps, E. S.,"Second Essay on the Golden Rule of Accumulation," *American Economic Review,* 55(1965), 793-814.

参考文献

[118] Phillips, P. C. B. and S. Ouliaris, "Asymptotic Properties of Residual Based Tests for Cointegration," *Econometrica*, 58(1990), 165-193.

[119] Pigou, A. C., *The Economics of Welfare*, Macmillan, 1932; 気賀健三・千種義人訳『厚生経済学』Ⅰ～Ⅳ，東洋経済新報社，1953-1955.

[120] Peretto, P. F., "Sunk Cost, Market Structure, and Growth," *International Economic Review*, 37(1996), 895-923.

[121] Peretto, P. F., "Industrial Development, Technological Change, and Long-run Growth," *Journal of Development Economics*, 59(1999), 389-417.

[122] Ramsey, F. P., "A Mathematical Theory of Saving," *Economic Journal*, 33(1928), 543-559.

[123] Rebelo, S., "Long-Run Policy Analysis and Long-Run Growth," *Journal of Political Economy*, 99 (1991), 500-21.

[124] Romer, P. M., "Increasing Returns and Long-Run Growth," *Journal of Political Economy*, 94 (1986), 1002-37.

[125] Romer, P. M., "Capital Accumulation and Long-Run Growth," in *Modern Business Cycle Theory*, ed. by R. J. Barro Basil Blackwell, 1989.

[126] Romer, P. M., "Endogenous Technological Change," *Journal of Political Economy*, 98(1990), S71-102.

[127] Ryder, H. E. and G. M. Heal, "Optimal Growth with Intertemporally Dependent Preferences," *Review of Economic Studies*, 40 (1973), 1-31.

[128] Sala-i-Martin, X., "Lecture Notes on Economic Growth(1): Introduction to the Literature and Neoclassical Models," *NBER Working Paper*, No.3563, 1990.

[129] Sala-i-Martin, X., "Lecture Notes on Economic Growth(2): Five Prototype Models of Endogenous Growth," *NBER Working Paper*, No.3564, 1990.

[130] Samuelson, P. A., "An Exact Consumption-Loan Model of Interest with or without the Social Contrivance of Money," *Journal of Political Economy*, 66(1958), 467-482; 篠原三代平・佐藤隆三責任編集『サミュエルソン経済学体系』，第2巻『消費者行動の理論』勁草書房，1980，所収．

[131] Samuelson, P. A., "A Reply to A. P. Lerner, Consumption-Loan Interest and Money," *Journal of Political Economy*, 67(1959), 512-522.

[132] Samuelson, P. A., "A Catenary Turnpike Theorem Involving Consumption and the Golden Rule," *American Economic Review*, 55 (1965), 486-496; 前掲『体系』，第3巻『資本と成長の理論』勁草書房，1980，所収．

[133] Sen, A. K., "On Optimizing the Rate of Saving," *Economic Journal,* 71(1961), 479-496.

[134] Sengupta, J. K., *New Growth Theory: An Applied Perspective*, Edward Elgar, 1998.

[135] Senhadji, A., "Sources of Economic Growth: An Extensive Growth Accounting Exercise," *IMF Staff Papers,* 47(2000), 129-157.

[136] Schumpeter, J. A., *The Theory of Economic Development*, Harvard University Press, 1934; 中山伊知郎・東畑精一『経済発展の理論』岩波書店, 1951.

[137] Solow, R. M., "A Contribution to the Theory of Economic Growth," *Quarterly Journal of Economics,* 70(1956), 65-94.

[138] Solow, R. M., "Investment and Technical Progress," in *Mathematical Methods in Social Sciences,* ed. by K. J. Arrow, K. Karlin and P. Suppes, Stanford University Press, 1960.

[139] Solow, R. M., *Growth Theory: An Exposition*, Oxford: Clarendon Press, 2000; 福岡正夫訳『成長理論』岩波書店, 2000.

[140] Stern, N., "The Economics of Development: A Survey," *Economic Journal,* 99(1989), 597-685.

[141] Stern, N., "Public Policy and the Economics of Development," *European Economic Review,* 35(1991), 241-271.

[142] Swan, T. W., "Economic Growth and Capital Accumulaiton," *Economic Record,* 32(1956), 334-361.

[143] Uzawa, H., "Optimum Technical Change in an Aggregative Model of Economic Growth", *International Economic Review,* 6(1965), 18-31.

[144] Young, A., "The Tyranny of Numbers: Confronting the Statistical Realities of East Asian Growth Experience," *Quarterly Journal of Economics,* 110(1995), 641-680.

[145] 浅子和美・大瀧雅之編著『現代マクロ経済動学』東京大学出版会, 1997.

[146] 足立英之『不完全競争とマクロ動学理論』有斐閣, 2000.

[147] 伊藤清『確率論 I』岩波書店, 1976.

[148] 岩田暁一『経済分析のための統計的方法』東洋経済新報社, 1992.

[149] 岩本康志・大竹文雄・斉藤誠・二神孝一『経済政策とマクロ経済学：改革への新しい提言』日本経済新聞社, 1999.

[150] 大住圭介『長期経済計画の理論的研究』勁草書房, 1985.

参考文献

[151] 大住圭介・駄田井正・藪田雅弘編著『現代マクロ経済学』勁草書房, 2000.

[152] 大山道広編著『国際経済理論の地平』東洋経済新報社, 2001.

[153] 奥野信宏・焼田党・八木匡編著『社会資本と経済発展』名古屋大学出版会, 1994.

[154] 大瀧雅之『景気循環の理論』東京大学出版会, 1994.

[155] 金丸哲『1993SNA の基本構造』多賀出版, 1999.

[156] 後藤晃『日本の技術革新と産業組織』東京大学出版会, 1993.

[157] 後藤晃『イノベーションと日本経済』岩波書店, 2000.

[158] 斉藤誠『新しいマクロ経済学』有斐閣, 1996.

[159] 佐久間昭光『イノベーションと市場構造』有斐閣, 1998.

[160] 柴田章久「内生的経済成長理論」季刊理論経済学, 44(1993), 385-401.

[161] 武野秀樹『国民経済計算入門』有斐閣, 2001.

[162] 中島隆信『日本経済の生産性分析』日本経済新聞社, 2001.

[163] 松浦克美・マッケンジー『EViews による計量経済分析』東洋経済新報社, 2001.

[164] 安場保吉・猪木武徳編『日本経済史 8 高度成長』岩波書店, 1989.

[165] 矢野誠「一般均衡理論の動学的展開」岩井克人・伊藤元重編『現代の経済理論』東京大学出版会, 1994.

[166] 山本拓『計量経済学』新世社, 1997.

[167] 山本拓『経済の時系列分析』創文社, 1999.

[168] 脇田成『マクロ経済学のパースペクティブ』日本経済新聞社, 1998.

索　引

あ行

R&D ……………………………………120
　　──部門 ………………………239
r 次の確率 …………………………254
α-凹関数 …………………………187
α-凸関数 …………………………187
i.i.d. …………………………………278
アイソセクター ……………………176
安定集合 ………………………………42
安定多様体 ……………………42,151
鞍点（鞍形点） …………48,50,51,173
安定渦状点 …………………………166
安定結節点 …………………………148
安定退化結節点 ……………………163
EViews ………………………………280
移行動学 ……………………103,209
異時点間評価関数 ……………………77
位相図 ………………………………203
位相的に推移的 ………………………58
1 階の自己回帰モデル ………190,273
1 階の線形微分方程式 ……………190
稲田条件 ………………………………73
イノベーション ……………111,235
　　──率 …………………………243
　　産業── …………………………111
　　プロセス── ……………………111
　　プロダクト── …………………111
イノベーター ………………………114
陰関数定理 ……………………………30
上に有界 ………………………………12
SUR 法 ………………………………277
n 階導関数 ……………………………18
n 回連続微分可能性 …………………18
n 回微分可能性 ………………………18
NPG（No-Ponzi-game） ……………102
　　──条件 ……………102,195,206
F 検定 ………………………………271
F 分布 ………………………………258
追いつき原理の意味での最適経済成長経路 …7,199
追いつき原理の意味での最適消費経路 ……78
オイラーの定理 ………………………70
オイラー方程式 ……………179,181,237

か行

凹関数 ……………………………21,22
　　狭義の── …………………………22
黄金時代成長経路 ……………………86
黄金律 …………………………………86
横断性条件 …………………101,184,206
オーヴァーラッピング・
　ゼネレーションズ・モデル ……123
Olech の定理 ………………………178

カーヴァチュアー・マトリックス ……214
回帰係数 ……………………………261
回帰の残差 …………………………264
回帰の標準誤差 ……………………264
階差定常過程 ………………………279
χ^2（カイ 2 乗分布） ………………257
外生性の検定 ………………………277
外生的技術進歩 ……………………103,207
外生変数 ……………………………277
外部性 ………………………………207
カオス …………………………………54
拡大的 …………………………………59
攪乱項 ………………………………261
　　──の不偏推定量 ………………270
確率関数 ……………………………249
確率変数 ……………………………249
　　離散── ………………………249
　　連続── ………………………249
家計生産者 …………………………216
下限 ……………………………………12
加重最小 2 乗法 ……………………273
渦心点 ………………………………165,171
カレント・バリュー・ハミルトニアン ……183
完全可塑性 …………………………62
完全集合 ……………………………57
技術的限界代替率 …………………66
季節ダミー …………………………276
基礎領域 ……………………………176
期待値 ………………………………250
規模に関する収穫一定性 ……………69
規模に関する収穫逓減性 ……………69
規模に関する収穫逓増性 ……………69

帰無仮説 …………………………………266
逆関数の微分の公式 ……………………141
キャス＝クープマンス・モデル ………83, 195
共分散 ……………………………………252
行列式の余因数展開 ……………………31
共和分検定 ………………………………279
許容関数 …………………………………180
許容制御関数 ……………………………182
局所的最適条件 …………………………99
均一分散 …………………………………261
均衡経路の非決定性 ……………………233
均斉成長経路 ……………………………84
クーン＝タッカーの定理 ………………108
クラーメルの公式 ………………………33
係数ダミー ………………………………276
系列相関 …………………………272, 273
ゲールのケーキ・イーティング ………206
結合密度 …………………………………255
決定係数 R^2 ……………………………270
限界効用の正値性 ………………………75
限界効用の逓減性 ………………………75
限界生産性 ………………………………65
　　資本の―― ……………………………65
　　労働の―― ……………………………65
限界生産性の正値性 ……………………72
限界生産性の逓減性 ……………………72
限界代替率 ………………………………29
研究開発活動 ……………………………111
原始関数 …………………………………135
源点 ………………………………50, 173
公義積分 …………………………………78
公共財 ……………………………………129
公共的に提供される私有財 ……………212
合成関数の微分 …………………………30
構造安定性 ………………………53, 146
構造型 ……………………………………277
コーシー列 ………………………10, 11
コクラン＝オーカット法 ………………275
固定係数型生産関数 ……………………64
コブ＝ダグラス型生産関数 …………64, 82
固有値 ……………………………………35
固有ベクトル ……………………………35

さ 行

最小2乗推定値 …………………………262
最小2乗法 ………………………………262
最小値 ……………………………………14
最大化ハミルトニアン …………………186
最大値 ……………………………………14

――原理 …………………………………179
最適制御理論 ……………………………179
最尤推定量 ………………………………297
残差平方和 ………………………………264
CRRA（型）効用関数 …………………75, 224
CES 型生産関数 …………………………73
時間視野 …………………………………74
　　真の―― ……………………………76
時間選好率 ……………………………74, 115
時系列分析 ………………………………278
指数関数 …………………………………16
持続的均衡の経路 ………………………83
持続的成長経路 …………………………84
下に有界 …………………………………12
実行可能な経済成長経路 ………………83
指定変数 …………………………140, 261
資本の粗賃料率 …………………………84
社会的厚生関数 …………………………74
社会的割引率 ……………………………74
弱定常過程 ………………………………278
写像 ………………………………………9
シャルコフスキーの定理 ………………59
重回帰モデル ……………………………267
周期 n の周期点 …………………………42
周期 n の双曲型周期点 …………………46
自由処分性 ………………………………62
修正されたハミルトニアン ……………213
縦線集合 …………………………………136
自由度修正済み決定係数 ………………271
周辺分布 …………………………………255
周辺密度 …………………………252, 255
準最適持続的成長経路 …………………202
上界 ………………………………………12
上限 ………………………………………12
条件つき期待値 …………………………252
条件つき分布 ……………………………252
条件つき変分問題 ………………………181
条件つき密度関数 ………………………252
消費可能性フロンティア ………………96
初期条件に対して強意の鋭敏な依存性 …59
自励系の正規形常微分方程式 …………146
人的資本 …………………………………235
　　――の減耗率 ………………………217
水準変数 …………………………………83
推定回帰式 ………………………263, 269
推定値 ……………………………………263
正規形の常微分方程式 …………………143
正規分布 …………………………………254
　　――の結合密度関数 ………………288

索　引

正規方程式	262
制御領域	181
生産要素の不可欠性	72
正値定符号行列	35
政府の政策	118
ゼロ利潤条件	238
1993 SNA	280
漸近安定的	145
線形近似	174
全微分	28
全不連結	57
双曲型	173
——平衡点	45
相軌道	146, 181
相空間	181
相座標	175, 181
操作変数法	275, 295
相違度	146
相点	146
相平面	146
素周期 n の周期点	45
ソロー＝スワン・モデル	90

た行

ダービン＝ワトソン統計量	274
大域的安定性	213
第一平均値の定理	138
ダイナミカル・システム	135
対数関数	17
対数微分法	142
代替の弾力性	68
代表的個人の適切な性質を持つ効用関数	75
対立仮説	266
代理変数	277
多重共線性	276
ダミー変数	276
置換積分法	138
中間財製造者	237
中期ターンパイク	204
稠密な軌道	58
稠密な部分集合	58
貯蓄率	90
沈点	50, 173
t 検定	266
t 分布	257
定差方程式	41
定常性の規定	278
ディッキー＝フラー検定	279
拡張された——	279
テイラー展開	45
適切な性質を持っている生産関数	217
動学的非有効性	83
動学的有効性	83
統計的有意	266
同次形の微分方程式	189
同時方程式モデル	277
等周問題	181
等量線	65
凸関数	22
狭義の——	22
トレンド定常過程	279
トレンド変数	277

な行

内生変数	277
2 段階最小 2 乗法	277, 296
2 変量分布	251

は行

バイファケーション	178
Hopf の——	178
ハミルトニアン	186, 220
——・ダイナミクス	186
ハロッドの中立的技術進歩	103
非自励系（の正規形常微分方程式系）	146
非線形常微分方程式系	174
非線形の定差方程式	52
非有効性規準	87
標準誤差	251
標準的回帰分析	261
標準偏差	254, 265
不安定渦状点	166
不安定結節点	149
不安定焦点	153, 160
不安定退化結節点	163
不均一分散	272
複素関数の微分	190
不決定性	229
負値定符号行列	35
不定積分	135
不動点	41
不偏推定量	291
分権的市場経済	102
分散	251
分離不均一性	272
平均値	250
平衡点	41
β 収束性	92

ヘッシャン	35
変曲点	23
平均値の定理	19
変数分離形	189
変分法	179
ホワイト・ノイズ	278

ま行

マキシミン経路	75
マクロ的生産関数	63
見かけ上無関係な推計	277
見せかけの回帰	279
無感応的成長経路	204
無限時間視野のもとでの最大値原理	186
もとの元の列の部分列	10

や行

ヤングの定理	30, 38
有意水準	266
有限時間視野モデル	95
有効な成長経路	88
誘導型	277
尤度比	298
——検定	298

ら，わ行

ライプニッツのルール	259
ラグランジュ関数	38, 116
ラグランジュ乗数検定	299
ラグランジュの未定乗数	38, 116
ランダム・ウォーク	279
リーマン積分	137, 138
——可能	138
履行可能な倫理的原則	75
離散確率変数	249
離散型の位相図	47
離散的密度	250
リミット・サイクル	179
臨界点	42
退化——	42
非退化——	42
累次積分	248
累積分布関数	253
レベロのAKモデル	208
連続確率変数	249, 253
連続性の公理	11
連続微分可能な関数	28
労働力参加率	62
労働力人口	62
ロピタルの定理	24, 107
ワルド検定	298

〈著者略歴〉

大住　圭介（おおすみ・けいすけ）

1947年　福岡県に生まれる．
1970年　九州大学経済学部卒業．
1975年　同大学院経済学研究科博士課程修了．
現　在　九州大学大学院経済学研究院教授．理論経済学，数理経済学専攻．経済学博士．
著　書・『長期経済計画の理論的研究』（勁草書房，1985年）
・Economic Planning and Agreeability : An Investigation of Agreeable Plans in a General Class of Dynamic Economic Models (Kyushu University Press, 1986)
・『経済計画分析』（経済の情報と数理シリーズ第10巻）（牧野書店，1994年）
・G. M. ヒール『経済計画の理論』（翻訳，九州大学出版会，1995年）
・『マクロ・エコノミックス』（共編著，有斐閣，1995年）
・R. J. バロー＝X. サラ-イ-マーティン『内生的経済成長論 Ⅰ, Ⅱ』（翻訳，九州大学出版会，1997年，1998年）
・G. M. グロスマン＝E. ヘルプマン『イノベーションと内生的経済成長』（監訳，創文社，1998年）
・『現代マクロ経済学』（共編著，勁草書房，2000年）
・R. J. バロー『経済成長の決定要因』（共訳，九州大学出版会，2001年），ほか．

〈経済工学シリーズ・第2期〉
経済成長分析の方法
　　—イノベーションと人的資本のマクロ動学分析—

2003年4月20日　初版発行

著　者　大　住　圭　介
発行者　福　留　久　大
発行所　㈶九州大学出版会
　　　　〒812-0053　福岡市東区箱崎7-1-146
　　　　　　　　　　九州大学構内
　　　　電話 092-641-0515（直通）
　　　　振替 01710-6-3677
　　　　印刷・製本／九州電算㈱・大同印刷㈱

© 2003 Printed in Japan　　　　ISBN4-87378-776-9

〈経済工学シリーズ・第2期〉

刊行の辞

　1987年から始まった経済工学シリーズはこれまで10冊余の公刊をみている。刊行された著作は大学の標準的なテキストとして，また，各分野の研究書として高い評価を得てきている。我々はこのシリーズの発刊によって先端的な分野での研究と「経済工学科」の認知に対して少なからず貢献できたものと思っている。九州大学経済学部の経済工学科ができてはや15年，ユニークな学科としての評価は定着し，経済工学科の名称についていちいち説明することは不要になっている。その間，この学科の創設に寄与された先生方は退官され，いまや「第二世代」の研究スタッフ陣がそろってきている。我々はこうした時期に装いも新たに第2期経済工学シリーズを刊行することにした。いうまでもなく，我々をとりまく経済社会は大きく変化し，市場経済のグローバル化，高度情報化社会の深化のスピードが一層加速している。このような時期にあらたなシリーズを企画することによって，来るべき21世紀への学問的貢献ができればこれにまさる幸せはない。経済工学という名称の特定の学問分野はないが，経済工学は経済学と数学および情報の三位一体の研究の総称といってよいであろう。その意味でこのシリーズは学部・学科の枠にとらわれず，他大学の研究者の貢献も期待している。

　　　　　　　　　　　　　　　　　　　　　　　編集世話人　細江守紀

投資関数の理論	朱 保華 著	A5判・232頁 定価 3,500円
不完備情報の動的決定モデル	中井 達 著	A5判・244頁 定価 2,900円
FortranとCによる経済分析	古川哲也 著	A5判・220頁 定価 3,000円
複雑系による経済モデル分析	時永祥三 著	A5判・252頁 定価 3,000円
電子商取引と情報経済	時永祥三／譚 康融 著	A5判・224頁 定価 3,000円
経済成長分析の方法 —イノベーションと人的資本のマクロ動学分析—	大住圭介 著	B5判・332頁 定価 3,200円
情報技術と差別化経済	萩野 誠 著	近刊
市場メカニズムの数理分析	細江守紀 著	以下続刊

（定価は税別）